江苏高校优势学科建设工程三期项目（马克思主义理论）
江苏省高校示范马克思主义学院成果

中国特色社会主义理论与实践研究

ZHONGGUO TESE SHEHUIZHUYI LILUN YU SHIJIAN YANJIU

姜建成 自选集
JIANG JIANCHENG ZIXUANJI

姜建成 著

苏州大学出版社
Soochow University Press

图书在版编目(CIP)数据

中国特色社会主义理论与实践研究:姜建成自选集/姜建成著.—苏州:苏州大学出版社,2019.12
 ISBN 978-7-5672-3082-8

Ⅰ.①中… Ⅱ.①姜… Ⅲ.①中国特色社会主义—文集 Ⅳ.①D616-53

中国版本图书馆 CIP 数据核字(2020)第 002233 号

| 书　　　名：中国特色社会主义理论与实践研究 |
| ——姜建成自选集 |

著　　　者：姜建成
责任编辑：李寿春
助理编辑：杨　柳
装帧设计：吴　钰　刘　俊

出版发行：苏州大学出版社(Soochow University Press)
社　　　址：苏州市十梓街1号　邮编:215006
网　　　址：http://www.sudapress.com
邮　　　箱：sdcbs@suda.edu.cn
印　　　装：苏州市深广印刷有限公司
销售热线：0512-67481020
网店地址：https://szdxcbs.tmall.com/(天猫旗舰店)

开　　　本：700mm×1 000mm　1/16　印张:23　字数:377千
版　　　次：2019年12月第1版
印　　　次：2019年12月第1次印刷
书　　　号：ISBN 978-7-5672-3082-8
定　　　价：72.00元

凡购本社图书发现印装错误,请与本社联系调换。服务热线:0512-67481020

自 序

本人从事马克思主义理论学习、教学与研究已有40多年了，而这一时期正是我国改革开放的新时期。有幸经历这一伟大的实践进程，我深深感到，马克思主义作为我们党和国家的指导思想，是我国进行改革开放和社会主义现代化建设的强大理论武器。作为一个哲学社会工作者，作为一名高校思想政治理论课教师，我越来越感受到马克思主义的理论魅力和真理价值，不仅指导当代中国取得了举世瞩目的成绩，引领中国经济社会发生了翻天覆地的变化，而且为未来中国社会发展指明了前进方向、提供了行动指南。根据学院的安排，每位教授要出版个人自选集，作为我校马克思主义理论研究的学术成果展示。我从独立发表在《马克思主义研究》《哲学研究》等杂志上的论文中，挑选了36篇，结集出版。这既是本人对马克思主义理论与改革开放实践进行学习、研究、教学的粗浅体会，也是自己为推动我国改革开放和社会主义现代化建设贡献的一份绵薄之力。

本自选集分九个部分，每个部分选用了4篇论文。第一部分是马克思主义研究，主要阐述了马克思主义发展观的历史嬗变、方法论特质、实践价值和马克思主义与中华民族文化的整合效应；第二部分是邓小平理论研究，主要探讨了邓小平的人格魅力、理想信念、干部队伍道德建设思想和"两个飞跃"思想对中国农业现代化发展的指导作用；第三部分是中国社会发展研究，主要论证了我国社会主义经济建设的根本道路、当代中国城市化发展中人文关怀问题、社会冲突的发生机理与深层原因及治理对策和苏南城乡统筹发展的战略选择；第四部分是可持续发展研究，主要阐释了中国特色可持续发展的方法论建构、21世纪中国可持续发展的新态势、中国特色的可持续发展的道德选择以及邓小平社会经济可持续发展思想提出的依据；第五部分是政治生活支持研究，主要阐明了政治生活支持范式、当代中国政治生活支持、政治生活支持是党的执政基础与人民当家作主的基本保障以及邓小平政治生活支持思想探析；第六部分是哲学与经济学研究，主要阐述了理论与实践的关系是马克思主义发展哲学的一个基本问题、交往实践观是现代经济学变革的方法论选择、网络时代的经济学走向以及当代资本主义失业现象透析；第七部分是科学发展观研究，主要分析了科学发展观是马克思主义发展观的时代性标志、当代性视域中的马克思主义发展观、促进人的全面发展是经济社会发展的价值依归和科学发展观与苏南人的社会转型；第八部分是习近平新时代中国特色社会主义思想研究，主要论述了习近平新时代中国特色社会主义思想的价值根基、五大发展理念四维解析、强党是中国特色社会主义新时代的鲜明特质、新时代中国共产党政治领导力的鲜明特色；第九部分是马克思主义理论学科建设与思想政治理论课研究，主要探讨了马克思主义理论学科建设的根本、加强思想政治教育学科建设应重视处理的几个关系、社会实践课程化的价值意蕴和加强高校马克思主义理论课教师队伍的自身建设。

长江后浪推前浪，一代更比一代强。当代中国已经进入了中国特色社会主义新时代，这是中国从站起来、富起来走向强起来的时代。在这个伟大时代，更需要马克思主义科学理论的指导，更需要年轻一代更深入地学习好马克思主义及其中国化马克思主义最新理论成果——习近平新时代中国特色社会主义思想，更系统地研究好马克思主义，推进21世纪马克思主义、中国化马克思主义的新发展，更实际地研究新时代中国特色社会主义发展的重大理论与实践问题，用发展着的马克思主义指导新时代、新征程，更自觉地加强和改进高校思想政治理论课教育教学，培育好中国特色社会主义事业的建设者和接班人，用青春、智慧和力量把祖国建设得更加强大，使社会更加美好、人民更加幸福，为把我国建设成为富强、民主、文明、和谐、美丽的社会主义现代化强国而不懈奋斗！

姜建成

2019年盛夏于苏州大学独墅湖校区

目 录

自序

第一部分　马克思主义研究

试论21世纪马克思主义发展的实践取向　/ 003
马克思主义发展观的历史嬗变　/ 016
论马克思主义方法论特质　/ 031
双选·双认·双赢：马克思主义与中华民族文化的整合效应　/ 041

第二部分　邓小平理论研究

略论邓小平干部队伍道德建设思想　/ 055
论邓小平理想信念的重要作用　/ 063
论邓小平的人格魅力　/ 071
邓小平"两个飞跃"思想与中国农业现代化发展　/ 079

第三部分　中国社会发展研究

加快发展：我国社会主义经济建设的根本道路　/ 091
价值诉求、目标与善治：当代中国城市化发展中人文关怀问题探析　/ 100
社会冲突的发生机理、深层原因及治理对策　/ 108
支持·互补·共赢：苏南城乡统筹发展的战略选择　/ 117

第四部分　可持续发展研究

整合与超越：中国特色可持续发展方法论建构　/ 131
整合与超越：21世纪中国可持续发展的新态势　/ 138
论有中国特色的可持续发展的道德选择　/ 148

论邓小平社会经济可持续发展思想提出的依据 / 156

第五部分　政治生活支持研究

政治生活支持：党的执政基础与人民当家作主的基本保障 / 165
政治生活支持范式探微 / 173
论当代中国政治生活支持 / 181
邓小平政治生活支持思想探析 / 192

第六部分　哲学与经济学研究

理论与实践的关系：马克思主义发展哲学的一个基本问题 / 203
当代资本主义失业现象透析 / 237
交往实践观：现代经济学变革的方法论选择 / 244
网络时代的经济学走向 / 251

第七部分　科学发展观研究

科学发展观：马克思主义发展观的时代性标志 / 261
科学发展观：当代性视域中的马克思主义发展观 / 270
促进人的全面发展：经济社会发展的价值依归 / 281
论科学发展观与苏南人的社会转型 / 286

第八部分　习近平新时代中国特色社会主义思想研究

人民立场：习近平新时代中国特色社会主义思想的价值根基 / 297
五大发展理念四维解析 / 306
强党是中国特色社会主义新时代的鲜明特质 / 316
新时代中国共产党政治领导力的鲜明特色 / 328

第九部分　马克思主义理论学科建设与思想政治理论课研究

马克思主义理论学科建设的根本：理论研究向实践转化 / 337
加强思想政治教育学科建设应重视处理的几个关系 / 344
论社会实践课程化的价值意蕴 / 350
论加强高校马克思主义理论课教师队伍的自身建设 / 356

第一部分
马克思主义研究

试论 21 世纪马克思主义发展的实践取向

21 世纪，对人类社会发展来说是一个既充满挑战又充满希望的世纪。"每一个时代的理论思维，从而我们时代的理论思维，都是一种历史的产物，它在不同的时代具有完全不同的形式，同时具有完全不同的内容。"[1]284 马克思主义作为经得起历史检验、人民检验、实践检验的科学真理，必将在 21 世纪有新的重大发展。当今的世界和当代中国存在着大量实践难题，需要马克思主义根据新的情况做出新的理论解答。人们的社会实践内在地包含着人与自然、人与社会以及人与自我的关系。具体地分析具体情况，是马克思主义活的灵魂，它的本质要求是实现马克思主义的与时俱进，回答时代提出的问题，把社会实践推向新的历史阶段。本文着重就 21 世纪我国和世界面临的科学技术社会革命性、精神生产全球开放性、人的自由而全面发展、社会全面进步等方面，揭示马克思主义与时俱进的理论品质和实践特质，强调在马克思主义科学理论的指导下，解放思想，实事求是，认清社会发展规律，把握当代中国和世界发展的大势，全面地、创造性地推进建设中国特色社会主义的伟大事业。

一、对科学技术社会革命性的认识

生产力是人类社会发展的最活跃、最革命的因素，是社会生产方式变革的最终决定力量。科学技术的发展和进步是先进生产力的集中体现和主要标志。马克思、恩格斯不仅十分重视科学技术对创造社会物质财富的巨大作用，而且十分重视科学技术对社会生产方式演进的重大影响。马克思、恩格斯在《共产党宣言》中指出："资产阶级在它的不到一百年的阶级统治中所创造的生产力，比过去一切世代创造的全部生产力还要多，还要大。"[2]277 近代以来，科学技术以神奇般的速度发展了起来，推动了社会生产的历史性飞跃，推动了生产关系的重大变革。科学技术是历史发展的有力杠杆，是最高意义上的革命力量。马克思曾经指出："蒸汽、电力和自动纺纱机，甚至是比巴尔贝斯、拉斯拜尔和布朗基诸位公民更危险万分的革命家。"[3] 科学技术的革命本质上是生产力的革命。生产力革命的兴起和深化，必将迟早引发生产关系的革命。

在历史上，科学技术对社会生产方式的变革曾经起过决定性的推动作用。马克思指出，手推磨产生的是封建主为首的社会，蒸汽磨产生的是工业资本家为首的社会。产业革命时期，新兴的资产阶级用机器大工业代替手工工具，用大工厂代替手工作坊，从而改变了原有生产关系中人与人之间的相互关系，导致了社会财富的重新分配，引起了社会阶级结构的重大变动，凸显了资产阶级和无产阶级两大阶级的对抗。恩格斯曾经说过，17世纪和18世纪从事创造蒸汽机的人们也没有料到，他们所造成的工具，比其他任何东西都会使全世界的社会状况革命化。恩格斯也说过，分工、水力特别是蒸汽力的利用、机器的应用，这就是从18世纪中叶起工业用来摇撼旧世界基础的三个伟大的杠杆。工业革命的实质就是直接以科学技术为动力，用资本主义生产方式最终代替封建专制统治，用工业文明取代传统的农业文明。马克思认为，现代工业从来不把某一生产过程的现存形式看成和当作最后的形式。因此，现代工业的技术基础可以说是革命的，而所有以往的生产方式的技术基础本质上是保守的。现代自然科学和工业文明一起改变了整个世界。科学技术的不断变革，创造了社会生产方式渐进变革的条件，不但变革劳动过程中的技术条件，而且变革生产过程中的社会条件，从而不断推进生产方式本身实现革命性的变革。

毋庸讳言，21世纪是科学技术加速发展的世纪。人类正在经历一场前所未有的全球性的科学技术革命。科学技术不是在个别的科学理论和技术上有所突破，而是几乎在每个学科领域都取得了巨大进展，产生了并且正在继续产生一系列新兴科学技术。据有关专家估计，最近三十年人类在科技方面的新发展、新发明和新创造，超过了以往两千年的总和，而且预计未来三十年科学技术成果总量还将在历史上产生的科技成果总量的基础上再翻番。科学技术的迅猛发展，拓宽和深化了人们认识客观世界的全景视域，极大地影响了人们的思维方式、生活方式和价值观念，引起了社会生产方式的重大变革，直接影响到社会生活各个方面的全面变革，必将使人们对人与自然、人与社会、人与自身的关系的认识跃升到一个新的高度。

我们正在走向知识经济时代。知识经济时代的确立就是以知识作为人类生产和发展的本位，知识要素成为社会经济发展的首要生产要素，知识化的劳动者将成为社会发展的中坚力量。恩格斯曾经指出："在马克思看来，科学是一种在历史上起推动作用的、革命的力量。任何一门理论科学中的每一个新发现——它的实际应用也许还根本无法预见——都使马克思感到衷心喜悦，而当他看到那种对工业、对一般历史发展立即产生革命性影响的发现的时候，他的喜悦就非同寻常了。"[4]777 在知识经济时代，科学技术将代替权力和资本成为最重要的社会变革的决定力量。知识经济的发展、科技革命的推动，不仅极大地促进了社会结构、组织方式的重新调整，而且深刻地改变了简单向两极发展的社会分化，改善了紧张对立的阶级关系。应该看到，现实中的资本主义虽然本性未改，阶级剥削依然存在，但同历史上的资本主义已不可同日而语，资本主义本身固有的基本矛盾的形式和解决的方法，已经发生了很大的变化。特别引人注目的是更多的工人进入了中间阶层，出现了一个以知识和能力为资本的经理阶层以及以白领工人、技术人员、管理人员为社会基本力量的专业阶级，他们掌握了生产和管理技能，但仍然是受雇佣者，这使当今资本主义社会的阶级斗争形式发生了显著变化。

"资产阶级除非对生产工具，从而对生产关系，从而对全部社会关系不断地进行革命，否则就不能生存下去。"[2]275 科学技术的每一次重大突破都预示着社会必将发生革命性的变革。互联网的全球贯通、纳米技术的开发、人类基因工程组图的破译，对传统的工业文明将再一次进行革命性的改造。马克思、恩格斯认为，唯有借助于机器化体系的生产力，才有可能去实现这样一种社会制度，在这种制度下不再有任何阶级差别，不再有任何对个人生产资料的忧虑。江泽民指出："要充分估量未来科学技术特别是高技术发展对综合国力、社会经济结构和人民生活的巨大影响。"[5] 在知识经济时代的熔炉中，工业文明社会的所有成员、阶级、阶层都将经受凤凰涅槃式的改造，而现代无产阶级也将转变为新的"知识工人阶级"，从而彻底变革工业社会存在的生产方式和社会条件。科学技术的突破性进展，推动了经济全球化的形成。而经济全球化对人类的发展则产生了空前广泛而深刻的影响,加快了先进生产力取代落后生产力的历史进程。在21世纪,马克思主义者要深入研究全球化条件下科学技术对人类社会发展带来的新情况、新影响,探索并回答科学技术给人类社会带来的新挑战、新变化,自觉地把思想意识从那些不合时宜的观念、做法和体制下解放出来。社会主义与现代科技的紧密结合是历史发展的必然选择。未来的共产主义社会只能以科学技术的高度发展、生产力的巨大增长为基本前提。

二、对精神生产全球开放性的认识

历史随着人们的生产力以及社会关系的日益发展而日益成为人类的历史。商品经济本质上是一种开放经济。商品经济的发展、人们交往范围的扩大,促进了世界市场的建立。资产阶级由于开拓了世界市场,使一切国家的生产和消费都成为世界性的了。马克思、恩格斯在《共产党宣言》中指出:"过去那种地方的民族的自给自足和闭关自守状态,被各民族的各方面的互相往来和各方面的互相依赖所代替了。物质的生产是如此,精神的生产也是如此。各民族精神产品成了公共的财产。民族的片面性和局限性日益成为不可能,于是由许多民族的和地方的文学形成了一种世界的文学。"[2]276地球上所有的文化都是由人类共同创造的,理应成为人类所共享的财产。21世纪在全球化的浪潮中,任何一个民族都不可能孤立地存在,任何一个民族的文化体系都不可能自发地发展。几乎所有的民族文化都处于不停的流变之中。随着时代的发展和文化的变迁,旧的世界的界限被打破了,人类进入了普遍交往的新的文明发展时代。

当今的世界是开放的世界。全方位的经济交往、社会交往必然伴随着全方位、多层次的认知交往和文化交往。不同价值观念的民族之间进行文化交流与观念碰撞,能够促使狭隘封闭的文化心理向宽容的、开放的文化观念转化。当今世界,任何一种文化的发展都离不开对其他民族优秀文化的汲取,并且无一不与其他优秀文化的发展相互借鉴。当代中国已经打开了国门,特别是加入世界贸易组织之后,与世界各国正在进行日益广泛而深入的经济交往和社会交往,但我们不能回避也无法回避精神文化方面的交流。离开精神文化交流的单一经济交往是不现实的。阻挡经济交往中的文化交流也是徒劳的。我们要勇敢地走向世界，也更应勇敢地让世界走进中国。文化的交流和整合是文化延续和发展的生命所在。多种理论范式的并存、多种文化形式的交流、多种价值观念的碰撞、多种界面的切换，是文化创新永不枯竭的源泉。我们必须承认这样一种客观现实，社会经济交往与精神文化交流是不可分割的有机整体。全球化条件下的人类普遍交往是任何力量都无法阻挡的。

我国是一个有着五千年悠久历史的发展中国家。民族文化源远流长，形成了举世闻名的东方文化。我们的民族文化有着自身的独特优势，我们不能妄自菲薄，要继承和弘扬优秀传统文化。但也要看到，在民族文化传统中，有的是早已被历史遗弃的糟粕，也有的已落后于时代的发展。对于我们这样一个生产力不是很发达、科学文化还比较落后的追赶型国家来说，切不可夜郎自大。邓小平指出："社会主义要赢得与资本主义相比较的优势，就必须大胆吸收和借鉴人类社会创造的一切文明成果，吸收和借鉴当今世界各国包括资本主义发达国家的一切反映现代社会化生产规律的先进经营方式、管理方法。"[6]373 社会主义文化在我国已经居于主导地位。我们应当有这样的自信，中华文化是当今世界优秀的民族文化之一，是当今世界不可或缺的一种优势文化。中华文化兼容并蓄，有着很大的包容性，不怕外来文化的渗透和融入。我们越是大胆引进、吸取世界上各民族的优秀文化，越能丰富和发展我们自己的民族文化。

当然，我们要看到中西文化的确有很大的差异，这是世界文化多样性的反映。文化多样性是人类物质和精神产品生产的重要基础。正是这种文化的多样性极大地推动了人类的物质和精神生产，丰富了人类的物质和精神生活。可以说，各国文明的多样性，是人类社会的基本特征，也是人类文明进步的动力。东西方文化的关照和比较对于发展中的中国来说，显得尤为迫切和重要。我们既要正确对待传统文化，不能把传统文化当作包袱，而是要以强者的精神状态变革传统文化，不断提高全国人民的思想道德素质和科学文化素质，弘扬各民族的优秀文化，通过与世界各国的文化交往，向世界展示中华民族新的精神风貌；又要善于吸收世界各民族的优秀文化，特别是要充分学习和利用资本主义创造的先进文明成果，推动我国社会主义文化日益繁荣。在与外来文化的对比和交流中，我们要深刻认识中国传统文化是生长在自然经济基础之上的，即便是它的优秀部分也不可避免地带有某种局限性和偏狭性。我们反思传统文化，就是要对民族传统文化加以批判地继承、变革地创新，剔除其糟粕，吸取其精华，不断突破本民族文化的地域和模式的局限性从而走向世界，不断超越本民族文化的国界并在人类的评判和取舍中获得文化的认同，不断将本民族文化区域的资源转变为人类共享共有的资源。我们要积极吸取西方文化中重视人的创造价值，倡导参与意识、竞争意识、平等观念、效率观念、进取精神和拼搏精神等积极因素，用先进文化改造落后文化。同时，在中西文化交流中，我们还必须清醒地看到，21世纪西方文化有着诸多凭借其经济实力进行扩张和渗透的态势。我们要坚决抵制和反对精神生产和精神产品交往中的文化霸权主义，自觉抵制腐朽文化和各种错误的思想观点对人们的侵蚀，强本固末，趋利避害，不断完善我们自己的民族文化。须知每一个民族的文化发展的模式、发展的方向都只能由自己去探索、去实践，而不可能由其他民族代劳。我们学习、借鉴西方文化，是为了发展和完善我们自身的文化，而不是要变成西方文化。西方文化只有与中国国情和民族特点相结合，才能成为我们民族的理想文化。

在当下经济全球化发展的浪潮中，文化的传播与激荡格外迅猛，几乎无国界可言。各种文化交流、碰撞产生新的观念，创造新的精神产品，推动人类文明的进化。21世纪精英文化、高雅文化与大众文化正日益相互渗透，界限正日益销蚀，社会文化正发生一场革命性的变革。在一定意义上，新文明革命往往要经历痛苦的、艰难的抉择，而非直线的、快乐的拾取。发展社会主义先进文化，必须具有世界眼光，充分体现民族精神、时代精神和创造精神。我们建立的中国特色社会主义先进文化，应该以中国优秀民族文化为根，以马克思主义为干，以吸收世界各民族优秀文化为叶，以开创中国文化新格局为主要内容。世界上任何一种文化只有在社会发展中与时俱进，才能保持旺盛的生命力。抱着凝固的僵化的思想看待世界，关起门来搞精神文明建设，是不可能成功的。中国要实现民族精神的现代化，就必须更新思想观念，认准先进文化的发展方向，不断提高精神生产和精神生活的对外开放度，与世界各民族多接触、多沟通，消除隔膜与对立，走向交流与对话，既保持民族文化的独特风格，又坚持多样文化的互补共荣。

在全球化的背景下，世界各种文明和社会制度应长期共存，在竞争比较中取长补短，在求同存异中共同发展。我们要看到，资本主义的发展已经从机器生产的大工业文明进入以信息技术为核心的后工业文明，也就是进入前所未有的知识资本主义时代。我们的社会主义如果不想落后，就必须借鉴资本主义发展的有益的文明成果，大力发展先进生产力，形成和开创知识社会主义的新时代。通过文化沟通、文明传播加强各种文化间的交流和整合，为人类提供一个能应付纷纭变幻、适应人类健康发展的文化氛围，在比较和创新中衍生出新的东方文明，对人类文明与进步事业作出新的贡献，实现中华民族的伟大复兴。

三、对人的自由而全面发展的认识

人们的社会历史始终只是他们的个体发展的历史，而不管他们是否已经意识到这一点。马克思、恩格斯研究社会现实问题的出发点是人，是"从事实际活动的人"，是处在一定条件下进行的、现实的、可以通过经验观察到的发展过程的人。社会的发展就是人的发展，就是为了实现人的发展。马克思、恩格斯曾经明确指出："代替那存在着阶级和阶级对立的资产阶级旧社会的，将是这样一个联合体，在那里，每个人的自由发展是一切人的自由发展的条件。"[2]294 整个社会发展必须以人的自由而全面发展为目的。人的自由而全面发展是一个由低级向高级发展的过程，是一个与社会政治经济变革紧密相连、逐步实现的过程，在现阶段就是推进人的现代化的过程。实现人的自由而全面的发展，需要经历很长的过程，也需要付出很大的代价。建设中国特色社会主义就是不断推进人的全面发展，为实现人的自由而全面发展创造条件。

人是主体的人，自由而全面发展的人是有着独立人格的人。人们自觉地、能动地进行认识世界和改造客观世界的活动，这需要人富有个性，能够协调人与自然、人与社会、人与自身的多重关系。个人作为独立主体，能自主地支配自己的活动，从利益需要和客观实际出发，掌握自己发展的命运。人只有在社会发展中才能实现自身的价值。主体人格的提升、主体能力的张扬、主体意识的觉醒、主体地位的确认，是推进社会发展的基本条件。我们所强调的独立人格，就是个人必须主宰自己的命运，既不能依靠上帝，也不能依赖他人，同时又超越"物化"的人和"单向度的人"。

以人的自由和全面发展作为人的活动的首选目标和历史进步的根本尺度，在现阶段就是要着眼于提高人的素质，尊重个性解放和人格独立。

人是能动的人，自由而全面发展的人是主体创造性得到充分发挥的人。个性的核心就是创造性。发挥人的主观能动性，就是要尊重人的自主选择。由缺乏创造性的人们所组成的社会，将是一个没有发展潜力和可能的社会，也是一个十分不幸和悲哀的社会。社会主义市场经济能够促进人的广泛交流，开发人的潜质和潜力，有利于人的自由而全面的发展。人不是在某一种规定性上再生产自己，而是生产出他的全面性；不是力求停留在某种已经变成的东西上，而是处在发展变化的绝对运动中。人们在自己的社会劳动中可以充分确证和实现自己作为文明人的特性和才能，在对物品占有的同时实现个性自由的发展。要鼓励人的自由创造，决不能埋没有个性的人才。但同时个人的发展不能影响和危害他人的自由和发展，并且同社会历史发展联系在一起，为人类及社会的发展做出贡献。把个人的自由发展同社会发展割裂开来或对立起来，都是不可取的。

人是平等的人，自由而全面发展的人是能够进行平等交往的人。商品是天然的平等派。商品经济要求一切从事经济活动的主体之间必须有相互平等和独立的地位，否则，就无法进行正常的商品生产和商品交换。平等和自由不仅在以交换价值为基础的商品交换中受到尊重，而且交换价值的发展是一切平等和自由的生产的、现实的基础。在社会主义市场经济条件下，人与人之间的关系通过物与物的关系即商品关系得到反映，并不断摆脱封闭社会中人对人的依赖关系。

人是发展的人，自由而全面发展的人是追随世界历史发展的人。单个人的解放程度是与历史完全转变为世界历史的程度一致的。只有实现普遍交往和全球化，"单个人才能摆脱种种民族局限和地域局限而同整个世界的生产（也同精神的生产）发生实际联系，才能获得利用全球的这种全面的生产（人们的创造）的能力"[2]89。单个人随着自己的活动扩大为世界历史性的活动，越来越受到异己力量的支配，受到日益扩大的、归根结底表现为世界市场的力量的支配。社会的发展、文明的进化要求人具有开放的意识，自觉融入世界文明大潮。随着经济全球化的发展，自然世界在越来越大的范围内和越来越深的程度上被改造为属人世界，人实际上已经生活在自己创造的世界之中，并将最终摒弃人的一切依赖关系，从而达到人的自由而全面的发展。

人是理性的人，自由而全面发展的人是主体意识觉醒的人。马克思在谈到人的发展时，曾划分了三个阶段："人的依赖关系（起初完全是自然发生的），是最初的社会形态，在这种形态下，人的生产能力只是在狭窄的范围内和孤立的地点上发展着。以物的依赖性为基础的人的独立性，是第二大形态，在这种形态下，才形成普遍的社会物质交换、全面的关系、多方面的需求以及全面的能力的体系。建立在个人全面发展和他们共同的社会生产能力成为他们的社会财富这一基础上的自由个性，是第三阶段。"[3]104 马克思在这里是以生产方式的客观演化进程来探讨人的发展。人在处理自然、人与社会的关系中不断体现自身的价值，实现自己的理想。可以说，只有当自身体现出自由而全面发展的人的基本方面，并从自己生活体验中领悟出人生真谛，个体主体才会有自己精神生活的充实和自由。人作为从事实践活动的社会存在物，永远处于一种未完成的状态。人永远不会停留在某种已经变成的东西上，不会满足于某种已经获得的规定性，包括已有的知识存量和智力水平。恩格斯说，到未来社会，"人终于成为自己的社会结合的主人，从而也成为自然界的主人，成为自身的主人——自由的人"[4]760。生产者只有在社会生产力高度发达的基础上重新联合起来，使人摆脱纯自然的动物性生存状态，把人从自在自发的生存状态提升到自由自觉的创造性的生存状态，才能使人类真正进入自由王国。

人是社会的人，自由而全面发展的人离不开社会的全面进步。人的发展是社会发展的本源和基础。社会发展是个人发展的实质与保障，宗旨是追求人类的自由和解放。人是社会的人，人的社会地位和社会作用、人的思想境界和发展目的，都依赖于一定的社会关系以及与之相连的自然关系。"我"破坏环境不仅损害自己的利益，而且间接伤害他者的利益；"我"尊重生态的权利，实际上就是在尊重他者的生存权利。实现主体的社会化，就是要从社会整体利益和长远利益出发，处理好社会经济与人口、资源、环境的关系。马克思曾经指出，未来的社会是一个更高级的、以每个人的自由而全面的发展为基本原则的社会形式。人的自由而全面发展是社会全面进步的根本标志。现实生活中出现的社会生产的不开放、生产关系的不协调、上层建筑的不完善，说到底是人类还没有真正掌握自己命运的结果。要充分重视人对自由和进步的追求，在发展现代社会文明的基础上，促进个人与社会同步发展，最终实现人的自由而全面的发展。

四、对社会发展规律性的认识

生产力与生产关系、经济基础与上层建筑的矛盾，是人类社会的基本矛盾。这个基本矛盾的运动，决定着社会性质的变化和社会发展的方向，马克思、恩格斯运用历史唯物主义原理，在认真总结人类社会历史发展规律的基础上，提出了资本主义必然灭亡、社会主义必然胜利的科学结论。这一科学结论无疑是正确的。但经过一百五十多年的历史变迁，资本主义社会的实际状况出现了很大的变化，社会主义也已经从理论变为了现实。社会总是不断向前发展的，永远不会停留在一个水平上。21世纪，马克思主义的科学真理要与时俱进，就必须正确认识人类社会的发展现状，深入研究现代社会的复杂结构和深层矛盾，积极推动社会生产力的解放和发展，不断推进知识经济时代的社会变革。对当代中国来说，就是要努力实现生产力的跨越式发展，推进社会全面进步，建立整体发展、协调发展、持续发展、超越发展和全面发展的新社会。

1. 坚持社会整体发展

人类社会是一个由经济、政治、文化等多种要素相互联系、相互制约和运动发展着的整体。尤其是在经济全球化的背景下，任何一个国家要独立于世界发展的潮流是不现实的。我国是一个发展中国家，工业化的任务尚未完成，现在又面临着实现信息化的艰巨任务。我们要发挥后发优势，借鉴发达国家信息化的成果经验和有益做法，把国民经济和社会信息化放在优先发展的位置，以信息化带动工业化。社会主义现代化只能建立在发达生产力的基础之上。马克思认为："社会——不管其形式如何——究竟是什么呢？是人们交互作用的产物。"[1]320 社会的本质是由人与人之间的关系构成的。人与物之间的关系只有在人与人之间的关系中才能存在与发展，也只有在人与人之间的关系中才能理解和真正解决，因而人与物的关系客观上从属于人与人的关系。具体地说，人类的物质资料生产表现为双重关系：一方面社会生产是改造自然的活动，表现为人与自然的关系，也表现为一定社会生产力的发展状况；另一方面人们不能单独地、孤立地进行生产，必须在生产活动中结成一定的生产关系，也就是要不断调整、调适、调优社会交往关系。在人与自然的关系上，我们必须学会和地球在一起生活；在人与人的关系上，我们必须学会在地球上共同生活。只有从这两方面统一起来把握，才能从整体上认识社会生产和社会交往，才能在同自然界的物质变换关系中获得自由，也才能自觉遵循社会发展的客观规律。

2. 促进社会协调发展

社会发展既要着眼于人的现实的物质文化需要，又要着眼于人的素质提高的需要。人的素质是历史的产物，又给历史发展以巨大的影响。人们在进行物质生产的同时，要大力提高自身的素质。尤其是在现阶段，要通过人的素质的提高，推进人口与社会经济、资源、环境的整合，实现物质文明与精神文明同步推进、协调发展。我国正处在社会转型、体制转轨的重要时期，客观上会引发人们价值观的碰撞，引发人们的利益冲突和各种社会矛盾。要学会做人的工作，调动一切积极因素，化消极因素为积极因素，正确处理和化解各种复杂的社会矛盾。每一个社会主体积极沟通、协调各方公众的关系，既有利于维护和保障自身的利益，也有利于促进社会关系状况的日益和谐。

3. 追求社会持续发展

恩格斯说过："历史同认识一样，永远不会在人类的一种完美的理想状态中最终结束；完美的社会、完美的'国家'是只有在幻想中才能存在的东西；相反，一切依次更替的历史状态都只是人类社会由低级到高级的无穷发展进程中的暂时阶段。"[1]216-217 21世纪的市场经济发展阶段，作为人类从历史走向未来、从必然走向自由的过渡阶段，既要充分肯定它对于现代社会发展的历史性作用，同时也要看到它的有限性、矛盾性、过渡性，不能把它理想化、神圣化、绝对化。在发展经济、推进市场经济建设过程中，要普及科学文化，创造良好的环境氛围，引导人们培养高尚的情趣，以改善和提高人们的生活质量，积极促进社会公正、安全、文明、健康发展。人与自然的关系是双向互动的辩证过程。社会是人同自然界的完成了的本质的统一。任何时代的人类都只能完成自己时代提出的历史任务，没有任何时代的人能够为整个人类规划未来社会的一切发展。人与自然只有在社会实践中才能得到统一。马克思从人与自然关系的历史考察出发，最后得出的结论是："只有共产主义才能完全合理地解决人与自然之间的矛盾。共产主义,作为完成了的自然主义,等于人道主义,而作为完成了的人道主义,等于自然主义;它是人和自然之间、人和人之间的矛盾的真正解决。"[8]120中国特色社会主义的发展,就是在为社会经济的可持续发展创造思想和物质条件。

4. 推进社会跨越发展

社会的发展是一个不断跨越现成模式、实现理想境界的过程。这是一个不断创新的过程。按照一般的理解,社会制度的发展在特定的历史条件下是可以超越的,但其所经历的生产力发展阶段是无法超越的。就整个人类生产力来看,它是一种既定的推动社会发展的物质力量,人们只能继承它、利用它和改造它,而不能随意超越它。也就是说,历史决定了每一代人都不能随心所欲地发展生产力,只能在既定的历史条件下、在继承前一代生产力的社会基础上循序渐进,而不可能跳过其中的任何一代。然而,从现实的情况看,超越生产力发展的某些阶段不仅是可能的而且是必然的。21 世纪由于科学技术的迅猛发展、全球化的推进,每一个国家和民族的生产力发展既要受到本国既有生产状况的制约,也要受到全球经济快速提升的影响。建立在高科技基础上的社会广泛联系、经济深度交往以及信息立体辐射,形成了不同国家、不同民族选择用先进生产力取代落后生产力的不同路径。也就是说,用先进生产要素置换和替代传统落后的生产要素,用先进科技改造和提高国民经济整体素质,是现实社会发展的主流,这就有可能实现生产力发展阶段的某种超越。一国生产力发展的超越性实际上是以世界已经经历过这一阶段的生产力发展为前提的,而且这种超越也不可能是对当今世界最先进生产力水平的超越。超越生产力发展的某些阶段,是经济后发国家加快发展的自觉选择。对于当代中国来说,是要抓住世界经济结构调整的机遇,积极采纳最先进的科技成果,自觉推动经济结构、科学技术和区域经济的跨越式发展,实现生产力发展阶段的某种超越。

5. 实现社会全面发展

社会主义社会是全面发展、全面进步的社会。物质文明、精神文明、制度文明、生态文明是衡量社会发展与进步的基本尺度。中国特色社会主义的目标是建立一个高度物质文明、高度精神文明、高度制度文明、高度生态文明的社会,实现经济、社会和生态的相互和谐与相互促进,实现人的全面发展、社会的全面进步和未来人类的可持续生存。在这种形态下，才形成普遍的社会物质交换、文化交往，构筑人与人、人与社会全面的关系，开发人的多方面的需求以及全面发展的能力体系。马克思主张重建个人所有制，其含义就是指全面而充分发展的每个人以自由联合的方式占有生产资料、自己的劳动及其劳动力、自己的劳动产品，目的是为实现每个人的自由而全面的发展提供新的社会经济形式。推进社会全面发展，对于当代中国来说就是要按照"三个代表"重要思想的要求，立足于把中国的事情办好，大力发展生产力，增强我国的综合国力，不断提高人民群众的生活水平，真正体现社会主义的本质。

参考文献

［1］马克思，恩格斯. 马克思恩格斯选集：第 4 卷［M］. 2 版. 北京：人民出版社，1995.
［2］马克思，恩格斯. 马克思恩格斯选集：第 1 卷［M］. 2 版. 北京：人民出版社，1995.
［3］马克思，恩格斯. 马克思恩格斯全集：第 12 卷［M］. 北京：人民出版社，1962.
［4］马克思，恩格斯. 马克思恩格斯选集：第 3 卷［M］. 2 版. 北京：人民出版社，1995.
［5］江泽民. 高举邓小平理论伟大旗帜，把建设有中国特色社会主义事业全面推向二十一世纪［M］. 北京：人民出版社，1997.
［6］邓小平. 邓小平文选：第 3 卷［M］. 北京：人民出版社，1993.
［7］马克思，恩格斯. 马克思恩格斯全集：第 46 卷（上）［M］. 北京：人民出版社，1979.
［8］马克思，恩格斯. 马克思恩格斯全集：第 42 卷［M］. 北京：人民出版社，1979.

（本文刊登于《马克思主义研究》，2002 年第 5 期。）

马克思主义发展观的历史嬗变

发展是人类社会的永恒主题,是人类文明觉醒的主要标志。自从发展成为人类的一种价值理念和目标模式,便产生了多种形式的发展理论。所谓发展观,就是关于发展的本质、目的、内涵和要求的总体看法和根本观点。马克思主义最注重发展,马克思主义发展观是马克思主义全部学说的一个核心视域。在人类发展史上,一代又一代马克思主义者坚持一切从实际出发,从变化了的社会经济情况出发,就发展问题做出科学的判断和回答,从而把发展问题的研究不断地引向深入。马克思主义发展观是与时俱进的科学的发展观,对人类实践的发展起着长期性、全局性、根本性的指导作用。

一、马克思主义经典作家的发展观

马克思、恩格斯、列宁等马克思主义经典作家,在观察社会生活、分析社会矛盾、亲身参加社会实践的历史进程中,自觉借鉴和吸取人类思想家们有关发展的思想文化遗产,对发展问题进行了系统而深入的研究,在众多的发展理论中独树一帜,揭示发展规律,阐明发展方向,强调发展目的,形成了具有特定内涵的科学的发展观,从而大大地推进了人类社会革命性变革的伟大实践。

(一) 马克思、恩格斯的发展观

在十九世纪三四十年代,马克思、恩格斯积极投身于当时的工人运动实践中,研究并发现了整个人类社会的发展规律,破解了历史之谜,创立了唯物史观;研究并发现了资本主义社会发展的规律,破解了发展之谜,创立了剩余价值学说。马克思主义发展观的创始人马克思、恩格斯把伟大的认识工具和科学的发展理论贡献给了人类。

关于发展规律。马克思主义发展观认为，任何事物的产生和发展，都有其规律性，不论其发展的具体进程如何，最终都不可能摆脱客观规律。马克思精辟地指出："物质生活的生产方式制约着整个社会生活、政治生活和精神生活的过程。不是人们的意识决定人们的存在，相反，是人们的社会存在决定人们的意识。社会的物质生产力发展到一定阶段，便同它们一直在其中运动的现存生产关系或财产关系发生矛盾，于是这些关系便由生产力的发展形式变成生产力的桎梏。那时社会革命的时代就到来了。随着经济基础的变更，全部庞大的上层建筑也或慢或快地发生变革。"[1]32-33 恩格斯也明确指出："在社会历史领域内进行活动的，是具有意识的、经过思虑或凭激情行动的、追求某种目的的人；任何事情的发生都不是没有自觉的意图、没有预期的目的的。但是，不管这个差别对历史研究，尤其是对各个时代和各个事变的历史研究如何重要，它丝毫不能改变这样一个事实：历史进程是受内在的一般规律支配的。"[2]247 马克思、恩格斯深刻地揭示了社会主义代替资本主义是人类社会不可抗拒的发展规律。

关于发展方向。共产主义不是一种单纯的工人阶级的党派性学说，而是一种最终目的在于把连同资本家在内的整个社会从现存关系的狭小范围中解放出来的理论。马克思高度概括了人类社会发展的目标："一切民族，不管他们所处的历史环境如何，都注定要走这条道路——以便最后都达到在保证社会劳动生产力极高度发展的同时又保证人类最全面的发展的这样一种经济形态。"[3]130 共产主义是人类社会发展的现实目标和最终奋斗目标的有机统一。我们现在的努力，就是为了将来实现共产主义的伟大目标。马克思、恩格斯明确指出："共产党人为工人阶级的最近的目的和利益而斗争，但是他们在当前的运动中同时代表运动的未来。"[4]306

关于发展目的。在《共产党宣言》中，马克思、恩格斯明确把人的自由而全面发展作为人类社会发展的目的："代替那存在着阶级和阶级对立的资产阶级旧社会的，将是这样一个联合体，在那里，每个人的自由发展是一切人的自由发展的条件。"[4]294 人的全面发展，实际上就是符合人的本质和需要的发展，就是让每个人的创造能力和创造价值得到充分的体现。马克思、恩格斯指出："共产主义者的目的是……把社会组织成这样：使社会的每一个成员都能完全自由地发展和发挥他的全部才能和力量。"[5]373 马克思强调,在未来的社会中,"社会化的人,联合起来的生产者,将合理地调节他们和自然之间的物质变换,把它置于他们的共同控制之下,而不让它作为盲目的力量来统治自己;靠消耗最小的力量,在最无愧于和最适合于他们的人类本性的条件下来进行这种物质变换"[6]926-927。为此,马克思主张通过阶级的解放、社会的解放,最终达到人的解放,实现人的自由而全面发展。

(二)列宁的发展观

列宁是一个伟大的马克思主义者,是俄国十月革命的领导者和组织者。他根据俄国社会经济发展的实际状况,具体分析了在俄国建立社会主义的必要性和可能性,在发展观上对马克思主义发展观进行了重大的理论创新,初步形成了一套适合俄国特点的、具有俄国风格的马克思主义发展观。

关于发展的规律性。列宁认为,每个历史时期都有它自己发展的客观规律,一般规律并不排除在某种情况下个别发展阶段出现的特殊性。他说:"世界历史发展的一般规律,不仅丝毫不排斥个别发展阶段在发展的形式或顺序上表现出特殊性,反而是以此为前提的。"[7]776 他还强调:"一切民族都将走向社会主义,这是不可避免的,但是一切民族的走法却不完全一样,在民主的这种或那种形式上,在无产阶级专政的这种或那种形式上,在社会生活的各方面的社会主义改造的速度上,每个民族都会有自己的特点。"[8]163 列宁从资本主义经济政治发展不平衡规律和资本主义体系的薄弱环节出发,在1915年发表的《论欧洲联邦口号》一文中首次提出"社会主义将在一国或数国首先取得胜利"。也就是说,经济文化落后的国家可以先于发达国家进行社会主义革命和建设。

关于发展的条件性。列宁不否认一般的原则,但是要求对具体运用这些一般原则的条件进行具体的分析。他说:"对俄国来说,根据书本争论社会主义纲领的时代已经过去了,我深信已经一去不复返了。今天只能根据经验来谈论社会主义。"[9]446 十月革命胜利后,面对国内武装暴乱和十四国武装干涉,新生的红色政权不得不采取"战时共产主义"政策。但情况一经好转,列宁就着手制定新的发展政策,提出从战时共产主义政策向新经济政策转变。根据当时的实际情况,列宁明确指出:"我们还不能阐述社会主义的特征","因为还没有材料用来说明社会主义的特征。建设社会主义的砖头现在还没有造好"。[10]134-135 他强调，要利用资本主义建设社会主义，并提出"在经济上极力利用、加紧利用和迅速利用资本主义的西方"的重要命题。

关于发展的基础性。社会主义制度是在经济文化落后的俄国首先建立的，这给俄国社会主义建设带来了一系列难以想象的困难。列宁把俄国与西方发达国家革命难易程度进行了比较："我们的革命是开始容易，继续比较困难，而西欧的革命是开始困难，继续比较容易。"[7]577 列宁认为，劳动生产率，归根到底是使新社会制度取得胜利的最重要、最主要的东西。他甚至把社会生产力的发展看作"社会进步的最高标准"，强调社会主义要创造出比资本主义更高的劳动生产率。

关于发展的过程性。列宁认为，社会主义的社会形态要划分具体的发展状况，第一阶段称为社会主义社会，高级阶段称为共产主义社会；每一个大的发展阶段都有一个多级发展过程，即大阶段中有小阶段。列宁提出，过渡时期要划分阶段，强调一个国家经济文化越落后，过渡时期就越长。"在达到完全的共产主义以前，任何形式都不会是最后的。我们并不妄自认为我们知道正确的道路。但是我们必然会确定不移地走向共产主义。"[9]343 列宁把社会主义看作一个长期的发展过程，他认为需要充分认识社会主义建设、发展的长期性、复杂性和曲折性。

二、中国共产党三代中央领导核心的发展观

以毛泽东、邓小平、江泽民为代表的中国共产党三代中央领导集体的核心，立足于中国革命、建设和改革的实践，坚持把马克思主义的发展观与中国社会主义建设特别是改革开放和市场经济的具体实践相结合，对什么是发展、为什么要发展、怎样实现发展等一系列涉及发展的重大理论和实践问题，做出了中国化马克思主义的科学解答，实现了马克思主义发展观的中国化和本土化，形成了一整套关于中国发展问题的科学理论。中国共产党三代中央领导核心的发展观构成了马克思主义发展观的重要组成部分，在马克思主义发展史上有着极其重要的地位。

(一)毛泽东的发展观

毛泽东是一位伟大的马克思主义者,是中国特色马克思主义发展观的主要奠基人。他在领导中国新民主主义革命和社会主义革命与建设过程中,以马克思主义发展观为指导,从中国的具体国情出发,对发展中的许多重大问题进行了积极而有益的探索,提出了一系列有独到见解的发展思想,初步奠定了中国特色马克思主义发展理论的基础。

关于发展实质。毛泽东提出,我们不但善于破坏一个旧世界,我们还将善于建设一个新世界。中国的发展,就是要建立一个新国家、新社会。在《新民主主义论》中,毛泽东指出:"我们共产党人,多年以来,不但为中国的政治革命和经济革命而奋斗,而且为中国的文化革命而奋斗;一切这些的目的,在于建设一个中华民族的新社会和新国家。在这个新社会和新国家中,不但有新政治、新经济,而且有新文化。"[11]663在发展中,毛泽东反复强调,资本主义道路在中国行不通,只有社会主义才能够救中国。

关于发展主体。毛泽东认为,人民群众是社会历史的创造者,是中国发展的主体。他明确指出:"中国的命运一经操在人民自己的手里,中国就将如太阳升起在东方那样,以自己的辉煌的光焰普照大地,迅速地荡涤反动政府留下来的污泥浊水,治好战争的创伤,建设起一个崭新的强盛的名副其实的人民共和国。"[12]1467毛泽东反复强调,要相信人民,依靠人民,走群众路线,既要充分调动和发挥人民群众的积极性、主动性和创造性,又要关心人民群众的实际利益。

关于发展道路。中国的发展一定要走自己的路。在民主革命时期,毛泽东提出走"农村包围城市,武装夺取政权"的道路,走出一条具有中国特色的新民主主义革命道路。新中国成立初期,中国以学习苏联的建设经验拉开了社会主义建设的序幕。在实践中,毛泽东认识到,苏联的发展并不都是成功的。在1956年发表的《论十大关系》中,毛泽东指出:"最近苏联方面暴露了他们在建设社会主义过程中的一些缺点和错误,他们走过的弯路,你还想走?过去我们就是鉴于他们的经验教训,少走了一些弯路,现在当然更要引以为戒。"[13]207在发展道路问题上,毛泽东明确提出"以苏为鉴",探索中国自己的社会主义建设道路的重要思想。

关于发展动力。毛泽东第一次明确提出社会主义社会的基本矛盾，并认为它是社会发展的内在动力。毛泽东指出，在社会主义社会中，基本矛盾仍然是生产关系和生产力之间的矛盾以及上层建筑和经济基础之间的矛盾。"所谓社会主义生产关系比较旧时代生产关系更能够适合生产力发展的性质，就是指能够容许生产力以旧社会所没有的速度迅速发展，因而生产不断扩大，因而使人民不断增长的需要能够逐步得到满足的这样一种情况。"[13]373 毛泽东提出，社会主义革命的目的是解放生产力，在大规模的急风暴雨式的阶级斗争结束以后，要保护和发展生产力，大力开展经济建设，发展科学技术。

（二）邓小平的发展观

邓小平作为我国改革开放和现代化建设的总设计师，进入新时期以后，他最关心也倾注最多力量解决的问题是发展问题。邓小平的发展观第一次比较系统地初步回答了在中国这样一个经济文化比较落后的国家如何建设社会主义、如何巩固和发展社会主义等一系列问题，创立了完整的中国特色马克思主义发展理论，极大地丰富了马克思主义发展观。

发展主题论。邓小平提出了著名的"发展才是硬道理"的科学命题。他认为，中国解决所有问题的关键是要靠自己的发展。发展的问题，首先是一个改变落后、赶上先进的问题。对于我们这样一个后发展国家来说，经济发展的速度不能太低，低速度就等于停步，就等于后退。他特别强调："我国的经济发展，总要力争隔几年上一个台阶。"[14]377 邓小平明确指出，社会主义的任务很多，但根本的一条就是发展生产力。以经济建设为中心，大力发展生产力，是邓小平发展观的核心内容。

发展内涵论。在中国怎样建设社会主义，邓小平主张既抓物质文明建设，又抓精神文明建设，要"两手抓，两手都要硬"。在突出经济建设的同时，不能忽视精神文明建设。邓小平指出，精神文明不抓好，物质文明又有什么意义呢。不加强精神文明的建设，物质文明的建设也要受破坏，走弯路。因此，我们在建设高度物质文明的同时，必须建设高度的精神文明。只有把物质文明和精神文明都搞好，才是有中国特色的社会主义。

发展目标论。邓小平明确指出："我们现在所干的事业，就是把中国变成一个现代化的社会主义国家。"[14]259 中国的主要目标是发展，是为了使我国消灭贫穷，走向富强，消灭落后，走向现代化，建设有中国特色的社会主义。当代中国的发展需要分三步走，最终达到共同富裕。让一部分地区、一部分人先富起来，目的是为了先富带后富，实现共同富裕。

发展战略论。根据我国正处于社会主义初级阶段的基本国情，1987年4月，邓小平明确提出了"三步走"的战略构想："第一步在80年代翻一番。以1980年为基数，当时国民生产总值人均只有250美元，翻一番，达到500美元。第二步是到本世纪末，再翻一番，人均达到1 000美元。实现这个目标意味着我们进入小康社会，把贫困的中国变成小康的中国……我们制定的目标更重要的还是第三步，在下世纪用30到50年再翻两番，大体上达到人均4 000美元。做到这一步，中国就达到中等发达的水平。这是我们的雄心壮志。"[14]226 邓小平"三步走"的总体发展战略构想为我国科学发展、加快发展提供了宏伟蓝图。

发展动力论。邓小平揭示了社会主义社会是一个自我改革的社会，强调"改革是社会主义制度的自我完善，在一定范围内也发生了某种程度的革命性变革"[14]142。改革是中国的第二次革命，是决定中国前途命运的关键一招。邓小平强调，改革中出现的问题只有通过社会改革的办法来解决。邓小平还提出，开放也是改革。他说，现在的世界是开放的世界，中国的发展离不开世界。邓小平把对外开放当作实现中国式现代化宏伟目标的一个重要环节，积极探索中国式现代化的实现形式。

发展关键论。中国的发展要靠人才。邓小平强调，人才难得。现代中国发展中出现的许多问题，最终都可归结为人才问题。他指出："一个人才可以顶很大的事，没有人才什么事情也搞不好。"[14]369 他还说："我们现在不是人才多了，而是真正的人才没有很好地发现，发现了没有果断地起用。"[14]369 邓小平特别分析了资本主义国家使用人才的情况。他说："我们说资本主义社会不好，但它在发现人才、使用人才方面是非常大胆的。它有个特点，不论资排辈，凡是合格的人就使用，并且认为这是理所当然的。"[15]225 建设中国特色社会主义，事情成败的关键在于能不能发现人才、能不能用好人才。

（三）江泽民的发展观

江泽民是中国共产党第三代中央领导集体的核心，是"三个代表"重要思想的主要创立者。他在世纪之交领导我国改革开放和现代化建设过程中,把马克思主义发展理论与中国社会主义现代化建设实际相结合,继承和发展了毛泽东、邓小平的发展观,建构了中国特色马克思主义发展理论,对马克思主义发展观做了进一步的拓展和升华。

关于发展理念。江泽民对中国发展问题特别是对涉及现代化建设全局的重大问题进行了系统而深入的研究,提出中国特色社会主义是靠发展来不断巩固和推进的。为了推进发展,江泽民提出,与时俱进是马克思主义理论的宝贵品质。党的全部理论和工作都要坚持与时俱进,体现时代性、把握规律性、富于创造性,能否始终做到这一点,决定着党和国家的前途命运。他特别强调:"发展要有新思路。"[16]要自觉地把思想认识从那些不合时宜的观念、做法和体制的束缚中解放出来,从对马克思主义的错误的和教条式的理解中解放出来,从主观主义和形而上学的桎梏中解放出来。发展的实质是创新,没有创新就没有发展。

关于发展主题。江泽民认为,中国共产党要承担起推动中国社会进步的历史责任,必须始终紧紧抓住发展这个执政兴国的第一要务。他强调:"我们党在中国这样一个经济文化落后的发展中大国,领导人民进行现代化建设,能不能解决好发展问题,直接关系人心向背、事业兴衰。"[16]紧紧抓住发展这个党执政兴国的第一要务,就从根本上把握了人民的愿望,把握了社会主义现代化建设的本质,就能使"三个代表"重要思想不断落实,使党的执政地位不断巩固,使强国富民的要求不断得到实现。江泽民还强调,要抓住发展这个第一要务,就必须做到一切妨碍发展的思想观念都要坚决冲破,一切束缚发展的做法和规定都要坚决改变,一切影响发展的体制弊端都要坚决革除。

关于发展内涵。江泽民明确提出社会主义物质文明、政治文明和精神文明全面协调发展的重要思想。江泽民指出:"我们进行现代化建设,无疑致力于发展生产力,把物质文明建设好。"[17]380我们党的全部理论和各项工作,必须努力符合生产力发展的规律,体现不断推动社会生产力的解放和发展的要求,尤其要体现推动先进生产力发展的要求,通过发展生产力不断提高人民群众的生活水平。江泽民指出:"发展社会主义民主政治,建设社会主义政治文明,是社会主义现代化建设的重要目标。"[18]他提出,建设社会主义政治文明,最根本的就是要坚持党的领导、人民当家作主和依法治国的有机统一。党的领导是人民当家作主和依法治国的根本保证，人民当家作主是社会主义民主政治的本质要求，依法治国是党领导人民治理国家的基本方略。在当代中国，发展先进文化，就是建设社会主义精神文明。发展先进文化，必须坚持马克思列宁主义、毛泽东思想和邓小平理论在意识形态领域的指导地位，用"三个代表"重要思想统领社会主义文化建设。发展中国特色社会主义文化，要把弘扬主旋律和提倡多样化统一起来，丰富人的生活，提高人的素质，促进人的全面发展。

关于发展目标。江泽民指出："我们要在本世纪头20年，集中力量，全面建设惠及十几亿人口的更高水平的小康社会，使经济更加发展，民主更加健全，科教更加进步，文化更加繁荣，社会更加和谐，人民生活更加殷实。"[16]全面建设小康社会，是实现现代化建设第三步战略目标必经的承上启下的发展阶段，也是完善社会主义市场经济体制和扩大对外开放的关键阶段。"经过这个阶段的建设，再继续奋斗几十年，到本世纪中叶基本实现现代化，把我国建成富强民主文明的社会主义国家。"[16]为了实现这个奋斗目标，江泽民强调："发展要有新思路，改革要有新突破，开放要有新局面，各项工作要有新举措。"[16]

关于发展阶段。要实现共产党人的使命，就必须从实际出发，准确把握社会主义初级阶段的基本国情。江泽民指出："我国现在处于并将长期处于社会主义初级阶段。社会主义初级阶段是整个建设有中国特色社会主义的很长历史过程中的初始阶段。随着经济发展和社会全面进步，将来条件具备时，我国社会主义建设会进入更高的发展阶段。"[19]153江泽民强调，社会主义初级阶段，是完成国家的工业化和实现国家经济的社会化、市场化、现代化的历史长过程，总的目标是到21世纪中叶基本实现社会主义现代化，实现中华民族的伟大复兴。在这个长过程中，我们已经历了若干个具体的发展阶段，还要继续经历若干个具体的发展阶段。

关于发展环节。江泽民指出："改革是动力，发展是目标，稳定是前提。没有改革，我们就不可能走出一条建设有中国特色社会主义的正确道路，我们的事业就不可能顺利前进；没有发展，我们就不可能实现现代化，也就不可能保持党和国家的长治久安；没有稳定，改革和发展都无从进行。"[17]211他把改革、发展、稳定比作现代化建设棋盘上的三着紧密关联的战略棋子，每一着棋都下好了，就会全局皆活，否则就全局受挫。江泽民特别强调,要把改革的力度、发展的速度和社会可承受的程度统一起来,把不断改善人民生活作为处理改革发展稳定关系的重要结合点,在社会稳定中推进改革发展,通过改革发展促进社会稳定。

三、新的中央领导集体的科学发展观

21世纪初的中国进入了全面建设小康社会的新的发展阶段。以胡锦涛为总书记的党中央深谋远虑、审时度势、总揽全局,科学判断和全面把握了国际形势的新变化,科学判断和全面把握了我国社会经济发展的新特点,科学判断和全面把握了我们党所处历史方位的新使命,深刻总结了我们党和国家发展的历史经验以及世界社会主义发展的经验教训,提出了坚持以人为本,全面、协调、可持续的科学发展观。科学发展观揭示的是发展的普遍规律,是新一届中央领导集体对发展内涵、发展要义、发展本质认识的进一步深化和理论的重大创新,是马克思主义发展观的最新理论成果。

(一)科学发展观的第一要义是发展

发展观的主旨是发展。离开发展,就无所谓发展观。胡锦涛指出:"科学发展观,是用来指导发展的,不能离开发展这个主题,离开了发展这个主题就没有意义了。"[20]在我国,要不要发展的问题经过20多年的改革开放应该说已基本解决,现在需要在此基础上,进一步解决为什么发展和怎样发展得更快更好的问题。胡锦涛强调指出:"一个国家坚持什么样的发展观,对这个国家的发展会产生重大影响,不同的发展观往往会导致不同的发展结果。"[20]不发展谈不上科学发展,发展太慢也不是科学发展,畸形发展更不是科学发展。坚持科学发展观,其根本着眼点是要用新的发展思路实现当代中国更好更快的发展。

发展是硬道理,发展是党执政兴国的第一要务,这是必须始终坚持的重要战略思想。"现在世界各国都在发展,形势逼人,如果我们不加快发展,就会落后,甚至会处于被动挨打地位。因此,我们必须始终聚精会神搞建设,一心一意谋发展。"[21]中国解决一切问题的关键在于发展。科学发展观不仅包括要发展、要加快发展,而且包括为什么发展和怎样发展的

问题。

科学发展观是一个完整的新的发展理念，它的基本要义是：坚持以人为本，通过实行经济社会的全面、协调和可持续发展，努力提高人民的生活质量，促进经济社会和人的全面发展。胡锦涛深刻指出，科学发展观总结了20多年来我国改革开放和现代化建设的成功经验，吸取了世界上其他国家在发展进程中的经验教训，概括了战胜非典疫情给我们的重要启示，揭示了经济社会发展的客观规律，反映了我们党对发展问题的新认识，要把科学发展观贯穿于发展的整个过程。

（二）科学发展观的本质是以人为本

坚持以人为本，是科学发展观的本质和核心。胡锦涛指出："坚持以人为本，就是要以实现人的全面发展为目标，从人民群众的根本利益出发，谋发展、促发展，不断满足人民群众日益增长的物质文化需要，切实保障人民群众的经济、政治和文化权益，让发展的成果惠及全体人民。"[20]以人为本，是在对当代中国发展过程中人的主体地位和作用日益突出的反思中，尤其是对片面追求经济增长的发展观所付出的代价的反思中，提出的一种全新的发展理念。

以人为本，坚持了马克思主义关于人的发展学说的基本思想，吸收了人本主义思想中的有益成分，顺应了时代发展的潮流。以人为本就是尊重人的存在价值、需求价值和发展价值，以平等的全体人为本，以大多数人的需要为本，以各个阶层的人的全面进步为本，以子孙后代共享文明成果为本，一句话就是要以最广大人民的根本利益为本。

坚持以人为本，集中体现了我们党的根本宗旨和新的执政理念。以人为本的"人"，是指中国最广大的人民；以人为本的"本"，是指中国最广大人民的根本利益。胡锦涛在阐述科学发展观的深刻内涵和基本要求时指出，我们讲发展也好，讲统筹兼顾也好，出发点和归宿都是要实现好、维护好、发展好最广大人民的根本利益。我们搞好生产、促进发展的目的是为了人民群众，是为了满足人民日益增长的物质文化需要。以人为本，既是总结我国发展经验得出的一个宝贵启示，更是现代化建设实践提出的一个紧要课题。

(三) 科学发展观的基本原则是全面、协调、可持续发展

科学发展观的基本原则和总体要求是全面、协调、可持续发展。在全面建设小康社会中，坚持全面、协调、可持续发展就是要做到，经济、政治、文化、社会等各方面的发展与人的全面发展的统一，经济、社会与人口、资源、环境的统一，物质文明、政治文明、精神文明和社会文明建设的统一。

"全面发展，就是要以经济建设为中心，全面推进经济、政治、文化建设，实现经济发展和社会全面进步。"[20]全面发展绝不是撇开发展谈全面，偏离经济建设中心求发展，而是要克服实际工作中存在的重经济指标、轻社会进步，重物质生产、轻精神文明，重眼前利益、轻长远发展的偏差，解决发展中的片面性和单打一问题，防止出现因发展不平衡而制约发展的问题，真正推进全面发展。

"协调发展，就是要统筹城乡发展、统筹区域发展、统筹经济社会发展、统筹人与自然和谐发展、统筹国内发展和对外开放，推进生产力和生产关系、经济基础和上层建筑相协调，推进经济、政治、文化、建设的各个环节、各个方面相协调。"[20]协调发展着重强调城乡之间、区域之间、经济社会与人的发展之间的协调并进，经济社会与人口、资源、环境之间的协调平衡，生产力和生产关系、经济基础和上层建筑之间的协调发展。

"可持续发展，就是要促进人与自然的和谐，实现经济发展和人口、资源、环境相协调，坚持走生产发展、生活富裕、生态良好的文明发展道路，保证一代接一代地永续发展。"[20]推进可持续发展，要求在发展中充分考虑资源和环境的承受力，统筹考虑当前发展和未来发展的需要，积极发展绿色经济、循环经济，实现自然生态系统和社会经济系统的良性循环，为子孙后代留下充足的发展条件和发展空间。

(四) 科学发展观的关键是统筹兼顾

"统筹兼顾，协调好各方面利益关系，调动一切积极因素，是我们党的一个重要历史经验，也是我们党在新的历史条件下要长期坚持的战略方针。"[21]统筹是为了兼顾，为了整合，为了更好地发展。只有坚持统筹兼顾，才能实现全面、协调、可持续的发展。科学发展观提出的统筹兼顾关

键是要搞好"五个统筹"。

统筹城乡发展，实质是改变重城市、轻农村的传统观念和城乡二元分割的经济社会结构，使城乡居民共同得到更多更大的实惠。胡锦涛指出："坚持统筹城乡发展，充分发挥城市对农村的辐射和带动作用，充分发挥工业对农业的支持和反哺作用，逐步建立有利于改变城乡二元经济结构的体制，稳定、完善和强化对农业的支持政策，加快农业和农村经济发展，努力实现农民收入稳步增长，促进城乡良性互动、共同发展。"[22]

统筹区域发展，"就是要继续发挥各个地区的优势和积极性，逐步扭转地区差距扩大的趋势，实现共同发展"[21]。要坚持推进西部大开发，振兴东北地区等老工业基地，促进中部地区崛起，鼓励东部地区加快发展，形成东中西互动、优势互补、相互促进、共同发展的新格局，努力使改革和发展的成果惠及更多的地区。

统筹经济社会发展，就是要正确处理经济发展中凸现的社会问题，切实关注和解决诸如失业、贫困等社会问题，加强社会建设和管理，营造良好的人际环境，保持良好的社会秩序，维护社会稳定，保证经济持续健康发展，保证人民群众安居乐业，在经济发展的基础上推进社会全面进步。

统筹人与自然和谐发展，就是要尊重经济规律和自然规律，既要保持人的可持续发展，又要保持生态的可持续发展，把经济增长建立在生态良性循环的基础上。只有实现了人与自然的和谐，才能真正实现人与人的和谐、人与社会的和谐。

统筹国内发展和对外开放，就是要统筹考虑并充分利用国际国内两个市场、两种资源，既要坚持"引进来"，又要推进"走出去"，把利用外部有利条件和发挥自身优势结合起来。胡锦涛强调，要按照统筹国内发展和对外开放的要求，密切关注国际经济形势的发展变化，善于利用可以为我所用的各种机遇，积极应对可能给我国发展带来风险的挑战，努力做到趋利避害，不断提高开放型发展水平。

（五）科学发展观的目的是促进经济社会和人的全面发展

我们以经济建设为中心，目的并不是为经济本身。经济发展只是社会发展的必要条件和基本手段，人的全面发展与社会全面进步才是发展的目的所在。科学发展观把发展看成是由政治、经济、文化、科技、人口、环境等相关系统组成的有机整体，并突出强调促进经济社会和人的全面发展。胡锦涛明确指出："树立和落实科学发展观，必须在经济发展的基础上，推动社会全面进步和人的全面发展，促进社会主义物质文明、政治文明、精神文明协调发展。"[20] 在发展思路上，科学发展观要求经济社会发展与人的全面发展发展相统一，把发展看成是一个文化传承过程，以人的全面发展促进生产力的不断提高，把经济的发展、制度的完善与人的素质提高内在地统一起来，以社会全面进步推动人的全面发展；在发展层次上，科学发展观是一种实现深层次、协调性的发展，是经济社会与人的全面协调发展，而不是把发展简单地归结为经济增长、财富积累等浅显方面；在发展目标上，科学发展观强调经济社会发展的整体最优原则和人的全面发展的目标模式的统一，它不仅要求当代人、当代社会能够更好地生存与发展，还要求未来人类、未来社会也能更好地生存与发展，不断提高人们的生活质量。促进经济社会和人的全面发展，深刻地揭示了人类发展的一般规律和发展的真谛与意义。

可以说，科学发展观是我们党对现代化建设指导思想的重大发展，是马克思主义发展观在当代中国的重大理论创新，是马克思主义发展观的又一次重大历史性飞跃，它对整个改革开放和社会主义现代化建设都具有重要的指导意义。

参考文献

［1］马克思，恩格斯. 马克思恩格斯选集：第 2 卷［M］. 2 版. 北京：人民出版社，1995.

［2］马克思，恩格斯. 马克思恩格斯选集：第 4 卷［M］. 2 版. 北京：人民出版社，1995.

［3］马克思，恩格斯. 马克思恩格斯全集：第 19 卷［M］. 北京：人民出版社，1980.

［4］马克思，恩格斯. 马克思恩格斯选集：第 1 卷［M］. 2 版. 北京：人民出版社，1995.

［5］马克思，恩格斯. 马克思恩格斯全集：第 42 卷［M］. 北京：人民出版社，1995.

［6］马克思. 资本论：第 3 卷（下）［M］. 北京：人民出版社，1975.

［7］列宁. 列宁选集：第 4 卷［M］. 3 版. 北京：人民出版社，1995.

［8］列宁. 列宁全集：第 28 卷［M］. 2 版. 北京：人民出版社，1990.

［9］列宁. 列宁全集：第 34 卷［M］. 2 版. 北京：人民出版社，1990.

[10] 列宁. 列宁全集：第 27 卷 [M]. 2 版. 北京：人民出版社，1990.

[11] 毛泽东. 毛泽东选集：第 2 卷 [M]. 2 版. 北京：人民出版社，1991.

[12] 毛泽东. 毛泽东选集：第 4 卷 [M]. 2 版. 北京：人民出版社，1991.

[13] 毛泽东. 毛泽东选集：第 5 卷 [M]. 北京：人民出版社，1977.

[14] 邓小平. 邓小平文选：第 3 卷 [M]. 北京：人民出版社，1993.

[15] 邓小平. 邓小平文选：第 2 卷 [M]. 2 版. 北京：人民出版社，1994.

[16] 江泽民. 在中国共产党第十六次全国代表大会上的报告 [M]. 北京：人民出版社，2002.

[17] 江泽民. 江泽民论有中国特色社会主义 [M]. 北京：中央文献出版社，2002.

[18] 江泽民. 在中央党校省部级干部进修班毕业典礼上的讲话 [N]. 人民日报，2002-06-01.

[19] 江泽民. 论"三个代表" [M]. 北京：中央文献出版社，2001.

[20] 胡锦涛. 在中央人口资源环境工作座谈会上的讲话 [N]. 人民日报，2004-04-05.

[21] 温家宝. 提高认识，统一思想，牢固树立和认真落实科学发展观 [N]. 人民日报，2004-03-01.

[22] 胡锦涛. 在省部级主要领导干部提高构建社会主义和谐社会能力专题研讨班上的讲话 [M]. 北京：人民出版社，2005.

（本文刊登于《苏州大学学报》，2005 年第 5 期。）

论马克思主义方法论特质

"什么是马克思主义，怎样对待马克思主义"这是正确认识和践行马克思主义的一个最重要、最基本的命题。对这一命题的科学解答，需要从马克思主义方法论特质入手。恩格斯指出："马克思的整个世界观不是教义，而是方法。它提供的不是现成的教条，而是进一步研究的出发点和供这种研究使用的方法。"[1]742-743马克思主义方法论是工人阶级和广大人民群众认识世界、改造世界所遵循的根本方法的学说和理论体系，是马克思主义世界观的科学概括和集中反映，是掌握和运用马克思主义科学理论的关键环节。所谓特质就是事物的根本特性和本质特点。马克思主义方法论特质贯穿于马克思主义的全部学说中，体现在马克思主义的科学实践中，反映在马克思主义整体性、实践性、开放性和真理性等方面。如果没有马克思主义方法论特质的反思和升华，对"什么是马克思主义，怎样对待马克思主义"的理论研究和实践运用就难以达到新的境界和水平。从方法论特质认识和把握马克思主义，就是不能用实用主义的庸俗化态度对待马克思主义，也不能用学理主义的抽象化态度对待马克思主义，更不能用教条主义的神圣化态度对待马克思主义，而只能按照马克思主义的科学方法，客观地认识和对待马克思主义，更好地推动马克思主义的时代化、中国化、大众化。

一、整体性：马克思主义是一与多的统一

马克思主义是人类社会迄今为止最科学、最严整、最有价值的理论体系。作为科学理论体系的马克思主义是"一个"活的有机体，"一块"完备而严密的整钢。所谓"一"，就是强调马克思主义理论的内在统一性、逻辑一致性，揭示马克思主义是一个相互依存、相互贯通的有机联系的整

体。马克思主义的科学性，就是主观与客观的统一，理论与实践的统一，历史与逻辑的统一。从马克思主义的形成来看，整体性是马克思主义得以生存与发展的条件和基础。马克思主义创始人代表工人阶级和广大人民群众的根本利益，代表人类社会的前进方向，深刻阐明了科学社会主义运动的理论形态，为无产阶级的阶级解放、社会解放和人类解放提供了伟大的认识工具。从马克思主义的本质来看，马克思主义的本质只有一个，那就是实事求是，坚持一切从实际出发，理论联系实际，在实践中检验真理和发展真理。从马克思主义的结构来看，马克思主义是一个完整的理论体系，具有内在逻辑结构一致性的理论体系，不只是在各个具体层面上认识和把握客观世界的发展、人的发展与人类社会发展的客观规律性，更重要的是对各个不同层面之间的逻辑关系做出新的认识，正是这些内在逻辑关系的一致性构成了马克思主义理论的"整体性"。马克思主义的根本和精髓体现在它的整体性之中，体现在它的基本立场、观点和方法中。离开了马克思主义的整体性，即使学习了马克思主义的某些内容，也不能对马克思主义有完整的了解和准确的掌握，不能科学地理解和掌握马克思主义的精神实质。坚持马克思主义理论的整体性，就是坚持马克思主义的本质性、科学性、完整性，就是运用马克思主义的世界观、方法论去分析和研究经济社会发展中的各种现象，揭示人类社会发展的一般规律和中国特色社会主义建设的特殊规律。

马克思主义是一个具有深邃思想资源、理论形态丰富的科学理论宝库，不能把马克思主义孤立起来，更不能把马克思主义理论体系中具有内在逻辑结构的多样性表达方式对立起来。所谓"多"，就是强调马克思主义内容多样性、视域多维性。马克思主义理论体系不可能是事先设定好的，而是需要在经济社会发展和人民群众具体实践中不断拓展、完善的。从马克思主义的内容来看，整体不是脱离局部的整体，而是包含各种具体内容的整体。马克思主义不仅包括马克思主义哲学、马克思主义政治经济学、科学社会主义这三个主要组成部分，而且包括马克思主义的历史学、社会学、法学、政治学、民族学、人类学、新闻学、文艺学、军事学，等等，这些具体内容是马克思主义在不同领域和方面的科学运用与逻辑展开。恩格斯指出："马克思在他所研究的每一个领域，甚至在数学领域，都有独到的发现，这样的领域是很多的，而且其中任何一个领域他都不是浅尝辄止。"[2]776-777 从马克思主义的指导作用来看,马克思主义不是抽象的,而是具体的。没有抽象的马克思主义。马克思主义丝毫不排除对客观世界中某一领域的探讨和对客观世界改造中的具体运用,恰恰强调需要正确地解释历史变迁和革命过程中所发生的种种实际问题。从马克思主义的功能来看,马克思主义对当今世界和当代中国社会生活中的经济、政治、文化等实际问题给予的科学阐释、予以的理论说明,形成了马克思主义科学理论的当代形态。面对火热的社会生活,马克思主义理论向各个具体学科渗透、拓展无疑是一种常态,它既有利于各个具体学科按照正确的方向发展,也有利于马克思主义理论本身的发展,有利于马克思主义理论通过这种学科渗透从这些具体学科的发展中吸取丰富的营养。马克思主义不是诸多个别论断和个别结论的机械总和,而是各个部分及其所包含的各项基本原理的有机整合。我们不能把本来不属于马克思主义的理论内容附加到马克思主义上去,不能把属于马克思主义的理论内容从马克思主义整体中割裂出去,也不能把对马克思主义的具体研究和实际运用,看作是对马克思主义的简单"叠加"或形式"拼装"。

人类历史的不断变化与发展,越来越证明马克思主义的科学性。完整、准确地领会马克思主义的整体性,需要坚持"一"与"多"的统一。"一"是"多"的灵魂和核心;"多"是"一"的基础和体现。强调整体性不能片面化、绝对化,不能只看到"一"而看不到"多"。从马克思主义理论研究上看,不能因为强调整体性,而否定对其分门别类的研究,忽视对重大问题、具体问题的理解和把握。没有对马克思主义基本内容的各个方面、各个层次深入研究,就谈不上是把这些理论综合在一起的整体性研究。从马克思主义的指导作用上看,当今世界、当代中国面对的是利益格局多元化、价值取向多样化、信息来源多变化的新情况,需要具体情况具体分析,不能生搬硬套,更不能断章取义。正如列宁所说,马克思主义理论"所提供的只是总的指导原理,而这些原理的运用具体地说,在英国不同于法国,在法国不同于德国,在德国又不同于俄国"[3]274-275。同样,坚持整体性也不能表层化、简单化,不能只看到"多"而看不到"一"。对马克思主义基本原理的研究,不能仅仅停留在某一个局部或一个层面。如果只见树木不见森林,就不能使马克思主义理论作为一个具有内在逻辑一致性的整体认识，就不可能有效地发挥马克思主义认识世界和改变世界的整体作用。学习领会马克思主义的理论旨趣，就是要深入把握马克思主义的理论体系和基本原理，而不是某个具体结论；就是要深刻揭示马克思主义的科学内涵和精神实质，而不是某个具体论断；就是要着重领会马克思主义的基本立场和基本观点，而不是某个具体观点。

二、实践性：马克思主义是知与行的统一

马克思主义是伟大的认识工具，是发展中国特色社会主义指导思想的理论基础。"知"即认识，是指知晓和懂得马克思主义。坚持马克思主义在当代中国意识形态的指导地位，首先要学好马克思主义，真正在理论与实际的结合上弄懂、弄通。学习马克思主义经典作家的著作，要尽可能详尽地占有第一手材料，尽可能深入细致地进行文本研究，而不能以偏概全，更不能无中生有。如果不系统地钻研马克思主义经典作家的原著，不系统地梳理马克思主义经典作家的文本，就不可能深入了解和科学把握马克思主义的思想渊源、主要内容和精神实质，也就不可能在实践中自觉地践行马克思主义。学习马克思主义理论，"要在利用著作的时候学会按照作者写的原样去阅读这些著作，首先要在阅读时，不把著作中原来没有的东西塞进去"[4]26。尤其要学会在马克思主义经典作家思想发生与发展的特定语境中来把握其本真意义，因为"每一篇原著的内容、角度以至于对于问题的提法虽都不尽相同，但它们的共同之处却都在于表现了作者的基本理论取向，亦即立场、观点、方法，这就使得我们在判别是否忠实于原著时有据可依"[5]序言。应该看到，前一时期我国学者在学习马克思主义理论时提出"回到马克思"，这既不是要回到马克思的一切既成结论上，也不是要简单地回到马克思所处的特定环境与条件中，而是要重新解读马克思的文本，揭示马克思主义理论创新的重要表现形式，回到在历史演进中被"遮蔽"的马克思科学精神上，实现马克思主义理论返本开新，使马克思与时代同行，使马克思主义永葆青春。如果缺少对马克思主义科学真谛的深刻把握，如果缺乏马克思主义的历史厚重感和时代创新性，就不能准确把握马克思主义真正的思想脉搏，就会因理论的贫乏而丧失对变革现实的话语权，就会因缺少理论根基和思想指导而导致学术研究的左右摇摆以及

实际生活表面繁荣的假象。在现实生活中，不懂马列而否定马列是幼稚可笑的；而学习马列后不懂装懂，"以其昏昏，使人昭昭"也是十分可悲的。

对于马克思主义的理论，要能够精通它、应用它，精通的目的全在于应用。"行"即行动，是指马克思主义的具体实践和实际应用。马克思主义的强大生命力就在于它的实践性，在于马克思主义基本原理的实际运用。列宁指出："现在必须弄清一个不容置辩的真理，这就是马克思主义者必须考虑生动的实际生活，必须考虑现实的确切的事实，而不应当抱住昨天的理论不放，因为这种理论和任何理论一样，至多只能指出基本的、一般的东西，只能大体上概括实际生活中的复杂情况。"[6]27 马克思主义不是包治百病的万应灵药，不能把它当作现成的公式到处搬用，也不能把它当作现成的模式到处套用。马克思、恩格斯在指导工人运动具体实践时反复强调，随时随地都要以当时的历史条件为转移。只有把马克思主义的基本原理和科学方法应用到各国的"具体环境中去，应用到具体条件中去"，才能真正发挥科学理论的指导作用。马克思主义的精髓是实事求是，强调具体情况具体分析，坚持一切从历史事实出发，从已经变化了的实际出发研究问题。毛泽东一再强调："我们是马克思主义者，马克思主义叫我们看问题不要从抽象的定义出发，而要从客观存在的事实出发，从分析这些事实中找出方针、政策、办法来。"[7]853 我们决不把马克思的理论看作某种一成不变的和神圣不可侵犯的东西。马克思主义在其发展的每一阶段，都要不断地吸收同时代的社会科学、自然科学和思维科学发展中一切有价值的科学成果，总是从发展着的世界本身的原理中，为人们认识世界、改造世界阐发新的理论，开辟自觉实践的前进道路。

强调"知"与"行"的辩证统一，就是要坚持马克思主义的科学实践观。马克思主义产生的源泉是实践，发展的根据是实践，检验的标准也是实践，实践性是马克思主义最根本的属性和特征，是马克思主义理论体系中最具有决定性意义的东西。"实践、认识、再实践、再认识，这种形式，循环往复以至无穷，而实践和认识之每一循环的内容，都比较地进到了高一级的程度。这就是辩证唯物论的全部认识论，这就是辩证唯物论的知行统一观。"[8]296-297 我们强调实践性，就是不能把马克思主义理论搞得玄而又玄、神乎其神，成为人民大众敬而远之的奢侈品。那种把马克思主义束之高阁、脱离实际、远离生活、独在小楼成一统式的研究，实际上是对马克思主义基本原理的背离和对马克思主义本质的伤害。恩格斯明确指出："我们的理论是发展着的理论，而不是必须背得烂熟并机械地加以重复的教条。"[1]681马克思主义的生命力和创造力就在于她只是给人类社会发展奠定了一种科学基础，是应当在各方面不断发展和推向前进的理论。我们不能简单地到马克思主义经典著作中去找现成答案，而应该在时代的发展、本国的国情和人民的实践中探寻解决问题的办法。坚持马克思主义知与行的统一，就是要自觉地把思想认识从那些不合时宜的观念、做法和体制中解放出来，从对马克思主义的错误的和教条式的理解中解放出来，从主观主义和形而上学的桎梏中解放出来。

三、开放性：马克思主义是源与流的统一

马克思主义是一个开放的理论体系。马克思主义创始人和继承者在吸纳人类所创造的一切文明成果的基础上，不断地把人类思想认识提升到时代发展的新水平。所谓马克思主义的"源"，是指原生形态的马克思主义，就是马克思主义创始人揭示人类社会发展真谛所创立的马克思主义。马克思主义不是到顶的理论，也不是到此为止的理论，没有也不可能穷尽一切真理，没有也不可能穷尽真理的一切新的发展。马克思主义是真理，但不是终极真理。马克思主义为人类认识和发展真理开辟了正确的道路，提供了科学的方法。马克思主义是一座人类思想高峰，同时又是人类向新的高峰攀登的阶梯。马克思主义的原生形态是真正能够代表和体现马克思主义精神实质的理论形态，是我们坚持和发展马克思主义的最为可靠的理论基础。当然，坚持原生形态的马克思主义，不能静止地对待马克思主义，把马克思主义看作是孤立不变的东西，需要马克思主义的继承者们依据马克思主义的立场、观点、方法在实践中坚持和发展马克思主义，把马克思主义理论推向前进。

所谓马克思主义的"流"，是指衍生形态的马克思主义，就是马克思主义的继承者们按照马克思主义的本来面貌在认识世界、改变世界的实践中创新的马克思主义。恩格斯指出："我们的理论不是教条，而是对包含着一连串互相衔接的阶段的发展过程的阐明。"[1]680马克思主义不是抽象的空洞的理论，不是一成不变的东西，而是需要根据客观实践的发展不断检

验与完善的理论，是在实践中发展着的理论，是与各国实际相结合的具体而鲜活的理论，它的一般原理只有与具体实际相结合，才能真正显示强大的生命力。在指导无产阶级革命实践中，恩格斯认为，在任何一种关于社会的学说中，"结论要是没有使它得以成为结论的发展过程，就毫无价值"；"结论若本身固定不变，若不再成为继续发展的前提，就比无用更糟糕"。[9]511 马克思主义需要随着实践的变化而不断创新。离开本国实际和时代发展来谈马克思主义，没有意义；静止地、孤立地研究马克思主义，把马克思主义同它在现实生活中的生动发展割裂开来、对立起来，没有出路。

马克思主义"源"与"流"的统一是一脉相承而又与时俱进的，不能割断传承与创新的关系。没有"源"的马克思主义，就是没有根基的马克思主义；而没有"流"的马克思主义，则是缺乏生机和活力的马克思主义。只有把马克思主义的"源"与"流"有机结合起来，坚持继承和创新，才能在实践中不断推进马克思主义的新发展。恩格斯曾经指出："每一个时代的理论思维，从而我们时代的理论思维，都是一种历史的产物，它在不同的时代具有完全不同的形式，同时具有完全不同的内容。"[1]284 马克思主义是科学，它的强大生命力在于始终严格地以客观事实为依据，而实际生活总是在不停的变动中，这种变动的剧烈程度和深刻性，现在已经达到了前人难以想象的程度。马克思主义需要发展，但不是一般地为发展而发展，更不能借口发展歪曲甚至否定马克思主义的基本原理。马克思主义的基本原理没有过时，它依然是指导中国特色社会主义发展的行动指南。邓小平指出："马克思主义理论从来不是教条，而是行动的指南。它要求人们根据它的基本原则和基本方法，不断结合变化着的实际，探索解决新问题的答案，从而也发展马克思主义理论本身。"[10]147 马克思主义要随着时代的发展而发展，随着人民群众实践的发展而发展。马克思主义的"源"与"流"是辩证统一的，马克思主义理论的每一次重大突破，中国特色社会主义实践的每一次历史性飞跃，都是马克思主义基本原理与当代中国具体实践相结合进行理论创新的结果。

四、真理性：马克思主义是破与立的统一

马克思主义是真理，而不是空洞的教义。列宁明确指出："马克思

的全部理论，就是运用最彻底、最完整、最周密、内容最丰富的发展论去考察现代资本主义。自然，他也运用这个理论去考察资本主义的即将到来的崩溃和未来共产主义的未来的发展。"[6]186 在人类社会发展的进程中，作为科学理论的马克思主义其本质特征是变革的、否定的、批判的，它始终实际地与反对和改变现存的事物紧密地联系在一起。所谓"破"，就是强调破除旧思想、旧事物、旧制度，就是要敢于并善于否定一切需要否定的东西，彻底摧毁一个旧世界。马克思主义"不是闭起眼睛不看资产阶级科学，而是注意它，利用它，批判地对待它，不放弃自己完整的明确的世界观"[11]585。其实质是要"推翻那些使人成为被侮辱、被奴役、被遗弃和被蔑视的东西的一切关系"[12]10。马克思说："如果我们的任务不是推断未来和宣布一些适合将来任何时候的一劳永逸的决定，那么我们便会更明确地知道，我们现在应该做些什么，我指的就是要对现存的一切进行无情的批判，所谓无情，意义有二，即这种批判不怕自己所作的结论，临到触犯当权者时也不退缩。"[13]416 在当代中国，坚持和发展马克思主义，就是要进一步解放思想，坚决冲破一切妨碍科学发展的思想观念，坚决改变一切束缚科学发展的做法和规定，坚决革除一切影响科学发展的制度障碍和体制弊端，为深化改革开放提供科学的理论依据，把中国特色社会主义事业继续推向前进。

马克思主义之所以是科学真理，最根本的原因在于它始终代表无产阶级和最广大人民的根本利益。它的全部理论都立足于实现和维护最广大人民的根本利益，把全人类解放和人的自由而全面发展作为最高价值追求，不谋求任何私利，不抱有任何偏见。客观地说，马克思主义也是一种建设性的学说，它对资本主义旧社会的批判，是因为它有一套建设新社会的理论，它是以一种完全是为了建设新社会的方法和原则为参照来批判现实社会的。所谓"立"，就是根据事物矛盾运动的对立统一规律，突出矛盾的同一性，强调用新思想、新事物、新制度代替旧的东西，在破除旧世界的同时要创造一个新世界。恩格斯明确表明："我们对未来非资本主义社会区别于现代社会的特征的看法，是从历史事实和发展过程得出的确切结论；不结合这些事实和过程去加以阐明，就没有任何理论价值和实际价值。"[1]676 马克思主义的伟大历史功绩在于，在对资本主义社会进行客观分析的基础上，得出了资本主义社会必然灭亡、必然要被更高级的社会形态所取代的结论，并指出了到达理想社会的现实发展道路。在当代中国，马克思主义是建构的、和谐的、肯定的。作为马克思主义最新理论成果的科学发展观，是当代中国社会经济发展的重大指导方针，为构建社会主义和谐社会提供科学的行动指南。

马克思主义以改变旧世界、建设新世界为己任，在变革和推动社会发展过程中既强调"在破中立"，又强调"在立中破"，始终坚持"破"与"立"的统一。当代中国正在全面建设小康社会，坚持"破"与"立"的统一就是要继续解放思想，坚持科学发展，深化改革开放，促进社会和谐。在指导新的实践中，既要旗帜鲜明地肯定对的、坚持好的、扶持新的，又要理直气壮地纠正错的、调整偏的、摒弃旧的，正视社会发展中出现的新情况、新问题，不回避阶层分化、利益分层引发的社会矛盾，对于一切不适应改革发展的旧思想、旧观念、旧体制要大胆地破除，对于一切符合最广大人民根本利益、符合社会主义市场经济发展的新思想、新观念、新制度要大胆地构建，只有这样才能真正坚持和发展马克思主义。把握马克思主义方法论特质，就是要坚持用马克思主义的立场、观点和方法分析新情况，研究新问题，提出新理论，指导新实践，不断开创马克思主义在当代中国发展的新境界，也就是在全面建设小康社会的伟大实践中，要创新发展理念，破解发展难题，转换发展方式，揭示发展规律，推动经济社会又好又快发展，使中国特色社会主义道路越走越宽广，真正实现中华民族的伟大复兴。

参考文献

[1] 马克思，恩格斯. 马克思恩格斯选集：第4卷［M］. 2版. 北京：人民出版社，1995.

[2] 马克思，恩格斯. 马克思恩格斯选集：第3卷［M］. 2版. 北京：人民出版社，1995.

[3] 列宁. 列宁选集：第1卷［M］. 3版. 北京：人民出版社，1995.

[4] 马克思，恩格斯. 马克思恩格斯全集：第25卷［M］. 北京：人民出版社，1974.

[5] 侯惠勤. 正确世界观人生观的磨砺［M］. 南京：南京大学出版社，2002.

[6] 列宁. 列宁选集：第3卷［M］. 3版. 北京：人民出版社，1995.

[7] 毛泽东. 毛泽东选集：第3卷［M］. 2版. 北京：人民出版社，1991.

[8] 毛泽东. 毛泽东选集：第1卷 [M]. 2版. 北京：人民出版社，1991.

[9] 马克思，恩格斯. 马克思恩格斯全集：第3卷 [M]. 2版. 北京：人民出版社，2002.

[10] 邓小平. 邓小平文选：第3卷 [M]. 北京：人民出版社，1993.

[11] 列宁. 列宁全集：第3卷 [M]. 2版. 北京：人民出版社，1984.

[12] 马克思，恩格斯. 马克思恩格斯选集：第1卷 [M]. 2版. 北京：人民出版社，1995.

[13] 马克思，恩格斯. 马克思恩格斯全集：第1卷 [M]. 北京：人民出版社，1956.

（本文刊登于《苏州大学学报》，2010年第4期。）

双选·双认·双赢：马克思主义与中华民族文化的整合效应

马克思主义与中华民族文化的历史结合是人类文明发展进程中的伟大事件，是"把新的发现和新的力量惠赠给人类生活"[1]58的时代标志。马克思主义与中华民族文化的双向选择、双重认同、双赢格局，彰显了西方文化与东方文化的结合，昭示了外来文化与传统文化的契合，实现了先进科学文化与民族优秀文化的融合，推动了马克思主义的大发展，促进了中华民族文化的大繁荣。把马克思主义与中华民族文化共同推向历史发展的新高度，不仅对全面建成小康社会、建设社会主义文化强国具有重要的指导价值，而且对加快推进社会主义现代化建设事业和实现中华民族新的伟大复兴有着不可估量的重大影响。

一、双向选择：马克思主义与中华民族文化的逻辑契合

马克思主义与中华民族文化的结合是历史的抉择，是经历反复认识、比较鉴别、激烈碰撞、价值发现之后的双向选择。马克思主义是人类社会历史上迄今最先进、最科学的思想体系，它深刻揭示了人类社会的发展规律，坚定维护最广大人民的根本利益，是指引人民推动社会文明进步、创造幸福美好生活的科学理论。马克思主义作为来自欧洲的外来文化，是与中国传统文化有着很大不同的异质文化，但马克思主义一经传入中国，就逐渐被中华民族优秀文化所含纳，完成了在中国"安家落户"的历史使命，承接了"振兴中华"的历史重任，开启了中华民族文化觉醒的新征程，成为中国社会前行、文化进步的根本指导力量。

1. 中国化马克思主义离不开中华民族文化

一个半世纪前诞生于欧洲的马克思主义是总结人类实践发展的科学真

理。马克思主义要发挥认识世界、改造世界的指导作用，就必须与各国、各民族的文化紧密结合。由于马克思主义有着自己特有的话语体系和思维方式，要想使之在中华大地生根，就不能只说"西洋话"，而要学会说"中国话"。马克思主义能否实现民族化，关键在于不仅要锻造与创新原有的理论内容和逻辑结构，而且要从博大深邃的中华民族传统文化中汲取营养和获取力量，重塑自己的理论形态和价值体系，学会运用中国人的思维习惯和表达方式，真正实现向中国化马克思主义形态的历史性转化，这是其在中华大地上扎根并发挥作用的首要前提。"马克思主义要在中国生根、开花和结果，要中国化，就不仅要与中国的现实实际相结合，而且要与中国的历史文化相结合，要向中国文化学习，要从中国的历史文化中汲取智慧。"[2]58

中华民族传统文化是马克思主义在中华大地得以立足的载体与根基。对于马克思主义来说，选择中华民族优秀文化，不仅有其历史的必要性，而且有着现实的可能性。"中国人接受马克思主义，与传统文化有密切的关系。中国历史中有悠久的唯物论、无神论、辩证法的传统，有民主主义、人道主义思想的传统，有许多历史唯物主义的思想因素、有大同的社会理想，如此等等，因而马克思主义很容易在中国的土壤里生根。"[3]186由于中华民族文化具有多样性、开放性、包容性的特质，不仅适宜马克思主义在中国大地的生存，而且更能滋润马克思主义在中国社会的创新性发展。马克思主义要在中国社会生活中发挥独特的作用，就必须深深扎根于中华民族文化之中，在中华民族文化发展中找到自身的合理定位，使中华民族的优秀文化传统既成为马克思主义取之不尽、用之不竭的思想资源，又为马克思主义在中国的广泛传播提供丰厚的土壤，从而自觉地推进了马克思主义中国化、时代化、大众化的伟大实践。

2. 中华民族文化的当代发展离不开马克思主义

中国社会历史发展中一个不可回避的事实是，落后就要挨打。近代中国的落伍，导致民族传统文化濒临危亡。"回望近代中国，面对山河破碎、亡国灭种的危机，无数有识之士纷纷寻求救国救民的真理。形形色色的'主义'、思潮纷至沓来、竞相登场，最终又都昙花一现。唯有马克思主义，以其无可辩驳的科学性、真理性，在同各种思想的争鸣交锋中，站到了社会思想大潮的前列。"[4]马克思主义给中华民族文化带来了新生，给中华民族复兴带来了希望。毛泽东鲜明地指出:"十月革命一声炮响,给我们送来了马克思列宁主义。十月革命帮助了全世界的也帮助了中国的先进分子,用无产阶级的宇宙观作为观察国家命运的工具,重新考虑自己的问题。走俄国人的路——这就是结论。"[1]1471 马克思主义具有客观性、真理性、阶级性和开放性的特质,在其传入中国之后,随即同形形色色的社会思潮进行了交流、交锋、交融,吸纳和改造了 2000 多年来中华民族思想文化中一切有价值的东西,并不断传播和发展起来,越来越被广大中国人民所认识、接受,从根本上改变了中国人民和中华民族的前途命运,带来了中华民族走向伟大复兴的新曙光。

马克思主义一经在中国大地传播,就发挥了无比巨大的历史作用,迅速地改变了中国古老的文明传统,使中国经济社会焕发了蓬勃生机。历史雄辩地表明,中华民族文化发展的出路和希望就在于实现与马克思主义的结合。只有实现与马克思主义的结合,中华民族才能不断创造出有意义、有价值的新文化。从当代中国的发展来看,马克思主义与中华民族文化相结合,使古老的中华文化获得新生而走向世界,成为当今世界最具活力、最能推动人类文明发展的新型民族文化。

3. 马克思主义与中华民族文化相结合形成了具有中国特色的新文化

马克思主义决定了中国先进文化发展的前进方向,中华民族文化提供了中国先进文化发展的深厚底蕴。自中国共产党成立以来,马克思主义与中国各个时期的基本国情和民族文化相结合,最大的特色和亮点就是形成了中国化马克思主义两大理论成果——毛泽东思想和中国特色社会主义理论体系。毛泽东思想是中国化马克思主义的第一个理论成果,它以创造性的内容为马克思主义宝库增添了新的财富,并为中国特色社会主义理论体系的形成奠定了重要的思想理论基础。"中国特色社会主义理论体系,就是包括邓小平理论、'三个代表'重要思想以及科学发展观等重大战略思想在内的科学理论体系。这一理论体系是马克思主义中国化的最新成果,是党最可宝贵的政治和精神财富,是全国各族人民团结奋斗的共同思想基础。在当代中国,坚持中国特色社会主义理论体系,就是真正坚持马克思主义。"[6]作为世界性与民族性相统一的中国化马克思主义,既是马克思主义基本原理在中国的继承和发展,也是中华民族文化在历经艰难曲折发展后的庄严抉择。中国特色社会主义理论体系的形成与发展,开辟了马克思主义发展的新境界,愈益显示其不朽的中国价值和世界意义,并为当代中国一切进步和发展奠定了坚实的理论基础。

中国化马克思主义的形成与发展离不开中华民族传统文化,但并非是传统文化的简单移植和某种重复,而是在新的历史条件下对民族传统文化的理性升华和历史超越。胡锦涛指出:"中华民族在漫长历史发展中形成的独具特色的文化传统,深深影响了古代中国,也深深影响着当代中国。现时代中国强调的以人为本、与时俱进、社会和谐、和平发展,既有着中华文明的深厚根基,又体现了时代发展的进步精神。"[7]中国特色的新文化是马克思主义与中华民族文化相结合的产物,是马克思主义与中华民族文化发展的新形式。在民主革命时期,形成了新民主主义的新文化;在社会主义新时期,创造性地建立了中国特色社会主义新文化。胡锦涛指出:"要坚持发展面向现代化、面向世界、面向未来的,民族的科学的大众的社会主义文化,推动社会主义先进文化更加深入人心,推动社会主义精神文明和物质文明全面发展,不断开创全民族文化创造活力持续迸发、社会文化生活更加丰富多彩、人民基本文化权益得到更好保障、人民思想道德素质和科学文化素质全面提高的新局面,建设中华民族共有精神家园。"[8]马克思主义与中华民族文化在双向互动过程中,展示了各自的话语特色、思想品格和精神风貌,也为两者的双向选择、相互认同创造了条件。

二、双重认同:马克思主义与中华民族文化的价值彰显

马克思主义与中华民族文化虽有着诸多方面的逻辑联系,但也有着各自特有、互通有无、相辅相成的文化差异。无论是马克思主义,还是中华民族文化都有自身独特的形成条件、生长环境和思想价值,需要在互动过程中相互包含,互渗互补,和谐共生,实现认同。"马克思主义能否与中国传统文化相结合,关系到马克思主义在中国能否生根、能否得到中国人民的文化心理认同。如果马克思主义不能与中国传统文化相结合,脱离了中国的文化传统,就不可能把马克思主义变为具有中国特色的马克思主义,也就不可能使马克思主义在中国的文化土壤上扎根。"[9]

1. 马克思主义成为当代中华民族文化的重要组成部分

马克思主义作为时代精神的精华,是民族文化发展的活的灵魂。博

大精深的马克思主义批判地继承了人类所创造的一切文明成果。经过近百年的交融发展,马克思主义实际上已经成为中华民族文化中的一部分,而且是占主导地位、起主导作用的一部分。马克思主义是社会主义先进文化的核心和灵魂,是指导中国社会发展、文化进步的理论基础,是中国特色社会主义意识形态的根本指导思想。在当代中国建设社会主义和谐文化,马克思主义是我们的真正优势所在。没有哪一种社会思想可以和马克思主义理论平起平坐,更没有哪一种"主义"可以取代马克思主义在当代中国的历史地位。

在扎实推进社会主义文化强国建设的总体格局中,马克思主义是"一",中华民族文化是"多"。所谓"一",就是指马克思主义在社会主义意识形态中的一元化指导地位,是引领中国社会发展、文化进步的唯一指导思想;所谓"多",就是指中华民族文化的多样性、丰富性,是社会主义先进文化建设的重要基础。在中国特色社会主义文化建设中,"一"与"多"是一个有机整体,它们相互联系、相互依存、相互渗透、相互转化。在实际工作中,"多"不能取消"一",马克思主义的价值导向、思想指导地位在任何时候、任何情况下都不能被动摇,也不能被削弱,更不允许搞指导思想的多元化;同样,"一"不能代替"多",要坚持"百花齐放、百家争鸣"的方针,尊重民族文化的多元性,允许人们价值取向的多样化,注重提高发展的包容性。坚持"一"与"多"的统一,就是要在强化理论武装、打牢思想基础、尊重差异、包容多样的基础上,形成社会发展共识。

2. 中华民族文化成为中国化马克思主义的重要思想来源

中国传统文化倡导和而不同、和谐共生,具有海纳百川、有容乃大的包容性。中国传统文化中的大同思想、民本思想、和谐思想与朴素的唯物论和辩证法等历史文化遗产,都与马克思主义有着某种程度的兼容性、共通性和天然联系性。毛泽东深刻地指出:"对于中国共产党说来,就是要学会把马克思列宁主义的理论应用于中国的具体的环境。成为伟大中华民族的一部分而和这个民族血肉相连的共产党员,离开中国特点来谈马克思主义,只是抽象的空洞的马克思主义。"[10]534一个国家最具民族特色的是其优秀传统文化,它是马克思主义发展中不可或缺的思想资源。"优秀传统文化凝聚着中华民族自强不息的精神追求和历久弥新的精神财富,是发展社会主义先进文化的深厚基础，是建设中华民族共有精神家园的重要支撑。要全面认识祖国传统文化，取其精华、去其糟粕，古为今用、推陈出新，坚持保护利用、普及弘扬并重，加强对优秀传统文化思想价值的挖掘和阐发，维护民族文化基本元素，使优秀传统文化成为新时代鼓舞人民前进的精神力量。"[11]

文化是民族的血脉，是人民的精神家园。在人类文明的历史长河中，中华民族文化历经磨难而绵延不衰，屡处逆境而昂扬奋起，不仅对本民族的社会进步和文明发展发挥了重大的作用，而且对全人类的社会进步和文明发展具有十分重要的影响。中国化马克思主义在与中华民族文化的交流、交锋、交融中，汲取了丰富的民族文化营养，兼具了中华文化的特质，打上了中华文明的烙印，获得了强大的生命力、创造力、感召力，成为更加反映中国国情、切合中国实际、指导中国实践、推进中国发展的科学理论。可以说，中华民族文化在中国化马克思主义思想理论体系中占有十分重要的地位。

3. 马克思主义与中华民族文化相认同，实现了中国特色社会主义文化的新飞跃

马克思主义与中华民族文化的双重认同既是实现马克思主义中国化、本土化的内在要求，也是实现中华民族文化继承与创新的必然要求。在中国革命、建设和改革的实践中，马克思主义及其中国化理论成果的重大历史地位已经确立，并成为党和国家治国兴邦、创造人民幸福生活必须长期坚持的指导思想。中国特色社会主义新文化实现了马克思主义与民族优秀文化的结合，它既不是简单的撮合，也不是外在的叠加，而是扬弃传统文化后水乳交融般的文化创新，在相互吸纳各自优势的基础上，创造性地产生了指导中国改革开放和社会主义现代化建设伟大事业发展的新型理论。

民族文化发展的关键在于不断推进文化传承与创新。一旦马克思主义与民族文化相结合，形成具有民族特色、民族风格和民族气派的新文化，就必然会激活民族传统文化，开始将"一个被旧文化统治而愚昧落后的中国，变为一个被新文化统治因而文明先进的中国"[10]663的历史进程，实现民族文化的新的腾飞。毛泽东明确指出："客观现实世界的变化运动永远没有完结，人们在实践中对于真理的认识也就永远没有完结。马克思列宁主义并没有结束真理，而是在实践中不断地开辟认识真理的道路。"[12]296在推进中国社会主义文化大发展大繁荣的过程中,要用真正体现中国特色社会主义理论体系的思想舆论和文化产品占领各种思想文化阵地,坚持文化自省、文化自觉、文化自信、文化自强,着眼于提高民族素质、塑造高尚人格、引领社会风尚,以更大的力度推进文化事业改革发展,在中国特色社会主义伟大实践中进行文化创造,让人民群众共享文化发展成果,实现中国特色社会主义文化的新飞跃。

三、双赢格局:马克思主义与中华民族文化的融合优势

马克思主义与中华民族文化珠联璧合,交相辉映,相得益彰,构筑了人类文明发展的新高地,推动了马克思主义和中华民族文化的共同发展和繁荣,为实现中华民族伟大复兴提供了牢固的思想基础、强大的精神动力和可靠的文化保障。可以说,迄今为止,世界上没有哪一种理论学说能够像马克思主义那样,在中华大地上起过如此巨大的历史作用,产生过如此深远的影响;同样,在马克思主义的发展中,没有哪一个民族的文化,像中华民族文化那样,为马克思主义传播、发展、实践提供了如此厚实的思想文化基础,开辟了如此广阔的发展前景。

1. 马克思主义为中华民族文化大繁荣确立了科学的思想理论指导

我们强调马克思主义对中华民族文化的指导作用,丝毫不会影响中华民族传统文化的历史发展,更不会取代中华民族传统文化的重大社会历史价值。马克思主义与中华民族文化的融合就是要发挥马克思主义的思想理论优势和中华民族传统文化的历史资源优势,实际地改变中国传统文化的话语体系,改变中国人的传统思维方式、生活方式和精神世界,指引社会主义先进文化的前进方向,推动中华民族文化走向新的辉煌。毛泽东指出:"我们的党从它一开始,就是一个以马克思列宁主义的理论为基础的党,这是因为这个主义是全世界无产阶级的最正确最革命的科学思想的结晶。马克思列宁主义的普遍真理一经和中国革命的具体实践相结合,就使中国革命的面目为之一新,产生了新民主主义的整个历史阶段。"[13]1093

当代中国社会主义文化建设已经进入了一个新的历史阶段。马克思主义的科学世界观、价值观、方法论对社会主义先进文化建设具有内在的指导力和强大的感召力。用马克思主义先进文化引领中国社会主义和

谐文化，就能够推动中华民族文化大发展大繁荣。也就是说，只要坚持以马克思主义作为科学的理论指导，就能够发挥文化引领风尚、教育人民、服务社会、推动发展的积极作用，就能够推进中华民族实现魅力无限的文化再造和文化创新，也就能推进亿万中国人民全面建成小康社会，实现中华民族伟大复兴的新的实践。

2. 中华民族文化为中国化马克思主义大发展提供了深厚的民族文化根基

马克思主义在与中华民族文化交流整合中不断丰富和发展。只有与中华民族文化相结合的马克思主义，才是具有中国特色的马克思主义，也才是充满生机和活力的马克思主义。胡锦涛强调，要把马克思主义真理的力量深深熔铸在民族的生命力、创造力、凝聚力之中，使当代中国的马克思主义具有更加鲜明的民族特色。

中华民族文化有着独特而丰厚的文化精神，而这些文化精神构成了马克思主义大发展特有的文化支撑。在中华民族的发展中，凝聚了强烈的爱国主义精神。中华民族历经挫折而不屈，屡遭坎坷而不馁，民族团结和国家统一始终是中华民族历史发展的主流，是中国一切发展与进步的重要保障。在中华民族发展中，产生了厚实的人本精神。民族文化强调"天地之间，莫贵于人"，注重以民为本，利民、裕民、忧民、爱民、养民、惠民，尊重人的尊严和价值。在中华民族的发展中，形成了自强不息的拼搏精神。"天行健，君子以自强不息"的思想，成为激励中国人民变革创新、凝聚力量、攻坚克难、不懈奋斗的精神力量，而改革创新精神正是中华民族自强不息、艰苦奋斗精神在当代的集中体现；在中华民族的发展中，还孕育了厚重的宽容包容精神，"地势坤，君子以厚德载物"的思想，告诫后人"强不执弱、富不侮贫、协和万邦"，促使中华民族在发展中注重"吸纳百家优长、兼集八方精义"。

中华民族在历史发展中积淀了无数思想文化精华，这些都是推进马克思主义大发展的中国文化元素和特有的民族基因。譬如，实事求是思想。毛泽东对《汉书·河间献王刘德传》中的"修学好古，实事求是"一语，进行了新的解读，他指出："'实事'就是客观存在着的一切事物，'是'就是客观事物的内部联系，即规律性，'求'就是我们去研究。我们要从国内外、省内外、县内外、区内外的实际情况出发，从其中引出其固有的而不是臆造的规律性,即找出周围事变的内部联系,作为我们行动的向导。"[13]801 毛泽东倡导的实事求是思想成为中国化马克思主义的思想精髓。譬如,小康社会思想。小康社会是千百年来中国人对衣食无忧、平安幸福生活的深切企盼与向往,它最早出自《礼记·礼运》中,主要讲"天下为家"的理想社会状态。邓小平对小康社会进行了新的阐释,把它作为建设中国特色社会主义的一个重要的阶段性发展目标。再譬如,与时俱进思想。"与时俱进"一词,源自《易经》"天施地生,其益无方。凡益之道,与时偕行"。一部人类发展史,就是一部人类文明创新史。江泽民指出,创新是一个民族进步的灵魂,是一个国家兴旺发达的不竭动力。与时俱进成为马克思主义最为宝贵的理论品质。还譬如,和谐社会思想。中国古代提出的"大同社会",实际上是中华民族千百年来孜孜以求的一种社会理想,是建设和谐社会的崇高愿景。"和谐"就是和睦协调、和好相处,就是"天地秩序"和"万物法则"的综合平衡。我们党提出的构建社会主义和谐社会的重大战略思想,是对中国传统文化中的大同和谐思想的历史承继,更是实现当代中国社会文明发展的一次新的历史飞跃。

3. 马克思主义与中华民族文化相融合,开创中国社会主义文化发展的新局面

马克思主义与中华民族文化相融合,不仅极大地改变了中国人民的精神面貌,丰富了中国人民的精神生活,构筑了中华民族新的精神家园,而且建立了具有中国特色、中国作风、中国气派的社会主义新文化,使中华民族文化作为新颖而强大的文化展现在世人面前。毛泽东深刻地指出:"自从中国人学会了马克思列宁主义以后,中国人在精神上就由被动转入主动。从这时起,近代世界历史上那种看不起中国人,看不起中国文化的时代应当完结了。伟大的胜利的中国人民解放战争和人民大革命,已经复兴了并正在复兴着伟大的中国人民的文化。这种中国人民的文化,就其精神方面来说,已经超过了整个资本主义世界。"[13]

在当代中国,马克思主义与中华民族文化是两种价值最大、影响最深的思想学说,也是两种最符合中国实际和时代发展的文明成果,它们的历史性、持续性的高度融合与完美结合无论是对中华民族文化还是人类文明发展都能够产生最佳整合效应。"只有坚持马克思主义在文化建设中的指导地位,才能真正以科学态度继承中国文化的优秀传统和吸收外国文化的积极成果，才能引领国内多姿多态多样的文化思潮，使其有利于社会主义主流文化的发展。"[14]英国思想家罗素曾预言："假如中国人对于西方文明能够自由地汲取其优点，而扬弃其缺点的话，他们一定能从他们自己的传统中获得一线生机的成长，一定能产生出一种糅合中西文明之长的辉煌之业绩。"[15]建设社会主义文化强国必须坚持以马克思主义先进文化为统领，实现马克思主义与中华民族优秀文化的新的融合。只有这样，才能引领社会思潮，凝聚发展共识，以民族文化为主体，吸收外来有益文化，推动建立中华文化走向世界的文化开放大格局，形成与中国国际地位相匹配的文化软实力，不断提高中华文化的国际影响力，谱写中华民族文化发展的历史新篇章，不断开创全面建成小康社会、实现中华民族伟大复兴的新局面。

参考文献

［1］培根. 新工具［M］. 许宝骙，译. 北京：商务印书馆，1984.

［2］许全兴. 论马克思主义与中国传统文化相结合［J］. 党的文献，2009（3）：57-61.

［3］张岱年，程宜山. 中国文化与文化论争［M］. 北京：中国人民大学出版社，1990.

［4］李长春. 深入推进马克思主义中国化时代化大众化［N］. 人民日报，2011-07-06.

［5］毛泽东. 毛泽东选集：第4卷［M］. 2版. 北京：人民出版社，1991.

［6］习近平. 关于建设马克思主义学习型政党的几点学习体会和认识［N］. 学习时报，2009-11-16.

［7］胡锦涛. 胡锦涛在美国耶鲁大学的演讲［N］. 人民日报，2006-04-22.

［8］胡锦涛. 在庆祝中国共产党成立90周年大会上的讲话［N］. 人民日报，2011-07-02.

［9］陈先达. 马克思主义中国化进程中的时代课题——论马克思主义与中国传统文化［N］. 人民日报，2010-12-27.

［10］毛泽东. 毛泽东选集：第2卷［M］. 2版. 北京：人民出版社，1991.

［11］中共中央关于深化文化体制改革推动社会主义文化大发展大繁荣若干重大问题的决定［N］. 人民日报，2011-10-26.

［12］毛泽东. 毛泽东选集：第1卷［M］. 2版. 北京：人民出版社，1991.

［13］毛泽东. 毛泽东选集：第3卷［M］. 2版. 北京：人民出版社，1991.

［14］陈先达. 为什么要坚持马克思主义指导地位［J］. 红旗文摘，2012（1）：20-23.

[15] 姜义华,吴根梁,马学新.港台及海外学者论近代中国文化[M].重庆:重庆出版社,1987.

(本文刊登于《马克思主义研究》,2013年第1期。)

第二部分
邓小平理论研究

略论邓小平干部队伍道德建设思想

邓小平历来重视社会主义道德建设,反复强调一定要在全党、全国大力提倡社会主义道德风尚。加强干部队伍道德建设是邓小平社会主义道德建设思想的重要内容。

一、加强干部队伍道德建设的时代意义

处于执政地位的中国共产党,肩负着领导改革开放和社会主义现代化建设的重大历史使命。党和国家的各级干部,在各条战线上担负着重要的领导责任,是社会主义现代化建设事业的中流砥柱。邓小平强调,要加强党的领导,改善党的领导,必须大力加强干部队伍道德建设,造就一支适应社会主义现代化建设所需要的干部队伍。

(一)干部队伍的道德建设关系到党在人民群众中的形象

在社会主义现代化建设的新时期,我们党面临着执政的考验和改革开放的考验。由于各级干部所处的重要地位、所负的重大责任,邓小平认为干部队伍道德建设至关重要。每一个干部的一言一行、一举一动都直接关系到党和政府的形象。人民群众正是通过对党的干部的思想道德、言行举止来认识共产党的。邓小平深刻阐述了干部队伍道德建设与党在人民群众中的威望的内在联系。他说:"人民群众反对特殊化,下面干部反对特殊化,首先是对着我们这些高级干部的。但是,不只是对着高级干部,还有中下层干部。人民群众对干部特殊化是很不满意的。"[1]216 邓小平认为,党员干部的不正之风中大多涉及道德问题,少数党员干部以权谋私、权钱交易,严重败坏了党的声誉。邓小平强调,坚决制止党政机关和干部队伍中存在的消极腐败现象,"现在需要全国的干部,首先是高级干部起模范带

头作用,把我们党的艰苦朴素、密切联系群众的优良作风很好地恢复起来,坚持下去"[1]229-230。干部队伍道德建设搞好了,就能真正维护党和政府廉洁公正的形象,党在人民群众中的威望就会大大提高。

(二)干部队伍的道德建设关系到党的基本路线的贯彻执行

党的十一届三中全会以来,我们党制定了党在社会主义初级阶段的基本路线。这是一条科学的能够使我国实现富强、民主、文明的政治路线。邓小平认为,党的基本路线确定后,要由人来具体贯彻执行,由什么样的人来执行,结果大不一样。他深刻指出:"我们说党的基本路线要管一百年,要长治久安,就要靠这一条,真正关系到大局的是这个事。"[2]380各级领导干部贯彻党的基本路线,既要靠真理的力量,也要靠人格的力量。如果干部队伍本身缺乏信心,政治上发生动摇,就不可能担负起领导群众坚持党的基本路线的重担。同样,如果我们的干部品行不正,在人民群众中没有威信,也不可能团结和组织广大群众在实际工作中贯彻党的基本路线。

(三)干部队伍的道德建设关系到全民族道德素质的提高

在社会主义道德建设中,干部队伍本身的道德素质,绝不是哪个干部的个人生活小事,它将直接影响到全民族道德素质的提高。各级干部尤其是领导干部最起码也是最可贵的品质就是实事求是。邓小平指出:"在延安中央党校,毛泽东同志亲笔题的四个大字,叫'实事求是'。我看大庆讲'三老'——做老实人、说老实话、干老实事,就是实事求是。"[1]45实事求是是我们党的传家宝,也是衡量干部队伍道德水准的试金石。如果我们的干部出现双重人格,人前人后、台上台下两副面孔,律人律己两套标准,或好大喜功,在工作中文过饰非、报喜不报忧,甚至隐瞒工作中的缺点、错误和事实真相,这样的干部就谈不上有什么道德素质,就会给全民族道德素质的提高带来危害。因此,邓小平反复告诫各级干部特别是领导干部,务必实事求是,一是一,二是二,求实务实。

(四)干部队伍的道德建设关系到整个社会风气的根本好转

邓小平谆谆教导全党:"为了促进社会风气的进步,首先必须搞好党风,特别是要求党的各级领导同志以身作则。党是整个社会的表率,党的各级领导同志又是全党的表率。"[1]177 他多次谈到,现在有些党员干部的作风和社会风气实在太坏了。如果党的领导干部自己不严格要求自己,不遵守党纪国法,违反党的原则,搞特殊化,走后门,铺张浪费,损公肥私,不与群众同甘苦,不实行吃苦在先,享受在后,不服从组织决定,不接受群众监督,甚至对批评自己的人实行打击报复,怎么能指望他们改造社会风气呢?邓小平列举的领导干部存在的思想作风问题无一不与干部队伍的道德建设有关。他还认为,纠正不正之风,要先从领导干部纠正起。群众的眼睛都在盯着他们,他们改了,下面就好办了。邓小平深刻指出:"如果我们高级干部首先把这方面存在的问题解决了,就能理直气壮地去解决全国在其他方面存在的这类问题。"[1]218 邓小平正是从党风、社会风气根本好转的高度,从社会主义精神文明建设大局的高度,强调了干部队伍道德建设的重要性、必要性和紧迫性。

二、干部队伍道德建设的基本内容

邓小平在领导我国革命和建设的长期实践中,深刻总结了干部队伍道德建设的经验教训,比较完整地提出了干部队伍道德建设的基本内容,为干部队伍道德建设指明了方向。

(一)必须坚持为人民服务的宗旨

为人民服务是党的宗旨,也是社会主义道德建设的核心。各级干部是党的事业的骨干和人民的公仆。邓小平提出,什么叫领导,领导就是服务。他要求各级干部自觉地与官僚主义做斗争,要做人民的勤务员,为人民鞠躬尽瘁。邓小平指出,改革开放以来,社会上一些丑恶现象和资本主义腐朽的东西,也渗透到党内,侵蚀了一些党员干部。有些干部不把自己看作是人民的公仆,而把自己看作是人民的主人,搞特权、特殊化,引起了群众的强烈不满。如果不坚决改正,势必使我们的干部队伍发生腐化,就会出现有些干部特别是高级干部革命意志衰退,追求个人利益,不注意保持革命晚节的情况。他还认为,如果不是做官,而是当人民的勤务员,那就要以普通劳动者的面貌出现,要平等待人,要全心全意为人民服务,避免沾染官气。在改革开放的新形势下,面对拜金主义、享乐主义和极端个人主义思潮的冲击,干部队伍面临着严峻的考验。邓小平特别强调:"党和政府愈是实行各项经济改革和对外开放的政策,党员尤其是党的高级负责干部,就愈要高度重视、愈要身体力行共产主义思想和共产主义道德。"[1]367 弘扬为人民服务的精神,是广大干部拒腐防变的护身法宝。

(二)必须坚持公正廉洁

早在20世纪60年代,邓小平就告诫全党干部,我们执了政,拿了权,更要谨慎。"我们拿到这个权以后,就要谨慎。不要以为有了权就好办事,有了权就可以为所欲为,那样非弄坏事情不可。"[3]303-304 邓小平认为,干部是人民的干部,是人民利益的代表者,必须对人民负责,勤政务实,廉洁奉公,切切实实为人民办事。他强调:"要坚决批评和纠正各种脱离群众、对群众疾苦不闻不问的错误。群众是我们力量的源泉,群众路线和群众观点是我们的传家宝。党的组织、党员和党的干部,必须同群众打成一片,绝对不能同群众相对立。如果哪个党组织严重脱离群众而不能坚决改正,那就丧失了力量的源泉,就一定要失败,就会被人民抛弃。全党同志,各级干部,特别是领导干部,必须经常记住这一点,经常用这个标准检查自己的一切言行。"[1]368 奉公廉洁、勤政为民是各级干部最基本的职业道德,要坚决反对和防止干部利用职权以权谋私,中饱私囊,见利忘义。

(三)必须坚持实事求是

邓小平认为,我们领导干部的责任,就是要把中央的指示,上级的指示同本单位的实际情况结合起来,分析问题,解决问题。他告诫各级干部:"领导者必须多干实事。那种只靠发指示、说空话过日子的坏作风,一定要转变过来。各个部门和地方,特别是主要负责同志,都要注意这个问题。"[2]121 针对某些干部不如实反映情况,搞"干部出数字、数字出干部"的数字游戏,有意弄虚作假的行为,邓小平严肃地指出:"追求表面文章,不讲实际效果、实际效率、实际速度、实际质量、实际成本的形式主义必须制止。说空话、说大话、说假话的恶习必须杜绝。"[1]100 各级干部应以对党和人民事业高度负责的责任心,坚持真理,修正错误,敢说真话，不说假话，多干实事，不图虚名。

（四）必须坚持任人唯贤

社会主义道德的基本原则是集体主义。党的干部必须胸怀大局，把党性原则放在第一位，以集体利益、国家利益为重，坚持任人唯贤，不搞任人唯亲。邓小平指出，党内无论如何不能形成小派、小圈子。他谆谆告诫党员干部不能从个人的恩怨感情出发，不能以小团体划线结帮，"小圈子那个东西害死人呐！很多失误就从这里出来，错误就从这里犯起"[2]301。我们党是无产阶级的先锋队，党的力量就在于党内的团结和党与人民的团结。邓小平曾严肃指出，不客气地讲，任人唯贤还是任人唯亲，这个问题并没有解决好。他还指出："不少地方和单位，都有家长式的人物，他们的权力不受限制，别人都要唯命是从，甚至形成对他们的人身依附关系。"[1]331党内搞小团体、搞家长制一套都与社会主义道德的基本原则不相容，也为党的纪律所不允许。共产党的干部要搞五湖四海，大公无私，讲大局，讲团结，讲纪律。

（五）必须坚持艰苦奋斗

艰苦奋斗是我们党的优良传统，也是中华民族的传统美德。艰苦奋斗是干部队伍道德建设题中的应有之义。邓小平指出："现在强调一下艰苦奋斗的作风特别重要，有了这一点，好多事情都会变化，都会好起来。所以现在选干部，特别是选高级干部，要选艰苦奋斗或者比较艰苦奋斗的。"[1]23各级干部都应坚持和发扬艰苦奋斗的美德，勤俭建国，勤俭办一切事业，反对讲排场、比阔气、挥霍公款、铺张浪费。针对有些干部丢掉了艰苦奋斗的美德，贪图享乐，腐化堕落的现象，邓小平指出，坚持艰苦奋斗，才能抗住腐败侵蚀。在改革开放的新形势下，他反复强调："艰苦奋斗是我们的传统，艰苦朴素的教育今后要抓紧，一直要抓六十至七十年。我们的国家越发展，越要抓艰苦创业。"[2]306邓小平号召各级领导干部特别是高级干部要带头发扬艰苦奋斗的精神，艰苦朴素，艰苦创业。

三、加强干部队伍道德建设的措施

为了保证将干部队伍道德建设的各项要求落到实处，邓小平提出了一系列加强干部队伍道德建设的措施,概括起来主要是"四靠":靠自律、靠教育、靠监督、靠党纪国法。

(一) 加强干部道德自律

道德的力量来自人们的内心信念。干部在社会主义道德建设中的关键作用在于以身作则,起表率作用。邓小平认为,凡是需要动员群众做的,干部必须首先从自己做起。与其喊破嗓子,不如自己做出样子。要求别人做到的,自己首先做到;禁止别人做的,自己坚决不做。邓小平明确指出:"领导干部,特别是高级干部以身作则非常重要。群众对干部总是要听其言,观其行的。"[1]124 只有领导干部言行一致,表里如一,对群众才会有说服力。邓小平本人就是廉洁自律、弘扬社会正气的光辉典范。他以"一名老共产党员"的名义向"希望工程"捐款 2 000 元;他提出破除干部领导职务终身制,反复向中央提出退休的请求;他坚持党的团结,从来不搞小圈子;他坚决反腐败,经常查问家里人有没有违法乱纪的事;等等。邓小平身体力行,严格自律,从不把"小事"看小,显示出了他的高风亮节,成为各级干部的道德楷模,受到全党和全国人民的衷心爱戴。

(二) 加强干部道德教育

在我国改革开放和社会主义现代化建设过程中,严重的问题是教育干部。加强干部道德教育,对于不断提高干部道德素质具有重要的作用。邓小平认为,我们的干部绝大多数是好的。只要做了教育工作,干部的思想情况就会起变化,所以,要多做工作,多进行教育。在新的历史条件下,尤其必须抓紧对干部的道德教育。邓小平强调,要教育干部成为"四有"干部。要求各级干部学习周恩来等老一辈无产阶级革命家,活到老,学到老,改造到老,在改造客观世界的同时,努力改造自身的主观世界。邓小平还强调:"要教育全党同志发扬大公无私、服从大局、艰苦奋斗、廉洁奉公的精神,坚持共产主义思想和共产主义道德。"[1]367 通过加强干部队伍道德教育,真正把党的优良传统和作风继承下来,发扬光大。

(三) 健全干部监督机制

对执政党来说,党要管党,从严治党,最关键的是管好干部队伍。邓小平认为,要不断提高干部队伍的思想道德素质,对我们党的各级领导干部应该有监督。这种监督是来自几个方面的:一是党内监督。"对领导人最重要的监督是来自党委会本身,或者书记处本身,或者常委会本身。"[3]309-310邓小平特别重视党委内部的互相监督。同时,他还提出要注意党的干部特别是高级干部参加党的小组生活,以便使干部接受党员的监督。二是群众监督。邓小平指出:"要有群众监督制度,让群众和党员监督干部,特别是领导干部。凡是搞特权、特殊化,经过批评教育而又不改的,人民就有权依法进行检举、控告、弹劾、撤换、罢免,要求他们在经济上退赔,并使他们受到法律、纪律处分。"[1]332邓小平要求各级干部自觉接受群众的监督,经受住权力、名利、金钱、美色的考验。三是民主党派和无党派民主人士的监督。邓小平在论述怎样建设有中国特色社会主义时,多次强调要重视民主党派的有效监督,充分发挥民主党派和无党派民主人士对共产党以及党的干部的监督作用,并使这种民主监督经常化、制度化。四是舆论监督。邓小平认为,对于不正之风应充分发挥舆论的监督作用。他说,有的人天不怕,地不怕,就怕登报,应该肯定报刊的正确批评的作用。党的干部要自觉接受来自舆论的监督。五是制度监督。邓小平认为,领导制度、组织制度问题更带有根本性、全局性、稳定性和长期性。他说:"制度好可以使坏人无法任意横行,制度不好可以使好人无法充分做好事,甚至会走向反面。"[1]333邓小平提出对各级干部的职权和政治、生活待遇,要有明确的规定,要制定各种条例。最重要的是要有专门的机构进行铁面无私的监督检查。

(四) 严肃党纪国法

党有党纪,国有国法。各级干部只能在宪法、法律和党纪许可的范围内活动。不讲道德与违反党纪国法只有一步之遥,许多不道德的行为本身就是违法乱纪的行为。邓小平明确要求:"各级领导干部,特别是高级干部,更应该严格遵守党章、遵守《关于党内政治生活的若干准则》,起模范作用。"[2]39他严肃指出,对于违反党纪的,不管是什么人都要执行纪律。在改革开放过程中,确有极少数党员干部经不起考验,堕落为腐败分子。邓小平旗帜鲜明地指出,对这些腐化堕落分子必须动真格,进行严肃查处,该开除党籍的开除党籍,触犯法律的就要受到法律的制裁,决不能姑息迁就,决不搞下不为例。他还强调:"越是高级干部子弟,越是高级干部,越是名人,他们的违法事件越要抓紧查处,因为这些人影响大,犯罪危害大。抓住典型,处理了,效果也大,表明我们下决心克服一切阻力抓法制建设和精神文明建设。"[2]152 严肃党纪国法,清除腐败,搞廉洁政治,必将有效地推动干部队伍的道德建设。现在,我国改革开放和社会主义现代化建设正进入新的历史阶段。党的十四届六中全会通过了《中共中央关于加强社会主义精神文明建设若干重要问题的决议》,对干部队伍的道德建设提出了更新更高的要求。各级干部特别是领导干部一定要自重、自省、自警、自励,严以律己,防微杜渐,以自身坚定的信念、高尚的情操,团结和带领广大人民群众,共筑社会主义道德的钢铁长城。

参考文献

[1] 邓小平. 邓小平文选:第2卷 [M]. 2版. 北京:人民出版社,1994.
[2] 邓小平. 邓小平文选:第3卷 [M]. 北京:人民出版社,1993.
[3] 邓小平. 邓小平文选:第1卷 [M]. 2版. 北京:人民出版社,1994.

(本文刊登于《苏州大学学报》,1997年第2期。)

论邓小平理想信念的重要作用

邓小平之所以能成为一位伟大的马克思主义者、久经考验的共产主义战士，就在于他有远大的理想和坚定的信念。邓小平的理想信念是为实现共产主义奋斗终身，它是邓小平精神的集中体现，也是邓小平一生的主要精神支柱。邓小平的理想信念是建立在他对人类社会特别是中国革命和社会主义现代化建设发展规律基础之上的，是邓小平对真理、光明、幸福的自觉选择和执着追求。学习邓小平坚定共产主义理想信念的崇高精神，研究邓小平理想信念对他伟大人格、伟大理论、伟大事业的积极影响，对于我国当前社会主义精神文明建设，在全社会形成社会主义共同理想和最终实现共产主义理想有着重要的指导作用。

一、理想信念是邓小平伟大人格的中流砥柱

理想信念在邓小平的精神生活中始终处于中心地位。1989年9月，邓小平曾动情地说，他参加共产党几十年了。如果从1922年算起，他在共产主义旗帜下已经工作了六十多年。他们多年奋斗就是为了共产主义，他们的信念理想就是要搞共产主义。他还说："我们过去干革命，打天下，建立中华人民共和国，就因为有这个信念，有这个理想。"[1]173 为了实现共产主义的理想信念，邓小平把个人的生死、名利、荣辱都置之度外，毫无保留地把毕生献给了祖国和人民，真正进入了忘我的境界，从而实现了自身人格的升华。

1. 理想信念是邓小平无私无畏的强大动力

邓小平常说："为什么我们过去能在非常困难的情况下奋斗出来，战胜千难万险使革命胜利呢？就是因为我们有理想，有马克思主义信念，有共产主义信念。"[1]110 凭着这样的理想信念，邓小平在同党内外、国内外各

种错误思潮和反动势力斗争中,一身正气,有胆有识,表现出无产阶级革命家大无畏的英雄气概。

1973年,当邓小平重新回到党和国家的领导岗位后,毅然决定采取一系列果断措施,大力整顿"文化大革命"以来所造成的严重混乱局面。"四人帮"一伙对此寻衅发难,阻挠整顿,邓小平义无反顾地同"四人帮"的倒行逆施进行了尖锐的斗争,迫使嚣张一时的"四人帮"不得不低头认错。1977年,邓小平又一次恢复了党政军领导职务。他以马克思主义者的敏锐洞察力和非凡的革命胆略,同"两个凡是"的错误方针进行了坚决的斗争,旗帜鲜明地支持真理标准问题的大讨论,打破了禁锢在人们头脑中的精神枷锁,有力地推动了全国范围内的拨乱反正。

1982年,在进行恢复行使香港主权的谈判中,邓小平明确提出主权问题不容谈判。他对当时来访的英国首相撒切尔夫人说,现在时机已经成熟,中国将在1997年收回香港。撒切尔夫人危言耸听地说,如果中国要收回香港,将带来灾难性的影响。邓小平针锋相对地说,如果真是这样,中国更要勇敢地面对这个灾难做出决策。邓小平告诉撒切尔夫人,如果中国在1997年,也就是中华人民共和国成立48年后还不把香港收回,任何一个中国领导人和中国政府都不能向中国人民交代,甚至也不能向世界人民交代。如果不收回,就意味着中国政府是晚清政府,中国领导人是李鸿章!邓小平捍卫了祖国的主权、民族的尊严。邓小平强硬的态度和正义的立场为香港顺利回归奠定了基础。

2. 理想信念是邓小平乐观主义的力量源泉

邓小平一生历经磨难。在他传奇般的政治生涯中,曾经"三落三起"。尽管他屡遭诬陷迫害,尽管他面对种种不公,但他始终笑对人生,相信自己的理想信念是人类最美好的理想信念,是终究要变为现实的理想信念。邓小平说:"在我们最困难的时期,共产主义的理想是我们的精神支柱,多少人牺牲就是为了实现这个理想。"[1]137共产主义的理想信念使邓小平永远压不垮、打不倒。他认为他之所以能经受住如此多的打击,是因为他是一个乐观主义者。在困难的时候看到的是光明的前景和胜利的希望,没有丝毫的悲观失望。许多外国友人问邓小平是如何度过那些最痛苦的艰难时期的?邓小平回答说:"我一生最痛苦的当然是'文化大革命'的时候,即使在那个时期,也总相信问题是能够解决的……我是三上三下的人,对什么问题都持乐观的态度，相信自己的信念总会实现，如果没有这样的信念，我是活不到今天的。"[2] 邓小平宠辱不惊、百折不挠的乐观主义人生态度和精神风貌根源于他具有远大的理想和坚定的信念。

3. 理想信念是邓小平胸襟开阔的内在动力

为了实现共产主义的理想信念，邓小平完全把自己融合于党和人民的事业之中。邓小平认为，共产党人干革命不是为了当官，而是为了实现自己的崇高理想信念。1977年在决定恢复邓小平职务的中央全会上，邓小平说，他出来工作可以有两种态度，一个是做官，一个是做点工作。他想，谁叫自己当共产党人呢？既然当了，就不能做官，不能够有私心杂念，不能够有别的选择。邓小平执意不担任党和国家的最高领导职务，十一届三中全会以后，大家都希望他当总书记、国家主席，但他都拒绝了。邓小平关心的不是个人职务的高低，而是国家的长治久安。他认为，中国的未来要靠新的中央领导集体，要培养第三代领导人。

为了实现共产主义的理想信念，邓小平摆正了个人的位置，反对任何夸大个人的历史作用。1987年11月，邓小平说，党的十一届三中全会以来的路线、方针、政策的制定，他是出了力的，但不只是他一个人，不能把九年来的成绩都写到他个人的账上，可以写他是集体的一分子。他认为，把一个国家的命运寄托在一两个人的威望上是很不正常的，是靠不住的，很容易出问题。他还说，不要宣扬他起的作用有多么了不起。因为过分宣扬会带来一个问题，倘若邓某人不在了政策就要变。邓小平反对写歌功颂德、吹嘘他的传记。他特别提出，对他的评价，不要过分夸张，不要分量太重。有的人把他的规格放在毛主席之上，这就不好了，因为名誉太高了是个负担。

为了实现共产主义理想信念，邓小平甘愿从政治舞台上消失。他在身体还健康时，就主动辞去党和国家的领导职务。他多次向中央请求退休，他说，他过去多次讲，可能他最后的作用是带头建立退休制度。他相信，在他有生之年退休，对现行政策继续下去有利，也符合他向来的信念。邓小平希望自己从政治舞台上消失。只要中国的局面是真正稳定的，是一个安定团结的政治局面，中国还在继续发展，继续执行原有的路线、方针、政策，到那时，他们那一代人的影响就慢慢消失了。邓小平特别强调，消失了好！

为了实现共产主义的理想信念,邓小平抛弃了任何个人的私利。他明确向党中央提出,他的退休形式要简化,死后丧事也要简化。特别是在生命的最后历程中,邓小平嘱托,死后不搞遗体告别,家中不设灵堂,捐献角膜,解剖遗体供医学研究,不留骨灰。邓小平的言行体现了一名真正的共产党员的高风亮节。邓小平的伟大人格永远铭刻在亿万中国人民的心中。

二、理想信念是邓小平伟大理论的核心支柱

邓小平认为,他是一个马克思主义者,他一直遵循马克思主义的基本原则。他的入门老师是《共产党宣言》和《共产主义ABC》。对马克思主义的信仰,是邓小平人生的精神支柱,也是他坚持和发展马克思主义的重要前提和基础。邓小平认为,马克思主义永远不可能停留在一个水平上,不以新的思想观点去继承和发展马克思主义,就不是真正的马克思主义者。为实现共产主义事业而奋斗是邓小平的理想信念,也是他创立建设有中国特色社会主义理论的核心支柱。

邓小平的理想信念是世世代代高举马克思主义的伟大旗帜。但是,什么是马克思主义,邓小平认为,这是首先应该搞清楚的问题。实事求是是毛泽东思想的出发点、根本点。解放思想、实事求是是马克思主义的精髓,是马克思主义最本质的东西。邓小平说:"我读的书并不多,就是一条,相信毛主席讲的实事求是,过去我们打仗靠这个,现在搞建设、搞改革也靠这个。我们讲了一辈子马克思主义,其实马克思主义并不玄奥。马克思主义是很朴实的东西、很朴实的道理。"[1]382 邓小平提出,搞社会主义,一定要遵循马克思主义的辩证唯物主义和历史唯物主义,也就是毛泽东同志概括的实事求是,或者一切从实际出发。离开实事求是,共产党就不可能制定出正确的路线、方针和政策,也就不可能使理想信念变为美好的现实。

邓小平反对把马克思主义当作教条。他说:"马克思主义理论从来不是什么教条,而是行动的指南。如果只是毛泽东同志讲过的才能做,那我们现在怎么办?马克思主义要发展嘛,毛泽东思想也要发展嘛,否则,就会僵化嘛!"[3]128 邓小平指出:"绝不能要求马克思为解决他去世之后上百

年、几百年所产生的问题提供现成答案。列宁同样也不能承担为他去世以后五十年、一百年所产生的问题提供现成答案的任务。真正的马克思列宁主义者必须根据现在的情况，认识、继承和发展马克思列宁主义。"[1]291 在我们党和国家实现工作重心转移时，邓小平提出，只有解放思想，坚持实事求是，一切从实际出发，理论联系实际，我们的社会主义现代化建设才能顺利进行，我们党的马列主义、毛泽东思想的理论也才能发展。

邓小平理论就是建设有中国特色的社会主义理论。中国搞社会主义，强调要有中国的特点。中国的现代化建设，必须从中国的实际出发。1982 年，邓小平在党的十二大开幕词中指出："把马克思主义的普遍真理同我国的具体实际结合起来，走自己的道路，建设有中国特色的社会主义，这就是我们总结长期历史经验得出的基本结论。"[1]3 离开自己国家的实际和时代发展来谈马克思主义，没有意义；静止地、孤立地研究马克思主义，把马克思主义同它的现实生活中的生动发展割裂开来、对立起来，没有出路。邓小平提出："我们坚信马克思主义，但马克思主义必须与中国实际相结合。只有结合中国实际的马克思主义，才是我们所需要的真正的马克思主义。"[1]213 在当代中国，我们建设社会主义，准确地说是建设有中国特色的社会主义，这样才是真正地坚持了马克思主义。

邓小平意味深长地说："我们搞改革开放，把工作重心放在经济建设上，没有丢马克思，没有丢列宁，没有丢毛泽东。老祖宗不能丢啊。"[1]369 丢了老祖宗，就是丢了理想信念。丢了马克思主义就是丢了根本，革命和建设就会走上邪路。邓小平高举马克思主义的旗帜，用马克思主义的立场、观点、方法来分析解决当代中国社会经济发展的一切重大问题，在新的实践基础上继承前人又突破陈规，创立了邓小平理论，从而开拓了马克思主义的新境界。

邓小平的理想信念是搞社会主义、共产主义。但搞社会主义，首先要把"什么是社会主义、怎样建设社会主义"这一重大的基本问题搞清楚。邓小平说："三中全会以来，我们一直强调坚持四项基本原则，其中最重要的一条是坚持社会主义制度。而要坚持社会主义制度，最根本的是要发展社会生产力，这个问题长期以来我们并没有解决好。"[1]149 邓小平认为，搞社会主义必须同"四人帮"的假社会主义彻底划清界限。贫穷落后不是社会主义。光喊社会主义的空洞口号，脱离具体的国情是搞不成社会主义的。

马克思主义最注重发展社会生产力。邓小平指出:"社会主义阶段的最根本任务就是发展生产力,社会主义的优越性归根到底要体现在它的生产力比资本主义发展得更快一些、更高一些,并且在发展生产力的基础上不断改善人民的物质文化生活。"[1]63 邓小平认为,目前我国正处在社会主义初级阶段。我们要搞的社会主义必须是切合中国实际的有中国特色的社会主义,是发展生产力的社会主义,是实现共同富裕的社会主义。邓小平还认为,改革是推动生产力发展的强大动力,是社会主义制度的自我完善。只有坚持改革,才能真正搞活社会主义,才能为将来进入共产主义准备基础。正是由于邓小平坚定的理想信念,才促使他把马克思主义与当代中国实际结合起来,进行艰巨的创造性的理论探索,创立了建设有中国特色的社会主义理论。可以说,没有邓小平的理想信念,就不可能有邓小平理论。

三、理想信念是邓小平伟大事业的擎天大柱

邓小平是一位伟大的无产阶级革命家、政治家、战略家。他为中国人民的解放事业和社会主义现代化建设事业呕心沥血,奋斗了一辈子。邓小平创造性地把爱国主义、社会主义、共产主义统一于建设有中国特色社会主义伟大事业之中。邓小平说,我们的理想就是社会主义现代化,把我国建设成一个富强、民主、文明的社会主义现代化强国。正是在这样的理想信念下,邓小平主持制定了党在社会主义初级阶段的基本路线,开拓了建设有中国特色社会主义的新道路。

1. 理想信念是邓小平伟大事业的奋斗目标

我们干的是社会主义事业,最终目标是实现共产主义。邓小平说:"我们共产党人的最高理想是实现共产主义,在不同历史阶段又代表那个阶段最广大人民利益的奋斗纲领。"[1]190 在当代中国,振兴中华、实现社会主义现代化是全国各族人民的共同理想。为了实现这一共同理想,邓小平提出了我国经济分"三步走"的发展战略目标。他说,第一个目标是解决温饱问题,第二个目标是在 20 世纪末达到小康水平,第三个目标是在下个世纪的五十年内达到中等发达国家水平。这就是我国现阶段的奋斗目

标。邓小平分析说，如果到下个世纪中叶，我国人均国民生产总值达四千美元，而且是共同富裕的，就能更好地显示出社会主义制度优于资本主义制度，就为世界四分之三的人口指出了奋斗方向，更加证明了马克思主义的正确性。如果没有邓小平的远大理想和坚定信念，就不可能提出这样具体、明确的奋斗目标。

2. 理想信念是邓小平伟大事业的行动准则

邓小平认为，我们现在真正要做的就是通过改革开放加快生产力发展，坚持社会主义道路，用我们的实践来证明社会主义的优越性。要用两代人、三代人甚至四代人来实现我们的奋斗目标。邓小平指出："根据我长期从事政治和军事活动的经验，我认为，最重要的是人的团结，要团结就要有共同的理想和坚定的信念。我们过去几十年艰苦奋斗，就是靠用坚定的信念把人民团结起来，为人民的利益而奋斗。没有这样的信念，就没有凝聚力；没有这样的信念，就没有一切。"[1]190 邓小平还提出："过去我们党无论怎样弱小，无论遇到什么困难，一直有强大的战斗力，因为我们有马克思主义和共产主义的信念。有了共同的理想，也就有了铁的纪律。无论过去、现在和将来，这都是我们的真正优势。"[1]144 今天在我们建设有中国特色的社会主义伟大事业中，理想信念更是我们的行动准则。有了这样的理想信念，我们就能够团结和动员最广大的人民群众共同奋斗；有了这样的团结，任何困难和挫折都能被我们所克服；有了这样的理想信念和坚强团结，我们的事业就无往而不胜。

3. 理想信念是邓小平伟大事业的希望所在

中国不搞社会主义是没有前途的。走自己的路，建设有中国特色的社会主义，中国才有希望。1989 年在国际局势出现急剧变化时，邓小平说，别人的事情我们管不了。我们只讲一个道理：中国的社会主义是变不了的。中国肯定沿着自己选择的社会主义道路走到底。谁也压不垮我们，只要中国不垮，世界上就有五分之一的人口在坚持社会主义。我们对社会主义的前途充满信心。1992 年邓小平视察南方时又说，一些国家出现了严重挫折，社会主义好像被削弱了，但人民经受锻炼，从中吸取经验教训，将促使社会主义向更加健康的方向发展，因此，不要惊慌失措，不要认为马克思主义消失了、没用了、失败了，没有这回事。邓小平还说："我坚信，世界上赞成马克思主义的人会多起来的，因为马克思主义是科学。"[1]382 只要中国社会主义不倒，社会主义在世界将始终站得住。这字里行间渗透着邓小平对马克思主义的真诚信仰，充满着邓小平对社会主义远大前途的坚定信念。

为了建设有中国特色的社会主义，邓小平十分重视"四有"教育。他提出要教育人民成为"四有"人民，教育干部成为"四有"干部。"四有"的第一条就是"有理想"。他十分强调培养下一代。他说，他们这些人的脑子里是有共产主义理想和信念的，要特别教育下一代、下两代，一定要树立共产主义的远大理想，一定不能让青少年做资本主义腐朽思想的俘虏。他强调指出："一定要让我们的人民，包括我们的孩子们知道，我们是坚持社会主义和共产主义的，我们采取的各方面的政策，都是为了发展社会主义，为了将来实现共产主义。"[1]112 理想信念是支撑邓小平伟大事业的擎天大柱。邓小平满怀信心地指出："要证明社会主义真正优越于资本主义，要看第三步，现在还吹不起这个牛。我们还需要五六十年的艰苦努力。那时，我这样的人就不在了，但相信我们现在的娃娃会完成这个任务。"[1]227 邓小平把实现中国社会主义现代化的希望寄托在下一代身上，这是我们的事业必定会取得胜利的希望所在。

参考文献

［1］邓小平. 邓小平文选：第3卷［M］. 北京：人民出版社，1993.
［2］冷溶. 邓小平开创中国特色社会主义道路的伟大贡献（纪念邓小平诞辰10周年）［N］. 人民日报，2014-08-20.
［3］邓小平. 邓小平文选：第2卷［M］. 2版. 北京：人民出版社，1994.

（本文刊登在《社会主义研究》，1998年12期。）

论邓小平的人格魅力

伟大的时代造就伟大的人物,伟大的人物蕴含伟大的人格。邓小平在70多年波澜壮阔的革命生涯中,以其坚定的信念、博大的胸怀、无畏的气概、崇高的风范铸造了伟大的人格。邓小平不仅以他的伟大理论、伟大事业载入史册,而且以他的伟大人格彪炳千秋。

爱国爱民　赤胆忠心

邓小平在《邓小平文选》(英文版)序言中发自肺腑地说:"我是中国人民的儿子,我深情地爱着我的祖国和人民。"这是他一生光辉实践的生动写照,也是他人格特征最富魅力的底蕴所在。尽管他一生历经坎坷,"三落三起",但为了祖国的富强、人民的幸福,他完全置个人的名利、荣辱、生死于度外,把自己的毕生心血和精力都献给了祖国和人民。为了祖国和人民的利益,在革命战争年代,他出生入死,不畏艰险,驰骋南北,英勇杀敌,顾全大局,勇挑重担,为民族独立和人民解放,为新中国的诞生,建立了赫赫战功。为了祖国和人民的利益,在社会主义建设时期,邓小平呕心沥血,勇于实践,善于探索,艰辛开拓。特别是在粉碎"四人帮"后,邓小平到各地进行调查研究,抓住了问题的要害。他说:"社会主义要表现出它的优越性,哪能像现在这样,搞了二十多年还这么穷,那要社会主义干什么?"[1]130邓小平强调,不要离开现实和超越阶段采取"左"的做法,那样是搞不成社会主义的。社会主义最根本的任务是发展社会生产力。在党的十一届三中全会上,邓小平果断地提出停止使用"以阶级斗争为纲"的错误口号,把党和国家的工作重点转移到社会主义现代化建设上来。邓小平的正确主张得到了全党和全国人民的拥护,使我国社会主义现代化建设走上了正确的轨道。

为了祖国和人民的利益，邓小平坚决主张废除领导干部职务终身制，反复强调培养接班人，以此作为老干部的第一位任务。他说："认真选好接班人，这是一个战略问题，是关系到我们党和国家长远利益的大问题。如果我们在三几年内不解决好这个问题，十年后不晓得会出什么事。要忧国、忧民、忧党啊！"[1]222 邓小平主动要求退休，并说服其他老同志腾出位置，主动让贤。为了祖国和人民的利益，他退休以后，仍然以高度的历史责任感，关注着我国的改革开放和现代化建设。1992 年春，邓小平不顾 88 岁高龄，进行了时间长达 35 天、行程 6 000 多公里的南方考察，在视察途中发表了一系列重要讲话，科学地总结了十一届三中全会以来的基本实践和基本经验，从理论上深刻地回答了长期困扰和束缚人们思想的许多重大认识问题。南方谈话充分体现了邓小平对祖国和人民的深情厚爱，充分体现了他对党和国家前途命运极端负责的崇高精神境界。

无私无畏　光明磊落

邓小平之所以具有崇高的人格魅力，归根到底是因为他是一个彻底的唯物主义者。坚持实事求是是邓小平伟大人格的精华所在。心底无私天下宽，邓小平尊重客观实际，敢于坚持真理，勇于修正错误，一生无愧于党和人民。

1977 年在决定恢复邓小平职务的中央全会上，邓小平说，他出来工作，可以有两种态度，一个是做官，一个是做点工作。他想，谁叫自己当共产党人呢。既然当了，就不能够做官，不能够有私心杂念，不能够有别的选择。十一届三中全会后，邓小平执意不担任党和国家的最高领导职务。他说："十一届三中全会以后，大家希望我当总书记、国家主席，我都拒绝了。"[2]272 邓小平关心的不是个人的职务高低，而是国家的长治久安。他说，"文革"结束，他出来后就注意这个问题。他发现靠他们这老一代解决不了长治久安的问题。于是他们推荐别的人，真正要找第三代。中国的未来要靠新的领导集体。邓小平在自己身体还健康时，就主动辞去党和国家的领导职务。他认为，一个党、一个国家把希望寄托在一两个人的威望上是不健康的。过分夸大个人的作用是不对的。他说："人总是要死的。哪一天我不在了，好像中国就丢了灵魂，这种看法不好。我在有生之年还可以做一些事，但希望自己从政治舞台上慢慢地消失。"[2]273 邓小平强调，不要宣扬他起的作用有什么特别了不起，因为宣扬过分会带来问题。1989年邓小平退休了，他给中共中央政治局写的信中说："作为一个为共产主义事业和国家的独立、统一、建设、改革事业奋斗了几十年的老党员和老公民，我的生命是属于党、属于国家的。退下来以后，我将继续忠于党和国家的事业。"[2]523 在生命的最后历程，邓小平又提出死后不举行遗体告别，捐献角膜，遗体供解剖，不留骨灰，真正体现了一个老党员的高风亮节。

粉碎"四人帮"之后，当社会上出现了一股全盘否定毛泽东的历史地位、否定毛泽东思想的错误思潮时，邓小平不计个人恩怨，毅然挺身而出，勇敢地捍卫了毛泽东的历史地位和毛泽东思想作为我们党的指导思想的地位。他亲自主持起草《关于建国以来党的若干历史问题的决议》，坚决抵制全盘否定毛泽东和毛泽东思想的错误思潮。邓小平明确指出："毛泽东同志不是孤立的个人，他直到去世，一直是我们党的领袖。对于毛泽东同志的错误，不能写过头。写过头，给毛泽东同志抹黑，也就是给我们党、我们国家抹黑。"[1]301-302 邓小平告诫全党，如果没有毛泽东的正确领导，我们党还将在黑暗中摸索；没有毛泽东就没有今天的中国共产党；毛泽东培育了整整一代人。毛泽东的功绩远远大于他的过失，不能因为毛泽东晚年犯了错误而否认毛泽东一生的丰功伟绩。邓小平还认为，新中国成立以后毛泽东犯的错误不能都算在他一个人头上。他说，毛泽东生前没有把过去良好的作风，比如民主集中制、群众路线很好地贯彻下去，没有制定也没有形成良好的制度，这不仅是毛泽东本人的问题，他们这些老一辈的革命家，包括他也是有责任的。他还说，1957年反右派，他们是积极分子，反右派扩大化他就有责任，因为他是总书记。1958年大跃进，他们头脑也热。邓小平不文过饰非，不讳言自己的错误，勇于承担自己的责任，充分表现了他无私无畏、光明磊落的崇高境界。

敢作敢为　刚正不阿

邓小平为人耿直，敢于面对现实，肯定应该肯定的东西，否定应该否定的东西，完全依据自己的见解独立行事。这是邓小平人格的鲜明特色。1959年，在中央召开的一次会议上，毛泽东又一次正式提出不再担任国家主席职务，请在座各位提名别的领导担任这一重要职务。当时毛泽东并没有提名由谁担任国家主席，顿时会场一片沉默。就在这时，邓小平走到台前坦率地说："没有人提，我提——刘少奇。"结果与会同志热烈鼓掌通过。

1975年1月，毛泽东曾要求在政治局内讨论对"文化大革命"的评价，希望能够统一认识，并提出由邓小平主持对"文革"做出决议，总的评价是"三分错误，七分成绩"。邓小平明确表示，由他主持写这个决议不适宜，他是桃花源中人，"不知有汉，无论魏晋"。他婉言谢绝了毛泽东的提议。邓小平在大是大非问题上，从不含糊，表现出大义凛然、无所畏惧的英雄气概。1973年邓小平重新参加党和国家的领导工作后，冒着再一次被打倒的风险，采取一系列果断措施，对"文化大革命"以来所造成的严重混乱局面进行大刀阔斧的整顿，"四人帮"一伙对此寻衅发难，邓小平一身正气，同"四人帮"的倒行逆施进行了针锋相对的斗争，迫使"四人帮"一伙不得不低头认错。毛泽东评价邓小平"人才难得，政治思想强"，"柔中有刚，绵里藏针"。

粉碎"四人帮"后，邓小平恢复了党政军领导职务，他以马克思主义的敏锐洞察力和非凡的革命胆略，对"两个凡是"的错误方针作了坚决抵制和严肃批评。他明确指出，"两个凡是"不符合马克思主义。他旗帜鲜明地支持真理标准问题的大讨论，打破了禁锢在人们头脑中的精神枷锁，有力地推动了全国范围内的拨乱反正。

宽容宽厚　气度恢宏

在邓小平传奇式的革命生涯中，曾经"三落三起"，但他始终坚持党性原则，坚持革命的乐观主义。在恢复工作或恢复原来担任的职务后，他从不计较个人恩怨，从不整人。他主张团结一切可以团结的人，包括那些反对过自己反对错了的人。他开诚布公地说，不要因为过去谁整过自己就记仇。对同志不要记仇，要不念旧恶。他们这些人不会没有缺点，有缺点，要允许人家批评。他认为，处理重大历史遗留问题，宜粗不宜细，不要纠缠历史旧账。指责别人过头的话不要讲,过头的事不要做。他提出,对于人的处理要十分慎重。对过去的错误,处理可宽可严的,可以从宽,对今后发生的要从严些。对一般党员处理要宽些,对领导干部要严些,特别是对高级干部要更严些。邓小平强调:"对于犯了错误的人,有的需要有适当的惩处。但不要强调惩处,要强调帮助,满腔热情地帮助他们改正错误,帮助他们进步。"[1]51

在用人问题上,邓小平始终坚持任人唯贤,搞五湖四海;反对任人唯亲,搞小圈子。他认为,小圈子这个东西会害死人。他提出要用政治家的风度来处理这个问题。要抛弃个人恩怨来选择人,反对过自己的人也要用,能容忍各方面、团结各方面是一个关键性的问题。他说,他不是完人,也犯过很多错误,他不是不犯错误的人,但是他问心无愧,其中有一点就是从来不搞小圈子。正是由于邓小平顾全大局,宽宏大量,他才能成为我们党的第二代中央领导集体的坚强核心。邓小平在告诫党的第三代中央领导集体的政治交代中特别指出:"领导这么一个国家不容易呀,责任不同啊!最重要的问题是要胸襟开阔,要从大局看问题,放眼世界,放眼未来,也放眼当前,放眼一切方面。"[2]500心胸开阔、宽宏大量是邓小平人格中极具魅力的重要表现。

有胆有识　伸张正义

作为一名资深的国务活动家、政治家,邓小平在处理国际关系上,充满智慧,他坚毅刚强,不信邪,不信鬼。邓小平强调,中国坚持独立自主的外交政策,同谁都来往,同谁都交朋友。谁搞霸权主义就反对谁,谁侵略别人就反对谁。邓小平还强调,中国属于第三世界,将来发展起来了,还是属于第三世界,永远不做超级大国,永远不称霸。也因此,中国在国际舞台上树立了热爱世界和平、反对霸权主义的良好形象。

在解决国与国之间历史遗留问题时,邓小平提出总要从死胡同里找个出路。他说,世界上有许多争端,总要找个解决问题的出路。有些国际上的领土争端,可以先不谈主权,先进行共同开发。有些历史遗留问题,一时解决不了,可以放一放,留给子孙后代来处理。1989年,邓小平在同来访的苏联最高领导人举行会晤时,提出"结束过去,开辟未来",实现两国关系正常化。在"结束过去"这个问题上,邓小平着重谈了两点,一是历史上中国受到列强压迫的情况,二是近几十年中国人感到威胁从何而来。真正的实质问题是不平等,中国人感到受屈辱。这充分表达了中国人民在处理国家关系问题上的原则、立场。

在处理国家关系上,邓小平始终把国家利益放在首位。在大是大非问题上,立场坚定,旗帜鲜明。1982 年在进行恢复行使香港主权的谈判中,邓小平开宗明义主权问题不容谈判。他对当时来访的英国首相撒切尔夫人明确表态,现在时机已经成熟,1997 年中国将收回香港。撒切尔夫人危言耸听地表示,如果中国收回香港,将带来灾难性的影响。邓小平针锋相对地指出,如果真是这样,中国更要勇敢地面对这个灾难,做出决策。邓小平还说,如果中国在 1997 年,也就是中华人民共和国成立 48 年后还不把香港收回,任何一个中国领导人和政府都不能向中国人民交代,甚至也不能向世界人民交代。如果不收回,就意味着中国政府是晚清政府,中国领导人是李鸿章!邓小平的谈话表达了亿万中国人民包括香港同胞的共同心声。香港的回归,洗刷了中华民族的百年耻辱。邓小平捍卫了中国的国家主权,捍卫了中华民族的尊严。在 20 世纪 80 年代末 90 年代初,国内国际发生政治风波后,西方七国联合对我国实行所谓的经济制裁。邓小平对此不屑一顾,他说,他们凭什么干涉中国的内政?谁赋予他们这个权力?"世界上最不怕孤立、最不怕封锁、最不怕制裁的就是中国。"[2]329 中国永远不允许别国干涉内政,什么威胁也吓不倒我们。任何外国不要指望中国做他们的附庸,不要指望中国吞下损害我国利益的苦果。这充分表现了邓小平不畏强暴,伸张正义,敢于斗争,敢于胜利的大无畏英雄气概。这是邓小平人格充满魅力的重要特色所在。

廉洁奉公　率先垂范

1956 年,在党的八届一中全会上,毛泽东推荐邓小平担任总书记职务时说,邓小平比较顾全大局,比较有才干,比较周到和公道,是个厚道人。邓小平从来不居功自傲,始终谦虚谨慎,保持清醒的头脑。他说,永远不要过分突出他个人,他所做之事无非反映了中国人民和中国共产党人的愿望,党的这些政策也是由集体制定的。他还说,对他的评价,不要过分夸张，不要分量太重。有的人把他的规格放在毛主席之上，这就不好了，他很怕有这样的东西。邓小平自我评价道："拿我来说，能够四六开，百分之六十做的是好事，百分之四十不那么好，就够满意了，大部分好嘛。"[1]277

邓小平强调，要继承和发扬党的优良传统和作风。他说："我们的毛泽东同志、周恩来同志以身作则，严于律己，艰苦奋斗，几十年如一日，成为我党我军优良传统和作风的化身。他们的感人事迹在全党、全军、全国人民中，发生了多么巨大和深远的影响！不仅影响到我们这一代，而且影响到子孙后代。"[1]125他还说，他们这一代，一定要坚持共产党的好的传统，树立好的榜样，当好人民的勤务员，在我国的社会主义事业中，在世界人民的解放事业中，尽到自己应尽的责任。邓小平是这样说的，也是这样做的。他言行一致，表里如一。凡是要求党员干部做的事，他总是身体力行，率先垂范，比如坚持党的民主集中制原则，不搞个人说了算；废除干部领导职务终身制，他曾多次提出辞去领导职务，恳切地表达退休的愿望，简化退休方式；简化丧事处理等。凡是号召群众做的事，他总是带头去做，比如参加义务植树劳动，向"希望工程"捐款。

邓小平特别强调，要搞廉洁政治，反对腐败。他反复告诫全党，要全心全意为人民服务，领导就是服务。他坚持反对官僚主义、家长制作风和形形色色的特权。他提出党的干部不要做官当老爷，要真正成为人民的公仆。邓小平特别强调，反腐败要动真格，要取信于民。他说："要扎扎实实做几件事情，体现出我们是真正反对腐败，不是假的。"[2]297反对腐败是一就是一，是二就是二，该怎么处理就怎么处理，一定要取信于民。他说，他本人也经常检查家中的人有没有腐败现象。纠正不正之风，要先从领导干部纠正起。如果高级干部首先把这方面存在的问题解决了，就能理直气壮地去解决在全国其他方面存在的这类问题。邓小平是廉洁自律、勤政为民、弘扬社会正气的光辉典范。

邓小平的伟大人格是中华民族优秀精神的缩影，是传统美德在新的历史时期的发扬光大，也是邓小平个性社会化发展程度的集中体现。邓小平的崇高品格和风范，体现在他的全部革命实践活动中，体现在他"三落三起"的经历和他勇敢开拓建设有中国特色的社会主义伟大实践中。学习、研究邓小平的伟大人格，对于加强社会主义精神文明建设，提高中华民族的思想道德素质有着重要的示范价值与指导作用。

参考文献

［1］邓小平. 邓小平文选：第2卷［M］. 2版. 北京：人民出版社，1994.
［2］邓小平. 邓小平文选：第3卷［M］. 北京：人民出版社，1993.

（本文刊登于《苏州大学学报》，1998年第1期。）

邓小平"两个飞跃"思想与中国农业现代化发展

农业、农村、农民问题不仅是我国革命、建设和改革发展的根本问题，也是推进中国道路发展首先必须解决的关键问题。邓小平在领导我国改革开放和社会主义现代化建设过程中提出的一个富有远见的重要战略思想，就是农业改革与发展"两个飞跃"的思想。他十分深刻地指出："中国社会主义农业的改革和发展，从长远的观点看，要有两个飞跃。第一个飞跃，是废除人民公社，实行家庭联产承包为主的责任制，这是一个很大的前进，要长期坚持不变。第二个飞跃，是适应科学种田和生产社会化的需要，发展适度规模经营，发展集体经济。这是又一个很大的前进，当然这是很长的过程。"[1]355 邓小平"两个飞跃"的思想高屋建瓴，立意深邃，涵蕴丰富，不仅是发展现代农业、繁荣农村经济、增加农民收入的大思路，而且是统领农业改革与发展全局、创新中国农业现代化道路的大手笔，对于实现中国特色社会主义农业现代化、坚持和发展中国特色社会主义道路具有重大的指导价值。

一、邓小平"两个飞跃"思想为我国农业现代化发展提供了基本思路

1. 邓小平"两个飞跃"思想回应了我国农业现代化发展中的重大现实问题

我国是一个发展中的农业大国，一个有着十几亿人口的大国，吃饭问题始终是困扰中国经济社会发展的最紧迫、最重大的问题。我国现实的国情是人口多，底子薄，耕地少，生产力水平不发达。邓小平明确指出："耕地少，人口多特别是农民多，这种情况不是很容易改变的。这就成为中国现代化建设必须考虑的特点。"[2]164 为解决我国贫穷落后的面貌，大力

改善人民实际生活，邓小平立足于从我国基本国情出发，围绕发展现代农业做文章，率先在实现农业现代化问题上破题。

农业现代化是整个国家稳定发展与实现中国特色社会主义现代化的基础和前提。邓小平指出："从中国的实际出发，我们首先解决农村问题。中国有百分之八十的人口住在农村，中国稳定不稳定首先要看这百分之八十稳定不稳定。"[1]65 实现四个现代化，基础是农业现代化。邓小平强调："四个现代化，比较起来，更加费劲的是农业现代化。如果农业搞不好，很可能拉我们国家建设的后腿。"[3]98 为彻底打破中国农村贫困落后的局面，切实解决农民的温饱问题，真正实现农业现代化，就必须实行改革开放，就必须依靠发展农村经济，逐步实现共同富裕。正是在这样的思想认识基础上，邓小平提出了"两个飞跃"的重要思想。

2. 邓小平"两个飞跃"思想指向了我国农业现代化发展的两大根本问题

农业现代化发展的方向、道路问题至关重要。邓小平十分明确地指出："我国农业现代化，不能照抄西方国家或苏联一类国家的办法，要走出一条在社会主义制度下合乎中国情况的道路。"[2]362 邓小平"两个飞跃"思想抓住了农地制度变革和农业生产方式改造这两个事关农业现代化发展的根本问题，也就真正抓住了中国农业发展道路的"牛鼻子"。

第一，实现农业现代化，需要变革农村生产关系，解放和发展农村生产力。20 世纪 70 年代末，我国正面临着如何扭转农村发展被动局面、扭转农业生产下滑局面、扭转农民生活下降局面，尤其是如何解决二亿多农民长期吃不饱饭等紧要问题，重大现实问题倒逼着中国的改革。党的十一届三中全会顺应经济社会发展大势，作出了把党和国家工作重心转移到经济建设上来，实行改革开放的伟大决策。邓小平指出，要重视发展农业，"不管天下发生什么事，只要人民吃饱肚子，一切就好办了"[2]406。他把推进农地制度改革作为中国农村改革的突破口。

第二，实现农业现代化，适应科学种田和生产社会化发展，需要深化农村改革，发展规模经营和集体经济。邓小平认为，应该从生产力和生产关系的结合上，走出一条发展适度规模经营、发展集体经济的新路。他明确提出，只要机械化水平提高，管理水平提高，多种经营发展和集体收入增加，就能够为实现农业更高层次的集体化创造条件，"具备了这四个条件，目前搞包产到户的地方，形式就会有发展变化。这种转变不是自上而下的，不是行政命令的，而是生产发展本身必然提出的要求"[2]316。如果我们不搞规模经营，不发展集体经济，要真正实现农业现代化是不可能的。因此，要坚持和稳定党在农村的各项基本政策，就必须不断深化农村经济体制和经营机制的改革，为实现农业现代化创造条件。

3. 邓小平"两个飞跃"思想提出了我国实现农业现代化的必由之路

邓小平"两个飞跃"思想是对我国农业发展历史经验的深刻总结，对实现我国农业现代化具有直接的指导作用。实现农业现代化，一是要看到"两个飞跃"时间上的前后相继性。在农村推进改革的"第一个飞跃"，即废除人民公社，实行家庭联产承包责任制。这种"包产到户"的责任制属于"低水平的集体化"，需要同时规划未来农业现代化发展的总的方向，通过"第二个飞跃"将"低水平的集体化"发展到"高水平的集体化"。二是要看到"两个飞跃"空间上的同时并进性。家庭联产承包责任制是我国集体经济的一种实现形式，有利于现阶段农业生产力的解放和发展，但它在本质上达不到农业现代化的要求，因而需要在家庭联产承包责任制发展的基础上，发展适度规模经营，发展集体经济，促使农村生产方式发生根本性的变革。三是更要看到时空结合上推进第一个飞跃向第二个飞跃转变的客观必然性。邓小平明确提出："我们总的方向是发展集体经济。"[2]315随着农村生产力的发展，家庭经营的局限性越来越显现出来。因此，要坚持农村改革发展的"总的方向"，通过发展适度规模经营，发展集体经济，实现农业经济的稳步增长，为国民经济的持续健康发展奠定牢固的基础。

农业现代化的发展不仅需要调整生产关系，而且从长远的观点来看需要依靠科学的力量。邓小平明确指出："农业的发展一靠政策，二靠科学，科学技术的发展和作用是无穷无尽的。"[1]17邓小平特别强调，在发展现代农业时，必须依靠科学技术。"农业问题也要研究，最终可能是科学解决问题。"[1]313邓小平经深思熟虑后提出的"两个飞跃"思想，就是要实现传统农业向现代农业的转变，使农业生产技术由传统经验转移到现代科学技术基础上，为农村生产力的进一步解放、为农村改革取得巨大成功奠定科学基础。可以说，在邓小平"两个飞跃"思想的引领下，我国农业综合生产能力得到了显著提高，农产品供给实现了由长期短缺到供求平衡、丰年有余的历史性转变，有效地解决了长期困扰我国十多亿人的吃饭问题。

二、邓小平"两个飞跃"思想为我国农业现代化发展阐明了核心要义

1. 邓小平"两个飞跃"思想确立了对我国农业现代化首要地位的认识

农业是整个国民经济的基础，农业现代化是实现中国特色社会主义现代化的根本。邓小平历来强调把农业放在国民经济发展的首位。他指出："我们从宏观上管理经济，应该把农业放在一个恰当位置上。"[1]159 他要求广大干部在谈工业问题的时候，不要忘记了农业，不要忘记了中国是个农业国，必须"确立以农业为基础、为农业服务的思想"[2]28。他十分重视处理好工业与农业之间的关系，指出"工业越发展，越要把农业放在第一位"[2]29。农业现代化是国民经济和社会发展的重中之重，它在我国社会主义现代化发展中具有特别重要的战略意义。江泽民精辟地总结道："改革开放以来，邓小平同志和其他老一辈革命家，根据他们丰富的实践经验，无论观察形势、研究问题，还是制定规划、做出决策，总是首先考虑农业、农村和农民问题，总是把农业、农村和农民问题放在党的工作和国家的发展战略的首位。"[4]

走中国特色农业现代化发展道路，就必须坚持农村经济体制改革的方向，按照社会主义市场经济体制的要求，全面深化农村改革，这是邓小平"两个飞跃"思想的战略选择，也是落实我国农业现代化首要地位的可靠保障。要在稳定家庭联产承包责任制的基础上，积极探索发展农业规模经营的有效途径，大力发展集体经济。现代农业是科技农业，是农业生产和现代科学技术发展相结合的产物。为适应科学种田和生产社会化，促进我国农业增长方式由粗放到集约、从增产到增效的战略性转变，必须坚持搞农业的规模经营，走发展集体经济的道路。深化农村经济体制改革，探索现代农业新的组织形式、经营形式，发展以规模经营为核心的新型集体经济方式，这是邓小平"两个飞跃"思想具体落实的逻辑展开。

2. 邓小平"两个飞跃"思想阐释了实现我国农业现代化的关键

中国农村经济发展要坚守 18 亿亩耕地这条红线，就必须实行当今世界最严格的耕地保护制度。要看到农业发展的潜力是十分巨大的。1982 年 3 月，邓小平表示，我们落实了农村政策，农业形势很好，但靠政策只能解决一段时间的问题，发展农业还要靠科学。1983 年，为进一步加强农业科学研究和人才的培养，邓小平明确提出："将来农业问题的出路，最终要由生物工程来解决，要靠尖端技术。"[1]275 邓小平把发展农村经济、提高农业生产力水平作为整个农业和农村工作的中心，提出要实施科教兴农、人才兴农和农业可持续发展战略，只有大力发展以现代科技广泛应用为标志的现代农业，才能不断提高农业生产力和农民的物质文化生活水平。邓小平强调指出："总之，农业要工业化才行。我们现在有些搞农业的人，实际上还不知道什么是现代化农业，不知道我们究竟应当怎样搞现代化农业。"[3]303

推进农业现代化，需要将创新农村经营体制和农业生产经营方式作为突破口。由于我国长期存在的城乡二元经济结构，直到目前农业仍然是比较脆弱的产业。要加强农业生产规模化、集约化、产业化、市场化改革，积极培育农业市场主体，优化农业生产要素的有效配置，提高农业产业的整体竞争力。邓小平提出的"两个飞跃"思想，阐明了通过规模经营、发展集体经济，可以提高农业生产的效率，减少农民的压力并造福农民。从我国目前面临的情况看，发展规模经营所要面对的首要问题就是实行农村土地承包经营权的流转。土地流转要坚持农民依法、自愿和有偿的原则。农业生产规模经营的实质是生产要素的合理组合和优化配置，要以联合、合作等组织形式，使小生产与机械化、大市场有效对接。党的十八届三中全会提出要建立城乡统一的建设用地市场，就是要建立健全科学的用地机制，通过转让、转包、互换、入股、出租等方式加快农村土地的合理合法流转，为推进农业生产适度规模经营、发展和壮大集体经济创造条件。

3. 邓小平"两个飞跃"思想揭示了实现我国农业现代化发展的实质

邓小平"两个飞跃"思想的实质就是坚持农民的主体地位，尊重农民的首创精神。邓小平强调指出："农村搞家庭联产承包，这个发明权是农民的。农村改革中的好多东西，都是基层创造出来，我们把它拿来加工提高作为全国的指导。"[1]382 党尊重广大农民的意愿和创造，把家庭联产承包制作为集体经济的丰富和发展，尤其是明确了农户对土地的使用权和收益权，极大地调动了农民的生产积极性。在总结农村改革取得成功经验的基础上，邓小平提出，农民最高兴两件事：一是实惠；二是自主。有了这两条，广大农民的生产积极性和创造性就能源源不断地发挥出来。[5]97

农民是农业生产经营的主体，发展农业和农村经济归根到底要靠亿万农民的创造。邓小平"两个飞跃"思想的主旋律在于紧紧依靠亿万农民敢想敢干敢闯的精神，不失时机地推进农村改革，不断解放和发展农村生产力。在农村搞改革，实行家庭联产承包责任制，抛弃"吃大锅饭"的办法，其目的就是调动广大农民的积极性，促进农村经济的大发展。目前，我们推进农业现代化发展，增强我国农业发展的后劲，需要通过适时推进农村制度创新，深化农村改革来发展适度规模经营，发展集体经济，尤其需要尊重广大农民的意愿。实现"两个飞跃"，按照邓小平的思路，需要从当地实际出发，依靠广大农民群众在实践中的探索和创造。"当前，以转变农业发展方式为核心目标，以转包、租赁和股份合作等为基本形式，以农户自愿参与和政府制度激励相结合为主要组织方式的农地流转制度创新，已成为构建新型农业经营体系、促进现代农业发展的重要支撑和保障。"[6]我们发展社会主义市场经济，实现农业现代化，需要推动农业经营模式的创新，加快探索土地经营权的流转形式和规模经营的体制形式，构建新型农业经营体系，推动中国现代农业建设迈上新台阶。只要坚持农民的主体地位，发挥农民的首创精神，就能不断创造出农业现代化发展的一个又一个奇迹。

三、邓小平"两个飞跃"思想为我国农业现代化发展指明了根本方向

1. 邓小平"两个飞跃"思想展示了我国农业现代化发展的广阔前景

在当代中国，邓小平"两个飞跃"思想是我们党制定农业政策的重要依据和深化农村改革的根本指导思想，它的精髓就是解放思想、实事求是。邓小平"两个飞跃"思想极大地解放和发展了农村生产力，农村经济总量迅速增加，农产品产量大幅度增长，中国农村的面貌发生了深刻变化。"农业兴，百业兴；农民富，国家富；农村稳，天下稳。"目前，我国

的经济总量已经跃居世界第二位，粮食产量超过 1.2 万亿斤，实现"十连增"，谷物、棉花、油菜籽、水果、猪牛羊肉等农产品产量稳居世界第一位，农民人均纯收入从 1978 年的 134 元增加到 2013 年的 8 896 元，农村居民人均纯收入实际增长 9.3%，农村贫困人口减少到 1 650 万人，城乡居民收入差距继续缩小[7]。这不仅基本解决了 13 多亿人的吃饭问题，而且还实现了人民生活水平和消费结构的显著变化。

我国现代农业发展有着广阔的农村市场，潜力巨大的产销需求；有着科学理论的正确引领，亿万农民的伟大创造；更有着农业"两个飞跃"的生动实践，无比美好的发展前景。农业生产力的发展，社会化分工和科学种田水平的提高，要求更好更快地发展现代农业。1992 年 7 月，邓小平进一步阐释了"两个飞跃"的思想。第一个飞跃着眼于变革农村生产关系，促进生产力的发展；第二个飞跃落脚于促进农业、农村现代化，实现共同富裕。[3]711 积极推进"两个飞跃"，就是要在进一步完善家庭联产承包责任制的基础上，逐步发展规模经营，壮大集体经济，通过大力发展绿色无公害农业，发展农业循环经济，向科学要效益，提高农业产品的价值含量和深加工附加值，以增加农民收入。可以预见，在推进"两个飞跃"的伟大实践中，我国农业将全面完成由传统农业向现代农业的转变，农村面貌还将发生更大更好更快的变化。

2. 邓小平"两个飞跃"思想揭示了我国农业现代化发展的客观规律

发展集体经济和合作经济是实现农业现代化的重要基础，也是坚持和发展中国特色社会主义道路的集中体现。1992 年 7 月，邓小平在审阅党的十四大报告稿时指出，在一定的条件下，走集体化集约化的道路是必要的。但是不要勉强，不要一股风。……农村经济最终还是要实现集体化和集约化。邓小平揭示了我国农村生产力与生产关系矛盾运动的规律，设计了我国农业现代化发展的宏伟蓝图，为中国农业未来的改革发展指明了方向。

我国农业现代化的重要目标模式是城乡发展一体化。在邓小平"两个飞跃"思想的指引下，党的十八届三中全会决定明确提出："城乡二元结构是制约城乡发展一体化的主要障碍。必须健全体制机制，形成以工促农、以城带乡、工农互惠、城乡一体的新型工农城乡关系，让广大农民平等参与现代化进程、共同分享现代化成果。"[8]22 要按照社会主义市场经济发展的规律，加快构建新型农业经营体系，赋予农民更多财产权利，推进城乡要素平等交换和公共资源均衡配置；要优化农业和农村经济结构，培育农村经济发展新的增长点，有效推进家庭经营、集体经营、合作经营、企业经营等共同发展的农业经营方式创新；要实行农地集约化、规模化经营，节约农业生产成本，大力发展生态农业，积极推广现代农业发展的高新科技成果；要在发展农业先进生产力的基础上，健全农业支持保护体系，不断完善新农村合作医疗、养老保险和农村低保救济等保障制度，加快推进城乡基本公共服务均等化。

3. 邓小平"两个飞跃"思想昭示着我国农业现代化发展的必然趋势

农业现代化的实现程度，不仅直接决定着我国农村经济社会发展的方向和水平，而且直接影响到我国现代化建设的进程和质量。邓小平"两个飞跃"思想的核心就是要破解我国农业现代化问题，更好地坚持和发展中国特色社会主义道路。通过用先进管理理念引领农业，用现代科学技术改造农业，用先进经营方式搞活农业，不断创新现代农业的发展机制，调整优化农业结构，发展多种经营，提供农业社会化优质服务，为农业现代化跃上新台阶创设平台、创造条件。

坚持以邓小平"两个飞跃"思想为指导，就是要坚持农业基础地位不动摇，自觉走中国特色农业现代化道路。习近平强调指出："工业化、城镇化、信息化、农业现代化应该齐头并进、相辅相成，千万不要让农业现代化和新农村建设掉了队，否则很难支持全面小康这一片天。如果不把社会主义新农村建起来，不把农业现代化搞上去，现代化事业就有缺失，全面小康就没有达标。"[9] 当前，我国农业发展正站在新的历史起点上，要围绕保障国家粮食安全、增加重要农产品有效供给、实现农民增产增收和促进农业可持续发展的基本要求，在切实解决事关农业现代化发展的突出问题上做文章。要力求在工业反哺农业、城市支持农村，加大公共财政向"三农"倾斜力度，增强农村发展活力，协调推进城乡一体化发展上取得新突破；要力求在贯彻"多予、少取、放活"的农村工作方针，不断加大强农、惠农、富农政策力度，增强农业综合生产能力、激活农村发展的各项要素潜能、激发广大农民的创业创造热情上取得新突破；要力求在进一步深化农村改革，特别是加快重要领域和关键环节的改革，着力构建充满活力、富有效率的现代农业体制机制，为促进农业现代化提供强大动力和制度保障上取得新突破；要力求强化现代农业发展的科技支撑，寻找农业发展新的突破口，推进新一轮农业科技革命，迎接现代农业革命的早日到来，在发展中国特色社会主义农业现代化再创辉煌上取得新突破、新飞跃。

参考文献

［1］邓小平. 邓小平文选：第3卷［M］. 北京：人民出版社，1993.

［2］邓小平. 邓小平文选：第2卷［M］. 2版. 北京：人民出版社，1994.

［3］中共中央文献研究室. 邓小平年谱（1975—1997）［M］. 北京：中央文献出版社，2004.

［4］江泽民同志在中央农村工作会议上的讲话［N］. 人民日报，1993-10-19.

［5］中央财经领导小组办公室. 邓小平经济理论学习纲要［M］. 北京：人民出版社，1997.

［6］朱强. 加强风险管控，规范农地流转［N］. 人民日报，2013-12-09.

［7］李克强. 政府工作报告［N］. 人民日报，2014-03-15.

［8］中共中央编写组. 中共中央关于全面深化改革若干重大问题的决定［M］. 北京：人民出版社，2013.

［9］习近平. 全党大力学习弘扬焦裕禄精神［N］. 人民日报，2014-03-19.

（本文刊登于《徐州工程学院学报》，2016年第2期。）

第三部分
中国社会发展研究

加快发展：我国社会主义经济建设的根本道路

1992年春，在我国经济社会发展的关键时刻，邓小平发表了南方谈话，从理论上深刻地回答了长期困扰和束缚人们思想的许多重大问题，极大地推动了我国改革开放和现代化建设的历史进程。谈话的核心思想是，坚定不移地贯彻执行党的基本路线，抓住有利时机，加快改革开放的步伐，加速经济的发展，一句话：发展才是硬道理。南方谈话发表后的10年，是我国经济迅速增长的10年，是我国社会主义市场经济体制加快建设的10年。实践表明：我国唯有加快发展，才能巩固社会主义的物质基础，增强综合国力，开创建设有中国特色社会主义的新局面。

一、解放思想是实现加快发展的先导

贯穿南方谈话的基本精神，就是思想要更解放一点，胆子要更大一点。邓小平当时最焦虑的事是周边国家发展比我国快，世界市场被别的国家占去了，我国就落在后面了；最担心的事是不敢解放思想，不敢放开手脚，结果是丧失时机；最希望做的事是不争论，大胆地试，大胆地闯。他特别提道："从国际经验来看，一些国家在发展过程中，都曾经有过高速发展时期，或若干高速发展阶段。"[1]377我国只有加快发展，才能体现社会主义的本质，才能稳定我们的国家，也才能真正受到人民群众的拥护。

邓小平在南方谈话中提出的许多有关加快发展的思想，比如，低速度就等于停步，甚至等于后退；社会主义就是要比资本主义发展得更快，只有加快发展才能真正体现社会主义制度的优越性；加快发展只能从本国的实际出发，在实践中探索，闯出一条新路；经济发展隔几年上一个台阶，是能够办得到的；集中精力把经济建设搞上去，我们在处理各种矛盾和问题时就立于主动地位；国际环境为我国加快发展提供了难得的机遇，我们要抓住机遇加快发展；等等，无一不是解放思想的产物。经过10年的发展，这些重要思想已经被我国现代化建设实践所证明，不仅十分正确，而且切实可行。实践告诉我们，发展犹如逆水行舟，不进则退，小进也是退。建设有中国特色的社会主义，这道理，那道理，不加快发展就是没道理。

进入新世纪，在经济全球化新态势下，加快发展同样是我国的必然选择。经济全球化极大地便利了我国与世界各地的经济联系，推动了全球资源的重新配置和优化组合，也为我国生产力的快速提升提供了新的可能。我们要充分利用生产要素在全球范围内流动、整合的机会，改变以往落后的发展模式，在更广阔的范围内和更深入的程度上参与全球经济合作，实现生产方式的快速跃升。邓小平在南方谈话中告诫我们："没有一点闯的精神，没有一点'冒'的精神，没有一股子气呀、劲呀，就走不出一条好路，走不出一条新路，就干不出新的事业。"[1]372 只有按照邓小平"看准了的就大胆试，大胆地闯"的基本要求，深化国内市场经济体制改革，提高对外开放的程度和水平，增强适应和协调全球经济运作的能力，争取分享经济全球化带来的经济实惠和发展效益，才能在新的平台上加快我国社会经济的发展。

解放思想、实事求是是推动我国社会经济快速发展的强大动力。当初，针对改革开放，有些人担心是不是搞资本主义，邓小平严肃地指出："有的人认为，多一分外资，就多一分资本主义，'三资'企业多了，就是资本主义的东西多了，就是发展了资本主义。这些人连基本常识都没有。"[1]373 他严厉地批评把改革开放说成是引进和发展资本主义，认为和平演变的主要危险来自经济领域的论调就是"左"的论调。这10年来，我国社会经济之所以能实现快速发展，开创新的局面，无疑是得益于改革开放。而今，我国在经济全球化条件下，要提升国民经济总体水平，实现经济的跨越式发展，需要更大的改革开放。只有进一步地融入经济全球化的大潮，坚定不移地推进社会主义市场经济，思考得更深一些，眼光更宽一些，要求更高一些，才能在参与世界市场竞争中获取比较利益，为我国经济快速发展创造条件。一切只能以邓小平提出的"三个有利于"作为根本判断标准。

邓小平在南方谈话中反复强调，加快发展，我们就能增加信心。从现在起到下世纪中叶,将是很紧要的时期,我们要埋头苦干,思想更解放一点,胆子更大一点,步子更快一点。解放思想就是要勇于和善于根据我国改革开放的实际情况进行理论创新、制度创新和科技创新,不断开辟我国现代化建设的新道路。江泽民同志在"七一讲话"中指出:"只要我们站在时代前列,立足于新的实践,把握住时代特点,运用马克思主义基本理论研究现实中的重大问题,不断深化对共产党执政的规律、对社会主义建设的规律、对人类社会发展的规律的认识,不断吸取一切科学的新经验、新思想、新成果,我们就能够对丰富和发展马克思主义作出新的贡献。"我们要自觉地把思想从那些不合时宜的观念、做法和体制下解放出来,大胆扫除阻碍先进生产力发展的各种障碍,破除落后保守的思想观念,才能找准我国社会经济发展与经济全球化趋势的最佳结合点,为加快发展、把中国特色社会主义事业推向新的阶段奠定牢固的思想理论基础。

二、抓住机遇是实现加快发展的动因

机遇是现实可能性和选择性的结合。邓小平在南方谈话中深刻地指出:"现在世界发生大转折,就是个机遇。"[1]369 当今世界的竞争主要是经济的竞争,谁在经济建设方面发展得快,谁的活动余地就大。加快经济发展、加强科技合作已经成为国际社会的主要热点。我们要充分利用这一时机,加强与世界各国的经济交往和科技合作,集中力量加快发展经济,实现经济结构、科学技术、劳动力整体素质的跨越式发展,一句话,即实现我国生产力的飞跃。

经过十多年的艰辛谈判,我国终于加入了世界贸易组织。这对我国经济发展来说,是又一个重大的历史性机遇。"入世"为我们提供了世界水准的发展标尺,加快国家经济转型,推动政府职能转变;可以得到更多的准入市场,获取信息,扩大对外经济交流与合作的机会;还可以创造中国经济与世界经济接轨、与世界各国进行平等竞争的客观条件。社会主义要赢得与资本主义相比较的优势,就必须大胆吸收和借鉴人类社会创造的一切文明成果,吸收和借鉴当今世界各国包括资本主义发达国家的一切反映现代社会化生产规律的先进经营方式、管理方法。我们必须看到,目前的世界贸易组织是由发达国家主导和左右的,"游戏规则"也是按西方国家的意愿和实际利益制定的。我国"入世"并不意味着这些"游戏规则"就会自然而然地改变。"入世"以后，我们首先必须适应这些规则。只有在参与国际竞争与合作的过程中，才能发现问题，找到问题的要害，也才能深入进行研究，在实践的基础上，改进、突破原有的"游戏规则"，创立新的经济运行规则。正如邓小平所说的："要善于把握时机来解决我们的发展问题。"[1]365毋庸讳言，中国加入世贸组织有利有弊。我们一方面要抓紧研究新的经济运行方式和探索经济运行规律，抓紧建立和完善发展社会主义市场经济所必需的一整套制度和机制，大胆探索与先进生产力发展要求相适应的新的管理方式、活动方式和思想方法，使我国经济发展与经济全球化发展的趋势相一致，在世界经济舞台上有更多的回旋余地；另一方面要最大限度地维护我国的实际利益，在更为复杂的竞争环境中扬长避短，趋利避害，减少"入世"带来的负面影响，实现社会经济的快速发展。

同时，我们还必须看到，随着经济全球化的发展，世界经济结构正在进行深层次的调整。发达国家正在从工业经济转向后工业经济也就是知识经济。不少企业或跨国公司加大力度进行产业结构的调整，这对我国充分利用国外先进技术设备，加速经济发展，是一个千载难逢的机遇。知识经济的发展，为我国从传统的农业经济向现代经济发展提供更大的空间。我们要抓住机遇，顺势而为，乘势而上，加快发展。"能发展就不要阻挡，有条件的地方要尽可能搞快点，只要是讲效益，讲质量，搞外向型经济，就没有什么可以担心的。"[1]375在这一过程中，抓住机遇，隔几年上一个台阶，是最好的发展方法。正如邓小平在总结我国经济发展规律时指出的："看起来我们的发展，总是要在某一阶段，抓住时机、加速搞几年，发现问题及时加以治理，尔后继续前进。"[1]377我国经济发展的实践表明，这也是能够办得到的。

三、整合市场是实现加快发展的基础

邓小平在南方谈话中特别强调："计划多一点还是市场多一点，不是社会主义与资本主义的本质区别。计划经济不等于社会主义，资本主义也有计划；市场经济不等于资本主义，社会主义也有市场。"[1]373当前，我国社会经济发展面临的最大难题就是如何实现社会主义与市场经济的融合。由于传统习惯的影响和缺乏建设经验等原因，我国市场经济体制改革还很不到位，目前的市场无论是机制、体制还是系统、结构，都还不能在资源配置中有效地发挥基础性的作用。随着经济全球化的发展，世界性的统一的大市场终将建立起来，中国经济加入世界市场的过程，在一定意义上也就是社会主义市场经济培育和开发的过程。参与经济全球化发展，不仅要求我们搞活国内市场，而且要求我们加快与世界市场对接，与各国、各地区相互开放市场。"不搞市场，连世界上的信息都不知道，是自甘落后。"[1]364通过与国际市场的接轨，参与国际经济大循环，扩大资源配置空间，在竞争比较中取长补短，在求同存异中共同发展，我国就能不断提升生产要素整体优化的档次和水平。

整合市场对我国来说，最紧要的是增强经济实力，发挥比较优势。参与全球化市场运行本身就是利益与风险并存、挑战与机遇同在。我国在经济资源总量、劳动力数量和部分科技领域有一定的竞争优势，但自然资源的人均数量不多、劳动力素质不高、经济整体实力不强。当下我们必须充分利用我国发展的各种优势，增强我国经济在国际市场上的比较竞争能力，下大力气解决经济基础薄弱、科技发展落后、经济结构失衡、人才紧缺等突出问题。同时，还必须遵循市场经济规律，建立市场体系，引入市场机制，扩大市场规模，完善市场结构，推进市场繁荣。只有以积极的姿态参与世界市场竞争，融入国际化进程，按世界通行的规则办事，才能实现我国经济的快速发展。

实际上，经济全球化打造的市场已经很难区分是国际市场还是国内市场。可以说，走出家门就是进入国际市场。市场有市场的法则，解决市场失灵、失序和失调，既要靠政府宏观调控，也要靠法治和道德。市场经济既是法治经济，也是伦理经济。在南方谈话中，邓小平反复强调这样的观点："抓紧浦东开发，不要动摇，一直到建成。只要守信用，按照国际惯例办事，人家首先会把资金投到上海，竞争就要靠这个竞争。"[1]366对我国许多企业来说，在经济全球化经营格局中，必须学会两套本领，利用两种资源，培养两用人才，扩大产品的市场占有率，最大限度地降低市场风险。尤其是参与国际市场竞争，需要我国企业自觉遵循国际惯例，建立良好的市场信誉，诚实守信，合法经营，正确履行合同。任何企业进入市场最基本的要求是自觉遵守通行的经济规则，从善如流，扬善贬恶，尽可能利人又利己，兼顾各方利益，在发展中营造和实现互利互惠的"双赢"格局。

四、要素置换是实现加快发展的关键

邓小平在南方谈话中语重心长地告诫我们，经济发展得快一点，必须依靠科技和教育。经济全球化是当今世界协同发展的客观进程，是科学技术加速发展的新阶段。"近一二十年来，世界科学技术发展得多快啊！高科技领域的一个突破，带动一批产业的发展。"[1]377 为了赢得国际竞争的优势，邓小平明确提出，要提倡科学，靠科学才有希望。只有用先进生产要素置换和替代传统落后的生产要素，不断用先进科技改造和提高国民经济整体素质，才能实现我国经济技术跨越式发展。

要素置换最基本的条件是要转换和提升经济结构。邓小平指出："如果不是开放，我们生产汽车还会像过去一样用锤子敲敲打打，现在大不相同了，这是质的变化。质的变化反映在各领域，不只是汽车这个行业。"[1]367 目前，西方发达国家的科技成果转化为商品的比率已达到80%~90%，而我国科技成果商品化的比率才35%左右，农业科技成果商品化的比率还不到30%。看一个国家经济发展的实力与活力，不在于开发科技成果的多少，而在于科技成果的有效应用。以科技进步推动产业结构的优化升级，依靠科技创新占领产业发展的制高点，这是我国加快发展的希望所在。邓小平特别强调："高科技领域，中国也要在世界占有一席之地。"[1]378 只有实现产业升级，才能改变依靠大规模投入资金、资源、劳动力，甚至不惜牺牲环境换取经济有限增长的状况。加快发展，既要重视对传统产业进行根本性的改造，积极推进资产重组，淘汰落后生产技术，转移低效、无效资产，形成新的经济增长点；又要加大科研基础设施和重点领域的投入，开发本行业国际先进水平的关键技术，拥有开发和推广本行业共性、关键性、前沿性技术的能力，培育一批战略性新兴朝阳产业。尤其要重视以信息化带动工业化。信息化是当今世界经济全球化发展的大势，也是我国产业优化升级和实现工业化、现代化的关键环节。我国是一个发展中国家，工业化的任务尚未完成，现在又面临着实现信息化的艰巨任务。我们要发挥后发优势，借鉴发达国家信息化进程中的经验，把国民经济和社会信息化放在优先发展的位置，积极探索一条以工业化改造传统产业、以信息化带动工业化的新路子。

要素置换不仅要关注功能置换，更要重视结构调整，尤其需要进行体制创新。体制创新就是要适应先进生产力发展的要求，清除束缚生产力发展的体制性障碍，建立充满生机和活力的社会主义市场经济体制。建立社会主义市场经济体制的任务是多方面的，现阶段主要是所有制方面的创新，主要是调整和完善所有制结构，探索公有制的多种实现形式，转变政府直接管理经济的模式，解决经济生活中的突出矛盾，协调好政府、企业与市场三者的关系，加大力度深化国有企业改革，更好地推进生产力的快速发展。

要素置换需要强化核心竞争力，增强国家竞争优势。通过技术进步，不断开发技术含量高、附加值高的产品和设备，抢占经济制高点，争夺发展主动权。企业要特别重视主导产品的原创性开发，以丰富的想象力构造独特的新产品，要大力推进不同领域的多元非线性组合，在不断改造产品设计、改进产品工艺、改善产品服务上下功夫。企业主导产品的持续开发是市场竞争取胜的法宝。只有不断增强国家的自主创新能力，加快科研成果商品化、产业化和市场化，才能在世界经济竞争中拥有更多的发言权。

要素置换还需要重视引进国外先进技术和适用技术。要跟踪世界高科技发展的前沿，通过对外部知识资源的有效整合，促进新知识的创造。目前，我国生产力的总体水平还处于技术水平相对较低的层次上，许多产品生产成本高，技术含量低，附加值少，在国际市场竞争中处于不利地位。要实现技术跨越式发展，必须关注国际市场的新变化，及时了解和掌握国际科技创新的新进展，分享其成果带来的实际收益；通过吸纳国外直接投资，进行技术贸易，从国外引进先进技术；同时要做好引进技术的消化、吸收、改造和创新工作，在更高的起点上强化自我开发，自主创新，形成新的优势产业；切实改变目前我国许多产业主体技术依赖进口的状况，快速缩小与发达国家在高科技领域的技术差距，实现从中国制造到中国创造的转变。

五、人才优势是实现加快发展的根本

我们正在走向知识经济时代。知识经济是建立在知识的生产、交换和使用基础上的经济。邓小平在南方谈话中,高度评价人才的重要作用。他说:"中国的事情能不能办好,社会主义和改革开放能不能坚持,经济能不能快一点发展起来,国家能不能长治久安,从一定意义上说,关键在人。"[1]380 这里讲的人就是提高了自身素质、能够推进社会全面进步的人才。知识经济以知识作为人类生产和发展的本位,凸显了人的知识和才能在社会经济活动中的作用,使市场竞争越来越成为人才的竞争。正如邓小平所说,一个人才可以顶很大的事,没有人才什么事情也搞不好。知识化的劳动者已经成为社会经济发展的中坚力量,我们要花大力气构筑人才高地,尊重知识、尊重人才,努力造就一支"特别能战斗的"、主动适应经济全球化发展的人才队伍。

开发智力成果,抓紧人才培养。实现现代化,关键是科学技术要上去。发展科学技术核心是开发人才。邓小平强调,人才难得啊。人才是真正的知识源,是形成自主创新能力的前提和基础。有了高素质的一流人才,才会有一流的设计、一流的产品和一流的服务,才能在国际竞争的舞台上立于不败之地。要不断提高科技人才的自身素质,把我国经济建设转到依靠科技进步和提高劳动者素质上来。为了适应经济全球化发展的需要,要在开发专利产品、制造有专有权的知识产品、在国内外申请专利、打造驰名商标、加强知识产权保护等方面做文章。当前还要十分重视培养既懂生产技术,又懂经营管理;既熟悉国际经贸知识,又熟练掌握外语、法律等工具的复合型人才。

加强智力投资,重视人才引进。在国际交往日益频繁的今天,要重视人才市场建设,关注高层次专业人才的竞争与流动,加大力度引进国内建设需要的高级专门人才,提供更多的、配套的科技研发支撑。邓小平在南方谈话中特别谈到,希望所有出国学习的人回来,不管他们过去的政治态度怎么样,都可以回来,回来后妥善安排。要充分发挥市场和社会需求对科技进步的导向作用,通过建立技术孵化园、留学生创业园等,有重点、有选择地引进国外智力成果和先进技术,推动科技成果的有效转化。

施展人才才华，发挥人才作用。在激烈的市场竞争中开发人才、锻炼人才，为人才施展才华创造条件。在视察南方时邓小平特别告诫，高科技，越高越好，越新越好。要重视培养知识劳动者，特别要重视企业家队伍建设。生产力发展不是靠图章盖出来的，而是靠企业家干出来的。企业家是企业技术创新活动的有效组织者和积极推动者，企业技术创新的实质就是企业家以新技术或技术的新应用为背景，将技术创新活动实用化、成果化、系列化，这对于加快实现高技术产业化有着十分重要的作用。要采取切实措施，稳定人才队伍，不断改善人才的工作环境和生活条件，加强对人才研究开发的绩效评估，发挥人才作用，实现人才价值，最大限度地调动人才进行自主创新的积极性。

搞好人才规划，培养后备人才。邓小平指出，我们国家国力的强弱，经济发展后劲的大小，越来越取决于劳动者的素质，取决于知识分子的数量和质量。要从国家长远发展的需要出发，搞好人才的规划和合理布局。要大力推进素质教育、成人教育和终身教育，加强人力资源能力建设，提高国民素质，把巨大的人口压力转变为人口动力，把沉重的人口包袱转变为人才资源优势，不断壮大人才队伍。尤其是要重视群众性的科技创造活动，有组织地开展科技示范、科技致富活动，吸引更多的群众关心科技进步，参与科技创新活动，使科技创新深入人心，成为广大群众的自觉行动，从而为我国加快发展提供最广泛、最可靠的人才支持。

参考文献

[1] 邓小平. 邓小平文选：第3卷 [M]. 北京：人民出版社，1993.

（本文刊登于《毛泽东邓小平理论研究》，2002年第1期。）

价值诉求、目标与善治：当代中国城市化发展中人文关怀问题探析

当代中国正在进入城市化快速发展的新阶段。在现实生活中，城市化的快速推进也暴露出许多矛盾和问题，其中最突出的问题是精神生活的迷茫、人文关怀的缺失，以至于人们或多或少地产生了挫折感与失落感，甚至表露出某种反城市化的倾向。对于当代中国的城市化发展，我们须用唯物史观的视野来审察，也就是要从社会基本矛盾运动的高度来认识和把握。只有这样才能深刻地揭示中国城市化进程中的各种关系，彰显城市化发展中的人文关怀，体现当代中国城市化发展的时代价值。

1. 价值诉求：城市化发展中人文关怀矛盾的凸显

城市化的本真意义是什么？城市化如何提升城市的人文价值？城市化发展何以可能给人们带来美好的社会生活？这一系列追问来自日益显现的城市化发展中的人文关怀问题。"我们的生活环境日益成为我们自己行动的产物；我们的行动也反过来越来越注重应付我们自己所造成的风险与机遇，或对其提出挑战。"[1]17本来，城市化应当表征社会生产力跃升，人们生产生活的环境得到改善，人的价值得到应有重视，社会结构更趋合理。然而在现实生活中，一些城市盲目追求地域的扩张和规格的升级，这种非理性、非科学的发展暴露了诸多城乡生产力与生产关系不相适应的矛盾，缺少城市化发展中的人文关怀，从而导致了众多人文价值扭曲的景况。

（1）城市不断扩容与城乡贫富差距拉大的矛盾明显突出。中国城市化的快速发展带来了城市规模的不断扩大，增加了城市的新兴产业，扩大了就业渠道，这有利于农村剩余劳动力的转移。可以说，正在进行的城市化是中国历史上农民的一次真正意义上的解放。大量农民能够自由地出入城市，是农村生产力解放的主要标志。然而，由于市场经济负面效应的影响，在城市化发展过程中，城市扩容与农民破产的矛盾日益突出。我们推

进城市化的目标是要缩小城乡贫富差距，但现实生活中这种差距在一些地区不是在缩小而是在扩大。一方面，一些地方的城市化发展实际上是以剥夺农民利益、降低农民实际收入为代价的。大量的城郊农民在没有取得进城创业条件和就业资本的情况下，就被动地卷入了城市。但是农民进城后并没有获得"解放"的感觉，也没有得到更多的实惠，而是增添了不少忧愁。由于失地、失业、失学、失居所、失身份、失保障，不少进城农民在生活上或工作中时常受打击，身心受到了伤害。事实上，一些农民虽然成了新市民，但并没有真正地融入城市，而是无论在物质上还是精神上都正在成为新一代城市贫民，成为城市的"边缘人"。另一方面，城市化的快速发展促使城市规模不断扩大，经济结构大幅调整，资本有机构成迅速提高，从而结构性失业问题渐渐突出，越来越多的城市劳动者从传统的劳动岗位上被替代下来，失去了劳动机会和劳动能力，下岗、失业造成了人们心理的失衡，引发了诸多人际矛盾。当下中国的就业再就业问题，事关社会稳定、百姓安康，已经成为城市化发展中最为紧要的社会问题。人们从事社会劳动不完全是为了挣钱，而是在于通过劳动体现自身的价值。如何创造条件满足更多人的就业需要，让每个市民在劳动中不断完善自己、实现自身的价值，已成为一个亟待解决的突出问题。

（2）发展经济与传承文化的关系出现偏向。当代中国的城市化是在全面建设小康社会的特定背景下展开的，它对于我国经济快速发展起到了积极的推动作用。但要看到，发展经济与传承文化是统一的，不能把它们割裂开来，更不能把它们对立起来。然而，当下中国城市化发展进程中一些地方却出现了发展经济与传承文化的关系的紧张状况。一是历史文脉的割裂。一些城市看到了城市化对经济发展带来的机遇，于是大规模进行旧城改造，许多城市则竞相仿效，即使是一些千年古城也摆脱不了"现代诱惑"。旧城改造的车轮正在碾碎一些城市的历史文脉：这些城市表面上拆去的是旧建筑，改造的是旧街道，清除的是旧环境，但实际上却无情地把城市的原有格局、发展脉络甚至文物古迹一并抹去了。许多城市开发、改造做过了头，太人工化了，看似新了、美了、大了、亮了，实际上却无情地失落了很多传统价值。二是人际关系的疏离。城市化发展改变了人们原有的交往方式，昔日的石库门、四合院、大杂院渐渐成为历史的陈迹，越来越多的居民搬进了独家独户的高楼之中，形成了集中居住的生活格局。

人们身居高楼，不少居民思想"屏蔽"，交往出现了"空白"，引发了所谓的"高楼效应"，导致人的社会属性减弱，人与人的感情淡化，以至于邻里之间变得陌生起来。三是个性特色的消解。旧城改造正在导致一座座城市趋同发展。一些城市搞低水平重复建设，经济结构雷同，产业开发同构，生产要素同质。正如英国学者帕金森所说："我们的城镇正在趋向同一模式，这是很遗憾的，因为我们生活中的许多情趣来自多样性和地方特色。"[2]302

（3）城市发展提速与人们生活质量提高的矛盾日益显现。城市越发展，环境越重要，人们对生活质量越讲究。近年来，随着城市化进程的加快，我国城乡生态环境问题日益突出，对城乡居民的身心健康造成了很大的危害。一些城市出现了"热岛效应"，不少城市出现了程度不同的土壤污染、噪声污染、水污染、信息污染及空气污染，城市的生态环境渐趋恶化。有些城市一味摊大饼式地扩张，毁田圈地，搞大交通，使本已稀缺的土地资源更为紧张。用地结构失调，活动空间挤压，使得人们在观念上和生活方式上逐渐疏离自然，严重影响了城乡自然植被的再生与发展，也严重制约了人们之间的正常交往。

2. 目标定位：城市化发展中人文关怀的追求

中国城市化发展的目的在于让整个城乡居民共同受益，创造更加美好的生活，建设社会主义和谐社会。"现代城市需要有一个对未来的本质看法来指导发展，但是它还要包括形形色色的价值观、愿望和对未来的预期。"[3]180城市化固然要整合优势生产要素，降低经济运作成本，提升城市竞争力，但城市化也需要调整城乡社会生产关系，诉诸更多的人文关怀，以满足人们更高的发展和享受的需求。

（1）城乡统筹发展的重大举措。当代中国城市化发展的重要目标是大力改善和提高城乡居民的生活质量。由于特殊的国情，中国的城市化发展不能离开农村、农业和农民；不是要消灭农村，也不是要放弃农业，更不能牺牲农民，而是要以更好地开发农村、发展农业、提升农民为前提和基础。只有坚持城乡并进、协调发展，推进城乡一体化，才符合中国特色城市化的发展方向。离开农村，或让农村持续贫困，城市化就不可能出现质的飞跃。应该看到，广大农村不仅为城市提供市场、原料和粮食，而且还为城市提供"绿肺、绿肾"，提供清洁的水源，增添清新的空气。当代中国要因地制宜搞城市化，推进城乡统筹发展：既要引导农村向城市聚集，引导农业接受城市新型工业的辐射，又要重视城市向农村发散，促使现代工业更好地反哺农业，不断解放农村生产力，提升农村的社会价值，从而实现城市与农村的良性互动、工业与农业的优势互补。

(2) 可持续发展的内在要求。1972年在斯德哥尔摩召开的联合国人类环境会议宣言中指出："人类既是他的环境的创造物，又是他的环境的塑造者，环境给予人以维持生存的东西，并给他提供了在智力、道德、社会和精神等方面获得发展的机会。"[4]298 如果人不恰当地认识与自然的关系，仅仅把自然看作是自己征服的对象，以为自己在自然面前可以为所欲为，那么人就不可能获得真正的自由和解放。在推进中国城市化发展的过程中，"每个人对环境负责，就是对他人负责，就是通过维护环境和生态的权利这一中介来尊重和维护他者的公平利益，就是在维护人类这一交往共同体之最伟大生命体的善道"[5]123。因此，可持续发展是中国城市化发展的理性选择。现代市民要以可持续发展思路来梳理社会经济与自然之间的关系，自觉控制和约束自己的行为，避免城市化发展中空间与时间的双重挤压，不断优化人与自然、人与社会的关系，保护环境，节约资源，倡导绿色消费，推广循环经济，发展清洁生产，尽可能将污染控制在生产源头，将人类自身的活动自觉地限制在自然生态能够容纳的范围内，从而最大限度地提高人民群众的生活福利。此外，推进社会经济可持续发展，仅仅用限制当代人的正当消费、合理需求去满足未来人类的需要是不道德的；同样，为了当代人的享受而牺牲子孙后代的长远利益也是不道德的。要把维护当代人的发展权利与保护子孙后代的发展权利有机结合起来，在提高当代人生活质量的同时，把充足的自然资源、优美的自然环境留给子孙后代。

(3) 人的自由而全面发展的必然选择。当代中国的城市化要把人的生存和发展作为最高的价值目标，一切为了实现人的自由而全面发展。人的自由而全面发展不仅包括人的能力、个性和社会关系的自由而全面发展，也包括人与自然关系的和谐、人的物质与精神生活需要的满足，这一切取决于城乡居民整体素质的提高。城市化的社会功能就在于推动公民社会角色的转换与矫正，构建自尊、自立、自强、自信的新型人格。每一个公民既要维护自身的合法权益，又要承担相应的社会义务。人最需要的是心灵的健康与解放。只有实现了人的精神解放，才能充分释放出城市化发展的无穷魅力。而心灵的重荷与扭曲则会带来城市化发展的种种败笔，甚至会消解城市化发展的文明情愫。21世纪的中国城市化发展还要追寻"家"的气氛，积极创建家园城市。广大市民有了"家"的感觉，才会有人的尊严，才会有人的情感的认同和精神的归依，也才会有真正意义上的城市发展与繁荣。

3. 社会善治：城市化发展中人文关怀的渗入

美国著名城市学家理查德·瑞吉斯特指出："城市是一个复杂而充满活力的创造物，如果按照健康的社会、经济和自然代谢过程来组织和建设城市，城市问题是可以理解和解决的。"[6]17 要围绕"建设一个什么样的城市和怎样建设城市"这个基本问题，厘清城市化发展的意涵，拓展城市化发展的路径，通过合理的制度安排、政策选择、法治建构，实现城市化运作模式的转换。尤其是所制定的各项运行规则、所采取的各项政策措施，都必须重视人的价值和人的尊严，体现对人的生存处境的真切关怀。

（1）城市没有拒绝权。城市化发展的前提和基础是人口的自由迁徙。离开了人的自由迁徙，便不会有城市的繁荣和持续发展。城市没有入侵者，也没有拒绝权，谁也不能剥夺后来者自由进入城市的权利。先来后到的城市人群从不同的方面给城市的发展带来了活力和希望，形成了对城市经济、政治、文化和社会发展诸多因素相互作用、彼此影响的合力。当代中国的城市之所以能够吸引人们义无反顾地从四面八方竞相涌入，一个重要的原因就是城市能够给他们提供更多的就业岗位、更多的创业机遇、更好的生产和生活条件、更好的生存和发展方式。中国城市化的发展不能只图眼前，不能嫌贫爱富，更不能武断地把弱势群体赶出城外。城市市民，不论先来后到，也不论贫富，都应一视同仁，平等对待。不能因为外来打工者缺少知识文化就轻视他们，甚至排斥他们。开放包容是当代中国城市化发展的时代精神，也是增添城市发展后劲的力量所在。城市属于全体市民，也属于他们的子孙后代。城市如果走向封闭式发展，简单地排斥异己，就会有害于自身的发展。为了更好地发展城市，要彻底打破我国目前还存在的城乡二元对立的经济结构，消除城乡就业壁垒，搭建更大的城市创业平台，设立更宽松、更和谐、更有人情味的城市准入制度，使更多的人能够在城市化发展中自由生活、施展才华、实现价值。

（2）城市激活参与权。中国城市化发展要增强实力、释放活力、增添动力，就必须营造这样一种氛围——"这个城市是我的，我是这个城市的"。现在许多城市都很注意城市形象建设，大搞绿化、美化，造了很多花园草坪，但花园草坪仅仅是供人看的，不许人随意进入；还有的搞了不少街头景观，但没有树荫、座椅，更没有人在里面活动，这实际上就是缺少伦理审视，缺少城市与人的互动与关爱。市民的自觉参与是城市发展的活力所在，要通过开展各种建设城市、发展城市的活动，激发广大市民主动参与城市建设的活力，特别是在制定城市规划中，要创造条件使更多的社会公众参与规划，并且是事先参与：从了解规划到评议规划，从参与规划制定到监督规划实施。美国城市规划学者约翰·M.利维指出："只有在规划初期就让市民参与到规划活动中来，才能充分代表他们自己的利益。"[3]84-85 他还认为："吸收了大量社区公众参与而完成的规划，比单纯由专业人士直接完成的同样质量的规划更有可能得到实施。对规划活动的参与使市民了解到了规划的细节，而为规划工作付出了时间和精力的市民们对规划有了认同感。曾经是'他们的规划'现在变成了'我们的规划'。"[3]85 那些不尊重民意、不反映民情、不代表民声的"规划"，那些得不到广大市民响应和拥护的"规划"，必然会使城市的发展付出沉重的代价。

（3）城市捍卫保障权。推进中国城市化发展的价值目标就是要促进社会公平和正义，逐步消除城乡贫困，使城乡居民都有生存与发展的保障。要使更多的人走向富裕，而不能使更多的人沦为边缘群体。中国的城市化发展要兼顾大多数人的利益，特别要保障失地农民的正当权益，逐步缩小城市中的贫富差距，消除城市中的贫困现象，减少社会不公平、不公正现象的发生和发展。要倡导团结互助、扶贫济困的社会风尚。社会有义务给予弱者以各种最基本的补偿，使弱者能够像强者一样有机会参与社会的竞争。城市发展的目的是要使社会各阶层、各群体共同受益。那种人为扩大差距、渲染豪华生活的做法，只会使更多的人产生离心离德的情绪，出现社会不信任，甚至导致城市的畸形发展。当代中国城市化发展要更多地关注城市弱势群体，尽可能提供必要的条件满足他们个性化、多样化的需要，特别是要解决就业与再就业问题、救助问题和社会保障问题，给每一个市民以最低的生活保障，能够有体面的生活。

（4）城市强化平等发展权。城市是一种向着更高更完善的人性方向发展的"类"的生活方式。人们在城市中建立亲密合作的关系，发展友谊、互相理解、平等发展，共创美好的生活，从而获得一种更有意义的社会存在。当代中国城市化发展的实质在于整合各方利益，化解各种矛盾，实现人与人在社会生活中的平等发展。在加快发展我国城市化过程中要积极建设市民社会，使公民都能了解和理解自身的权利和义务，承担相应的社会责任。一是要培养公民的主体意识，重视人的尊严与人的价值，排除社会阶层之间的歧视，不管职位高低、收入多少、年龄长幼，都应平等相待与平等发展，尽可能满足社会各阶层发展的共同愿望，并为人们的社会交往和社会生活提供最大的便利、舒适和安全。二是要健全人的社会性格，增强心理承受能力，约束人的非理性行为，特别要讲诚信、守法纪，尽可能避免人们在城市化发展中彼此心灵受到伤害。一个城市如果不讲诚信、缺乏规范、藐视人权、社会无序，就会导致社会认同性缩小、共享性变窄，就会出现见钱眼开、见利忘义、见死不救等人格扭曲、堕落现象。三是要增强个人的社会责任感，主动关心和维护城市共同体其他成员的各种正当需要，学会与城市中的其他成员分享城市发展的文明成果，创造一个更和谐的人文环境。通过培养人的大度、宽容、善良和热情，人的天性得到充分的张扬，城市环境成为凝聚人心的精神纽带，这有利于形成强有力的互相照应、互相帮助的市民群体，不断推进生产发展、生活富裕、生态良好、社会和谐的城市化发展，为实现人的自由而全面发展创造条件，真正体现社会的文明进步。

参考文献

［1］吉登斯，皮尔森. 现代性：吉登斯访谈录［M］. 尹宏毅，译. 北京：新华出版社，2001.

［2］戴天兴. 城市环境生态学［M］. 北京：中国建材工业出版社，2002.

［3］利维. 现代城市规划［M］. 张景秋，等译. 北京：中国人民大学出版社，2003.

［4］郁青，浦再明. 时代的选择：上海可持续发展战略研究［M］. 上海：上海社会科学院出版社，2000.

［5］任平. 时尚与冲突——城市文化结构与功能新论［M］. 南京：东南大学出版社，2000.

［6］理查德·瑞吉斯特. 生态城市：建设与自然平衡的人居环境［M］. 王如松，胡聘，译. 北京：社会科学文献出版社，2002.

（本文刊登于《哲学研究》，2004 年第 11 期。）

社会冲突的发生机理、深层原因及治理对策

21世纪,人类进入了风险时代,社会矛盾增加,冲突增多,风险增大。社会冲突已经成为影响当代中国社会稳定的突出问题。因此,需要重新认识社会冲突,探究社会冲突的发生机理,剖析社会冲突发生的深层原因,寻求规避社会冲突的有效对策,以妥善应对各种社会风险与社会冲突,保障社会安全,维护社会稳定,真正达到社会善治。

一、社会冲突的发生机理

社会冲突作为人类社会普遍存在的一种社会现象,是社会经济发展到一定阶段的产物。所谓社会冲突,一般指不同利益群体之间因社会利益的差异和对立而产生的外部对抗行为。社会冲突是社会矛盾的激烈对抗形式,是社会关系紧张与对立的产物。为了妥善应对和有效化解社会冲突,需要对社会冲突的发生机理进行新的认识。

(一) 社会冲突的要义解析

从学理角度分析"社会冲突"最先始于西方社会学领域。著名社会学家韦伯、齐美尔、科塞、达伦多夫等都对社会冲突理论做过深入的探究。达伦多夫认为,社会冲突指"有明显抵触的社会力量之间的争夺、竞争、争执和紧张状态"。[1]211 就是说,社会冲突是不同的个体或群体双方或多方的行动方向、目标不一致,从而相互对抗的一种社会互动形式。它在很大程度上体现为社会矛盾的积累、社会关系的失调以及社会秩序的失衡等状态。德国社会学家齐美尔提出了"作为手段的冲突"和"作为目标的冲突"、"个人冲突"和"超个人冲突"等分类方法,并将冲突划分为四种类型:一是战争,即群体之间的冲突;二是派别斗争,即群体内部的冲突;

三是诉讼，即通过法律途径处理的冲突；四是非人格的冲突，即思想观念上的冲突。[2]66 社会学家科塞对冲突进行了归类研究，具体区分了群体内和群体外的冲突、核心价值冲突和表面性冲突、产生结构性变迁的冲突和从安全阀制度中释放出来的冲突、松散关系中的冲突和紧张关系中的冲突等。

从社会冲突的发生看，有外部冲突和内部冲突。外部冲突是由外在利益矛盾引发的冲突，对一个国家或地区而言，尽管对社会稳定有一定的影响，但只要处置得当，外部冲突的负面影响就可以得到有效化解。内部冲突是一个国家或地区社会内部矛盾积累、激化的结果。其发生的逻辑机理是：一定社会的冲突源存在→多方利益博弈导致部分主体利益受损→部分主体挫折感、失落感产生（主体心理出现某种不平衡）→引发冲突性言语（牢骚、怪话、气话时常挂在嘴上）→心理失衡引发行为困境，爆发冲突性行为（与其他个体、群体或政府的冲突和对抗）。社会内部冲突一旦发生，其负面影响往往难以在短时间内消除。从社会冲突发生的状况看，有现实冲突和非现实冲突。现实冲突是指由于社会矛盾积累造成的实际出现的冲突，如集体上访、罢工罢课、静坐请愿、示威游行等，以及阻塞交通、围堵政府机关，甚至打、砸、抢等暴力行为。非现实冲突是一种隐性的社会冲突，是尚未完全暴露的社会冲突。一旦环境条件成熟，主体利益矛盾激化，隐性的非现实社会冲突就会转化为现实的显性社会冲突。

（二）社会冲突的表现形式

社会冲突有广义和狭义之分。广义的社会冲突既包括经济冲突、政治冲突、文化冲突及生态冲突，又包括个体与群体、群体与社会、社会与政府、国家与国家之间的冲突。狭义的社会冲突，特指政府公权和社会民权之间的冲突，实质上是政治权力和政治权利之间的冲突，同时也是权力委托—代理之间的冲突。科塞认为，社会体系内每一个成分、每一个部门都是彼此相关的，在社会系统运转时，各个部门对社会系统的整合与适应程度不一致，会导致不同部门操作及运行方式和过程不协调，造成社会系统运行出现紧张、失调和利益冲突现象。当整个社会体系处于绝对的不均衡时，社会冲突就不可避免，而且会成为社会运行的常态。在实际生活中，社会冲突的主体往往表现为利益受损群体与利益获益群体。科塞对"冲突"概念作了限制,并不泛指一切社会冲突,有三个方面的含义:一是指不涉及冲突双方关系的基础,不涉及冲突核心价值的对抗。二是指社会系统内不同部分(如社会集团、社区、政党)之间的对抗,而不是指社会系统本身的基本矛盾,不是革命的变革。三是指制度化了的对抗,也即社会系统可容忍、可加以利用的对抗。[3]324

在当代中国,社会冲突主要有三种表现形式:一是轻微的社会冲突。由于不同利益群体、阶层、集团之间的利益矛盾客观存在,容易导致贫富、劳资、干群之间的利益碰撞和矛盾冲突,这些碰撞与冲突只要妥善处置、果断处理,一般不会酿成严重的社会冲突。二是间接的社会冲突。社会生活中存在的各种矛盾,通过互联网、微博、手机等载体传播,引发网民关注,特别是网上大量流传的图片、文字、视频等,如果不能及时说明事实真相、正本清源、正确处理,容易引致和激化各种社会矛盾。三是严重的社会冲突。由于经济社会生活中矛盾的大量涌现,有些典型性、突发性的事件如果不能得到及时、妥善处理,极易导致群体性事件。大规模爆发的群体性事件构成严重的社会冲突,将给社会的稳定与和谐发展造成很大影响。目前,群体性事件的爆发尤其是突发性公共事件和突发性公共危机已成为我国社会冲突的最主要表现形式。

(三)社会冲突的社会功能

社会冲突有其两重性。所谓两重性,是指客观事物内部本身具有的看似矛盾实则统一的两种属性。在实际生活中,社会冲突既具有负向功能,也具有正向功能;既有消极因素,也有积极因素。也就是说,社会冲突一方面是社会实际存在矛盾激化的产物,另一方面又是社会达至稳定和谐的实现形式。

要深刻认识社会冲突的负向功能,尽可能限制与遏制消极性社会冲突的发生。社会冲突的负向功能主要有四个方面:一是损害社会利益;二是损耗社会资源;三是损扰社会秩序;四是损毁社会关系。

我们在看到社会冲突大量负面影响的同时,也应认识到妥善、合理、及时地解决社会冲突可以使这些消极因素转变为积极因素。例如,妥善、合理、及时地解决社会冲突,可以使社会各方切实维护自身的合法权益,社会公众可以通过行使知情权、选择权、评价权和监督权,更好地了解和理解政府的决策；政府可以更好地规制权力的有序运行，切实履行为社会、为人民群众服务的责任，通过不断深化改革来调整各方利益关系，整合社会各方利益，促进社会稳定发展。科塞认为，社会冲突具有"社会安全阀"的功能，好比锅炉上的"安全阀"一样，通过它可以使猛烈的蒸汽不断排泄出去，而不至于破坏整个社会结构。"社会安全阀"功能主要有四个方面：一是社会减压功能，能减轻或缓解冲突双方的敌对情绪，在一定程度上可以转移矛盾焦点，避免矛盾的积累与冲突的爆发；二是社会预警功能，社会管理者可以看清问题的要害所在，主动调节社会关系，彰显真情实意，打开社会消极不满情绪宣泄的合法通道；三是社会整合功能，冲突的爆发引起社会强烈反响与政府的高度重视，有助于化解社会矛盾，增强社会的凝聚力，特别是通过形成强大的舆论压力，敦促妥善解决问题；四是社会创新功能，政府通过发挥社会矛盾化解器的作用，激发新规范、新规则和新制度的创设，促进社会结构的整合与完善，重新形成社会发展合力。可以说，在一定意义上，合法可控的社会冲突具有保证社会健康发展的连续性、减少两极对立产生的可能性、防止社会系统的僵化与蜕变、增强社会组织的适应与创新、促进社会秩序的协调与整合、实现社会发展内在张力的激活与完善等正向功能，并将成为人类走向新文明的阶梯，成为和谐社会发展的重要动力。

二、社会冲突发生的深层原因

应对社会冲突，化解社会危机，需要深刻反思和深入剖析社会冲突发生的深层原因，寻求规避和化解社会冲突的有效路径，这是实现社会善治的重要前提。德国著名社会学家达伦多夫认为，社会冲突之所以发生，是因为社会运行中存在的一些消极负面因素未能得到及时解决，并积累到一定量之后，对社会稳定系统具有冲击和破坏作用，这些消极负面因素是社会诸多矛盾的集中反映，也是社会正常运行中出现的某种故障。马克思和恩格斯曾经深刻指出："一切历史冲突都根源于生产力和交往形式之间的矛盾。"[4]567-568 就是说，影响社会稳定的因素虽然是多种多样的，但归根结底是利益冲突。利益冲突是人类社会一切冲突的最终根源，也是所有社会冲突发生的内在动因。

任何一个社会都不可能完全消除社会冲突爆发的土壤，因为任何一个社会都存在着社会利益差别，也就难以避免社会冲突的爆发。在一个利益主体多样化、利益取向多极化、利益差别显性化、利益矛盾尖锐化的时期，利益分化与利益博弈是诱发社会冲突的根源。"如果不能正视社会各群体的利益诉求，特别是不能正确认识和处理处于社会弱势地位的群体所进行的抗争活动，而将其排斥于体制性利益表达之外，将在客观上积累社会动荡和爆发的能量。"[5]现阶段我国社会冲突发生的主要原因在于：

第一，贫富差距的扩大。社会分配结构不合理，造成贫富差距明显扩大，社会容易出现不稳定。在现实生活中，社会的贫富差距具体表现为：城乡之间的贫富差距、城市中的贫富差距、农村内部的贫富差距、不同地区之间的贫富差距等。城乡收入差距拉大、地区收入差距拉大、行业收入差距拉大，导致整个社会出现了贫富悬殊，出现了一批困难群体。贫富差距过快拉大是导致社会不稳定的最基本因素，也是引发社会冲突的最主要因素。

第二，社会秩序的失衡。现代社会的快速发展积累了很多不可测风险，在经济快速增长的同时，也产生了环境污染、全球气候异常、粮食基因重组、网络匿名侵权、金融债务危机等问题。同时，在社会转型过程中，由于社会治理结构不合理、不完善，社会矛盾叠加凸显，面临诸多的社会不稳定因素，如失业待业、违法犯罪、安全事故、群体上访等。社会秩序失衡具体表现在人民群众成了社会公共安全的受害者、公共利益亏损的承受者。由于社会保障不到位，出现了失地农民补偿问题、农民工工资拖欠问题、食品安全问题、事故赔偿问题、信息披露问题等一系列严重影响社会稳定的问题。这些问题，如果处理不当，很容易导致社会冲突。

第三，心理贫穷的滋生。传统的社会秩序和道德观念不断受到社会发展的强烈冲击，部分社会成员由于在社会竞争中没有获得预期利益，对社会缺乏起码的信任，导致社会共识资源流失，特别是一些社会底层人员面对社会阶层固化、职业升迁无望、合法利益受损的困境，极易引发心理贫穷，即"大多数人们似乎对在既有公共领域内寻求解决社会问题的办法已失去了信心"[6]前言2。这样的心理极易诱发各种社会冲突。

第四，腐败的蔓延。腐败问题是当代中国社会面临的最大危险，也是引发社会冲突的最主要原因。然而，目前腐败问题依然十分突出。某些地方出现了公共权力私人化运作，权力机制向个人利益倾斜。一些官员见利忘义，守不住清贫，耐不住寂寞，在工程建设、土地出让、产权交易、政府采购等公务活动中，大搞权钱交易，实际形成了某种既得利益集团；一些官员不给好处不办事，给了好处乱办事，对事关群众切身利益的事，蓄意拖延，百般刁难，吃拿卡要，从中渔利，中饱私囊。此类问题如不能得到有效遏制，就会严重影响甚至败坏党和政府的形象，就会积累社会紧张与对立的不满情绪。

三、社会冲突的治理对策

在当代中国，人民群众的民权与政府的公权在本质上是一致的，不存在根本性的对立和冲突。一般说来，许多社会矛盾与冲突都是可以避免的。但如果处理不当，甚至久拖不治，就会引发社会冲突，甚至爆发社会危机。对社会冲突的有效治理，需要加强和创新社会管理，搞好社会预警，提供优良服务，防患于未然。在现代社会，对社会冲突的刚性处理、强权处置未必奏效，小矛盾不及时解决也会引发大冲突。因此，要不断为减少和化解社会矛盾与冲突创造条件，夯实社会稳定的基础，凝聚社会共识，完善政策措施，强化制度保障，把解决社会冲突的工作做在平时，做向细处，做到实处。

（一）大力增强政府公信力

信则立，不信则废。社会冲突的发生是对政府行政能力和执政行为的挑战，政府首先面临公信力的考验。没有政府的公信力，也就谈不上政府与人民群众之间的支持与合作、理解与谅解。政府公信力来自进一步转变政府职能，还原和彰显政府行使公共权力的行政本质。吏治腐败是造成政府公信力缺失的最主要原因。在社会生活中，增强政府公信力，需要政府率先实现自我革命，打造人民满意的政府，防止政府与民争利；需要建立诚信型政府、法治型政府、服务型政府，提高执政透明度，加强社会风险管理，降低社会冲突治理成本。政府要积极面对社会冲突的发生方式，重塑政府与人民群众的关系，保持两者之间的张力，弥合两者之间的裂隙。要降低政府运作成本，实行科学决策、民主决策、依法决策；加强对政府权力运行的监督，让权力在阳光下运行，坚决克服"有组织的不负责任"现象。政府要积极培育和发展市场与公民社会的治理模式，大力提高社会管理科学化水平，着力建立一种新的利益配置格局，切实解决好人民群众最关心、最直接、最现实的利益问题，让人民群众共享改革发展成果。只有这样，才能大力提升政府对社会冲突的治理能力，将治理社会冲突转化为经济社会发展的重要契机，真正实现社会善治。

（二）不断扩大社会认同度

在当代中国，要将社会冲突的发生降低到最低限度，就应不断扩大社会认同度。所谓社会认同度，是指社会各方为维护社会秩序都能自觉遵守道德与法律，对社会形成高度的归属感、信任感。在当今社会，道德与法律要在社会生活中起到应有的社会作用，就必须具备一定的社会经济、文化条件，就必须扩大社会认同度，降低社会运行成本，不断扩大社会治理资本。美国政治学家普特南认为："社会资本是指社会组织的特征，诸如信任、规范以及网络，它们能够通过推动协调的行动来提高社会的效率。"[7]195 扩大社会认同度，就是要充分认识社会冲突必须在社会可承受的范围内解决，构建规范的道德与法治体系，实现民众与政府的委托—代理关系，保障政治权力和政治权利的平衡。这就要求政府与人民群众共同面对社会风险，有效增加民生福祉，切实解决民生问题，真正实现两者的相互支持、合作管理。通过有效解决民生问题，不断提升人民群众的政治认同度，包括对政治规则的认同、政治法律的认同和社会制度的认同。

"当前阶段的社会治理不是不要政府，而是需要'强政府'，要求强政府进行战略的规划，要求政府既掌舵又服务，而且更需要一个'善治'政府，是对政府的治理能力提出了更高的要求。"[8]事实上，现代社会冲突大都是内生的，而不是外加的；是人为因素造成，而非纯自然因素引发。这就要求政府在制定政策、做出行为选择时，在追求经济社会发展利益最大化时，首先要充分考虑人民群众的利益，最大限度地满足人民群众的利益，以求得人民群众的理解、认同与支持。一旦人民群众对政治和社会行为准则形成统一的认识，对国家的方针大计和实际工作给予默契配合和积极支持，社会冲突爆发的可能性就会大大降低，也就会形成全面建设小康社会、推进社会主义现代化建设的强大合力。

（三）促进有效沟通制度化

政府与社会各方能够相互理解和支持，推进社会良性运行，需要建立有效的社会沟通机制，以解决社会公平正义问题。不能进行有效沟通，或者沟通渠道不畅，极易引发和积累矛盾，矛盾积累到一定程度就会发生社会冲突。社会冲突的预防、化解，最有效的莫过于建立社会的沟通协调机制。要实现有效沟通长效化、常态化、制度化，应建立四大机制：一是民意表达维护机制。畅通民意表达渠道，重视网络舆情，跟踪民意走向，完善信息采集，提出应对措施，维护合法利益，理顺人民群众情绪。二是社会管理服务机制。最好的社会管理方式是让社会各方共同参与社会管理，大家的事情大家做，尽最大可能提供社会所需要的各种服务，在管理中体现服务，在服务中完善管理。三是利益补偿机制。自觉维护人民群众的合法利益，切实做好人民群众受损利益评估，降低社会矛盾的对抗性，对人民群众的正当利益尽可能给予有效补偿。四是冲突预警调控机制。要高度重视发展中的代价、建设中的破坏所带来的负面影响，着力构建适应现代社会的处置社会冲突的预警调控机制。只有建立相应的预警调控机制才能协调各方利益关系，真正解决社会冲突问题。促进和实现有效沟通制度化，就是要预设、预防社会冲突发生的各种可能性，在危机与冲突发生前、发生中和发生后都要及时缓冲对抗、修复关系、降低风险、减少损失。要有效化解社会矛盾，使社会冲突在不同情境下都能得到因地制宜、因时制宜、因人而异的解决；即便是发生了社会冲突，也能够有效控制社会冲突爆发的强度。

（四）努力形成发展共同体

在社会生活中，每一阶层、每一团体甚至每一个人的合法权益都应当得到承认和有效保护。为了最大限度地规避和化解社会矛盾与冲突，需要加快建立各种新经济组织、新社会组织，构建发展共同体。所谓发展共同体，是指在社会发展中结成新的社会关系，以共同发展为愿景，以获得共同进步为目标的群体。在发展共同体中，各尽其能，各得其所，又和谐相处，不断实现一个人的自由发展为一切人的自由发展创造条件。在社会治理的框架下，形成发展共同体就是要调动一切积极因素，化消极因素为积极因素，使"社会领域中的多元利益主体将能够共同参与公共管理的过程，从而有机会为自身的利益要求说话，同时为公共事务承担输送资源的义务；国家也能够得到既还权于民，又保持自身的权威和主导能力，从而有机会获取更多的'合法性'支持"[9]5。在现代社会，最好的化解社会矛盾、防控社会冲突的机制，就是主动协调不同群体的利益，尽可能整合各方利益，满足各方的合理预期需求，建立新型的现代社会关系，共同建设共有家园，共同分享发展成果，形成促进社会全面进步、实现人的全面发展的共同体。

参考文献

［1］［美］乔纳森·H. 特纳. 社会理论的结构［M］. 吴曲辉，等译. 杭州：浙江人民出版社，1987.

［2］贾春增. 外国社会学史［M］. 北京：中国人民大学出版社，2000.

［3］宋林飞. 西方社会学理论［M］. 南京：南京大学出版社，2000.

［4］马克思，恩格斯. 马克思恩格斯文集：第 1 卷［M］. 北京：人民出版社，2009.

［5］于建嵘. 转型期中国的社会冲突［J］. 凤凰周刊，2005（7）.

［6］［美］卡尔·博格斯. 政治的终结［M］. 陈家刚，译. 北京：社会科学文献出版社，2001.

［7］［美］罗伯特·帕特南. 使民主运转起来［M］. 王列，赖海榕，译. 南昌：江西人民出版社，2001.

［8］麻宝斌，任晓春. 从社会管理到社会治理：挑战与变革［J］. 学习与探索，2011（3）：95-99.

［9］顾建键，马西恒，等. 转型中的社会治理［M］. 上海：上海交通大学出版社，2006.

（本文刊登于《毛泽东邓小平理论研究》，2012 年第 2 期。）

支持·互补·共赢：苏南城乡统筹发展的战略选择

城乡统筹发展不仅是当代中国一个重要的经济问题，更是一个重大的政治和社会问题。推进城乡统筹发展，迅速改变工农业发展失调和城乡发展失衡的状况，形成城乡经济社会发展一体化新格局，是贯彻落实科学发展观的基本要求，是全面建设小康社会的关键环节，也是实现中国特色社会主义现代化的国家发展战略。苏南作为我国改革开放的前沿地区和工业化、信息化、市场化、城镇化、国际化发展的先导地区，多年来在推进城乡统筹发展中，做了大量的工作，取得了阶段性的突出成绩，成为我国经济社会发展比较快、城乡差距缩小比较大、城乡居民受益比较多的先行地区。进入新世纪新阶段，在新的历史起点上，苏南要实现高水准、高效益的城乡统筹发展，必须以科学发展观为指导，创新发展理念，转换发展模式，破解发展难题，探寻发展规律，走出一条具有时代特色、地域特点和实践特质的城乡共同发展、共同繁荣的新路子。

一、双向支持：苏南城乡统筹发展的价值选择

城市与乡村是两个具有特定内涵和不同功能的区域地理概念。长期以来，苏南与全国其他地区一样，实行城乡二元分割体制，重工业轻农业、重城市轻农村、重市民轻农民，以致城乡差距不断扩大。然而，经过三十多年的改革开放和市场经济发展，苏南城乡出现了许多新变化：一是城乡收入差距逐步缩小，农民生活得到了保障，不少农民盖起了洋房、买起了新车，小日子过得不比城市居民差；二是农村的村容村貌发生了很大变化，村落变成了社区，不少农村小区达到了净化、绿化、亮化、美化的目标，看起来比城市社区还漂亮；三是农村业余生活逐步接

近城市，不少农村兴建了文化娱乐场所，组织了多种文化活动，农民安居乐业，生活并不比城市单调；四是农村社会福利基本得到保障，不少农村建立了老年公寓，提供了医疗卫生保障，随着中央和地方支农强农、惠农富农政策的有效落实，城乡居民在政策待遇上逐步趋同，农民得到了更多的实惠，许多农村生活条件好了，不少农民已经不愿变市民；五是城乡二元结构正在被打破，城乡间出现了一种相互依存、相互影响的发展态势，迫切要求城市与乡村互通资源、互为市场、互相服务。这些新的变化，给苏南城乡统筹发展提出了新的课题。现在的苏南已经进入了以城带乡、以乡补城、互惠互利、共同繁荣的新的发展阶段，而双向支持必然成为苏南城乡统筹发展的重要价值选择。

（一）双向支持是苏南城乡统筹发展的重要理念

所谓双向支持是指城市与乡村互为条件、互为依托，互相吸收发展要素而摈弃落后状况的一种双向服务、双重优化的演进过程。通过双向支持，城乡发挥各自的特色与优势，有效解决影响发展的深层次矛盾与问题，建立既合理分工又密切合作的新型城乡关系。胡锦涛指出："农村经济和城市经济是相互联系、相互依赖、相互补充、相互促进的。农村发展离不开城市的辐射和带动，城市发展也离不开农村的促进和支持。统筹城乡经济社会发展，就是要充分发挥城市对农村的带动作用和农村对城市的促进作用，实现城乡经济社会一体化发展。"[1]1044在苏南经济社会发展中，城市化发展与新农村建设是一个问题的两个方面：没有城市化的快速推进，就没有新农村建设的实现条件；反之，没有新农村建设的坚实基础，也就没有城市化发展的可靠保证。任何重视一方、忽视一方，或者强调一方、排斥一方，将广大农民排斥在工业化和城镇化进程之外，只会使城乡结构性矛盾变得更加突出，造成许多发展的后遗症。苏南发展的实践证明，没有城乡之间的双向支持关系，就没有苏南城乡的统筹发展。

在当代中国，城市化发展与新农村建设是并行不悖的同一个历史过程。建设新农村，并不是要忽视城市化、放慢城市化，更不是要否定城市化。只有建立城乡互动支持关系，统筹城乡发展才具有实际价值，城乡关系才会趋向协调。英国城市社会学家霍华德在《明日的田园城市》一书序言中指出，城市和乡村都各有其主要优点和相应缺点，而城市—乡村则避免了二者的缺点。"城市和乡村必须成婚,这种愉快的结合将迸发出新的希望、新的生活、新的文明。"[2]9 苏南城乡统筹发展,不仅有助于城市化的推进,不断提高城市发展的质量与活力,而且有利于农业、农村、农民的发展,增强新农村建设的实力与后劲。这是对城乡地位与作用的双重肯定。苏南城乡统筹发展就是要促使城乡双向支持,探求新的城乡结构形态,打造城乡价值共同体,使城市和农村紧密联系起来,建立地位平等、开放融通、互补互促、和谐文明的城乡经济社会一体化发展格局,促进生产要素在城乡之间合理流动,让城乡共同成为新的发展增长极。

(二)双向支持是苏南城乡统筹发展的重要前提

建立城乡双向支持关系,苏南需要对传统的单一发展观进行梳理,彻底摒弃城市必然比农村先进、农业一定比工业落后的传统观念。在推进城乡发展过程中,苏南面临的一个首要的基本问题就是进行观念变革,实现价值选择转换,也就是对城乡地位与作用给予双重肯定,既看到城市化发展对推进中国特色社会主义现代化的意义,又看到新农村建设对发展中国特色社会主义现代化的价值。事实上,城乡之间不是相互对立的,城乡的发展也不是相互排斥的,城乡之间产业的发展不在于产业本身的先进与落后,而在于所发展的产业是否适合本地的实际情况、市场的需要和未来的发展前景,在于产业的科技含量、管理方式和运行机制。苏南要实现城乡统筹发展,推动整个经济社会又好又快地发展,在现阶段就是要自觉转变在传统工业化发展模式下形成的思维定式和发展模式,既要破除城市发展优越感、一切依赖城市化的单一发展倾向,又要纠正农村落后、农业没出路、农民无作为的片面认识,真正推进城市和农村的紧密联系,在理顺城乡关系的基础上,加快传统农业向现代农业转变的进程,提高农村城镇化水平,大力培育城市化发展支持新农村建设、新农村建设推动城市化进程的双向支持的新型发展观。

形成苏南城乡双向支持格局,就是要改变长期存在的城乡二元经济社会结构,在打破城乡壁垒、消除城乡发展负外部性的情况下,创新城乡发展态势,使城市和乡村各有多方面合作的需要与全方位合作的可能,通过合作使城市和乡村的利益都能得到确认与满足,使城市和乡村的内在价值都能得到开发与提升。在推进城乡统筹发展过程中,苏南要积极贯彻落实

"多予、少取、放活"和"工业反哺农业、城市支持农村"的基本方针，增加城乡居民收入，遏制贫富差距扩大，努力实现工业化与农业现代化、城镇化与新农村建设相互促进。

（三）双向支持是苏南城乡统筹发展的重要保障

当代中国城市化发展与新农村建设成双轮驱动，齐头并进，统一于中国特色社会主义现代化建设的伟大实践中。胡锦涛指出，纵观一些工业化国家的发展历程，在工业化初始阶段，农业支持工业、为工业提供积累是带有普遍性的趋向；但在工业化达到相当程度以后，工业反哺农业、城市支持农村，实现工业与农业、城市与农村协调发展，也是带有普遍性的趋向。现在的苏南已经进入工业化发展的后期，推进城乡统筹发展有了重要的基础，城乡之间双向支持不仅有了条件，而且有了可能。一方面构建了新型的城乡关系，开辟了支农惠农的绿色通道，促进了先进生产要素向农村流动、基础设施向农村延伸、公共服务向农村覆盖、现代文明向农村传播，农村面貌今非昔比；另一方面调整了城乡空间布局，改善了城乡空间结构，优化了城乡发展战略，有效地避免了过度城市化，发挥农村吸纳剩余劳动力的作用，防止大量农村劳动力蜂拥挤入城市，消解了交通拥挤、环境污染、能源高耗、住房紧张等现代城市病。双向支持，为苏南城乡统筹发展构建了新的载体和平台，城乡之间互相认同，有效沟通，密切配合，共谋合作，主动化解发展中的矛盾，使城乡人居环境各有特色，农业与工业各展其长，已经形成并不断扩大新的合作态势。

城乡作为统一的社会发展有机体，存在着一种分工与合作的关系，许多城市问题单靠城市本身无法得到解决，反之亦然。苏南的发展实践表明，城乡经济社会双向支持，有利于城市化的快速推进，有利于新农村的长效建设，是推进城乡一体化发展的唯一正确选择。随着村镇工业化的发展和农村生产力的提高，苏南突破了城乡间阻隔的藩篱，为城市化发展注入了新的活力，农村不仅吸纳了大量的外来流动人口，提供了生活的便利，减轻了城市的负担和市场的压力，而且实现了农村产业结构的转换与功能的升级，消化了城市富余的工业生产能力，拉长或形成了新的产业链，提供了各种配套服务，为城市发展做出了新的贡献。同时，在苏南新农村建设过程中，依靠城市发展的优势，大量人才向农村流动，大量资金向农村回馈，加速了农业现代化的进程。这既构筑了现代农业产业体系，推进了农业产业化经营，又健全了农村市场和农业服务体系，增加了农业科技投入，还积极搞活了农村市场流通，扩大了农村的市场需求和农民的消费需要，促进了农业生产专业化、经营一体化、服务社会化。

二、优势互补：苏南城乡统筹发展的路径选择

随着我国改革开放的不断深化和市场经济体制的日趋完善，苏南要把城乡纳入统一的市场化发展架构内，发挥市场经济利益驱动的正当性、合法性与有效性，既不搞单一的城市化，又不搞封闭的乡村化。优势互补就是要充分发挥城市与乡村各自的比较优势和独特作用，使城乡之间的劳动力、技术、信息、资金、资源等生产要素在一定的范围内进行合理的交流与优化的组合。苏南推进城乡统筹发展，就是要把大中小城市的先发优势与小城镇发展的比较优势和广大农村的后发优势结合起来，取其所长，避其所短，使先进生产力和社会发展活力得到充分释放，使工业化与农业现代化、城镇化与新农村建设相互促进，构建工农业相互依存的内生增长模式，打造城乡利益共同体，不断增强城乡发展的实力、活力和合力。

（一）优势互补要明确城乡发展的市场化定位

苏南统筹城乡发展只有妥善处理城乡间权利与义务、公平与效率的关系，发挥城乡两个方面的积极性，充分整合城乡人力资源、社会资源、自然资源、文化资源，才能形成城乡统一的市场化运行格局。优势互补就是要完善苏南城乡社会分工，发挥城乡各自的特色和优势，增加城乡之间的有效流动性和发展互补性。一方面要挖掘苏南城市化发展的优势，逐步扩大城市规模，建立大中小配套的城市群和中心镇，大力发展城市高新技术优势产业，使城市能够吸纳更多的农民进城务工就业，为城市化发展创造条件，同时积极推动城市企业进入农村，引导工业企业发挥资本、人才、技术和信息等优势，投资建设现代农业，发展特色农业产业，在技能培训、信息服务、组织协调、权益维护、社会保障等方面给予农民更多的支持。另一方面，要看到苏南农村发展的优势，农村劳动力资源丰富，劳动力素质不断提高，劳动力成本相对较低，市场化竞争优势明显，农村市场

潜力巨大，同时要利用农民消费升级，扩大农村市场需要，合理安排农村剩余劳动力，大力发展市场回报高、资源利用高、科技含量高、观赏价值高、营养价值高的有机农业和生态农业。

苏南统筹城乡发展要实现城乡生产、流通、分配和消费的相互衔接、相互促进，改变农村对城市的单向依赖性，形成合理的交换关系，推动产业结构升级，促进城乡产业协调发展。苏南依托市场经济发展，搞好市场定位，既要合理布局城乡产业结构，推进生产要素在城乡间有序流动，正确处理技术创新与体制创新的关系，激活经济存量，开发经济增量，大力培育新的经济增长点；又要在建设现代工业的同时，大力发展现代农业，促进产业结构升级，进行品牌化经营、规模化发展、外向化拓展、科技化开发，以大型农业产业化项目为依托，完成由自给性小农业向市场化大农业的产业化跨越，逐步形成以农产品加工业为主的农村二、三产业，发展产地商品批发市场、现代物流配送中心、农村信息化连锁超市，实现农村富余劳动力在农业内部就业，形成新的产业链和产业带。

（二）优势互补要完善城乡发展的产业化协作

现代工业与现代农业是城乡产业集聚升级的主导力量，是城乡协调发展的主要支柱和强大动力。苏南要推进城乡一体化发展，需要树立"跳出工业抓工业、跳出农业抓农业"的理念，发挥城乡两个方面的积极性，坚持"两手抓"，一手抓现代工业，一手抓现代农业。现阶段，苏南要以先进要素和先进生产方式改造传统农业，以工业化的生产手段装备农业，以先进的科学技术提升农业，以社会化的服务体系支持农业，以科学的经营理念管理农业，尤其要重视加快发展优质粮食产业、高效经济作物和园艺产业、健康养殖业、农产品加工业、生物质和生态农业、农业服务业等现代农业产业。要围绕建立新的产业链，明确新的发展分工，进行新的资源整合，扩大人流、物流、资金流、技术流和信息流，促使城乡企业重组兼并，进行工农业结构性调整，培育特色明显、优势突出、支撑力强的现代工业与现代农业的支柱产业，提高新兴产业的集约化程度，推动城乡企业共享发展资源，为城乡经济社会发展注入新的活力。只有实现现代工业与现代农业的产业重组、优势互补，才能真正体现并不断实现城乡均衡发展、良性互动。

推进城乡发展的优势互补,苏南要转换发展模式,提升经济发展方式。一方面要坚持走新型工业化道路,加大科技投入,提高自主创新能力,支持创新要素向优势企业集聚,促进科技成果向现实生产力转化;另一方面要坚持走新型农业现代化道路,积极进行农业多功能开发,降低农业生产成本,提高农业劳动生产率,提升现代农业发展的整体效益,促进传统农业向现代高效农业转型,促进农业标准化生产,农产品加工向高附加值方向发展。要着力突破制约城乡统筹发展的"瓶颈",既要以工兴农,以工富农,送资本下乡、技术下乡、服务下乡,加大对乡村经济发展支持的力度,推进农村工业化、农业现代化、乡村城市化、服务社会化、农民知识化;又要以农促工、以农助工,主动与大中城市实行产业对接,加快发展二、三产业特别是各种服务业,形成新的产业链、市场链、产品链、技术链,培育发展城乡新的经济增长点。

(三)优势互补要形成城乡发展的良性格局

苏南统筹城乡发展,不是要简单地把乡村变成城市,在新农村建设中搞不切实际的大规划,轰轰烈烈搞表面文章,大兴土木建大项目,而是要使城市更像城市、乡村更像乡村,使城市和乡村的生活质量共同得到提高。现阶段苏南统筹城乡发展的关键是要打破城乡界限,优化资源配置,实现共同繁荣。在推进城乡优势互补过程中,苏南要立足优化产业结构推动发展,把调整产业结构作为推动发展的主线,加强农业基础地位,逐步实现农业由弱变壮;提高工业技术水平,实现工业由大变强;加速发展服务业,实现服务业由慢变快。

苏南城乡统筹发展的关键是要搞好城乡一体化规划。城乡一体化不是城乡一样化,城乡要等值发展而非同质发展,要因地制宜、因人而异而非百镇一律、千村一面,要彻底改变城乡无序、重复、低效建设的状况,避免出现大规模整治、大规模拆迁、大规模搬迁现象。要按照《城乡规划法》的要求,遵循城乡统筹、合理布局、节约土地、集约发展和先规划后建设的原则,把城市和农村作为一个整体统一筹划,构建全新的城乡社会经济均衡协调发展框架,科学规划城乡经济社会发展空间布局,形成城乡发展规划、产业布局、基础设施、公共服务、劳动就业、医疗保障和社会管理一体化新格局。在城乡规划法的基础上,苏南要确立科学的规划体系和严格的规划实施制度,城市化发展与新农村建设统一规划,分步实施,努力推进城市和乡村、市民和农民各得其所又共同发展。

三、和谐共赢:苏南城乡统筹发展的目标选择

推进城乡统筹发展,苏南要拆除横亘在城乡之间的"高墙",坚持发展理念的科学性、发展模式的合理性、发展目标的公平性,推动城乡之间相互开放、相互促进,各施其能、各展其长,和衷共济、和谐共赢,真正形成城乡一体化发展的整体合力。马克思指出:"城乡关系一改变,整个社会也跟着改变。"[3]157城乡统筹发展的目标要求是打造城乡发展共同体,建构新型的城乡合作关系,增加城乡居民生活的幸福指数,真正实现城乡居民共同受益、共同发展。

(一)和谐共赢是苏南城乡统筹发展的理想追求

苏南城乡统筹发展,就是要走中国特色的城镇化道路,保留城市与农村各自的特点,发挥城市与农村双方的优势,优化资源配置,实现共同繁荣,使城乡居民共同参与建设,共享发展成果。作为先发展地区的苏南要优化发展环境,不仅要优化物质环境、生态环境,而且要优化人居环境和社会环境。"在推进城市建设过程中不要把现在所有的国土空间都占满,更不能都变成高楼大厦,在城乡建设过程中要保留农村,在大中城市扩展过程中要保留开阔的空地。"[4]特别要重视以城带乡、以企带村、以工带农,加大城市人才、智力资源对农村发展的支持,加大城市科技、教育、文化、卫生等方面对农民的服务,引导城市资金向农村流动,以工业化富裕农民,以产业化发展农业,以城镇化繁荣农村,推动农村社会走上生产发展、生活富裕、生态良好的文明发展道路,形成科学民主、健康向上的生活方式和社会风尚,共同建设青山、碧水、蓝天、绿地的美好家园。

推进城乡和谐共赢,就是要统筹解决城乡经济社会发展中出现的各种问题,打破城乡界限,不断提高城乡居民生活质量,造福广大城乡人民。苏南市场化发展比较快,财政基础比较好,经济收入比较高,现阶段要多做、做好补短、补缺、补软的工作,不仅产业富,更要百姓富,尤其要重视社会求助和社会保障工作,有效落实无地、无业、无身份、无保障、无

话语权的农民的各项合法权益。统筹城乡发展不仅强调城市与城市、城市与区域的分工合作，增强城市的综合竞争力，不断提高城镇化水平，而且更应重视城乡之间的互动共生，促进就业利民、创业富民、保障惠民，最大限度地激发人民群众参与城乡建设的热情和创造活力，让广大人民群众从城乡一体化过程中得到实惠，使城乡统筹发展真正成为广大人民群众的自觉行动。

（二）和谐共赢是苏南城乡统筹发展的关键举措

在党的十七大报告中，胡锦涛指出："要加强农业基础地位，走中国特色农业现代化道路，建立以工促农、以城带乡长效机制，形成城乡经济社会发展一体化新格局。"[5]23推进城乡统筹发展，破解城乡发展难题，苏南要加快制度创新，重建城乡新型关系，逐步建立城乡统一的各种管理和服务制度，形成有利于城乡相互促进、共同发展的体制和机制。要看到，让生产要素在城乡之间充分合理的流动，将城乡的优势相互结合，使经济发展的成果在城乡之间合理分配，就可以很好地消除城乡之间的差距。还要看到，城乡统筹发展就是要确保城乡具有同等的价值和作用，这需要有相应的制度保证。和谐共赢就是要进一步深化改革，打破一切阻碍城乡发展的陈规陋习，冲破影响城乡发展的体制性障碍，构筑城乡一体化新的管理体制和服务体系。苏南在推进城乡统筹发展时，要更多地出台向农村、农业、农民倾斜的政策，使农业持续增效、农民持续增收和农村持续发展，使广大农民更充分、更公平地共享改革发展成果。

在当前和今后一个时期，苏南要按照城乡一体化发展的要求，建立城乡居民增收的长效机制和社会事业的普惠机制，完善统一的社会管理和社会服务制度，努力构建城乡统筹的政策体系，使全体城乡居民享受同样的生活待遇，共享改革发展的实际成果。一是统一城乡户籍管理制度，实行城乡居民身份平等，促进人口有序流动，合理控制城乡人口规模；二是统一城乡就业制度，建立统一规范的人力资源市场，尽可能扩大社会就业，建立覆盖城乡的人才和劳动力服务网络；三是统一城乡公共财政制度，扩大公共财政覆盖农村的范围，实现城乡财政分配的公平和公正；四是统一城乡福利保障制度，建立覆盖城乡居民的社会保障体系，保障人民基本生活，确立城乡统一的养老保障、医疗保障、最低生活保障；五是统一城乡产权制度，包括土地产权、住房产权和资金产权等；六是统一城乡价格制度，彻底消除工农业产品价格"剪刀差"，打破垄断行业的垄断定价；七是统一城乡补偿制度，完善各种资源有偿使用、土地补偿和生态环境补偿机制；八是统一城乡教育制度，使城乡居民的子女享有同等的接受教育的权利和机会。通过一系列有效的制度化建设，全面提升城乡统筹发展水平，真正实现苏南城乡发展规划一体化、产业布局一体化、资源配置一体化、基础设施一体化、就业社保一体化、公共服务一体化的新格局。

（三）和谐共赢是苏南城乡统筹发展的必由之路

实现城乡和谐共赢，关键是要加强人力资源能力建设，积极营造人才辈出、人尽其才的社会氛围，加快培育城市化发展与新农村建设的创新型人才。恩格斯指出："通过消除旧的分工，通过产业教育、变换工种、所有人共同享受大家创造出来的福利，通过城乡的融合，使社会全体成员的才能得到全面的发展。"[3]243 推进城乡统筹发展，苏南不仅要实现城乡在就业、就医、就学、社会保障和社会管理等方面的对接，更重要的是造就适应城乡发展所需要的建设人才。苏南城乡统筹发展的实践表明，只有在高度和谐与协调发展的社会关系中，才能培养和造就出全面发展的人。

苏南推进城乡统筹发展，当下要十分重视农村自身的造血功能，推进"农民知识化"工程，培育有理想、有文化、懂技术、会经营的现代新型农民。恩格斯强调："用整个社会的力量来共同生产和由此而引起的生产的新发展，也需要一种全新的人，并将创造出这种新人来。"[6]222-223 苏南城乡统筹发展要坚持以人为本，通过村民自治、政策扶持和社会支持，激发农民改善农村面貌、建设美好家园的积极性和创造性，通过发展农民协会、农村合作社和农业股份公司等农村合作组织，围绕粮食增产、农业增效、农民增收的目标，多层次、多渠道、多形式地开展农民科技培训和技术推广，不断提高农民的自身素质和建设新农村的本领。要大力营造尊重劳动、尊重知识、尊重人才、尊重创造的氛围，使一切有利于城乡经济社会发展的愿望得到尊重、活动得到支持、才能得到发挥、成果得到肯定，从而使城乡各方面的创造活力竞相迸发，真正促进城乡协调发展、和谐共赢。

参考文献

[1] 胡锦涛. 在中央农村会议上的讲话[M]//《新华月报》编. 十六大以来党和国家重要文献选编（上）（二）. 北京：人民出版社，2005.

[2] [英]埃比尼泽·霍华德. 明日的田园城市[M]. 金经元，译. 北京：商务印书馆，2000.

[3] 马克思，恩格斯. 马克思恩格斯选集：第1卷[M]. 2版. 北京：人民出版社，1995.

[4] 李炳坤. 关于统筹城乡发展的几点思考[J]. 中国发展观察，2007（12）：26-28.

[5] 胡锦涛. 高举中国特色社会主义伟大旗帜，为夺取全面建设小康社会新胜利而奋斗[M]. 北京：人民出版社，2007.

[6] 马克思，恩格斯. 马克思恩格斯全集：第1卷[M]. 北京：人民出版社，1972.

（本文刊登于《城市发展研究》，2008年第6期。）

第四部分
可持续发展研究

整合与超越：中国特色可持续发展方法论建构

可持续发展是当今国际社会普遍关注的热点问题。对于正在进行社会主义现代化建设的中国来说，可持续发展既是一个迫切需要解决的重大实践问题，也是一个亟待深入探究的重大理论问题。人口、资源与环境问题是社会经济发展的产物，只能在社会经济发展过程中加以解决。构建中国特色可持续发展理论，必须从当代中国的国情和实际条件出发，协调社会经济与人口、资源、环境之间的关系，处理社会经济发展中的各种矛盾和问题，从方法论的角度看，就是要实现社会、经济、文化、生态全方位、宽领域、多层次的整合与超越。

一、可持续发展的历史性与现实性

中国有着几千年的文明发展史。在长期的生产实践中，中华民族积淀了丰富的可持续发展思想。尽管前人的可持续发展思想是不完全、不完善、不系统的，但对当代中国社会来说，是难得的宝贵的精神财富。今日中国是历史中国的延续。历史告诉我们，文明如果是自发地发展，而不是自觉地发展，则留给自己的是荒漠。任何盲目的生产活动，包括滥伐、滥垦、滥牧、滥采、滥捕、滥猎等，必然会导致生态环境的破坏和生态资源的衰竭，最终都将危及人类自身的利益。我们要认真对待和守护宝贵的历史遗产，用中华民族包括人类一切文明成果，推进当代中国的可持续发展。

当今中国的可持续发展，既是一个崭新的文明发展理念，又是一个生动的文明发展实践。中国不能陶醉在几千年的古老文明之中，也不能停留在高投入、高消耗、高污染、低层次、低效率、低效益的发展过程之中，必须直面现实，立足现实，实现经济、政治、文化、生态的整合与超越。

然而，现实的中国人均资源有限，环境相对脆弱，人口基数很大，区域发展极不平衡，可持续发展任重道远。解决中国的可持续发展问题，只能从中国的实际出发，依靠中国人民自身的力量来解决。

发展是硬道理。只有发展，才能根治贫困，摆脱落后。当前我国正处于社会转型、体制转轨的关键时刻，社会经济发展遇到了许多前所未有的矛盾和深层次问题。某些地区、部门、行业和单位在发展经济中，受利益驱使，人为破坏了人类赖以生存的环境基础，使人与自然的矛盾日益突出，既付出了巨大的生态代价，又付出了沉重的经济代价。中国迫切需要解决的现实问题是如何避免以往出现的那些只顾生产、不顾环境的愚蠢行为，实现资源的永续利用和生态环境的良性循环。消极抵御环境污染，只能使已经污染的环境更加退化、更加恶化，其后果不堪想象。

实现中国社会经济的可持续发展既是一项紧迫的现实任务，又是一项长期的历史任务。中国特色可持续发展需要实现历史性和现实性的整合与超越。我们不能"吃祖宗饭，断子孙路"。保护环境不是限制经济发展，发展经济需要更好地保护环境。我们要做好充分的思想准备和物质经济准备，有步骤、分阶段地推进我国的可持续发展。中国可持续发展必须循序渐进，整体推进，不可能一蹴而就。任何简单化的想法都是幼稚的；任何急功近利的做法在实践中都是有害的。

二、可持续发展的自然值与社会值

人与自然息息相关，人与社会须臾难离。在处理人与自然、人与社会的关系问题上，我们必须对自己过去的行为习惯和传统观念做出深刻的反思，必须对以往的社会经济发展模式做出重大调整，必须实行人与自然、人与人关系的根本性转变；否则，我们就会继续破坏自己赖以生存的环境，就会无法化解日益尖锐的社会矛盾，就不可能实现中国社会经济可持续发展。

中国要实现可持续发展首先要处理好人与自然的关系。目前，我国靠天吃饭的问题还没有真正解决。随着经济的快速发展，严重的环境污染、生态失衡、资源紧张状况出现了，人与自然的矛盾越来越突出。实施可持续发展战略就是要实现人与自然关系的整合与超越，从单向地向自然开战、战胜自然、控制自然、占有自然，向人与自然的和睦相处、协调发展转变，达到利用自然、支撑自然、造福自然。善待自然就是善待人类自身，保护自然就是保护社会生产力。我们要自觉成为调适自然的主体，整合自然的主体。只有当我们从侵略自然走向尊重自然、从索取自然走向回馈自然、从征服自然走向造福自然时，才能真正实现人与自然的自觉统一。

人类文明最基本的要求就是实现代际平等。可持续发展说到底是当代人为后代人的发展而从事的伟大事业。当代人不仅为后代人暂时托管着生态环境、自然资源，而且为后代人的发展创造条件，拓展生存空间，使后代人有与当代人享有同样的满足发展需要的各种可能，甚至是更好的条件。因此，可持续发展绝不是一种短视行为，它兼顾着当代人与后代人的共同利益。"人类的发展不应干扰和削弱自然界多样存在发展的能力；自己这一群体的发展不应干扰和削弱其他群体发展的能力；自己这一代人的发展不能干扰和削弱下一代人发展的能力。"[1]300代际平等的基本要求是，当代人的发展不应损害子孙后代持续发展的能力，要为子孙后代的发展留下物质空间和可以回旋的余地，真正实现当代人与后代人的利益统一。发展权是人类共同享有的普遍的权利。人类不但要实现代际平等，而且要实现代内平等。中国可持续发展问题的真正解决关键是要处理好人与社会的关系。对当代中国来说，如何处理现实的人与人的关系，实现社会的公正、公平、正义，推动社会全面进步，关键是要处理好人与社会的关系。"'我'破坏环境不仅损害自己的利益，而且间接伤害他者的利益；我尊重生态的权利，实际上就是在尊重他者的生存权利。"[1]298我们要在社会主义制度范围内，实现人与人、人与社会的高度和谐。西方国家由于其社会制度的局限性，虽然能在一定时期推动经济、生态的可持续发展，但是他们不可能真正解决复杂的社会矛盾和问题，也就无法最终实现社会经济的可持续发展。

可持续发展的中心是人，发展首先是人的发展，要"使地球上每个人的基本物质需要得到满足，而且每个人有实现他个人潜力的平等机会"[2]17-18。中国推进可持续发展更要突出解决人与自我的关系。当代中国可持续发展的一个重要特色是在推进社会进步中实现人的价值，要不断反思自我，超越自我，大力提高自身的素质。每个人既要尊重他人，又要受到他人的尊重；既要实现自我价值，又不能损害他人实现自我价值。我为人人，人人为我。利己行为与利他行为的和谐，个人价值与社会价值的统一，才能真正实现人的自由而全面发展。

三、可持续发展的承载力与支持力

中国社会解决可持续发展问题是需要付出很大代价的。为了彻底摆脱贫穷落后，中国不得不加快发展经济。而经济的"超常规、跨越式"发展，带来的则是众多的社会矛盾和巨大的环境压力，特别是生态失衡、资源紧缺、环境恶化。中国特色的可持续发展必须以优美的生态环境为基础。然而，现实的以改良环境为出发点的各种活动，已经不足以抵御环境的退化。环境污染正无情地损害着我们的家园，危害着我们的身体。尽管各地各部门采取了种种环保措施，但是环境质量的恢复依然是非常缓慢的，有些环境破坏甚至是不可逆转的。中国的生态环境问题已经到了非冷静思考、痛下决心整治不可的地步了。

中国真要实现可持续发展，需要充分考虑可持续发展的实际承载力。所谓承载力是指经济发展过程中抵御各种生态环境破坏、实现生态环境良性发展的能力，它包括人口的自觉控制能力、资源的可再生能力、水资源的自净能力、土地的综合使用率、企业的清洁生产能力、废物的回收利用率等。承载力的大小表明可持续发展态势的强弱。在社会经济发展中，承载力不是单一的，也不是固定不变的，它需要进行多元整合与超越。要避免以往那些有害环境又有害自己的愚蠢行为，就必须自觉增强可持续发展的承载力。

中国可持续发展还必须建立强大的环境支持系统。可持续发展需要环境支持。环境支持是对环境保护的整合与超越。所谓环境支持是指积极改造环境、优化生态资源，营造绿色文明，发展生态产业，提高生活质量的方式和态势。环境支持的目的就是要使社会经济的发展从日益优化的生态环境中得到无穷的回报。环境支持不是单纯的，也不是能够自发实现的，它需要实现生态环境内支持系统和外支持系统的整合与超越。中国可持续发展的内支持系统主要有政治支持、经济支持、文化支持、生态支持等。中国可持续发展的外支持系统主要有政府支持、政策支持、企业支持、公众支持、法治支持、教育支持、科技支持等。离开强有力的环境支持系统，中国特色可持续发展就无法顺利实现。

四、可持续发展的条件论与目的论

可持续发展是当代中国面临的一个复杂的社会问题，不能孤立地看待。实现可持续发展，不能就经济抓经济，就环境谈环境。中国可持续发展要从自发走向自觉，从被动走向主动，需要从条件出发。所谓条件是指与可持续发展相联系的，对可持续发展起作用的诸多要素的总和。实现可持续发展的条件是复杂多样的。具备什么样的条件才能推进可持续发展；哪些条件暂时还不具备，需要积极创造条件；哪些因素对可持续发展有消极影响，需要改变和创造条件。具体地全面地分析影响可持续发展的各种不同的条件，对于我国自觉地推进和实现可持续发展具有重大的积极意义。可持续发展的科学性在于它的条件性。条件是顺利实现可持续发展的前提和保证。离开对现有条件的认真梳理，重新整合，实现超越，必然会随心所欲，导致可持续发展的盲目性、被动性和消极性。

中国社会经济可持续发展不只是有单向的发展目标，任何只有单向的发展目标必然是不可持续的发展。可持续发展是社会经济与人口、资源、环境多元目标的整合与超越。可持续发展是要支付相当成本的，我们要建立合适的可持续发展的投入与产出机制，不能把可持续发展特别是保护生态环境作为单一的社会慈善事业。同时，可持续发展也不能以单向追求经济效益为主要目标，不管是保护生态还是整治环境都必须强调社会效益、经济效益与生态效益的统一。我们需要用发展的眼光来看待当代中国的可持续发展问题，既要满足当代人实现自身价值的发展需要，又不给子孙后代的发展造成不利影响。可持续发展目标具有战略性、全局性、长期性和前瞻性。我们要搞清中国可持续发展在全球可持续发展中的位置；中国可持续发展目前所处的发展阶段；现实的国情对可持续发展有何动力作用和长效影响；如何排除不可持续发展的各种消极因素。中国可持续发展的本质是为实现共同的奋斗目标而实施的社会力量的再动员，推进社会各种力量的自觉整合与超越。

五、可持续发展的结构域与创新域

中国可持续发展的平台具有多维复合性。现阶段的中国,农业经济、工业经济、知识经济并存,政治建设、经济建设、文化建设、生态建设任务艰巨,正处于社会结构转型、体制结构转轨、经济结构创新的重要历史时期。如果说结构问题是实现中国社会经济可持续发展的重要基础,那么创新问题则是中国社会实现可持续发展的关键所在。当代中国可持续发展的重中之重就是要实现可持续发展结构域与创新域的整合与超越。

结构域强调的不是实现某个方面的单一结构调整与优化,而是多元结构的整合与超越。结构调整是全方位的,包括观念结构、政治结构、经济结构、组织结构、教育结构、文化结构、生态结构等多重结构,其中关键是要积极调整、优化经济结构。要突出解决现实经济活动中的结构矛盾和结构失衡,大力改组改造传统产业结构,加快人才培养,加大科技含量,发展特色产业,保护生态环境,提高增长质量,推进优势资源的合理开发和深度加工,实现结构升级,形成新的经济优势特别是提升国家核心竞争力。结构域整合与超越的目的就是要使我国政治、经济、文化与人口、资源、环境的多种影响可持续发展的成分优势互补、合理配置,实现社会经济结构的整体优化,为中国社会经济可持续发展创造条件。

创新是中国社会经济可持续发展的灵魂。"人类文明包括未来文明不可能自然(自然而然)实现,不可能来自自然界的善待或恩赐,而必须靠人们自己去创造。"[3]39中国可持续发展,需要在发展中创新,在创新中发展,发展不停步,创新无止境。所谓创新域不是指某些部门、单位、团体、行业领域的单一性、自发性创新,而是全方位多层次的动态创新,包括理论创新、政策创新、制度创新、模式创新、结构创新、科技创新、人才创新等。创新域的整合与超越就是把经济、政治、文化、生态环境等各方面的创新点有机结合起来,实现新的更大的突破。通过全方位可持续的创新,形成可持续发展的经济体系、社会体系和保持与之相适应的可持续利用的资源和环境基础,为中国社会经济可持续发展构筑新的平台。

参考文献

[1] 任平. 交往实践与主体际 [M]. 苏州：苏州大学出版社，1999.
[2] [美] 丹尼斯·米都斯，等. 增长的极限——罗马俱乐部关于人类困境的报告 [M]. 李宝恒，译. 长春：吉林人民出版社，1997.
[3] 陈昌曙. 哲学视野中的可持续发展 [M]. 北京：中国社会科学出版社，2000.

(本文刊登于《社会科学战线》，2001年第6期。)

整合与超越：21世纪中国可持续发展的新态势

人类已经进入充满挑战和希望的21世纪。在审视、赞叹20世纪科学技术、社会经济发展取得巨大成就的同时，人们清醒地看到，全球范围内资源短缺、环境污染、生态失衡等情况严重存在，人口、资源、环境问题已构成不容回避的世界级难题。对于发展中的中国来说，实现可持续发展具有特殊的重要性。中国是一个赶超型的后发国家，在推进社会主义现代化建设的过程中，面临着发展经济与保护环境的双重压力。"中国实施可持续发展战略的实质，是要开创一种新的发展模式，代替传统的落后的发展模式，把经济发展与人口、资源、环境协调起来，把当前发展与长远发展结合起来。"[1]9可持续发展涉及人与自然、人与社会、人与人的多重关系，蕴含着经济、社会与人口、资源、环境等多种利益关系和复杂矛盾。只有实现人口、资源、环境与社会、经济的整合与超越，可持续发展才能达到在新的质态基础上的交互作用、良性循环。整合是人口、资源、环境与社会经济诸基本要素的调整结合、修正弥合、整治磨合以及整理融合的过程。超越是可持续发展要素在整合的基础上积极变革的状态及发展趋势。整合与超越是21世纪可持续发展的新态势，两者相互依赖，相互作用，相互制约，相辅相成。没有整合，超越就没有现实的基础，可持续发展就将成为空中楼阁；没有超越，整合就达不到理想的跃升，可持续发展就将停留在低层次、低水平上运作。因此，21世纪中国可持续发展需要关注和研究整合与超越，做好人口、资源、环境与社会、经济协调发展这篇大文章。

一、21世纪中国可持续发展的稳态拓展

20世纪下半叶，随着全球经济进化、环境退化问题的日益凸显，可

持续发展提上了各国发展的重要日程。面对严峻的人口、资源、环境问题，中国政府大力倡导和积极推进可持续发展战略，社会经济取得了举世瞩目的重大进展。中国的可持续发展，是一次社会发展模式的深刻的历史性转换，它需要整合和超越传统的单一的工业化发展道路，协调人口、资源、环境与社会、经济等多方面的关系。

（一）中国可持续发展平台的整合与超越

我国正处于迅速工业化和城市化的发展阶段，通过工业经济的发展，逐步消除贫穷与落后，这在现阶段有其合理性和可操作性。因为没有工业文明的物质基础，就很难有解决各种社会矛盾和复杂问题的回旋余地。但是单一工业化发展道路的负面效应也是显而易见的。21世纪，知识经济时代的生成和演进，为社会全面进步、人的自由发展创造了条件，也为我国解决人口、资源、环境问题提供了新的平台。在21世纪，知识将成为影响和变革社会经济发展的最基本的决定力量。以知识整合经济，将迅速推动社会生产力的发展，也有助于克服以往工业经济增长速度越快，资源浪费就越大，环境污染和生态破坏就越严重的消极现象。

知识经济平台的特点：一是信息化。以信息化带动工业化，就能使中国社会经济走向超越农业文明、工业文明的知识文明的新阶段。"信息化赋予了人类交往全新的形式，开辟了人类交往的奇妙空间和日益丰富的可能世界。"[2]15信息化的发展，为我国从根本上解决人口、资源、环境问题创造了现实的可能性。二是虚拟化。把地球上的现实存在与可能存在都搬到计算机的荧屏上，超越物理时空的限制和束缚，大大提升了人口、资源、环境与社会经济协调发展的可能空间，实现了生产力的提速发展。三是网络化。国际互联网把各个国家、民族、地区整合起来，把地球变为一个"村"，人类的交往方式、活动方式无限延伸，通过开发网络信息资源，可以合理组合和配置各种生产要素，从而大大降低自然资源的消耗和生态环境的恶化状态。可以说，知识经济构筑了21世纪中国可持续发展的新的平台。

（二）中国可持续发展客观条件的整合与超越

21世纪，人类进入了全球化的时代。全球化打破了民族国家和地区之间的隔离状态，创造了生产资源在全球范围内优化配置的客观条件。全球化不仅促进了生产要素的快速流通，使人类进入一个节约型的社会，而且突破了单一经济增长的传统模式，推动了人类生产方式的划时代变革。可以说，"全球化为可持续发展创造着条件，而可持续发展又内在地要求全球化"[2]31。我们要清醒地看到，进入 21 世纪，我国"已丧失了发达国家工业化过程中拥有的资源优势和环境容量，不可能再走先污染、后治理的传统工业化道路"[3]34。全球化给中国社会经济的发展带来新的机遇。21 世纪，中国的可持续发展需要放到全球化的大背景中考虑。只有把人口、资源、环境、经济、社会等可持续发展的基本要素与全球化的客观条件结合起来，实现整合与超越，才能彻底摆脱目前我国可持续发展中出现的种种被动状况。

（三）中国可持续发展运作方式的整合与超越

保护环境的实质就是保护生产力。21 世纪，中国可持续发展的重要前提就是要解决生态环境问题，要考虑环境容量，核算环境成本，加强环境整治，实现环境效益。但解决环境问题不仅是环保部门或环保系统的事。我们要超越片面强调环境发展的"单一环境论"，积极探求人口、资源、环境与经济社会发展相适应、相配套、相协调的新路子。对环境问题要实现综合整治。如果在发展中不注意保护环境，等到生态环境破坏了以后再来治理和恢复，那就要付出更沉重的代价，甚至造成不可弥补的损失。以牺牲环境为代价的发展是短视的，片面强调环境的末端治理也是不明智的。在我国保护环境的实践中，采用"谁破坏谁治理，谁利用谁补偿，谁污染谁治理"的环保运作方式，是一种不得已而为之的被动处置方式，在某种意义上只能是一种消极应付的运作模式，实施的结果只能使环境污染问题依然如故，甚至愈演愈烈。中国的环保问题要从源头抓起，采用教育的、经济的、行政的、法律的各种方法，多管齐下、齐抓共管，从末端治理转向预防整治。用改革的方式来解决环境发展中出现的种种问题，从而达到既美化社会环境，保护人民健康，提高生活质量，又优化经济结构，转变增长方式，提高环境效益的目的。

二、21 世纪中国可持续发展的能态激活

中国正处于社会转型、体制转轨、结构转优、经济转活的重要发展时

期。在 21 世纪，中国可持续发展要考虑诸多变量，尤其要注重能态激活。所谓"能态"，即是各国和各地区应从实际情况出发，根据自身的能力来决定实行《21 世纪议程》的优先次序。能态激活既强调控制人口、节约资源、保护环境的能动性，又凸显 21 世纪中国可持续发展的创新点。

（一）强化体制机制创新

规范有序的竞争市场体系是中国社会经济可持续发展的重要条件。21 世纪，中国要实现可持续发展，就必须与社会主义市场经济有机结合起来，要理顺体制关系，突破原有的、僵化落后的体制框架，清除在资源利用、环境保护上的体制性障碍。长期以来，我国生态环境建设中暴露出来的矛盾和问题，既有认识上"产品有价，环境无价"的误区，更有体制上的环境价值低估的价格补贴，污染者付费、使用者付费不足以实现生态环境的恢复和发展，不利于自然资源的节约和有效利用。实现体制机制创新，就是要充分发挥市场在配置环境资源中的基础性作用。要建立环境成本核算制度，征收资源开发税，生态补偿税，同时建立资源补偿机制，充分发挥价格机制在可持续发展中的重要调节作用。实现体制机制创新，还要提高政府在可持续发展中的宏观调控能力，建立人口、资源、环境与经济社会发展的预警机制和综合决策机制，健全有利于可持续发展的协调管理机构，减少在生产开发中发生的资源浪费、环境破坏现象，在国民经济核算体系中真正体现生态环境的实际价值。

（二）重视开发人力资源

人口多是我国的一个基本国情。目前，我国劳动者总体素质不够高。巨大的人口基数中有相当多的人至今仍在从事着繁重的体力劳动，因而全员劳动生产率水准较低，这是我国社会经济发展面临的真正压力之所在。人力资源的开发问题，是关系到可持续发展战略能否实现的关键问题。可持续发展首先是以人为本的发展。只有优化人口结构，控制人口数量，提高人口素质，把沉重的人口负担转化为适应可持续发展的人才优势，我们的事业才有希望。一个科技文化素质不高的国度，是不可能实现社会主义现代化的。"21 世纪将是教育的世纪，在时间的拓展上将呈现为终身化的趋势，在空间的拓展上将呈现为国际化的趋势。"[4]251 开发人力资源就是要在全社会形成"尊重知识,尊重人才"的氛围,建立优秀人才脱颖而出的开发和激励机制,多出人才,快出人才,出好人才。

(三)营造国家核心竞争力

中国可持续发展的一个重要法宝是增强国家核心竞争力。所谓国家核心竞争力,是在国家范围内,加大经济结构调整力度,全面推进结构升级,建设一批质量效益型、科技先导型、资源节约型、环境洁净型的具有与国际大公司、大企业抗衡的优势企业,形成独特的高新技术产业群体优势和局部强势,在国际竞争中立于不败之地。"一个过度消耗资源能源的经济结构,必然是不可持续的,而一个在国际上缺乏竞争力的经济结构也必然是不可持续的。"[5]30 因此,必须坚持以结构调整为主线,在发展中不断调整结构,在结构调整中保持较快的发展。形成国家核心竞争力,在世界经济竞争中保持领先地位,首先要加大科技投入,在核心技术领域走在国外同类企业的前列。谁掌握了核心技术,谁就掌握了竞争的主动权和发展的控制权。企业需要不断提高自主研究开发的能力,竞争力只能源于自我创新,核心竞争力全在于是否具有持续创新的能力。在国际竞争的舞台上,产品的竞争决不能用"追随式"的发展思路,也不能满足于形成某一个拳头产品,开发某一项优势技术,而必须用"跳跃式""超前式"的发展思路,永无止境地整合与超越,生成产业、企业、产品竞争优势。

(四)加强国际交流与合作

可持续发展涉及人类的共同利益,需要各国的协调行动。中国作为当今世界最大的发展中国家,要认真研究国际人口、资源、环境问题的发展态势,积极参与国际环境问题的协调和解决。人类只有一个地球,珍爱自然、保护环境是世界各国的共同责任。中国应积极参与国际有关可持续发展的合作:一方面,借鉴和吸收国外特别是发达国家在协调人口、资源、环境问题上的有益经验,避免走发达国家"先污染、后治理"的老路;另一方面,大胆利用旨在解决中国生态环境问题的国际资金、技术和资源,扩大环保领域的国际交流与合作,实现资源优势互补。

三、21 世纪中国可持续发展的形态更新

可持续发展作为一种新的社会生存方式,涉及政府、企业、公众各方利益。从当前和今后一个时期的情况看,中国可持续发展存在着许多突出的特殊矛盾。我国经济整体素质比较低,科技进步在经济发展中的含量不高,增长方式比较陈旧粗放,庞大的人口压力和资源相对紧缺的矛盾将长期存在,经济增长与资金、人才、技术、自然资源、生态环境之间的多重复杂矛盾难以很快解决。但是我们深信,21 世纪,我国可持续发展将大大遏制各种消极的负面影响,从被动到主动、从自发到自觉,形成主导型的社会经济发展的新形态。

(一) 高起点的支撑系统

自然资源是国民经济发展的重要物质基础。资源的贮存容量和组合状况,在很大程度上决定着一个国家和地区的产业结构和经济优势。可持续发展的基点就是要弱化自然资源的超负荷运转,防止对自然资源的过度开发和使用,要强化大自然的承载能力,建立良性循环的支撑系统。可持续发展的前提是要处理好人与自然的关系,离开生态环境的支撑,可持续发展就会失去依托。经过 20 多年的改革开放,我国已经建立了强大的工业体系和国民经济体系,综合国力明显提高,这就为合理利用资源,有效保护环境提供了物质基础。进入 21 世纪,中国可持续发展的支撑系统将更加完善。一方面,重视环境的自净能力。为了有效保护环境,要实施积极的环境支持战略,建立环境保护标准,制订污染物排放总量控制计划,对污染企业实行关、停、并、转,对污染企业发放排污许可证,建立损害环境责任保障制度,防止发生环境整治后的二次污染。另一方面,提高资源可再生利用能力。积极开展资源回收利用,依靠科技进步,大力提高资源综合利用率,特别是提高可再生资源在生产中的利用消耗比重。通过建立并完善资源保护和利用的法律法规及相关政策,逐步减少对非再生资源的依赖和使用量,尽量延长资源产品的生命周期,达到自然资源的永续利用。

（二）网络化的平衡系统

可持续发展是一个复杂的系统工程。经济发展、社会发展和生态环境发展是同一发展过程的不同方面，不能顾此失彼。在网络经济快速发展的社会，迫切需要建立网络化的平衡系统，不能强调某一方面的发展而忽视另一方面的发展，更不能将某一方面的发展建立在牺牲另一方面发展的基础上。网络化的平衡系统要求全方位、多层次、跨领域地推动可持续发展诸要素的整体协调发展。可持续发展所要求的平衡不是自发实现的，它要求在发展过程中突出考虑限制、制约、制衡因素，达到稳定、持续、长期发展的积极平衡。要合理布局生产力的发展，调整发展结构，改善生态环境，积极发展无污染、少污染、低污染的投资开发项目，大力推广洁净能源、清洁生产、循环经济，把解决环境问题做在经济活动之前或经济活动之中，自觉贯彻经济建设、城乡建设、环境建设同步规划、同步实施、同步发展，从而真正实现人口、资源、环境与社会经济发展的相互协调、动态平衡。

（三）强有力的动力系统

科学技术是第一生产力。人口、资源、环境等方面的问题只有依靠科技发展才能逐步得到解决。随着信息经济、生态经济、知识经济等一系列新经济形态的出现，可持续发展能力建设进入了新的发展阶段。"可持续发展的关键，就是要用新的科学技术来解决由于过去对技术的盲用、误用所带来的问题。未来的知识经济必须建立在对科学技术的自觉使用上，真正按照自然规律和人类合理的目的来生产和消费。"[4]74进入21世纪，高科技一日千里，迅猛发展，因而要特别关注科技进步对可持续发展的巨大推动作用。可持续发展的动力系统不是单一的，它是包括科技进步在内的强大的动力系统。政府高度重视，制定和组织实施《中国21世纪议程》《全国生态环境建设规划》《全国生态环境保护纲要》等，对推进我国可持续发展起着积极的作用。社会公众的自觉参与，是可持续发展的强大动力。环境保护和每个人的行为、利益密切相关，只有依靠社会各界的广泛参与，依靠社会舆论的监督，才能形成全社会关心环境、参与保护环境的局面。实现社会公正是可持续发展的又一重要动力。不但要关心代际公正，更要重视代内公正，要突出强调"公平的意义并不是结果的完全平均（如大家分得等额的实物），而是机会的均等"[6]386。为了体现社会公正，需要加快可持续发展的立法步伐，建立有中国特色的可持续发展的法律框架和体系。

（四）综合性的目标系统

中国的可持续发展必须超越单纯的全球价值意义上的可持续发展。中国有中国的国情，可持续发展离不开具体的现实的社会经济状况。21世纪，中国可持续发展的目标是多维复合系统，应强调中国可持续发展的个性、特殊性和差异性。21世纪，中国可持续发展的基本目标是建立比较发达的物质文明、比较先进的精神文明和比较完备的生态文明，实现经济繁荣、社会进步、生态和谐，具体地说，就是要"建立一个旨在满足全社会适度增长的健康文明的物质与精神需要的经济、社会、环境与人口制衡协调发展的具有中国特色的可持续发展模式"[7]40-41。中国可持续发展不是为了实现单一的目标，而是发展"目标群"。要建立产业战略目标、科技发展目标、环境建设目标、社会进步目标和城乡发展目标。这就需要统筹规划，既积极开拓又留有余地，可持续发展的总体目标是建立与生态环境建设相协调的经济、社会发展体系。近期目标是控制人口增长，提高人口素质，节约使用资源能源，大力开发替代资源和可再生的资源，建立资源使用补偿机制；努力实现污染零排放，既能保护生态环境，又能达到预期的经济增长。21世纪，中国可持续发展的长远目标是，既要使人民群众物质文化需要得到最大限度的满足，个人得到自由和充分的发展，又要保护资源和生态环境，兼顾到后代人的实际利益。

四、21世纪中国可持续发展的质态跃升

可持续发展对于走向现代化的中国来说，既是机遇，更是挑战。中国目前仍然是一个人口众多，资源相对不足，经济基础和科学技术水平相对薄弱的国家。"历史留给当代中国走向未来的唯一出路，只能是在人与自然协调发展的基础上，走出一条既符合中国国情，也符合生态文明观要求的新文明之路。"[7]38 21世纪，中国可持续发展只有实现整合与超越，才能

达到质态跃升,舍此别无出路。

(一)整合与超越是实现可持续发展的一种自觉选择

中国正从小康迈向更加富裕的社会,选择可持续发展对当代中国来说有着客观必然性。中国是一个后发国家,在社会经济发展中已失去了发达国家先天的环境容量和资源支持。在加快改革、快速推进经济发展中,存在着许多复杂的矛盾和深层次的问题,还面临着许多不确定因素,要通过整合,消解发展中激化的利益矛盾和社会问题。知识经济时代的到来,为我们整合人口、资源、环境与社会、经济关系,超越单纯经济增长、单一工业化、城市化发展思路提供了多种可能性。"知识经济从某种意义上讲,就是'无国界'的经济,是世界范围内资源优化重组的经济。"[4]250通过整合与超越,就可以揭示可持续发展的内在规律,把握可持续发展诸要素的交叉渗透、合理组合、双向互动关系,自觉实现社会经济与生态环境的转移式发展、兼容式发展、跃迁式发展和协调式发展。

(二)整合与超越是实现可持续发展的一种模式创新

可持续发展贵在创新。整合与超越就是要改变传统的不符合可持续发展要求的生产方式、消费方式和思维方式。"实现可持续发展战略的实质是要开创一种新的发展模式,代替传统的、落后的发展模式。"[5]38中国的可持续发展战略要把经济、社会与生态环境作为一个有机的整体,运用法律的、行政的、技术的、经济的、舆论的手段进行综合整治,进行科技与文化的整合、企业与市场的整合、政府与公众的整合、教育与人才的整合、自然与社会的整合。21世纪,中国可持续发展要超越现存的社会经济发展模式,既不同于英国、美国等国家的高消费、高刺激的经济发展模式,也不同于荷兰、挪威等国家的零增长模式。要从中国的实际国情出发,通过整合与超越,走出一条具有中国特色的可持续发展道路,既考虑到人民群众日益增长的物质文化需要和建立公平公正的社会分配制度,又充分尊重人的自由和全面的发展,为人的健康成长提供优质服务、创造优良环境。

(三)整合与超越是实现可持续发展的一种崇高境界

整合与超越是现代文明的集中体现,它是人们实现可持续发展的一种追求、一种创造，更是一种精神。文明如果是自发地发展，而不是自觉地发展，则留给自己的是荒漠。生态环境问题是社会经济发展的产物，需要放到一定的社会历史条件下来认识，也需要放到社会经济发展过程中来解决。可持续发展固然需要经济投入，离开经济投入的可持续发展是难以为继的。但不是有了经济投入，就一定能实现可持续发展的。中国可持续发展是一项得民心、聚民利、合民意的伟大工程，需要把人民群众投入可持续发展的巨大热情保护好、运用好、发挥好。只要我们举国一致，上下一心，依靠科技进步和提高劳动者素质，摆脱急功近利的短期行为，加大可持续发展建设力度，整合人口、资源、环境的比较优势，超越传统的单一经济发展模式，21世纪中国社会经济的可持续发展就能够实现。

参考文献

［1］刘仕清. 人类永恒的主题［M］. 长沙：湖南人民出版社，1999.

［2］蔡拓. 可持续发展——新的文明观［M］. 太原：山西教育出版社，1999.

［3］李政道，周光召. 绿色战略［M］. 青岛：青岛出版社，1997.

［4］冯之浚. 知识经济与中国发展［M］. 北京：中共中央党校出版社，1998.

［5］马洪，王梦奎. 中国发展研究［M］. 北京：中国发展出版社，1999.

［6］王维. 人·自然·可持续发展［M］. 北京：首都师范大学出版社，1999.

［7］黄顺基，吕永龙. 中国经济可持续发展战略框架［M］. 北京：改革出版社，1999.

（本文刊登于《苏州大学学报》，2001年第4期。）

论有中国特色的可持续发展的道德选择

可持续发展是人类对以往发展理念、发展模式深刻反思的结果。单纯追求物质增长,只讲经济利益,不讲社会信用,造成了资源严重浪费、环境严重破坏、生态严重失衡,使人类陷入了危机之中。人类要告别不文明的生产方式和生活方式,就必须实现人与自然、人与人关系的和谐发展。中国社会经济、人口、资源、环境问题的存在和解决无一不与道德问题有关。没有道德的介入,有中国特色的可持续发展将是不完整的,也是难以为继的。"道德体系与规范是社会整合的基础。"[1]25要切实推进有中国特色的可持续发展,实现道德建设与社会经济、人口、资源、环境的整合,需要重视加强道德人、道德观、道德律和道德力等方面的研究。

一、道德人:有中国特色的可持续发展的基本前提

人是可持续发展的主体,是可持续发展的出发点和必然归宿。作为高级理性动物,人有诸多的实际需要和价值追求,不仅是自然人、经济人、社会人,而且也是道德人。"人类是唯一的道德物种。"[2]6道德人不可能自发地形成,只能是在一定社会经济关系之中,人们通过自己的努力而后形成的产物。我们不能只从经济的角度看待人与自然的关系,无视资源、环境的价值,片面追求利润最大化;更不能只从经济的层面处理人与人的关系,在社会生活各个方面都实行"等价交换"。那种见钱眼开、唯利是图的社会只能是畸形的社会,而人也不可能成为自觉的、有道德的人。

有中国特色的可持续发展的核心是人的问题。可持续发展要以人为本,一个重要前提就是要讲道德,这是有中国特色的可持续发展的内在要求。只有培养和造就亿万有道德的人,积极寻求解决人与自然、人与社会

问题的途径和方法，有中国特色的可持续发展才有希望。我们要在不浪费资源、不破坏生态环境和不影响子孙后代生存发展的前提下，推动社会经济持续、快速、协调发展，没有高素质的有道德的人是不可能的，很难想象一个没有道德的人能够协调和处理好当今社会复杂的自然、社会和文化关系，推进和实现社会经济与人口、资源、环境的可持续发展。

道德人是具有道德责任的人。不仅有仁者爱人、同情弱者的恻隐之心，而且有"先天下之忧而忧，后天下之乐而乐"的社会责任感，还应有为民造福、为国富强而尽心尽责的实际能力。随着越来越多的义务对象进入了道德关怀的范围，人们所要承担的道德责任也越来越多了，不仅要对他人和社会负责，还要对地球和子孙后代负责。现实中国迫切需要解决的问题是如何避免以往那些只顾生产、不顾环境的愚蠢行为，实现资源的永续利用和生态环境的良性循环。环境问题并非单纯的科学与技术所能解决的，中国环境问题的真正解决有赖于人的道德责任的提升和人的整体素质的提高。

道德人是具有道德行为的人。有中国特色的可持续发展面临错综复杂的矛盾和问题，道德人在现实生活中要从善如流，扬善贬恶，往往需要付出一定的代价，作出不同程度的自我牺牲。但要看到，人与自然冲突的背后必然隐藏着人与人紧张的关系。"'我'破坏环境不仅损害自己的利益，而且间接伤害他者的利益；'我'尊重生态的权利，实际上就是在尊重他者的生存权利。"[3]298人与自然的关系归根到底是人与人之间的关系。道德人不仅是协调和处理人与自然统一关系的实践者，而且是协调和建立人与人之间新型关系的开拓者。

道德人是具有道德境界的人。"道德境界，指的是人们对人生意义的理解和觉悟，以及根据这种理解和觉悟所表现出来的一贯的行为倾向和心理态度。"[4]61从"己所不欲，勿施于人"到"己欲立而立人，己欲达而达人"；从"与人方便，自己方便"到"我为人人，人人为我"；从先公后私、先人后己，到"毫不利己，专门利人"，就是道德境界不断提升的过程。现实生活中的人只有经过传统美德的弘扬、美好心灵的打造、道德潜能的开发、道德信念的坚定、道德境界的升华，才能成为适应和推进有中国特色的可持续发展的道德人。

二、道德观：有中国特色的可持续发展的深层视域

我国是一个有着上下五千年文明的发展中国家，道德文化源远流长，博大精深。作为一种特殊的社会意识，道德是随着社会经济发展而不断变化的。目前，我国正处于社会结构的转型时期，道德观也正经历着一场前所未有的深刻变化。要深入研究市场经济条件下道德关系的新变化，建立符合可持续发展要求的新型道德观。"如果新的发展研究不能深入到人们的思想最深处，深入到人们所设法永久保持的但常常又是虚弱的社会的最深处，那么，对于这种研究以及由这种研究所要求的总体调整的思考将会是肤浅的，并且是很难达到目的的。"[5]169建立当代中国的社会主义道德，必须着眼于市场经济发展的客观实际，正确反映和处理道德与社会经济、道德与人口、资源、环境的多元关系。

首先，要处理好公平与效率的关系。道德的追求是一种价值追求，不同的利益主体有着不同的价值取向和价值追求。发展社会主义市场经济，必须彻底改变以往与小农意识相联系的平均主义价值观，清除"干多干少一个样，干好干坏一个样，干与不干一个样的"的"大锅饭"思想。要坚持效率优先的原则，积极引入竞争机制、激励机制和淘汰机制，允许和鼓励一部分地区、一部分人先富起来，充分调动人们从事经济活动的积极性，大力推动社会生产力的发展。同时，也要坚持兼顾公平的原则。可持续发展强调的公平包括代内公平和代际公平。代内公平是指同代人之间同享资源的公平性，追求发展机会的均等，在拉开个人收入差距时，又要注意收入差距的合理性，通过社会再分配调节国民收入，防止贫富悬殊和两极分化。代际平等是处理当代人与后代人关系的道德准则，强调本代人不能因为自己的发展需要而损害子孙后代的利益，要给后人享有公平利用自然资源的权利，为最终实现共同富裕创造条件。

其次，要处理好义与利的关系。发展社会主义市场经济，要改变传统的重义轻利、重理轻欲、"君子喻于义，小人喻于利"的道德观。在现实生活中，既要提倡爱岗敬业、建功立业，又要承认"君子爱财，取之有道"的合理性；既要讲赚钱，又要讲奉献；既讲公益性，又讲功利性；努力体现和实现以义导利，义利兼顾，义利统一。具体来说，企业生产的产

品，不仅是用来进行交换的商品，而且也是满足人们需要的社会化产品。要坚持质量第一、服务至上，同时又要讲成本，讲效益。合理合法地赚钱，不等于"一切向钱看"。即使是私营企业主，只要是勤劳致富，勤劳先富；合法经营，依法纳税；合理销售，合理分配；正当所得，正当消费，仍不失为有道德。赚钱以后，如果用来扶贫帮困、修桥铺路、兴办教育、发展公益事业，更可以看作是推进文明的道德行为。但那些在生产经营中，偷工减料、以次充好、假冒伪劣的行为；在个人生活中，铺张浪费、灯红酒绿、穷奢极欲、只顾自己个人享受的行为，则都不是道德的行为。那种只想别人为自己服务，不想自己为别人做事，不劳而获、见利忘义、损人利己的行为方式则会给社会带来危害和灾难。

再次，要处理好和合与存异的关系。和合是平等、互利、合作关系的价值追求，是文明交往方式的精华。存异是承认利益主体的多元化和主体选择的多样化。在发展社会主义市场经济中，出现利益矛盾在所难免，只能求大同、存小异。"我们必须按照统筹兼顾的原则来调节各种利益的相互关系。"[6]175 在处理人与社会的关系上，强调人类是休戚相关的整体，要顾大局，识大体，化解合作过程中的各种矛盾和问题，利人又利己，营造双赢格局，促进共同发展。在经济全球化的背景下，我们要大胆吸收和借鉴当今世界包括资本主义发达国家的一切反映现代社会化大生产规律的先进经营方式、管理方法，也包括认真吸取外国一切优秀思想成果和道德建设的经验。在处理人与人之间关系上，强调人人平等，谦恭礼让，强化人文关怀，突出包容、兼容和宽容。要创造一个宽松的环境，尊重人、关爱人、帮助人。发展市场经济，不能见物不见人，把人沦为物的奴隶。要特别重视尊重他人，包括尊重他人的选择、尊重他人的意见、尊重他人的劳动，尤其是尊重他人的人格。

适应市场经济的发展和社会生活的变化，我们的道德观要体现鲜明的时代特质，敢于并善于冲破传统观念和传统发展模式的束缚，常变常新。要确立"保护环境就是保护生产力，发展环境就是发展生产力"的新观念，加强生态建设，彻底扭转牺牲环境、牺牲资源来换取经济增长的倾向，实现资源的高效和永续利用。只有这样，才能更好地推动道德与社会经济的融合，推动社会经济可持续发展。

三、道德律：有中国特色的可持续发展的内在范式

有中国特色的可持续发展的协调机制不是单一的，需要有多种调控手段，调整和平衡社会经济与人口、资源、环境的关系。其中，"可持续发展是一种道德规诫"[7]。道德律是人们社会生活和精神活动的道德调控手段，是稳定社会秩序、协调和处理社会经济关系的"软控制器"，也是化解社会矛盾的"减压阀"。

道德律是指调整和处理人与自然、人与社会关系的基本准则，是协调和制约人与人之间关系的基本规范。道德律包括自律和他律两个部分。自律就是自我约束，强调道德践行，严以律己，宽以待人，自尊、自重、自警、自强、自立，发扬"慎独""慎微"精神。道德自律性是与社会责任感、使命感相联系的。他律就是社会提供的评价善恶的道德尺度，它能发挥社会舆论的监督作用、导向作用和制约作用，强调分清是非、扬善贬恶、扶正祛邪，预防和纠正社会生活中的一切非道德行为。

道德律作为当今社会生活的重要调控手段，是自律与他律的统一。道德的约束力主要取决于道德主体的自主选择，强化人们的内心信念，提高人们的高度自觉，其中道德主体的良心起着关键的作用。同时，强化道德的约束力不仅依赖于道德主体，而且来自社会和他人。现实生活中，随着市场经济的发展，信用关系渗透到社会生活的方方面面。信用是维系利益主体各种经济联系的纽带，是市场经济的核心。人与人之间沟通的桥梁就靠人的信用。道德行为的选择必然要求全社会讲信用、求信誉。脆弱的信用关系、低劣的信用状况不利于市场经济的健康发展。可以说，道德缺失的社会，不讲信用的社会是无法实现社会经济可持续发展的。只有在道德与经济相统一的原则指导下，市场经济才能持续、健康、协调发展。

以道德律为中心内容的道德范式是不断发展的。不同的社会形态、不同的历史时期，有着不同的道德范式。"当代中国社会道德生活的基本格局应该是：以文化伦理为基础，以奉献伦理为主导，以生态伦理为扩展，以文化伦理为升华。"[8]73道德建设要坚持注重社会生产力的发展，肯定公民正当的物质利益原则；追求社会公平，倡导服务奉献的社会公正原则；重视自然伙伴关系，建立与自然协同进化的生态平衡原则；以人的全面和

自由发展为理想的社会进步原则。在此基础上围绕建立和完善社会主义市场经济体制，努力形成公平竞争、诚实守信、规范有序、协作互利、生态平衡、人际和谐的道德规范。

四、道德力：有中国特色的可持续发展的重要推力

有中国特色的可持续发展是社会、经济、文化等多种作用力共同推动的结果，是道德与社会经济、人口、资源、环境融合的必然选择。恩格斯指出："历史是这样创造的：最终的结果总是从许多单个的意志的相互冲突中产生出来的，而其中每一个意志，又是由于许多特殊的生活条件，才成为它所成为的那样。这样就有无数互相交错的力量，有无数个力的平行四边形，而由此就产生出一个总的结果，即历史事变，这个结果又可以看作一个作为整体的、不自觉地和不自主地起着作用的力量的产物。"[9]478 社会是各种力量发生合力作用的产物。而道德力是推动中国社会经济与人口、资源、环境可持续发展的重要力量。

道德力是指调节人与人、人与社会之间行为规范的一种教化和感化力量。道德力包括道德评判力、道德说服力、道德影响力、道德感召力、道德凝聚力以及道德震撼力。道德力说到底是一种精神力，它是由传统习惯、社会舆论和人们的内心信念整合而成的。重视道德力的打造，发挥道德力的作用，实现道德与社会经济、人口、资源、环境的整合与超越，对于有中国特色的可持续发展来说，就是提供一种生生不息的社会精神资源。

道德力是一种社会平衡力。有中国特色的可持续发展涉及众多复杂的社会经济矛盾，需要协调道德与社会经济、人口、资源、环境的关系。有矛盾、有协调、有平衡，才会有发展。发展市场经济，人们的价值取向不尽相同甚至面临冲突的情况。如一些人受市场利益驱使，急功近利，心态浮躁，很容易被金钱物欲左右，以致损害社会和他人的利益。在这种情况下，道德平衡力就要发挥作用，调适人们的关系，调整人们的心态，调节人们的行为。道德力作为一种推动社会进步的建设力量，是自觉平衡、综合平衡、积极平衡和动态平衡的统一。

道德力是人们灵魂深处的一种精神"审判力"。道德评价是扬善贬恶、

扶正祛邪的"道德法庭",是对自己所作所为的自觉"审判"。人有德则善,家有德则幸,企业有德则兴,国家有德则盛。一个能不断反省自身行为、弘扬社会正气的民族,是大有希望的民族。市场经济是法治经济,也是道德经济。在市场经济条件下,讲质量才能树形象,讲信用才能求发展,讲道德才能有长远。那些以为搞市场经济,可以造假冒伪劣产品、搞坑蒙拐骗活动、发巧取豪夺不义之财,都只能是害民害己的缺德行为。

道德力是社会经济可持续发展的一种内驱力。它是有中国特色的可持续发展的精神条件。"我们应当旗帜鲜明地指出,人既需要满足自然需求而生存,又可能放弃个人需求、个人利益乃至个人生命而利他,认为人在任何时候和任何场合都只能把利己放在首位,都不可能舍己为人,乃是一种狭隘的、也不符合实际的观点。"[10]79当代中国要弘扬爱国主义、集体主义、社会主义道德主旋律,要鼓励和支持一切有利于解放和发展社会主义生产力的思想道德,一切有利于国家统一、民族团结、社会进步的思想道德,一切有利于追求真善美、抵制假恶丑、弘扬正气的思想道德。德力发挥积极作用的环境,一个分清善恶、是非、正邪、荣辱的社会氛围,能够净化人们的灵魂,激活人们的思维,提升人们的境界,协调道德与社会经济、人口、资源、环境的关系,这对于实现人与自然、人与社会的共存共荣,推进有中国特色的可持续发展是一种强大的精神动力。

参考文献

［1］［英］安德鲁·韦伯斯特. 发展社会学［M］. 陈一筠,译. 北京:华夏出版社,1987.

［2］［美］霍尔姆斯·罗尔斯顿. 环境伦理学［M］. 杨通进,译. 北京:中国社会科学出版社,2000.

［3］任平. 交往实践与主体际［M］. 苏州:苏州大学出版社,1999.

［4］徐嵩龄. 环境伦理学进展:评论与阐释［M］. 北京:社会科学文献出版社,1999.

［5］［法］弗朗索瓦·佩鲁. 新发展观［M］. 张宁,丰子义,译. 北京:华夏出版社,1987.

［6］邓小平. 邓小平文选:第2卷［M］. 2版. 北京:人民出版社,1994.

［7］［哥伦比亚］奥斯皮纳. 教育为可持续发展服务:一个地区与国际性的挑战［J］. 新华文摘,2001(6):174-178.

[8] 陈泽环. 功利·奉献·生态·文化——经济伦理引论 [M]. 上海：上海社会科学院出版社，1999.
[9] 马克思，恩格斯. 马克思恩格斯选集：第4卷 [M]. 北京：人民出版社，1972.
[10] 陈昌曙. 哲学视野中的可持续发展 [M]. 北京：中国社会科学出版社，2000.

(本文刊登于《道德与文明》，2002年第2期。)

论邓小平社会经济可持续发展思想提出的依据

人类正在告别极不寻常的20世纪，跨入充满希望和挑战的21世纪。在世纪之交，可持续发展越来越成为世界各国共同关注的热点问题。邓小平是我国改革开放和社会主义现代化建设的总设计师。他在我国改革开放和社会主义现代化建设的历史进程中，比较早地把注意力集中到可持续发展这一重大社会现实问题上，比较完整地提出了我国社会经济可持续发展思想。

邓小平社会经济可持续发展思想的主要内容，概括起来有：第一，经济建设是中国社会实现可持续发展的中心任务。我国可持续发展必须建立在强大的物质基础上。离开经济建设这个中心，就谈不上社会经济的可持续发展。第二，社会稳定是中国社会实现可持续发展的重要前提。没有稳定的社会环境一切都搞不成，任何可持续发展的政策、措施都不可能有效地实施。第三，改革开放是中国社会实现可持续发展的强大动力。改革开放是我国新时期的总方针、总政策。只有深化改革、扩大开放，才能为我国社会经济可持续发展创造更好的条件。第四，农业、能源和交通、教育和科学是中国社会实现可持续发展的战略重点。只有抓住并切实搞好这些战略重点，我国社会经济才能真正实现可持续发展。第五，人口、资源、环境是中国社会实现可持续发展的基本条件。只有实现经济建设、社会文明与人口、资源、环境的协调发展，才能把不可持续的发展方式转化为可持续的发展方式，才能为我国社会经济可持续发展奠定牢固的基础。第六，两个文明协调发展是中国社会实现可持续发展的重要特色。我国实行的可持续发展是有中国特色的可持续发展，根本目的是要建立高度物质文明和高度精神文明相统一的社会。第七，坚持四项基本原则是中国社会实现可持续发展的根本保证。四项基本原则是我国的立国之本，是全党和全民族团结的共同政治思想基础。离开四项基本原则的可持续发展，绝不是真正的社会经济可持续发展。第八，提高民族素质是中国社会实现可持续发展的关键所在。可持续发展要以人为本，以人的素质的全面提高为最高准则。提高全民族的素质是当代中国社会经济可持续发展的核心。没有人的素质的全面提高，就没有社会经济的可持续发展。邓小平社会经济可持续发展思想是当代中国研究可持续发展问题的重要理论依据和重大理论成果。研究分析邓小平社会经济可持续发展思想提出的依据，不仅对于我们学习领会邓小平社会经济可持续发展思想，而且对于我国实施可持续发展战略、推进改革开放和社会主义现代化建设，都具有十分重要的指导作用。

邓小平社会经济可持续发展思想的提出，绝不是偶然的。它是邓小平立足于当代中国与当今世界的发展实际，着眼于马克思主义理论的应用，着眼于对可持续发展问题的理论思考，着眼于可持续发展道路探索的产物。邓小平可持续发展思想的提出有着深刻的历史和现实依据，还有着严谨的逻辑和认识依据。

一、邓小平社会经济可持续发展思想提出的历史依据

中华民族是一个伟大的民族。我们的祖先曾经创造过灿烂的古代文明。但是，中国在近代却落伍了。邓小平分析了其中的重要原因。他说："如果从明朝中叶算起，到鸦片战争，有三百多年的闭关自守，如果从康熙算起，也有近二百年。长期闭关自守，把中国搞得贫穷落后，愚昧无知。"[1]90 闭关自守只能招致落后，而落后就要挨打。1840年以后，大大小小的西方列强都侵略过中国，把数以百计的不平等条约强加在中国人民头上。中华民族蒙受了巨大的屈辱，甚至国家也到了濒临灭亡的边缘。在民族危亡的紧急关头，中国共产党领导中国人民经过长期奋斗，终于在1949年建立了新中国，结束了旧中国一百多年来受尽外国侵略者欺凌的历史。中华民族从此站起来了。然而，历史已经决定，由于生产力水平落后，中国社会经济发展只能走赶超型的后发道路。

消灭贫穷落后是中国社会经济可持续发展的首要前提。没有社会经济的可持续发展，就没有中国的立足之地，也就没有中国人民的生存余地。邓小平指出，为了缩短和消除两三个世纪至少一个多世纪造成的差距，必

须下长期奋斗的决心。他说:"认识落后,才能去改变落后。学习先进,才有可能赶超先进。"[2]91可持续发展的实质对当代中国来说,就是要把现代化作为我们发展的起点,摆脱贫穷,走向富强,消灭落后,走向现代化。1979年3月,邓小平指出:"我们当前以及今后相当长一个历史时期的主要任务是什么?一句话,就是搞现代化建设。能否实现四个现代化,决定着我们国家的命运、民族的命运。"[2]162实现现代化是中国人民长期梦寐以求的愿望,是中华民族复兴的伟大壮举。可持续发展是我国实现现代化的必由之路。正是从中华民族伟大复兴的历史高度,邓小平提出了社会经济可持续发展思想。

二、邓小平社会经济可持续发展思想提出的现实依据

新中国成立后,尤其是1956年社会主义制度建立后我国社会经济发生了根本性的变化。但我国的社会主义仍处在初级阶段。现实的国情是,人口多、底子薄,地区之间发展不平衡,生产力水平还不发达,社会主义制度还不完善,剥削阶级腐朽思想在社会上还有一定的市场。我国建设社会主义现代化的任务十分繁重和艰巨。中国人民正在共产党的领导下,艰苦创业,埋头苦干,一心一意搞现代化建设。我国社会生产力有了很大的提高,各项事业有了长足的发展,人民生活水平有了明显的改善,取得了举世瞩目的巨大成就。1990年初,邓小平指出:"经过四十年的发展,特别是经过最近十年的发展,我们的实力增强了,中国是垮不了的,而且还要更加发展起来。这是民族的要求,人民的要求,时代的要求。"[1]357

可持续发展,没有现成的模式。中国的可持续发展,只能从中国的实际出发,从我国社会主义初级阶段的基本国情出发。邓小平指出,在中国建设社会主义这样的事,马克思的本本上找不出来,列宁的本本上也找不出来,所以要独立思考。不但经济问题如此,政治问题也如此。对当代中国来说,现代化绝不是一种纯技术的指标或纯经济的量化规定,而是一个具有政治、经济和文化的多重规定。邓小平认为,我们走什么样的路子,采取什么样的步骤来实现现代化,要真正摸准、摸清我们的国情和社会经济活动中各种因素的相互关系,据以正确制定长远规划的原则。

邓小平强调,发展是硬道理。中国解决所有问题的关键在于依靠自己

的发展。可持续发展是解决我国当前社会矛盾和问题的最主要的条件。邓小平多次提出，只要发展了，就有了解决问题的相应的物质基础，回旋余地也就大了。一些历史上遗留下来的问题以及现实和未来发展中出现的诸多矛盾，也才能得到逐步而有效的解决。只有走可持续发展的道路，中国才会取得更大的发展。正是从实现当代中国发展的战略高度，邓小平提出了社会经济可持续发展思想。

三、邓小平社会经济可持续发展思想提出的逻辑依据

中国先于发达国家进入社会主义，这是中国人民引以为豪的幸事。但搞社会主义一定要使生产力发达起来，社会主义社会是全面进步、协调发展的社会。社会主义制度的优越性就在于能够创造比资本主义更高的劳动生产率。邓小平提出，经济长期处于停滞状态，总不能叫社会主义；人民生活长期停留在很低的水平，总不能叫社会主义。他说："贫穷不是社会主义，发展太慢也不是社会主义，否则社会主义有什么优越性呢？"[1]255 我们要搞的社会主义，只能是发达的、生产力发展的使国家富强、人民富裕的社会主义。

邓小平认为，社会主义是一个很好的名词，但是如果搞得不好，不能正确理解，不能采取正确的政策，那就体现不出社会主义的本质。新中国成立以来，我们在很长一段时期内，对"什么是社会主义，怎样建设社会主义"并不是清楚的或者不是完全清楚的，因而我国的社会主义建设走了一条曲折发展的道路，社会生产力没有很快地发展起来，人民生活没有得到多大的改善。讲社会主义，首先就要使生产力发展起来，这是主要的。1992 年春，邓小平在视察南方发表重要谈话时指出："社会主义的本质，是解放生产力，发展生产力，消灭剥削，消除两极分化，最终达到共同富裕。"[1]373 社会主义的本质决定了社会主义的根本任务和根本目的。社会主义如果老是穷，它就站不住。邓小平强调指出，离开了生产力的发展、国家的富强、人民生活的改善，革命就是空的。

我国正处于社会主义初级阶段。虽说我们也在搞社会主义，但事实上不够格。不够格主要指社会主义的生产力发展水平不够格。邓小平把社会生产力能不能迅速发展，提到社会主义够不够格、站不站得住、有没有优

越性、体现不体现社会主义本质的高度来认识。他反复强调,解放和发展社会生产力,是社会主义的"最根本的任务""最主要的任务""第一位任务""首要任务""中心任务"等。从这些用词中可见邓小平是多么重视社会生产力的发展。离开了解放生产力、发展生产力,社会主义就有丧失物质基础的危险。

可持续发展关系到社会主义事业的兴衰成败。社会主义中国,如果不实现社会经济的可持续发展,那就没有出路。邓小平从如何体现社会主义本质的高度,强调中国必须走可持续发展之路的必要性和必然性。

中国坚持社会主义具有世界进步意义。只要中国社会主义不倒,社会主义在世界将始终站得住。中国走社会主义道路是坚定不移的。中国肯定要沿着自己选择的社会主义道路走到底。1985年9月,邓小平指出:"现在人们说中国发生了明显的变化。我对一些外宾说,这只是小变化。翻两番,达到小康水平,可以说是中变化。到下世纪中叶,能够接近世界发达国家的水平,那才是大变化。到那时,社会主义中国的分量和作用就不同了,我们就可以对人类有较大的贡献。"[1]143中国成为世界中等发达的社会主义国家,这不但是给占世界人口四分之三的第三世界走出了一条道路,更重要的是向人类表明,社会主义是必由之路,社会主义优于资本主义,社会主义事业有着强大的生命力和广阔的前景。正是从推动社会主义事业发展的高度,邓小平提出了社会经济可持续发展思想。

四、邓小平社会经济可持续发展思想提出的认识依据

可持续发展是人类社会发展的永恒主题。20世纪下半叶世界各国都在研究、探讨可持续发展问题。中国作为国际社会大家庭的一员,也不能不关注可持续发展的问题。

邓小平指出,应当把发展问题提到全人类的高度来认识,要从这个高度去观察问题和解决问题。发展,最重要的是可持续发展。中国的发展不能离开世界文明大道。我们不能把中国社会经济可持续发展从世界可持续发展的大背景中割裂开来,更不能把中国的可持续发展与世界各国的可持续发展对立起来。中国要把当今时代主题作为自己可持续发展参照系中的一个重要参数,主动参与世界可持续发展的文明进程,加强在可持续发展

方面的国际合作与交流。中国应当成为世界社会经济可持续发展的典范，为人类的共同利益、为全球的繁荣与发展作出新的历史性贡献。正是从促进人类文明发展的高度，邓小平提出了社会经济可持续发展思想。

参考文献

［1］邓小平. 邓小平文选：第 3 卷［M］. 北京：人民出版社，1993.
［2］邓小平. 邓小平文选：第 2 卷［M］. 2 版. 北京：人民出版社，1994.

（本文刊登于《苏州丝绸工学院学报》，1998 年第 4 期。）

第五部分
政治生活支持研究

政治生活支持：党的执政基础与人民当家作主的基本保障

当代中国正处于社会转型、体制转轨、结构转优的重要发展时期。建设社会主义政治文明不能仅仅停留在一般的原则要求和政治口号上，需要进行深入研究，厘清发展思路，采取有效措施，拓展政治生活空间，揭示社会政治生活的发展规律，一步步把我国政治文明建设推向新的更高的发展阶段。在社会政治文明建设中，政治生活支持是一种党和国家与人民群众在政治生活中的互相合作和双向支持的权利关系，既强调人民支持党和国家的大政方针与全局工作，为共产党执政提供强大而坚实的社会基础；又强调党和国家支持人民当家作主，坚持立党为公、执政为民的政治本质，充分发挥人民群众在社会政治生活中的主体作用。政治生活支持是社会主义政治文明建设的内在要求，也是我国政治生活现代化发展的重要标志。

一、政治生活支持是社会主义政治文明建设的一个重要现实课题

在当代中国，发展社会主义民主政治，加快推进社会主义政治文明建设，需要加强对政治生活支持的研究。政治生活支持，来源于现实政治生活资源的有效整合，既包括党和政府、民主党派、人民团体等各种政治组织及其运行机制和社会影响，又包括社会公众在政治生活中的态度和行为选择方式。政治生活支持的研究机理和实现路径是多方面的，既有观念上、理论上的，又有体制上、机制上的，只有每个方面、每个环节甚至每个要素都处于活跃的、积极的、和谐的状态，才能保持社会政治生活健康而协调发展。在实际生活中，建设社会主义政治文明，需要开

发优质政治生活资源，建立政治生活的双向支持系统：一方面坚持党和政府相信人民群众，依靠人民群众，领导和支持人民当家作主，始终代表并努力实现最广大人民的根本利益；另一方面实现社会公众对党和国家政治生活的广泛认同、积极支持、充分信任和紧密合作，做到政治生活支持的上下一致、齐心协力、共存共赢。

政治生活支持说到底是要解决社会政治发展同一性的问题，也就是党和政府与广大人民群众在思想基础、价值判断、利益格局和发展目标等方面如何实现一致性的问题。在实际政治生活中，要正确处理党与人大、政府、政协、人民团体与社会公众的关系，努力形成政治生活中的双向支持关系，建立政府与社会、中央与地方、党内与党外、组织与个人、干部与群众在政治生活中自下而上又自上而下、由外而内又由内而外的相互支持、协调发展的关系，夯实党执政的社会基础，真正体现和实现人民群众当家作主。党的十六大报告强调指出："进一步改革和完善党的工作机构和工作机制。按照党总揽全局、协调各方的原则，规范党委与人大、政府、政协以及人民团体的关系，支持人大依法履行国家权力机关的职能，经过法定程序，使党的主张成为国家意志，使党组织推荐的人选成为国家政权机关的领导人员，并对他们进行监督；支持政府履行法定职能，依法行政；支持政协围绕团结和民主两大主题履行职能。加强对工会、共青团和妇联等人民团体的领导，支持他们依照法律和各自章程开展工作，更好地成为党联系广大人民群众的桥梁和纽带。"[1]34 要把坚持党的领导同发扬人民民主、严格依法办事、尊重客观规律有机统一起来，协调关系，凝聚力量，增强活力，调动各方面的积极性、主动性和创造性，建设具有中国特色的社会主义民主政治。

政治生活支持需要构建党和政府与人民群众在政治生活中的相互负责的关系，强调一方对另一方的负责。一方面，党要对人民负责。共产党除了最广大人民的根本利益之外，没有任何自身的私利。中国共产党作为执政党，就是要代表最广大人民的根本利益，在社会主义市场经济发展进程中，充分发挥政治优势、思想优势和组织优势，保证正确行使权力，化解社会矛盾，提高整合功能，用改革的精神加强党的自身建设，使党始终保持先进性、纯洁性和创造性，不断增强凝聚力和向心力，实现党和国家的长治久安。另一方面，人民群众要对党和国家负责。在政治生活中，人民群众要以主人翁的姿态，关心和支持党和政府的全局工作与大政方针，积极建言献策，主动化解消极情绪，增强改革和发展的心理承受能力，努力维护和推进民主团结、生动活泼、安定和谐的政治局面。

二、政治生活支持是执政党合法性的依据

合法性在现代社会政治生活中是至关紧要的。所谓合法性"是对统治权力的认可。这种认可是建立在一系列条件基础之上的。而这些条件主要与认同、价值观及同一性和法律有关"[2]1。也就是说，合法性意味着党和政府与广大公众需要共同打造广泛而紧密的政治利益共同体，在政治生活双向支持的框架内，使各自的价值得到体现、利益得到尊重、目标得以实现。我国宪法规定，中华人民共和国一切权力属于人民。从合法性问题的角度来研究社会政治生活的依据在于，党和国家的各种权力都来源于人民。离开了广大人民群众在政治生活中的支持和拥护，我们党就会失去执政的社会基础。

（一）最广大人民的政治生活支持是党执政的合法性依据所在

合法性问题是现代政治生活的一个基本问题。共产党执政的合法性依据，就是权为民所用，情为民所系，利为民所谋，因而在政治生活中能够得到最广大人民的支持和拥护。党执政的社会基础就是要切实解决最广泛的社会主体在政治生活中的支持度、支持率和支持力等问题。美国学者戴维·伊斯顿"把合法性看作是公众对政治体系的支持，并把这种支持分为'特定支持'和'散布性支持'两类，前者是由于政治体系的输出（即政策）给予了体系成员某些具体的满足而形成的，即特定的政策绩效带来了受惠者的支持；后者是独立于政策输出的对政治体系'善意'情感，即政治认同"[3]11。不论是"特定支持"，还是"散布性支持"，都必须把人民群众摆在社会发展的主体地位上。只有得到最广大人民政治生活的支持和信任，我们党才能真正代表人民群众执好政、掌好权。

认同党的执政方式。在我国，宪法和法律是党的主张与人民意志相统一的产物。共产党作为执政党，要在宪法和法律规定的范围内活动。列宁指出："政治就是参与国家事务，给国家定方向，确定国家活动方式、任

务和内容。"[4]407 党通过制定大政方针，推荐重要干部，进行思想宣传，发挥党组织和广大党员的作用，实施党对国家和社会的全面领导，特别是在政治生活中，把人民群众的愿望变为党的政治主张，再把党的政治主张上升为国家的意志。现实生活中，人民群众认同的执政方式是，社会政治生活要以宪法和法律为依据，保证社会公众能够依法行使各项政治权利和履行各项政治义务；党内政治生活要以党章和党内规章制度为依据，保证广大党员按照民主集中制原则，参与党内政治生活。

拥护党的大政方针。我国正处于并将长期处于社会主义初级阶段，根据这个最大、最现实的基本国情，我们党制定了以"一个中心、两个基本点"为主要内容的基本路线。现阶段党的大政方针的中心环节就是坚持用发展的思路、改革的办法解决前进中的矛盾和问题，聚精会神搞建设，一心一意谋发展。发展是党执政兴国的第一要务。只有加快发展，我们党才能增强处理各种国际国内复杂问题的能力，也才能不断提高人民群众的生活水平。人民群众拥护党的大政方针，就要自觉投身社会主义现代化建设，在加快发展的主战场建功立业、做出贡献。

支持政治体制改革。在新世纪新阶段，我国面临着大量的新情况、新问题，政治体制改革的任务十分艰巨。政治体制改革关系到党和国家的前途和命运，关系到最广大人民的根本利益，需要通过新的实践，大胆探索政治体制改革的新路子。"经济基础也好，政治文化也好，对政治生活的影响实际上主要是通过社会的政治制度实现的，政治制度是社会政治生活直接的决定因素。作为政治生活的规范，政治制度约束着人们的政治行为；作为政治生活的凝聚，政治制度又是政治现实和政治发展的表征。"[5]18 人民群众积极支持党和政府有关继续推进政治体制改革的各项决策，希望党和政府通过政治制度创新、政治体制改革，突破束缚生产力发展的体制性障碍，构建适应社会主义市场经济发展要求的政治生活新秩序，不断推进中国特色社会主义现代化建设。

实现政治发展目标。我们党把建设社会主义政治文明，作为全面建设小康社会和社会主义现代化建设的重要目标。实现这个目标，是我国政治生活走向现代文明的重要选择。人民群众是建设社会主义政治文明的社会主体。要积极发挥人民群众的历史主动性和创造性，大力开发人民群众的实践智慧，整合社会各阶层、各方面的力量，努力提高人民群众管理国家和社会事务的实际本领。只有把政治发展目标转化为广大人民群众的自觉行动,才能不断提高决策的科学化、民主化水平,使民主选举、民主决策、民主管理、民主监督渗透到政治生活的各个方面,从而加快推进我国社会主义政治文明建设的实际进程。

(二) 政治生活支持昭示了党的执政基础的合法性选择

在我国政治生活中,广大人民群众是社会发展的主体,认识世界、改造世界的巨大能量就蕴藏在广大人民群众之中。党执政基础的合法性选择在于,真正确立广大党员和人民群众在党和国家政治生活中的主体地位,充分发挥公民在政治生活中的主人翁作用,创造条件让更多的人参与政治生活,自觉行使宪法和法律赋予的管理国家、管理社会事务的各项民主权利。

参与政治生活。在我国现实政治生活中,社会公众参政热情高涨,关心国家的改革开放和社会主义市场经济发展,这客观上有利于增强党的执政基础。要扩大公民的有序参与途径,丰富民主的实现形式,激活公民的权利意识,通过正常的民主程序参与社会政治生活,正确行使自己的民主权利,使更多的社会公众通过政治参与获得更多的实际利益。当人们积极参与社会政治活动,用自己的思想或行动推进社会政治文明发展时,就实际地提供了政治生活的有力支持。

提高参政能力。在现实社会中,政治生活支持对社会公众的能力要求越来越高,不仅要有知政议政的能力,而且要有参与决策的能力。社会主义民主的根本性质,决定了人民群众在社会政治生活中的决定作用。要积极提供公民参政活动的机会和条件,让人民群众在参政活动的具体实践中逐步提高参政能力,真正发挥人民群众社会主体的作用。要大力提高公民的政治素质,激发公民的参政意识,增强公民的参政能力,保证人民群众能够正确行使公民的知情权、选择权、监督权和评价权。人民群众参政能力的增强,参政水平的不断提高,对实现政治生活支持、推进我国政治文明建设具有重要的意义。

重视利益表达。在我国现实政治生活中,要正确履行公共权力,协调各方利益关系,调动一切积极因素,不断追求和实现广大人民群众的政治愿望和政治利益,形成强大的政治生活支持合力,尽可能减少政治生活中的各种内耗。当代中国政治生活支持的实质就是,在社会主义民主政治的平台上,实现全局利益与局部利益、长期利益与近期利益、集体利益与个人利益、直接利益与间接利益的统一。要充分挖掘政治生活支持的丰富资源和实现条件,协调利益关系,调整利益格局,化解利益矛盾,重视利益表达,关注利益落实,统筹各阶层、各方面利益的协调发展,创造安定团结、民主和谐的社会环境,不断提升社会政治生活质量,把广大人民群众凝聚在党的周围,切实巩固和发展党执政的社会基础。

三、政治生活支持是人民当家作主的基本保障

中国共产党在我国政治生活中处于领导核心的地位。党的领导集中体现在如何处理好与广大人民群众关系的问题上,关键是如何保障最广大人民能够以平等的经济地位、政治地位和社会地位参与社会政治生活,领导和支持人民真正当家作主。"人民当家作主是社会主义民主政治的本质要求。"[1]31 人民群众的积极性、主动性、创造性能否充分发挥出来,在很大程度上取决于他们的民主权力是否得到有效保障,是否真正成为国家和社会的主人。

(一)党的领导就是支持人民当家作主

在我国政治生活中,党的领导的政治本质是立党为公、执政为民,支持人民当家作主,保证全体人民真正享有管理国家和社会事务,特别是管理基层地方政权和各种社会事业的权力。我们党的大政方针和各项工作,正因为体现了广大人民的利益、意志和愿望,才得到最广大人民的支持和拥护,才具有强大的威力。

坚持"一党执政、多党参政"的政治生活格局。我们党在执政过程中,始终坚持并不断完善共产党领导的多党合作制,努力建设社会主义的新型政党关系。我们党与各民主党派的关系不是执政党与在野党的关系,而是执政党与参政党的关系。在长期的合作过程中,我们党始终坚持"长期共存、互相监督、肝胆相照、荣辱与共"的方针,尊重民主党派的活动自由,放手让他们开展各种活动,充分发挥各民主党派在国家建设、改革和发展中的重要作用,密切了共产党与民主党派的关系。坚持共产党领导的多党合作制,就是要充分听取各方面的意见和建议,接受来自各方面的

监督和批评，善于集中人民群众的正确意见，对不正确的意见给予适当的解释，充分发挥各民主党派和广大人民群众建设中国特色社会主义的积极性、主动性和创造性。

坚持用党内民主带动人民民主的政治生活方式。中国共产党是我国唯一的执政党，党的性质和地位决定了党内民主建设在整个国家民主化建设中的核心地位。党内民主是党的生命，是社会主义民主建设的制高点，对人民民主具有重要的示范、引领和带动作用。发展党内民主，才能真正有力地支持人民当家作主。我国民主政治建设的实践已经表明，什么时候党内民主生活正常、活跃，人民民主就实行得好；什么时候党内民主遭到破坏，人民民主就必然受到损害。在新的历史时期，要通过完善党的民主集中制原则，形成一整套切实可行的民主原则、民主程序和民主规范，使广大党员的民主权利得到充分体现和保障，并把这些民主制度、民主方式和民主作风带到执政实践中，不断增进广大公民政治生活的有序参与，使我国社会主义政治文明沿着符合最广大人民根本利益的方向前进。

（二）政治生活支持集中体现了人民当家作主的社会本质

在现实生活中，人民当家作主是社会主义国家的本质规定。党领导和支持人民当家作主是实现政治生活支持的核心内容和根本保证。我们党所做的一切都是为了代表最广大人民的根本利益，真正体现并实现人民当家作主。为此，在政治生活中，要自觉处理好以下三种关系：

一是领导与服务的关系，全力支持人民当家作主。在政治生活中，党和政府要坚持"领导就是服务"的重要原则，摆正与人民群众的位置，做到群众利益无小事，时刻把人民群众的冷暖、安危放在心上，重视与人民群众进行政治沟通，广泛听取意见，切实改进工作，不断提高执政水平和服务能力。执政水平高不高、服务能力强不强，是衡量人民当家作主的重要尺度。要通过建立平等的协商机制，畅通民主渠道，扩大有序的民主参与，完善政治生活服务体系，形成政治发展共识，为社会公众管理国家和社会事务积极创造条件。

二是授权与被授权的关系，代表广大人民行使权力。一个党能不能执政，尤其是能不能长期执政，归根结底取决于它能不能得到最广大人民的支持和拥护。共产党执政的权力来自广大人民的授权。处理好这一关系，核心在于坚持党的先进性；一方面要始终站在时代前列，推动社会生产力发展，推进社会全面进步，实现人的全面发展，给人民带来更多的实惠和福音；另一方面要深入了解民情，充分反映民意，广泛集中民智，始终保持清醒的头脑，强本固基，活血化瘀，不断提高防范风险和拒腐防变的能力。

三是监督与被监督的关系，自觉接受人民群众的监督。依法治国，建设社会主义法治国家，是共产党领导人民治理国家的基本方略。党领导人民制定宪法和法律，党也领导人民自觉地遵守宪法和法律，并模范地执行宪法和法律。要建立有效的监督机制，坚持公开、公平、公正的原则，把党内监督、法律监督、群众监督结合起来，发挥舆论监督的作用，使公共权力始终处于社会公众的监督之中，在既定的法律和制度框架下规范权力运作。要根据从严治党的要求，制定党内监督条例，对领导机关和领导干部实行有效的监督，在制度、体制、机制的源头上建构防范腐败的强大监督体系，真正取信于民，体现人民当家作主的国家政治生活的根本要求。

在当代中国，政治生活支持不是一种简单的命令与服从的关系，而是一种权利与义务的对等关系，是党和政府与人民群众在政治生活中的一种自觉的行为选择。政治生活支持既是我国社会主义政治文明建设的重要动力，又是我国社会民主政治建设的生动体现。要积极创造条件，营造政治生活支持的社会环境，使党始终成为中国特色社会主义事业的坚强领导核心，使人民群众真正成为国家和社会的主人，从而推动我国政治生活支持持续、健康、协调发展。

参考文献

[1] 江泽民. 在中国共产党第十六次全国代表大会上的报告 [M]. 北京：人民出版社，2002.

[2] [法] 让-马克·夸克. 合法性与政治 [M]. 佟小平，王远飞，译. 北京：中央编译出版社，2002.

[3] 杨松. 政党权威与当代中国政治发展 [J]. 学术界，2001 (4)：19-29.

[4] 列宁. 列宁文稿 [M]. 北京：人民出版社，1980.

[5] 俞可平. 政治与政治学 [M]. 北京：社会科学文献出版社，2003.

（本文刊登于《毛泽东邓小平理论研究》，2003 年第 6 期。）

政治生活支持范式探微

政治生活支持作为我国政治文明发展的一种重要范式，它适应了民主政治建设的现代发展，并日益成为我国政治文明建设的现实基础和强大动力。政治生活支持是当代中国政治文明建设的重要内容和必要条件。建设社会主义政治文明，离不开党和人民的共同参与，离不开社会政治生活的有力支持。为了加快我国民主政治建设，推进政治文明新的发展，需要重视政治生活支持范式研究。本文着重探讨政治生活支持范式的内涵、特点和研究价值，旨在构筑政治文明建设的新平台，拓展民主政治建设的新路径，推进政治体制改革的新实践，努力提高当代中国社会政治生活的质量。

一、政治生活支持的内涵

在现阶段的中国，社会政治生活的内容是广泛而生动的，政治生活支持的内涵也是丰富而深邃的。理解政治生活支持的内涵，是把握政治生活支持范式的前提和基础。一般而言，"政治可以被理解为人民力求拓展其认同形式、增强其归属感、加强其影响事件过程的能力，以及发挥重要作用的能力领域"[1]3。在现代社会，政治生活作为一个特殊的公共领域，崇尚公民有序参与，求解公共事务，协调公共利益，实现社会善治。政治生活支持是公民以主人翁的姿态自觉投身社会政治生活，行使宪法和法律赋予的管理国家、管理社会事务的各项民主权利，争取个人意志和利益与国家意志和利益的有机统一，推进社会主义民主政治建设的重要形式。

1. 政治生活支持是人们参与党和国家政治生活的一种态度

在我国，人们参与现实政治生活有着不同的思想动机，也有多种表达方式，而政治生活支持则是人们在政治生活中所持有的一种积极的肯定的态度。这种态度往往是公民对现实政治生活的一种认同，它具体表现为关心、参与和实践属于自己的社会政治生活，积极支持和有效推进党和国家的民主政治建设。实际上，人们政治生活支持态度主要有两种：一是对现实政治生活表示信任和理解，对党和政府的重大决策、大政方针和全局工作表示拥护与欢迎；二是对现实政治生活进行冷思考，对改进社会政治生活提出中肯的意见或合理化建议，甚至包括对变革现实政治生活进行某种呼吁。人们政治生活支持所持的态度有一个共同点，就是积极关注或自觉参与社会政治生活，期盼党和政府加快民主政治建设进程，深化政治体制改革，促使现代政治生活的健康发展。

2. 政治生活支持是人们在政治生活中的一种行为选择

作为社会主体，人们参与政治生活有不同的行为选择方式，而政治生活支持实际上是人们对我国社会政治发展目标和政治运行方式的一种理解、一种认同，是人们参与政治生活的一种行为选择。这种行为选择一般是主动的、积极的，它服从于和服务于社会政治文明建设的客观需要。在现实生活中，人们参与政治生活的热情比较高涨，要积极创造条件，发挥人们参与政治生活的实际效能，不断扩大党执政的社会基础和群众基础。政治生活支持要求落实社会公众的知情权、监督权、评价权和选择权，促使政府进一步转变职能，建立责任政府、服务政府和法治政府，增加工作透明度，增强社会公信力，提供更多的公众政治参与机会，使社会公众在政治生活中有选择的余地。

3. 政治生活支持是社会政治生活发展的一种状态

政治生活支持是人们参与社会政治生活的行为方式，是现实政治生活的直接反映，它表现为我国政治生活发展的一种稳定有序的状态。政治生活支持实际上是政治生活民主化、法治化、规范化、有序化的过程，表征社会政治结构和政治运作秩序的稳定状态。"普遍适用于全体公民的社会和公民的参与；借助公民参与的个人和集体授权的观点；通过社会治理的统治术和争取普遍利益的斗争；以及在民众运动结构中或通过它成为可能的对社会变革的支持。"[1]5 政治生活支持要求参与政治生活的每一个社会主体不仅是口头上的赞成、拥护党和国家的大政方针，更重要的是以自身的实际行动进行呼应与响应，这是政治活动主体政治觉悟性和社会责任感的集中体现，从而构成了我国政治生活发展的稳定性态势和牢固的社会政治支持基础。

4. 政治生活支持是我国民主政治建设的一种存在方式

政治生活支持作为一种社会政治现象，表现为社会的向心力和凝聚力。这种向心力和凝聚力是我国民主政治建设的一种客观的存在方式，也是我们党长期执政的合法性基础。社会主义民主政治建设需要整合各种政治因素，形成民主政治建设的现实基础和强大动力，而政治生活支持则要求把党和国家的全部政治生活纳入社会主义民主政治发展的轨道。"在法定范围内公民有权了解国家和社会的经济、政治和文化活动情况，并据此形成自己的观点和判断，进而发表自己的意见，这是人民群众进行民主监督的一个重要途径和形式。"[2]59-60 只有让社会公众及时准确地了解党和国家的重大事务和社会事件的真实情况，从而直接或间接地参与国家政治生活，自觉地介入当代中国政治发展，形成对党和国家全面建设小康社会、开创中国特色社会主义现代化建设新局面的全力支持。离开了政治生活支持，就不可能形成和谐的政治生活氛围和稳定的社会环境。

二、政治生活支持的特点

政治生活支持作为我国政治文明发展的一种重要范式，它适应了民主政治建设的现代发展，并日益成为我国政治文明建设的现实基础和强大动力。深入研究政治生活支持范式，揭示当代中国政治生活的发展规律，发挥政治生活支持在现代政治文明建设中的重大作用，需要正确认识和深刻把握政治生活支持的基本特点。

1. 双向互动性

在当代中国，政治生活支持的主体是社会公众与党和人民政府，不仅要求社会公众在政治生活中支持党和国家的大政方针与全局工作，而且强调党和政府支持人民当家作主，实现政治生活支持的双向互动。在现代社会，政治生活中任何单一、单向的支持，既不正常，也不可能持久。双向互动要求社会公众与党和政府扮演好各自的特定角色，实际地体现了社会公众与党和政府在政治生活中的相互依赖关系，表明了我国政治生活中社会公众与党和政府的通力合作与利益一致的关系。党和政府的各项工作离不开社会公众的支持，社会公众的各种利益也离不开党和政府的支持。双向互动要求政通人和，协调发展，党和政府在政治生活中领导和支持人民当家作主，权为民所用，情为民所系，利为民所谋，不断满足人民群众日益增长的物质文化生活需要；同时要求，社会公众广泛参与国家政治生活，积极发挥政治生活主体的独特作用，为推进政治文明建设作出应有的贡献。只有在我国宪法和法律的框架内，实现党和国家支持人民当家作主、发挥社会主体主人翁作用，人民群众支持党和国家的大政方针与重大决策，自觉投身于中国特色社会主义现代化建设，才能展现当代中国建设社会主义政治文明良性互动的生动图景。

2. 自主选择性

在我国，任何一个守法公民，都应是享有政治权利和履行政治义务的独立主体，都能平等地参与社会政治生活。认真落实社会公众的知情权、选择权、评价权和监督权，是实现我国政治生活民主参与的先决条件。离开广大社会公众政治生活权利的有效落实，就会影响解决社会实际问题的合法性和有效性。"一切政党，一切领导者，都要真正把人民群众作为政治生活的主体，都要接受人民群众的选择。"[3]137 政治生活支持的基本条件是要尊重人，尊重人的意志自由和实际利益需要。能否确立人民当家作主的社会地位，能否建立社会公众对党和政府的信任关系，是实现政治生活支持的关键环节。自主选择性最重要的是要尊重社会主体的政治主动性和社会创造性，强调社会公众在政治生活中的一种自觉自愿，既对社会发展负责，也对自身行为负责，要求社会主体在重大原则问题上能够独立思考，自主地作出与客观实际相一致的行为抉择。

3. 持续协调性

为保持政治生活支持的稳定性和持续性，需要调动一切积极因素，凝聚各种社会力量。现代政治文明的发展激发了人们表达政治意愿的强烈愿望，也提高了人们协调政治关系、创新政治生活的能力。"在社会主义事业发展进程中，不可避免地会出现一些矛盾和问题。如果我们脱离群众，引导不好，这些矛盾和问题就不能得到妥善处理，就会影响社会的安定。这就需要保证民主渠道的畅通，把群众的正确意见集中起来，作为党和国家决策的依据。"[4]306 当下我国政治生活中还存在着一些不尽如人意的地方，社会主义民主有待进一步加强，社会主义法治也有待进一步完善。政治生活支持并不是说政治生活中不存在矛盾，也不是说政治生活中只能有一种声音，而是强调社会公众与党和政府在根本利益、重大原则问题上的一致性。而这种一致性是建立在社会公众与党和政府协调关系基础上的。政治生活支持需要持续协调社会公众与党和政府的关系，求同存异，消除隔阂，化解矛盾，形成共识，扎扎实实推进中国特色社会主义现代化建设尤其是社会政治文明建设。

4. 利益共享性

社会政治生活说到底是不同的政治主体为实现一定的利益而影响、控制或行使某种国家权力的活动。人民群众的积极性、主动性和创造性的发挥，是构筑现代政治生活主旋律的实际内容，它根源于人民群众的政治利益和其他各方面的实际利益。"人民群众的整体利益总是由各方面的具体利益构成的。我们所有的政策措施和工作，都应该正确反映并有利于妥善处理各种利益关系，都应认真考虑和兼顾不同阶层、不同方面群众的利益。但是，最重要的是必须首先考虑并满足最大多数人的利益要求，这始终关系党的执政的全局，关系国家经济政治文化发展的全局，关系全国各族人民的团结和社会安定的全局。"[5]161 在现代政治生活中，维护自身合法权益是社会公众参与政治生活的主要动机所在。要重视社会各阶层、各方面的利益表达，妥善处理各种利益关系，化解各种复杂的社会矛盾，实现新的利益关系磨合，积极维护社会主体共同的合法利益，不能总让一部分人作出"牺牲"。为了获得社会主体政治生活的广泛支持，需要统筹兼顾不同阶层、不同方面群众的实际利益，尤其要坚持普遍受益、共享发展的原则，使更多的社会主体共享改革开放和社会经济发展的实际成果。

三、政治生活支持的价值分析

社会政治生活是一部活的教科书。我国社会公众参与现实政治生活，注重政治生活支持，不仅可以拓宽视野、经受锻炼，而且可以增长才干、贡献智慧和力量。建设社会主义民主政治，需要不断扩大并实际提升社会公众在政治生活中的支持度、支持率和支持力。党和政府要尽可能给社会公众提供政治参与机会，开发政治生活资源，打造政治生活支持平台，切实保障社会公众各项政治权益的有效落实。

1. 营造社会政治生活的宽松环境

在我国，人民群众是国家的主人，是国家政治生活的积极参与者和实际决定者。"共产党执政就是领导和支持人民当家作主，最广泛地动员和组织人民群众依法管理国家和社会事务，管理经济和文化事业，维护和实现人民群众的根本利益。"[6]要通过一系列的制度安排，保障社会公众积极主动地参与政治生活，营造社会政治生活的宽松环境。在政治生活中，积极倡导知无不言、言无不尽，言者无罪、闻者足戒，坦诚相见、真诚合作的风气。人民群众大力支持党和国家的全局工作和大政方针，党和国家全力支持人民当家作主，建立一种互相理解、互相尊重、互相信任的关系，创造"又有集中又有民主，又有纪律又有自由，又有统一意志、又有个人心情舒畅、生动活泼那样一种政治局面"[7]295。达到这样的社会政治生活，实际上就形成了社会政治生活支持的氛围，就是实现了社会主义民主团结、生动活泼、安定和谐的政治局面。有了这样一种新型的政治生活支持格局，党和国家就形成了强大的政治合力，就能经受住各种风浪的考验，就能无往而不胜。

2. 拓展民主政治建设的现实路径

当代中国政治生活支持，集中反映了民主政治建设的生动实践。政治生活支持主要渗透在中国特色社会主义民主政治建设的过程中，着重解决政治生活的民主化、法治化、科学化、程序化，它牵系着广大人民群众的根本利益。由于我国具体的国情，现阶段还不可能实现人民群众普遍、直接的管理国家和社会事务的方式，广大人民群众的利益和意愿往往只能由人民选出的公共权力行使者来代表，因此特别要规范和控制公共权力的实际运作，把权力运行限制在合理的规定和社会主体许可的范围内，有效地解决目前大量存在的公共权力的非公共运作问题。这就需要增加政治生活的透明度，扩大政治生活的可选择范围。党和政府要积极主动地为社会公众进行政治参与、政治沟通和政治协商创造条件。在现实生活中，大量的社会矛盾和问题需要妥协，需要让步，需要理解，需要协调。只有畅通民主渠道，丰富民主形式，扩大民主决策，形成政治发展共识，积极发挥社会公众管理国家、当家作主的主动性和创造力，才能使更多的社会公众通过参与政治生活获得应有的利益。

3. 提升党和国家政治生活的实际水平

在我国，政治生活支持实际地反映着现实政治生活的运行状况及其运作机制。一方面，要积极创造条件，让人民群众运用手中的权力，实行民主选举、民主决策、民主管理和民主监督，保证人民依法享有广泛的权利和自由，从而实现政治生活的有效支持，形成生动活泼的政治局面；另一方面，各级政府和领导干部要广开言路，广开才路，善于让人民群众发表意见，提出建议，进行批评，做到集思广益，实行民主决策和科学决策，最大限度地减少工作失误和用人失察，从而不断提升现实政治生活质量。在现实政治生活中，各级领导干部要虚心听取来自各方面的不同意见，使社会主体畅所欲言，大胆地发表政治见解。如果领导者缺乏民主意识，个人说了算，缺少有效的社会沟通、政治沟通以及与人民的心理沟通，就会挫伤人民群众的思想感情。一旦人民的心理状态出现扭曲，与党和国家政治生活保持所谓的距离，就会大量增加社会政治改革的成本。要充分认识和切实体现人民群众享有管理社会主义国家一切事业的最高权力，这是政治生活支持的根本内容。不管是党内还是党外，落实平等的政治权利是现代政治生活支持的先决条件。确立社会公众在政治生活中的主人翁地位，最基本的就是要落实其各项政治权利，包括选举权和被选举权以及参政权、议政权和评政权。

4. 丰富社会主义政治文明建设的具体内容

社会政治生活是一个动态的政治运作过程。政治生活支持是社会主义政治文明建设的具体化、实效化形态。在现实政治生活中，社会公众通过不断提高政治参与能力，对扩大知政、议政、评政和各项具体参政活动提出新的要求，保障这些权利的正确行使是深化我国政治体制改革，实现社会公共权力回归社会的重要环节。只有实现社会公众对党和国家政治生活的广泛认同、积极支持、充分信任和紧密合作，才能上下一致，同心同德，齐心协力，把我国社会主义政治文明建设推向新的阶段。政治生活支持就是在社会主义政治文明建设新的平台上，鼓励公民积极参与社会政治生活，充分利用政治生活资源，开发政治生活的现实价值，打造政治文明建设的社会合力。从我国政治生活的具体实践来看，人民群众是实现社会主义政治文明建设的根本力量。社会公众建设高水准的政治生活，不仅要积极拓展政治生活支持的覆盖面，而且要充分挖掘政治生活支持的有效度，使每一个社会成员在政治生活中尽可能发挥更大的作用，享受高质量的政治生活，从而不断推进社会全面进步，实现人的全面发展。

参考文献

［1］［美］卡尔·博格斯. 政治的终结［M］. 陈家刚，译. 北京：社会科学文献出版社，2001.

［2］李良栋. 当代中国民主问题研究［M］. 北京：当代世界出版社，2001.

［3］宋惠昌. 大政治家的思想和智慧［M］. 北京：经济科学出版社，2001.

［4］江泽民. 江泽民论有中国特色社会主义［M］. 北京：中央文献出版社，2002.

［5］江泽民. 论"三个代表"［M］. 北京：中央文献出版社，2001.

［6］江泽民. 在中国共产党第十六次全国代表大会上的讲话［M］. 北京：人民出版社，2002.

［7］邓小平. 邓小平文选：第2卷［M］. 2版. 北京：人民出版社，1994.

（本文刊登于《南京工业大学学报（社会科学版）》，2005年第1期。）

论当代中国政治生活支持

随着改革开放和社会主义市场经济的发展,我国的经济成分和分配方式呈现多样化,人们的生活方式和价值观念出现多元化,当代中国政治生活也相应发生了广泛而深刻的变化。探究我国政治体制改革、建设社会主义民主政治的一个深层次问题,就是要有效落实党和国家政治生活的支持问题。政治生活支持是社会主义民主政治建设的必要条件,也是我国政治文明建设的重要发展目标。所谓政治生活支持是指社会公众在共产党的领导下,在社会主义法治的框架内,参与党内政治生活和社会政治生活,自觉发挥政治主体的社会作用,积极推进社会主义政治文明建设的活动方式和行为态度。当代中国政治生活支持的目标是在全党和全国范围内形成既有民主又有集中,既有自由又有纪律,既有心情舒畅、生动活泼又有统一意志、安定团结的政治局面,实现政治生活的民主化、法治化、科学化和现代化。在推进我国政治文明建设实践中,加强政治生活支持研究,不仅具有重大的理论意义,而且有着十分重要的实践指导价值。

一、政治生活支持的基本范式

研究当代中国政治生活支持需要深入探讨政治生活支持的基本范式。政治生活支持的基本范式就是党和国家政治生活支持的不同方式,它是政治生活支持的实际存在样式。看一个社会政治生活是否正常、是否文明,主要看政治生活是否获得了支持、获得了多大的支持以及获得了什么样的支持。现代政治生活内容的丰富性,决定了政治生活支持范式的多样性。

1. 政治生活的信任支持

信任支持是政治生活支持的基本要式。信任是人们在情感沟通、利益尊重基础上所形成的政治认同或产生的政治共识。政治生活离开了信任,就无法正常进行,也就难以获得长期有效的支持。信任支持是建立在政治生活公开、平等的基础上的。无论是在党内还是在国家政治生活中,每一个主体都是平等的。人们不仅在真理面前人人平等,在法律面前人人平等,而且在人格上、在表达自己的意愿上、在维护自身利益上也是人人平等的,决不能凌驾于他人之上,搞强加于人的一套。实现政治生活平等,是获得政治生活信任支持的重要前提。在当代中国政治生活中,随着社会主体民主意识的增强,参与政治生活热情的高涨,人民群众有了对国家政治生活进行干预、变革的强烈愿望,要求人民政府建立"阳光"政府,增加工作透明度,尽可能公开一切可能公开的政务。可以说,确保社会主体的知情权,减少政治生活的神秘化,是建立政治生活信任支持的必要条件。人民群众的信任支持是社会主义政治文明建设的重要社会基础。只有获得广大社会公众的信任支持,政治文明建设才能切实有效地推进。

2. 政治生活的利益支持

利益支持是政治生活支持的核心要件。最大多数人的利益是最紧要和最具有决定性的因素。马克思指出:"人们奋斗所争取的一切,都同他们的利益有关。"[1]82利益是一个关系范畴,实际上是表示主客体之间的一种需要的满足与被满足的关系。每一个社会的经济关系首先是作为利益关系表现出来的。政治生活支持的深厚根源在于人们的利益关系,它集中反映了人们多方面的利益要求。利益支持要求政治生活体现社会公平、公正,尽可能保证更多的社会主体有更多的机会获得更大的发展或更多的收益。在社会主义初级阶段,社会公平和公正只能是有条件的、相对的。但我们的政治生活不能因为公平、公正的相对性和有条件性,就停留在被动的应付的状态。利益差别往往是诱发政治生活冲突、阻滞政治关系均衡的潜在因素。在打破原有的社会利益格局,给公民带来利益的同时,也会造成公民之间的利益差别;建立新的社会利益格局,在满足公民利益要求的同时,往往又激发公民实现利益的更大期望。公民广泛而自觉地参与社会政治生活,是为了更好地争取、实现和维护自己的利益。因此,要获得社会公众的政治生活支持,就要积极创造条件,有效整合社会各阶层的利益要求,实现好、维护好和发展好最广大人民的根本利益,使广大人民群众在社会不断进步的基础上获得切实的利益。要始终坚持效率与公平的统一,不断满足人民群众日益增长的物质和文化需要,最终实现社会的共同富裕。利益支持是政治生活中最稳定、最长期、最实在的支持。离开利益支持的政治生活只能是表面的热闹和短暂的繁荣。

3. 政治生活的法治支持

法治支持是政治生活支持的关键要义。国有国法，党有党规。社会政治生活要以宪法和法律为依托，保证社会公众依法行使各项政治权利和履行各项政治义务；党内政治生活要以党章和党内规章制度为依据，保证广大党员按照民主集中制原则，参与党内政治生活。新中国成立以后，在我们党内曾经把党和国家政治生活中出现的官僚主义、家长制、特权现象等主要看作是思想作风问题，试图用"思想革命化""斗私批修""灵魂深处爆发革命"的一套来解决这类问题，实践表明，这样做不但不能从根本上解决问题，反而使党和国家政治生活受到严重扭曲。邓小平深刻指出："我们过去发生的各种错误，固然与某些领导人的思想、作风有关，但是组织制度、工作制度方面的问题更重要。这些方面的制度好可以使坏人无法任意横行，制度不好可以使好人无法充分做好事，甚至会走向反面。"[2]333 制度建设问题更带有根本性、全局性、稳定性和长期性，更能决定党和国家政治生活的未来走向和发展前景。面对我国社会环境的深刻变化，要坚持制度创新，创造全新的领导方式和执政方式，依法行政，依法执政，保证法治权威，从而减少政治体制改革的社会成本。在现阶段，政治生活的法治支持，特别要重视政治生活的规范化和程序化，加强政治生活支持的法治机制建设，切实改变社会生活中"权力部门化、部门利益化、利益个人化"的不正常状况，在既定的法律和制度框架下规范权力运作，加大社会监督和党内监督的力度，约束权力不受监督的行为，提高党的领导水平和执政水平，不断增强拒腐防变和抵御风险的能力，促进党和国家政治生活的健康发展。

4. 政治生活的能力支持

能力支持是政治生活支持的必备要素。广大党员和社会公众不仅要有参与政治生活的良好愿望和政治热情，而且要有参与政治生活的实际能力。当人们积极参与社会政治活动，用自己的思想或行动推进政治文明建设时，就实际地提供了政治生活支持。在现实社会中，政治生活支持对社会公众的能力要求越来越高，不仅要有知政、议政的能力，而且要有参政、评政乃至进行政治决策的能力。为了对政治生活提供更实际、更有效、更科学的支持，每一个社会主体都要学文化（学政治、学经济、学法律、学管理等），尽可能掌握参与管理国家和管理社会事务、参与政治活动所必需的知识和技能。社会主体只有在社会政治生活中准确地表达自己的政治见解，独立地行使自己的权利，自觉地担负社会责任，才能维护和实现自身的正当利益和合法权益，也才能有效推进国家民主政治发展的实际进程。在能力支持建设中，还要重视开发政治生活信息化。每一个公民都有权获得与自己利益相关的有关政府政策的各项信息，包括立法活动、政策制定、政策实施、行政预算、公共开支以及其他有关的政治和行政信息。要求政府加快推行网上政务，构建起"点对点、面对面"的透明政治，加强政治民主沟通，克服政治生活"信息不对称"的状况，提高办事效率，规范办事流程，公开办事结果，为实现政治文明创造条件。

5. 政治生活的环境支持

环境支持是政治生活支持的重要保障。政治生活的环境支持，就是一定社会为公民参与政治生活提供良好的外部环境和物质条件，确保公民能够顺利地参与社会政治活动。环境支持包括硬环境条件支持，也就是为公民参与政治活动提供各种必要的设施和必备的物质保障条件。随着我国社会民主化进程的加快，硬环境支持的问题被提上了日程，要加大政治生活的投入，重视政治生活的物质保障。离开一定的物质设施和条件的支持，不可能实现政治生活的有效支持。在当代中国更要重视软环境支持。所谓软环境支持就是要为社会主义民主政治发展创造政治环境，保障社会政治生活健康、有序、高效地进行。政治生活的环境支持是一个综合系统工程，它既需要各级政府高度重视，采取果断措施，为政治生活的现代化、民主化、法治化、科学化创造物质条件，更需要党内党外共同努力，稳步推进，长期建设，为广大社会公众知政、议政、参政、评政，建设社会主义民主政治营造良好的外部环境。

6. 政治生活的目标支持

目标支持是政治生活支持的发展要因。只有目标明确，才能为政治生活的健康发展指明方向。社会全面进步有多方面的发展目标，既包括经济发展目标、政治发展目标、文化发展目标等宏观发展目标，也包括各种具体的微观社会发展目标。在当代中国，政治生活目标与政治发展目标是一致的，也就是通过提高人的政治素质，发挥人的政治活动能力，开发人的政治活动潜力，推进人的自由而全面发展，实现社会全面进步。政治生活目标支持的核心问题就是要在中国共产党的领导下，在社会主义法律的框架内，实现政治生活的民主化、法治化、科学化和现代化。政治生活的目标支持是一个需要多方面长期努力才能实现的过程，同时也是一个广大党员和社会公众脚踏实地地为之奋斗的过程。这就要求广大党员和社会公众在社会政治生活中，树立远大的理想和共同的奋斗目标，同心同德，开拓进取，自觉推进社会主义民主政治建设，为建设社会主义政治文明做出应有的贡献。

二、政治生活支持的理论架构

当代中国正处于社会发展的重要转型期。加强政治文明建设，提高政治生活质量，探索政治生活发展规律，都需重视政治生活支持的理论架构研究。当代中国政治生活的多样性和复杂性，对政治生活支持提出了新的更高的要求。我们不能简单地就事论事地探讨政治生活支持，而要根据时代的发展和社会政治生活的进步，深刻揭示政治生活支持的内在逻辑联系，并在此基础上构建政治生活支持的理论体系。

1. 树立政治生活需要拥有不断创新的观念

社会政治生活不是固定不变的，永远不会停留在一个水平上。创新是一个民族不断取得进步的灵魂，是一个国家兴旺发达的不竭动力。在当代中国，政治生活不断创新是获得广大党员和社会公众支持的重要动力源。政治生活创新不仅是政治生活内容的创新，而且是政治生活支持实现方式和实现途径的创新。在现实的政治生活的平台上，进行政治生活创新主要有四个方面：一是实行政治意识创新，增强政治生活的创造力。要坚持解放思想、实事求是、与时俱进的思想路线，用新的思维方式看待现代政治生活，创造新的反映时代特征和社会发展的政治生活。只有政治意识创新，才能创造宽松的政治环境和政治氛围，才能吸纳一切人类政治文明建设的积极成果，才能跟上时代前进的步伐，增强政治生活的内在活力和创造力。二是推进政治协商的创新，增强政治生活的亲和力。政治协商是实行政治民主、进行政治沟通的有效途径。民主化的政治生活需要进行多方面、多层次、多视角的政治协商，包括党内与党外协商、政府与社会协商、领导与群众协商,也包括集中协商、专题协商、重点协商、对口协商等。只有经过广泛而充分的政治协商,才能把问题放在桌面上,也才能集思广益,群策群力,形成发展共识,增强政治生活的亲和力。三是实现政治制度的创新,增强政治生活的吸引力。政治制度是指国家政体的组织形式和权力结构的配置方式,包括立法制度、司法制度、行政制度、人事制度等,也包括社会生活中每个组织的成员必须遵循的秩序和规则。要吸引广大党员和社会公众积极参与党和国家的政治生活,就必须实现政治制度的创新。政治制度的创新,就是在宪法和法律的框架内,按照法律和制度的程序,规范权力运作,实现政治权力的合理配置,调整不同利益主体之间不合理的利益结构,正确反映并妥善处理各种利益关系,兼顾不同阶层、不同方面群众的具体利益,使最大多数人的利益得到充分而实际的保证。只有坚决维护和具体体现社会主体利益的政治制度创新,才能把各方面的积极性充分调动起来,增强政治生活的吸引力。四是加快政治过程的创新,增强政治生活的渗透力。人民群众是社会实践的主体,政治过程的创新在本质上是人民民主实践过程的创新。政治过程的创新,就是要打开民主政治的通道,开掘社会主体的价值和尊严,让越来越多的人积极主动地参与国家政治生活,表达自己的政治意愿,行使自己的政治权利,维护自己的合法权益,增强政治生活的渗透力。

2. 确立政治权利需要构建双向互动的关系

在当代中国,政治生活支持不是单向单一的支持,而是双向多重的支持。所谓双向多重支持就是建立政府与社会、中央与地方、党内与党外、组织与个人、干部与群众在政治生活中自下而上又自上而下、由外而内又由内而外的多元配合、互动促进、共同发展的关系,真正体现和实现人民群众当家作主。虽然我国已经从价值取向层面确立了人民当家作主的历史地位,但人民当家作主的许多程序性、实践性和可操作性问题还没有得到妥善解决。社会主义民主政治重在建设、重在发展、重在创新。人民当家作主有着十分丰富的实际内容。邓小平强调指出:"充分发扬人民民主,保证全体人民真正享有通过各种有效形式管理国家、特别是管理基层地方政权和各项企业事业的权力,享有各项公民权利。"[2]322 随着我国社会主义市场经济的整体推进,社会公众追求权利与义务的对等,要求更多地参与现实政治生活,管理国家和社会事务,要求政府改变传统的工作方式,做政府能做的事，为社会公众提供更多更优质的公共服务。确立政治权利双向互动关系，也就是政府与公民既各归其位、各尽其责、各明其权，又互相依赖、互相帮助、互相提携。国家从政治上、组织上、制度上保证人民群众当家作主的各项政治权利的有效落实，使人民群众的实际利益得到最大限度的满足；人民群众承担并认真履行对社会、对他人的各项义务，对国家现代化建设、对政治文明发展提供实际而有力的支持。

3. 建立政治文明需要创设综合平衡的机制

政治生活支持是政治文明发展的指示器、调节器。在开放的社会环境中，政治生活必然会受到各种社会关系和实际利益的影响。我们不能回避矛盾，也不能人为地激化矛盾。只能从当代中国社会的实际出发，建立政治发展的综合平衡机制，积极稳妥地调整利益关系、化解社会矛盾，推进社会政治文明健康发展。一是建立和完善科学的用人机制。坚持以公开、平等、竞争、择优的原则选拔任用党政领导干部，从用人机制上保证党政领导干部开拓进取、有所作为、能上能下、能进能出。二是建立和完善民主的程序机制。在党政领导干部选拔任用的推荐、提名、考察、酝酿、讨论决定、交流回避、辞职降职、纪律监督等各个环节都设立程序性规定。程序是实现民主政治的有效载体，是规范用人行为的基本规则。没有程序性也就没有广大党员和社会公众政治生活支持的条件性。三是建立和完善有效的监督机制。长期以来，我们的许多工作习惯于少数领导人事先通气协商，小范围研究，内外有别，决定了就执行。许多内部制度不为外部人所知，缺少制度监督和外部监督。有效的监督是防范和发现问题、堵塞漏洞的关键环节。要建立和完善党内外监督制度，使各级领导干部正确行使人民赋予的权力。四是建立和完善严格的考核机制。按照规范、透明、公正、高效的原则，实行党政领导干部职务任期制、辞职制、降职制、聘任制、试用期制和用人失察失误责任追究制等，用一整套严密的相互配套的制度来考核党政领导干部的日常工作，使党和国家的制度建设不断走向科学化、民主化。实现广大党员和社会公众政治生活支持，就是要推进政治发展综合平衡机制的建立和完善，从机制上为公民正确行使自身的合法权利提供有效的法制保障，使社会主体利益得到切实而充分的维护。

4. 维护政治利益需要采用理性选择的方式

政治利益的理性选择方式就是要扩大和发展党和国家政治生活中的民

主，积极推进民主选举、民主管理、民主决策和民主监督，把坚持党的领导同发扬人民民主、严格依法办事、尊重客观规律有机统一起来，真正调动一切积极因素，实现人民当家作主，把社会主义民主真正落到实处。一是实行民主选举。积极推行公开选拔和竞争上岗等措施，大力营造优秀人才脱颖而出的制度环境，不拘一格选才用才。选拔任用干部，特别要注重在改革和建设的实践中考察和识别干部，把那些成绩突出、群众公认的人才及时选拔到各级领导岗位上来，把优秀人才聚集到党和国家的各项事业中来。要切实改革选举制度，选举要体现选举人的意志，积极扩大党员和群众对选拔任用干部的知情权、参与权、选择权和监督权，通过选拔任用干部权力的外移，增强社会自我调节、自我规范、自我控制的能力，真正体现和实现人民当家作主。二是实行民主管理。要坚持民主集中制原则，规范权力运作机制，体现公民意志，保证公民行使管理国家、管理经济和社会事务的权利，让国家权力配置和运行机制更加合理。通过政务公开、厂务公开、村务公开等多种形式，加强民主管理和民主监督。凡是群众关注的实际问题，都要公开办事程序，公开办事过程，公开办事结果。三是实行民主决策。要拓宽民主渠道，扩大党员和公民行使权力的空间，减少决策失误特别是用人失察，与百姓直接相关的事情，不能再由少数人说了算。"如果一项政策真正反映了人民的需要，真正听取了人民的意见，真正做到了人民的参与，那么，这样的一种决策过程本身就是一个发扬民主的过程。"[3]要大胆借鉴人类政治文明的有益成果，建立社情民意反映制度，建立与群众利益密切相关的重大事项社会公示制度和听证制度，完善专家咨询制度，实行决策的论证制、责任制和评估制，防止决策的简单化、随意性，实现决策的民主化、科学化。四是实行民主监督。各级各类领导干部手中的权力都是人民赋予的，必须受到人民和法律的监督。要通过加强党内监督、法律监督、群众监督，建立健全依法行使权力的制约机制和监督机制。关键要加强对领导干部的监督，保证他们手中的权力只能用来为国家和人民谋利益。邓小平指出："我们需要实行党的内部的监督，也需要来自人民群众和党外人士对于我们党的组织和党员的监督。无论党内的监督和党外的监督，其关键都在于发展党和国家的民主生活。"[4]215政治利益的理性选择方式是当代中国政治生活支持的基本规范，是实现整个社会政治生活民主化、法治化、科学化的目标模式。只有采用政治利益的理性选择方式，才能扩大社会主义民主，健全社会主义法制，努力建设新型的社会主义政治文明。

三、政治生活支持的现实价值

政治生活支持是公民以主人翁的姿态积极投身社会政治生活，自觉地行使宪法和法律赋予的管理国家、管理社会事务的各项民主权利，争取个人利益、意志与国家利益、意志的内在统一，推进社会主义政治文明实现的活动方式。政治文明从本质上说，是人类社会政治生活自觉的、规范的进步状态。政治生活支持是现代政治文明建设的重要条件和基本保证。在当代中国，社会政治生活支持的实际成果是，保持安定团结的政治局面，提高社会主体的政治素质，增强社会主体的高度社会责任感，激活社会主体的民主性精神状态，提供政治体制改革的环境氛围，形成政治文明建设的重要社会基础。离开广大党员和社会公众的政治生活支持，就不可能建立社会主义民主政治，也就不可能实现社会主义政治文明。

1. 政治生活支持是政治生活走向成熟的主要标志

现代政治生活是丰富而多样的。"国家政治、政权政治、政党政治只是政治的部分内容，或者至多不过是政治的程序化主导内容，在它们之外还存在着更具体、更广泛的民众政治、社区政治、社会政治。"[5]在当代中国，政治生活持续支持是广大党员和社会公众在民主政治实践中自觉选择的结果。人民群众享有过去从来没有过的民主权利，发挥着从来没有过的历史作用。社会主体在广泛参与政治生活、发挥重大社会作用的过程中，要求进一步落实人民群众的知情权、参与权、监督权、选择权和评价权，为政治文明建设做出更大的贡献。政治生活持续支持的关键在于创新政治生活内容，增强政治生活的吸引力、说服力和战斗力，不断提高政治生活质量。政治生活持续支持是广大党员和社会公众掌握政治生活规律的产物。只有经常参与政治生活，关心国家大事，发挥社会主体作用，才能切实了解政治生活的特点，掌握政治生活的规律。广大人民群众一旦掌握了社会政治生活规律，以实际行动投身于社会主义民主政治建设，就会大大增加政治体制改革的社会资本，积极推进依法治国，建设社会主义法治国家的实际进程，这样的政治生活是我国社会政治生活走向成熟的主要标志。

2. 政治生活支持是推进政治文明建设的基础

政治生活支持是当代中国政治文明建设的必要条件，是建设社会主义民主政治的基础工程。政治生活广泛支持从根本上说，就是弘扬社会正气，营造人心工程。在我国，政治文明建设的任务是极其艰巨和繁重的。广大党员和社会公众是从参与社会政治生活中，了解和理解国家政治文明建设的实际进程的。只有高效民主、规范有序、清正廉洁的社会政治生活，才能吸引广大党员和社会公众的积极参与，并得到人民群众的大力支持。政治生活广泛支持实际上是广大党员和社会公众立足于政治文明建设新的实践，努力发挥社会主体作用，增强解决社会发展问题和正确处理人民内部矛盾的能力，推进我国社会主义制度自我完善和自我发展。政治生活广泛支持是广大党员和社会公众具有高度社会责任感的实际表现，也是对党和政府深度信任的具体体现。

3. 政治生活支持是全面建设小康社会的重要保障

政治生活有效支持就是发挥广大党员和社会公众的积极作用，推进社会主义民主政治，为全面建设小康社会创造条件和提供保障。全面建设小康社会不仅包括物质文明建设、精神文明建设，而且包括政治文明建设和社会全面进步。政治文明处于全面小康社会的中枢部位，是物质文明和精神文明建设的社会依托，为社会物质文明和精神文明发展指明前进方向，提供稳固的社会保障。政治生活有效支持，实际上就是要变革传统的政治运作模式，深化政治体制改革，从制度上保证党和国家政治生活的民主化、经济管理的民主化和整个社会生活的民主化，推进政治文明建设的顺利发展，这是建设全面小康社会的重要社会条件。客观地说，全面建设小康社会，需要充分调动广大党员和社会公众的积极性、主动性和创造性，形成强大的社会合力，使党的事业和社会主义制度充满生机和活力。离开广大党员和社会公众政治生活支持的小康社会，只能是低水准、不全面和不平衡的小康社会。

4. 政治生活支持是实现人的全面发展的必然要求

人是社会的人。遵循社会发展规律，自觉参与政治生活是实现人的本质的基本条件和必然选择。推进人的自由而全面发展，不仅同社会物质文明和精神文明的发展有关，而且同推进人类政治文明有关。马克思早就指出，人应当了解自己本身，使自己成为衡量一切生活关系的尺度，按照自己的本质去估价这些关系，真正依照人的方式，根据自身本性的需要来安排世界。在当代中国，政治生活自觉支持就是人们在社会生活实践中反思自己的政治行为，理智地追求和实现社会公众的意志、利益与国家的意志、利益的内在统一，从而推进人的全面发展。要实现政治生活自觉支持，就必须为每个社会成员提供可能的政治空间去发展自己，完善自己。"以社会的发展去保障人的发展，以每个人的最大发展去推动社会向更高阶段的文明发展，并使人的发展与社会发展同步。社会主义政治文明建设的最终目的，是物质财富极大丰富，人们的精神境界极大提高，每个人都自由而又全面地发展。"[6]政治生活自觉支持既有赖于人的自由而全面发展，也促进人的自由而全面发展。只有实现政治生活自觉支持，在改造客观世界的同时也不断改造主观世界，社会主体才能成为自己生活的主人，也才能成为一个自觉的、完整的人。

参考文献：

［1］马克思，恩格斯.马克思恩格斯全集：第1卷［M］.北京：人民出版社，1956.
［2］邓小平.邓小平文选：第2卷［M］.2版.北京：人民出版社，1994.
［3］俞可平.决策科学化民主化的制度基础［J］.文汇报，2003（28）：11.
［4］邓小平.邓小平文选：第1卷［M］.2版.北京：人民出版社，1994.
［5］王振海.论政治活动的主体与场所［J］.天津社会学，1995（5）：85-89.
［6］肖文豪.论政治文明建设［J］.贵州师范大学学报（社会科学版），2002（2）：35-38.

（本文刊登于《党史文苑》，2003年第4期。）

邓小平政治生活支持思想探析

政治生活支持是指在社会主义宪法和法律的框架内,党和国家支持人民当家作主、发挥社会主体主人翁作用,人民支持党和国家的大政方针与全局工作、在政治生活中推进民主政治发展的良性互动过程。政治生活支持作为一种社会政治现象,既是社会主义民主政治建设的必要条件,又是社会主义政治文明发展的重要目标。在长期的革命、建设和改革实践中,邓小平始终关注党和国家政治生活的健康发展,提出了大量有关我国社会政治生活发展的构想。虽然邓小平没有直接使用"政治生活支持"这个概念,但透过邓小平许多相关论述,我们不难发现其中渗透着丰富的政治生活支持思想。深刻领会邓小平政治生活支持思想,对于加快我国社会主义民主政治建设,深化政治体制改革,推进社会主义政治文明有着重要的现实意义。

一、邓小平政治生活支持思想的主要内容

邓小平对当代中国政治生活从整体上进行了科学设计,提出了十分丰富的政治生活支持思想。

1. 代表人民根本利益,是邓小平政治生活支持思想的出发点

党的一切工作说到底都是为了代表和实现最广大人民的根本利益。邓小平指出,共产党"之所以能够领导人民群众,正因为,而且仅仅因为,它是人民群众的全心全意的服务者,它反映人民群众的利益和意志,并且努力帮助人民群众组织起来,为自己的利益和意志而斗争"[1]218。要获得广大人民群众政治生活的支持,就要积极创造条件,有效整合社会各阶层、各方面的利益关系,实现好、维护好、发展好最广大人民的根本利益,使广大人民群众在社会不断进步的基础上获得更多更切实的利益。这

里所说的利益主要是指人民群众长远的根本的利益，包括经济、政治、文化等多方面的利益。最广大人民群众的根本利益就是党的最高利益。代表广大人民群众的根本利益，就成为党和国家政治生活的出发点和必然归宿。

2. 充分发扬民主，是邓小平政治生活支持思想的基本原则

只有在党和国家政治生活中充分发扬民主，才能得到广大党员和人民群众的广泛支持。发扬民主，就要让人民群众讲话。邓小平指出："一个革命政党，就怕听不到人民的声音，最可怕的是鸦雀无声。"[2]144-145要相信广大人民群众有判断政治是非的能力，让人家讲话，天不会塌下来。邓小平认为，一切提到会议上的问题，都必须经过讨论，允许提出异议。如果在讨论中发现重大的意见分歧，而这种分歧并不属于需要立即解决的紧急问题，就应该适当地延长讨论，并且进行个人商谈，以便求得大多数的真正同意，而不应该仓促地进行表决，或者生硬地作出结论。"关键在于不断地总结经验，使我们党的生活民主化，使我们国家的政治生活民主化。这样就能听到更多人的意见，特别是人民群众的意见。"[3]259只有把意见摆在桌面上，集思广益，群策群力，才能更好地发扬民主，提高科学决策的水平，实现社会政治生活的健康有序发展。

3. 加强制度建设，是邓小平政治生活支持思想的关键所在

在推进党和国家政治生活的健康发展中，邓小平特别重视以民主集中制为主要内容的制度建设。邓小平曾经谈道："从遵义会议到社会主义改造时期，党中央和毛泽东同志一直比较注意实行集体领导，实行民主集中制，党内民主生活比较正常。可惜，这些好的传统没有坚持下来，也没有形成严格的完善的制度。"[2]330民主集中制建设是社会主义民主政治建设的关键所在。邓小平明确指出："我们过去发生的各种错误，固然与某些领导人的思想、作风有关，但是组织制度、工作制度方面的问题更重要。这些方面的制度好可以使坏人无法任意横行，制度不好可以使好人无法充分做好事，甚至会走向反面。"[2]333制度建设是我国社会政治生活支持的根本保证，必须常抓不懈，持之以恒。

4. 推进政治协商，是邓小平政治生活支持思想的重要举措

党和国家在社会经济发展中的许多重大事项都要进行政治协商，充分听取和吸收来自各方面、各阶层的意见和建议，这样才能获得政治生活的有效支持。推进改革和发展、维护社会稳定,基础在基层,在人民群众。邓小平提出:"我们热诚地希望各民主党派和工商联都以主人翁的态度,关心国家大事,热心社会主义事业,就国家的大政方针和各方面的工作,勇敢地、负责地发表意见,提出建议和批评,做我们党的诤友,共同把国家的事情办好。"[2]205他还说,我们要广开言路,广开才路,坚持不抓辫子、不扣帽子、不打棍子的"三不主义",让各方面的意见、要求、批评和建议充分反映出来,以利于政府集中正确的意见,及时发现和纠正工作中的缺点、错误,把我们的各项事业推向前进。

5. 实行有效监督,是邓小平政治生活支持思想的现实途径

只有把党内监督、法律监督和群众监督结合起来,才能达到社会政治生活的有效监督。邓小平指出,要有群众监督制度,让群众和党员监督干部,特别是领导干部。邓小平特别提出,我们高级干部应该参加党的小组生活。尽管党委本身有党的生活,可以起到互相监督、互相勉励的作用,但是,党委要很好地注意高级干部参加党小组生活的问题。为了使人民群众自觉地参与国家管理,实行有效的监督,除属国家机密外,党和国家机构的一切重大活动都应该通过正常渠道公之于众,而不应对社会公众实行保密、封锁或隐瞒。要积极发挥舆论监督的作用。邓小平指出:"我们需要实行党的内部的监督,也需要来自人民群众和党外人士对于我们党的组织和党员的监督。无论党内的监督和党外的监督,其关键都在于发展党和国家的民主生活。"[1]215各级领导干部手中的权力都是人民赋予的,都要正确行使权力,自觉接受来自各方面的监督。

6. 实现社会稳定,是邓小平政治生活支持思想的重要保证

为了保障政治生活的健康发展,加快推进中国特色社会主义现代化,邓小平十分关注社会稳定问题。他强调:"中国的问题,压倒一切的是需要稳定。没有稳定的环境,什么都搞不成,已经取得的成果也会失掉。"[3]284没有稳定的社会政治环境,就不可能有健康有序的政治生活,也就不可能建设中国特色的社会主义政治文明。在党和国家政治生活健康发展中,邓小平反复倡导"要造成一个又有集中又有民主,又有纪律又有自由、又有统一意志、又有个人心情舒畅、生动活泼,那样一种政治局面"[2]295。这就是社会主义民主团结、生动活泼、安定和谐的政治局面。有了这样一种新型的政治局面,党和国家就形成了强大的政治合力,就能经受住各种风浪的考验。

二、邓小平政治生活支持思想的基本特点

邓小平对我国政治生活作出的科学设计，提出的一系列政治生活支持思想，反映了我国政治生活发展的实际状况和政治文明建设的客观需要，是邓小平政治发展思想的突出亮点。邓小平政治生活支持思想的基本特点主要体现在以下方面：

1. 党内民主与人民民主的统一

在我国，实现政治生活支持只能是双向支持，必须坚持党内民主和人民民主的统一。没有党内民主就不可能有真正的人民民主；离开了人民民主也就不会有健康的党内民主。在推进党内民主与人民民主的关系上，邓小平特别强调要发展党内民主，以党内民主带动和推动人民民主。他认为，党内民主生活状况直接决定着整个国家和社会的民主状况，不发展党内民主，国家政治生活和社会生活的民主就不可能得到真正的发展。要切实保障党员的民主权利，拓宽党内民主生活渠道，加强党员对党内事务的了解和参与。发展党内民主，充分发挥广大党员和各级党组织的积极性、主动性和创造性，是党的事业兴旺发达的主要标志，对积极推进人民民主可以起到重要的示范作用。只有实现党内民主和人民民主的统一，才能更好地支持我国政治生活的民主化、制度化和科学化。

2. 发扬民主与健全法制的统一

邓小平在我国政治生活民主化、法治化进程中多次强调，必须坚持发扬民主与健全法制的统一。民主和法制，这两个方面都应该加强，过去我们都关注不够。没有广泛的民主是不行的，没有健全的法制也是不行的。他明确指出："中国的民主是社会主义民主，是同社会主义法制相辅相成的。"[3]249 要加强民主，就要加强法制。这好像两只手，任何一只手削弱都不行。邓小平认为，不要社会主义法制的民主，不要党的领导的民主，不要纪律和秩序的民主，绝不是社会主义的民主。他还认为，我们的民主制度有许多不完善的地方，要制定一系列的法律和条例，使民主制度化、法律化。必须严格依法办事，任何组织和个人都不允许有超越宪法和法律的特权。在推进我国社会政治文明实践中，要大力发扬社会主义民主，不断

健全社会主义法制，建设社会主义法治国家。我国政治生活支持的核心就是把党的领导、人民当家作主和依法治国有机结合起来。

3. 制度建设与民主监督的统一

国家权力机关，由人民选举，对人民负责，接受人民的监督。人民当家作主重在制度建设，要切实保证人民群众依法行使各项民主权利。失去监督和制约的政治权力，必然会演变成专制的权力或腐败的权力。邓小平强调指出："凡是搞特权、特殊化，经过批评教育而又不改的，人民就有权依法进行检举、控告、弹劾、撤换、罢免，要求他们在经济上退赔，并使他们受到法律、纪律处分。"[2]332防止党和国家政治生活中出现消极腐败现象，就必须增强工作的透明度，完善民主程序，加强民主监督。没有真正的民主制度和有效的民主监督，就没有社会公众政治生活的自觉支持，也就没有社会主义的政治文明。

4. 安定团结与生动活泼的统一

社会政治生活支持既是安定团结的必要条件，又是实现安定团结的重要保证。邓小平反复强调，必须坚持安定团结与生动活泼的统一。"在我们的社会主义制度下，这两者是统一的，从根本上说，它们没有矛盾也不应该有矛盾。如果在某些时候、某些问题上生动活泼和安定团结竟然发生了矛盾怎么办？那就一定要在不妨碍安定团结的条件下实现生动活泼。"[2]251邓小平认为，我们在社会主义安定团结的基础上，就一定能够有计划、有步骤地实现可能实现的一切，最大限度地满足人民的要求。随着改革开放的深入和社会经济关系的重大调整，经济和政治生活中引发各种新矛盾，出现许多新问题。这些新矛盾、新问题绝大多数是发展中的矛盾和问题。要兼顾各方关系，协调各种利益，主动解决问题，防止矛盾激化，为推进中国特色社会主义现代化奠定政治生活支持的社会基础。

三、邓小平政治生活支持思想的现实价值

邓小平的政治生活支持思想是十分深刻的，它集中反映了邓小平卓越的政治智慧，体现了他对我国政治生活基本特点和发展规律的科学把握。深刻理解和把握邓小平政治生活支持思想，对我国正在进行的社会主义政治文明建设有十分重要的指导作用。

1. 真正实现人民当家作主

人民当家作主既是现实政治生活的生动反映，又是我们需要努力争取的重要目标。邓小平强调指出："充分发扬人民民主，保证全体人民真正享有通过各种有效形式管理国家、特别是管理基层地方政权和各项企业事业的权力，享有各项公民权利。"[2]322 所有公民都有权利参与对国家权力、国家机构和国家事务的政治管理。要认真落实人民群众的知情权、评价权、监督权和选择权。党和国家的各项工作都要同人民商量。能否与人民群众一起商量着办事，能否真正取信于民，这是实现人民当家作主的主要标志，也是获得政治生活支持的必要前提。实现人民当家作主，就必须打开民主政治的通道，开掘社会主体的价值和尊严，让越来越多的人积极主动地参与国家政治生活，表达自己的政治意愿，行使自己的政治权利，维护自己的合法权益。人民当家作主，不能流于形式，关键是要落实有效措施，切实保障和支持人民群众当家作主。

2. 继续深化政治体制改革

面对我国社会环境的深刻变化，要坚持政治制度创新，创造全新的领导方式和执政方式，依法执政，依法行政，保证法治权威，真正赢得广大人民群众政治生活的支持，从而减少政治体制改革的社会成本。要不断总结历史经验，深入调查研究，集中正确意见，从中央到地方，积极地、有步骤地继续推进政治体制改革，实现我国社会主义制度的自我完善和自我发展。邓小平指出："为了适应社会主义现代化建设的需要，为了适应党和国家政治生活民主化的需要，为了兴利除弊，党和国家的领导制度以及其他制度，需要改革的很多。"[2]322 要大胆改革不合时宜的组织制度和人事制度，革除影响发展的体制弊端，重点是切实改革并完善党和国家的制度，从制度上保证党和国家政治生活的民主化、经济管理的民主化、整个社会生活的民主化，促进现代化建设事业的顺利发展。

3. 积极推进民主的制度化和法律化

社会主义民主是制度化、法律化的民主，要切实改变政治生活中的人治现象。邓小平指出："必须使民主制度化、法制化，使这种制度和法律不因领导人的改变而改变，不因领导人的看法和注意力的改变而改变。"[2]146 要通过建立制度、完善法律，促进和保证人民充分行使民主权利，努力建设社会主义法治国家。在当代中国政治生活中，随着社会主体民主意识的增强,参与政治生活热情的高涨,人民群众要求人民政府建立"阳光"政府,增加工作透明度,尽可能公开一切可能公开的政务。通过健全民主制度,丰富民主形式,扩大公民的有序参与,保证人民依法实行民主选举、民主决策、民主管理和民主监督,防止国家工作人员以少数人的意志、利益和权力为转移的随意性,尤其是防止滥用权力、以权谋私的现象发生。

4. 自觉推进人的自由而全面发展

实现我国政治生活的和谐发展,最基本的是要保障人民群众充分行使自己的民主权利,依法管理自己的事情,努力推进人的自由而全面发展。邓小平反复强调,政治上,充分发扬人民民主,保证全体人民真正享有管理国家特别是管理基层地方政权和各项企业事业的一切权利。要增强人们政治生活的自主性、选择性和创造性,用反映现代文明的民主、法治、科学的政治理念支配人们的政治行为,为现代政治生活提供正确而积极的引导。在当代中国,政治生活目标与政治发展目标是一致的,也就是通过提高人的政治素质,发挥人的政治活动能力,开发人的政治活动潜力,推进人的自由而全面发展,以社会的发展去保障人的发展,以每个人的最大发展去推动社会向更高阶段的文明发展,并使人的全面发展与社会全面进步同向同行、同步发展。

5. 稳步建设社会主义政治文明

建设社会主义政治文明,就必须增强党和国家政治生活的透明度,调动广大人民群众参政议政的积极性,提高人民群众建设社会主义政治文明的能力。"我们进行社会主义现代化建设,是要在经济上赶上发达的资本主义国家,在政治上创造比资本主义国家的民主更高更切实的民主,并且造就比这些国家更多更优秀的人才。"[2]322要大胆借鉴人类政治文明的有益成果,不断提高政治生活质量,充分调动广大党员和人民群众知政、议政、评政、参政的积极性、主动性和创造性,使广大人民群众真正享受现代政治生活。我国社会政治生活支持的发展目标就是要实现社会安定团结,政府高效廉洁,人民和睦幸福,国家繁荣富强。没有健康和谐的社会政治生活,没有人民群众对党和国家政治生活的广泛支持,就没有社会主义的政治文明,也就没有中国特色的社会主义现代化。

参考文献

[1] 邓小平. 邓小平文选：第1卷［M］. 2版. 北京：人民出版社，1994.
[2] 邓小平. 邓小平文选：第2卷［M］. 2版. 北京：人民出版社，1994.
[3] 邓小平. 邓小平文选：第3卷［M］. 北京：人民出版社，1993.

（本文刊登于《苏州大学学报》，2003年第4期。）

第六部分
哲学与经济学研究

理论与实践的关系：马克思主义发展哲学的一个基本问题

理论与实践的关系问题是人类社会发展中一个常讲常新的话题，是我们现代全部社会体系所赖以旋转的轴心问题，更是马克思主义发展哲学值得探讨的一个基本问题。人类社会总是不断向前发展的，永远不会停留在一个水平上。党的十八大开启了全面建成小康社会、加快中国特色社会主义现代化、实现中华民族伟大复兴的"中国梦"的新征程。时代在变迁、社会在发展、历史在更迭、万象在更新，迫切需要站在历史和时代制高点上对理论与实践关系进行新的研究。"深切地反思理论与实践的辩证关系，是在当代推进实践发展和理论创新的重要课题。"[1]马克思主义发展哲学的一个基本问题就是要正确反思和把握理论与实践的内在关系，自觉推进马克思主义的新飞跃、中国特色社会主义的新发展和人类文明的新变化。

一、理论与实践关系的价值之维

理论与实践的关系问题是马克思主义发展哲学的基本论阈。全部社会生活在本质上是实践的，而对社会生活的本质反映与逻辑展开是马克思主义发展哲学的基本功能。江泽民指出："马克思主义是科学，它始终严格地以客观事实为根据，而实际生活总是在不停地变动中，这种变动的剧烈和深刻，近一百多年来达到了前人难以想象的程度。因此，马克思主义必定随着时代、实践和科学的发展而不断发展，不可能一成不变。"[2]12在当代中国，正确认识和把握理论与实践的关系问题，最主要的是阐明其研究的社会意义和历史价值。

1. 坚持和发展马克思主义的一个重大问题

理论与实践的关系问题是马克思主义理论产生的历史前提和现实基

础。马克思主义是迄今为止人类最伟大的思想理论，是指导人类解放和实现共产主义的科学世界观与科学方法论，为无产阶级和广大人民群众认识世界与改造世界提供了"伟大的认识工具"。作为源自实践、服务人民的理论，马克思主义不是从来就有的，而是科学理论与工人运动相结合的产物。离开了对资本主义基本矛盾的深刻揭示，离开了对工人阶级历史使命的科学阐明，离开了对人类社会发展规律特别是资本主义社会发展规律的客观把握，就不可能产生马克思主义。

科学阐释理论与实践的关系是马克思主义的重要历史任务。"马克思主义作为一种理论，它的一个具有'元理论'地位的基本问题是，这个理论本身具有什么样的性质、与实践处于什么样的关系。……马克思主义不仅从一开始就是一个与实践密切相连的科学理论，而且在其后来的发展中也一直把理论和实践的关系问题作为最重要的理论问题和实践问题。"[3]在《关于费尔巴哈的提纲》一文中，马克思深刻指出："哲学家们只是用不同的方式解释世界，而问题在于改变世界。"[4]502他特别强调："环境的改变和人的活动或自我改变的一致，只能被看作是并合理地理解为革命的实践。"[4]500通过革命的实践，环境得到改造，人也得到改造。马克思主义说到底就是关于解放和发展人的本质力量、实现人的自由而全面发展的理论。

与任何科学理论一样，马克思主义是来自实践并被实践不断检验的。马克思主义的继承者们自觉用马克思主义的立场、观点、方法来观察和分析社会矛盾，不断解决社会发展中的问题。列宁指出："我们决不把马克思的理论看做某种一成不变的和神圣不可侵犯的东西；恰恰相反，我们深信：它只是给一种科学奠定了基础，社会党人如果不愿落后于实际生活，就应当在各方面把这门科学推向前进。"[5]96中国共产党人在实践中继承和发展马克思主义，一个重大问题就是不断深化对理论与实践关系的认识。毛泽东指出："马克思主义一定要向前发展，要随着实践的发展而发展，不能停滞不前。停止了，老是那么一套，它就没有生命了。"[6]281他还说："马克思活着的时候，不能将后来出现的所有的问题都看到，也就不能在那时把所有的这些问题都加以解决。俄国的问题只能由列宁解决，中国的问题只能由中国人解决。"[7]5邓小平明确指出："绝不能要求马克思为解决他去世之后上百年、几百年所产生的问题提供现成答案。列宁同样也不能承担为他去世以后五十年、一百年所产生的问题提供现成答案的任务。"[8]291 他强调："真正的马克思列宁主义者必须根据现在的情况，认识、继承和发展马克思列宁主义。……不以新的思想、观点去继承、发展马克思主义，不是真正的马克思主义者。"[8]291-292 江泽民指出："马克思主义的发展史，告诉我们一个深刻的道理：社会实践是不断发展的，我们的思想认识也必须不断前进，不断根据实践的要求进行创新。"[9]68 胡锦涛也指出："马克思主义诞生以来，一代又一代马克思主义者遵循实践、认识、再实践、再认识的规律，与时俱进，不断研究新情况、解决新问题、创造新经验，从而推动马克思主义在实践中不断发展，开拓新的境界。实践一再证明，创新和发展是马克思主义充满生机和活力的根本原因，是马克思主义具有强大生命力和战斗力的奥秘所在。"[10] 中国共产党人对理论与实践关系的重要阐述，同马克思主义既一脉相承又与时俱进，对中国革命、建设和改革起着重要的指导作用。

正确认识和处理理论与实践的关系是坚持和发展马克思主义的一个关键点。列宁指出："现在一切都在于实践，现在已经到了这样一个历史关头：理论在变为实践，理论由实践赋予活力，由实践来修正，由实践来检验。"[11]59-60 这是正确把握理论与实践关系的重要观点，也是马克思主义的一个基本观点。中国共产党人善于运用马克思主义理论来解释和解决中国革命、建设与改革发展中的实际问题。毛泽东立足于中国革命和建设的实践，最重要的建树就是把马克思主义的实事求是作为党的思想路线的核心内容，提出了新民主主义革命和社会主义革命理论，领导党和人民进行了新民主主义革命、社会主义革命与社会主义建设的探索实践。党的十一届三中全会重新恢复了实事求是的思想路线；从十二大到十八大的《中国共产党章程（修正案）》中，我们党始终强调"一切从实际出发、理论联系实际、实事求是、在实践中检验和发展真理"的思想路线。从理论形成到最终确立来看，我们党创立的毛泽东思想和中国特色社会主义理论体系，都不是从书斋中空想出来的，也不是从抽象的概念和范畴中演绎出来的，而是直接来源于我国革命、建设和改革发展的伟大实践。

实践证明，正确认识和处理理论与实践的关系，不仅关系到马克思主义理论的形成和发展，而且直接关系到中国革命、建设和改革发展的伟大实践。习近平指出："92年来，党团结带领全国各族人民进行了持续不断的伟大奋斗，创造了一个又一个人间奇迹，完成了新民主主义革命，完成了社会主义革命、进行了社会主义建设，进行了改革开放新的伟大革命，这3件大事从根本上改变了中国人民和中华民族的前途命运。"[12]我们党之所以能够领导中国人民取得革命、建设和改革发展的伟大成就，就在于紧紧抓住革命、建设和改革发展中的根本问题进行独特的理论探索，把马克思主义普遍原理与中国具体实际相结合，创立了毛泽东思想和中国特色社会主义理论体系。只有处理好理论与实践的关系，才能不断把马克思主义推向新的发展阶段。

2. 坚持和发展中国特色社会主义的一个根本问题

坚持与发展中国特色社会主义，这是新时期我们党的全部理论和实践发展的鲜明主题。新时期党的理论创新就是围绕建设和发展中国特色社会主义这一主题，在不断探索和回答什么是马克思主义、怎样对待马克思主义，什么是社会主义、怎样建设社会主义，建设什么样的党、怎样建设党，实现什么样的发展、怎样发展这些基本问题的过程中形成和发展的。中国特色社会主义理论体系突出回答了如何解决好当代中国经济社会发展中的重大理论和现实问题，坚持马克思主义与中国具体国情相结合，是马克思主义在当代中国的最新形态，是马克思主义在中国发展的新阶段。

理论是对实践经验的概括和总结。中国特色社会主义，是科学社会主义理论逻辑和中国社会发展历史逻辑的辩证统一。"中国特色社会主义理论体系根植于改革开放和现代化建设的伟大实践，发端于历史转折的关键时期，丰富于世纪之交的严峻考验之中，深化于世情国情深刻变革之际。"[13]是不是从中国社会主义初级阶段的实际出发，立足现实的、具体的国情，是坚持和发展中国特色社会主义的首要问题。中国特色社会主义理论体系既坚持了科学社会主义的基本原则，又根据时代条件赋予其鲜明的中国特色，是一百多年来科学社会主义理论与实践发展的结晶，是当代中国的科学社会主义。

在当代中国，坚持和发展中国特色社会主义一个重要原则问题，就是要正确认识和科学把握新中国成立以来理论与实践的关系，充分认识我们党领导的社会主义改造、社会主义建设和改革开放的伟大实践是接续奋斗的历史过程。过去成功的经验是我们党弥足珍贵的财富，而过去的一些发展挫折和教训也是极为宝贵的财富。习近平指出："我们党领导人民进行社会主义建设，有改革开放前和改革开放后两个历史时期，这是两个相互联系又有重大区别的时期，但本质上都是我们党领导人民进行社会主义建设的实践探索。中国特色社会主义是在改革开放历史新时期开创的，但也是在新中国已经建立起社会主义基本制度、并进行了20多年建设的基础上开创的。虽然这两个历史时期在进行社会主义建设的思想指导、方针政策、实际工作上有很大差别，但两者绝不是彼此割裂的，更不是根本对立的。不能用改革开放后的历史时期否定改革开放前的历史时期，也不能用改革开放前的历史时期否定改革开放后的历史时期。"[14]改革开放前的社会主义实践探索，是党和人民在新时期把握现实、创造未来的历史前提，没有它提供的成败经验借鉴，积累的思想成果、物质成果和制度成果，改革开放也很难顺利推进。党的十一届三中全会以后，我们党开辟了中国特色社会主义的新道路。

正确处理理论与实践的关系问题是推进改革开放的关键问题。改革开放是决定当代中国命运的关键抉择，是发展中国特色社会主义、实现中华民族伟大复兴的必由之路。在理论与实践的有机结合中推进改革开放，是中国特色社会主义现代化建设的鲜明主题。理论主题与实践主题的一致性，揭示了人民群众的创造性实践是党的理论创新最深厚的源泉，赋予了党的创新理论成果鲜明的实践特色。"在改革开放中，我们党始终尊重群众的首创精神，深入调查研究，倾听群众呼声，反映群众愿望，代表群众利益，善于从群众中汲取智慧，把人民群众创造的新鲜经验升华为理论成果，并在群众实践中不断丰富和发展科学理论。"[15]理论创新的高度决定了实践的广度和深度。以改革开放的新实践作为思考问题的基本视角，坚持以中国特色社会主义理论体系为指导，真正使全国各族人民在中国特色社会主义伟大实践中感受到经济社会的巨大变化，感受到改革开放实践的巨大威力。

发展中国特色社会主义是一项长期而艰巨的历史任务。历史、现实、未来是相通的。历史是过去的现实，现实是未来的历史。正确认识和把握理论与实践的关系，就要以我国改革开放和现代化建设的实际问题、以我们正在做的事情为中心，着眼于马克思主义理论的运用，着眼于对实际问题的理论思考，着眼于新的实践和新的发展。习近平指出："中国特色社会主义是实践、理论、制度紧密结合的，既把成功的实践上升为理论，又以正确的理论指导新的实践,还把实践中已见成效的方针政策及时上升为党和国家的制度。所以,中国特色社会主义特就特在其道路、理论体系、制度上,特就特在其实现途径、行动指南、根本保障的内在联系上,特就特在这三者统一于中国特色社会主义伟大实践上。"[16]4事实证明:中国特色社会主义伟大实践,不仅使我们国家快速发展起来,使我国人民生活水平快速提高起来,使中华民族大踏步赶上时代前进潮流、迎来伟大复兴的光明前景,而且使中国人民和中华民族为世界和平与发展作出了新的重大贡献。

3. 马克思主义政党自身建设的一个关键问题

正确认识理论与实践的关系,坚持理论联系实际的原则,既是马克思主义政党自身建设的一个重要学风问题,更是马克思主义政党自身建设的一个根本原则问题,直接关系到马克思主义政党建设的科学化水平。理论上的成熟是政治上坚定的基础,理论上的与时俱进是行动上锐意进取的前提。中国共产党从成立之日起就站在推动人类发展和改变中华民族命运的高度,寻求和运用先进的理论来武装自己。早在延安整风时期,毛泽东就提出:"要使马克思列宁主义的理论和中国革命的实际运动结合起来,是为着解决中国革命的理论问题和策略问题而去从它找立场、找观点、找方法的。这种态度,就是有的放矢的态度。'的'就是中国革命,'矢'就是马克思列宁主义。我们中国共产党人所以要找这根'矢',就是为了要射中国革命和东方革命这个'的'的。"[17]801离开中国革命实践的需要而空谈理论,就不会有我们党的重大历史地位了。

正确认识和把握理论与实践的关系,是党的建设科学化水平的主要标志。胡锦涛指出:"我们必须从新的实际出发,坚持以科学理论指导党的建设,以改革创新精神研究和解决党的建设面临的重大理论和实际问题,着眼于全面建设小康社会、加快推进社会主义现代化,全面认识和自觉运用马克思主义执政党建设规律,全面推进党的建设新的伟大工程,不断提高党的建设科学化水平。"[18]理论联系实际的首要任务是学好理论。认真学习马克思主义经典著作,有利于从源头上完整准确地理解马克思主义,系统掌握马克思主义科学真理。没有马克思主义的理论基础,就谈不上把马克思主义基本原理同中国具体实际相结合。90多年来,在中国革命、建设和改革的不同历史时期,我们党都是一个高度重视理论指导又善于进行理论、实践与制度创新的马克思主义政党。什么时候全党上下重视并坚持理论联系实际,党的工作决策和指导方针符合客观实际,党和人民的事业就顺利发展;而忽视理论联系实际,就会导致主观认识脱离客观实际、领导意志脱离群众愿望,从而造成决策失误,致使党和人民的事业蒙受重大损失。实践充分证明,理论与实践的关系问题不仅仅是一种工作思路、工作方法问题,而且是关系党和人民事业得失成败的重大原则问题。一部中国共产党的发展史,就是马克思主义的基本原理与中国具体实际相结合、不断进行理论创新和实践创新的历史。

4. 马克思主义发展哲学值得探讨的一个基本问题

实践发展永无止境,认识真理永无止境,理论创新永无止境。马克思主义哲学处在不断的发展中,随着时间、地点、条件的变化而变化,随着实践的发展而发展。人们自己创造自己的历史,但是他们并不是随心所欲地创造。每一个历史时代,人类社会改变现状寻求发展的实践都会提出相应的理论诉求和实际任务,理论与实践的关系是人类思想史与实践发展史的集中反映。在人类文明发展中,特别是在中国特色社会主义建设中,理论与实践的关系是极其重要的,但并不是已经完全解决了的问题。"马克思主义哲学要真正发挥作用,就必须由少数人的哲学变为广大人民群众的思想武器。这是马克思主义哲学发挥作用的唯一途径。"[19]41

马克思主义发展哲学阐明理论与实践关系的基本立足点就是"把人的世界和人的关系还给人自己",揭示无产阶级的历史地位与历史使命。作为先进生产力代表的无产阶级是推动社会发展的根本力量。"哲学把无产阶级当做自己的物质武器,同样,无产阶级也把哲学当做自己的精神武器。"[4]17无产阶级和广大人民群众是历史的创造者,是历史发展和社会变革的决定性力量。毛泽东强调指出:"人们的社会存在,决定人们的思想。而代表先进阶级的正确思想,一旦被群众掌握,就会变成改造社会、改造世界的物质力量。"[7]320马克思主义发展哲学的一项重要历史任务,就是让哲学从哲学家的课堂上和书本里解放出来,变为人民群众创造美好生活、实现人的自由而全面发展的强大思想武器。

马克思主义发展哲学要研究时代的大问题,回答现实的新问题。真正的前沿问题绝不是单纯思维的前沿,而是对时代问题的回应、对现实问题的解答。马克思主义最为宝贵的理论品质是与时俱进,发展是内在于马克思主义本身之中的，不存在不发展的马克思主义。列宁指出："现在必须弄清一个不容置辩的真理，这就是马克思主义者必须考虑生动的实际生活，必须考虑现实的确切事实，而不应当抱住昨天的理论不放，因为这种理论和任何理论一样，至多只能指出基本的、一般的东西，只能大体上概括实际生活中的复杂情况。"[5]169 当代中国的发展，既取得了举世瞩目的成就，也不可避免地面临各种问题与挑战。马克思主义发展哲学就是要在社会的发展变化中，在理论与实践的良性互动中，不断校准理论与实践的方向，从而推动社会的发展和时代的进步。当代中国只能根据中国发展的现实状况，解决现实中所面临的问题。要看到，在社会转型期，社会生活中一些最基本的民生需求都已经成了问题，这就需要运用科学理论引领人民群众自觉反思自己的境遇，形成更宽的发展视域，提出更高的理论诉求，达到更高的理论自觉与实践自觉。

马克思主义发展哲学在当代中国的发展语境和实践路径，首先要处理好改革开放理论研究与实践创新的关系。改革开放是当代中国一切发展和进步的活力之源，是发展马克思主义、发展中国特色社会主义、发展中国共产党的强大动力，是大势所趋、人心所向，方向和道路完全正确，成效和功绩不容否定，停顿和倒退没有出路。当前，中国的改革已经进入了攻坚阶段，我们必须在这样复杂的历史条件和全球经济一体化格局中定位改革发展战略，用改革创新破解阻碍发展的矛盾和问题。应对当前我国发展所面临的矛盾和挑战的关键在于全面推进改革，不失时机深化重要领域改革，攻克体制机制上的顽瘴痼疾，突破利益固化的藩篱。要看到，改革是有风险的，出台各项改革政策前，要尽可能地充分调查研究，充分分析和估计改革的社会影响，尽可能减少改革过程中出现的各种风险，降低改革的社会成本。

马克思主义发展哲学要特别关注社会主义民主的理论研究与实践发展。建设高度的社会主义民主，这是中国特色社会主义发展的重要目标。在当代中国民主问题是个大问题，集中体现了我们党的宗旨、国家的性质和社会主义的运行体制与发展机制。党内民主是党的生命，人民民主是社会主义的本质和核心，要通过党内民主来带动人民民主、社会民主的新发展。在正确把握社会主义民主理论与实践的关系上，民主不但要讲，更要抓落实。要通过民主制度安排，依法保障人民权益，从各层次各领域扩大公民的有序政治参与,让全体人民依法平等享有权利和履行义务,不断扩大人民民主,实现社会公平正义。

马克思主义发展哲学特别要关注中国梦的理论研究与实践创新。中国梦是实现国家富强、民族振兴、人民幸福的伟大梦想,也是每个中国人一个个细小梦想的汇集。习近平强调:"在前进道路上,我们一定要坚持从维护最广大人民根本利益的高度,多谋民生之利,多解民生之忧,在学有所教、劳有所得、病有所医、老有所养、住有所居上持续取得新进展。"[20] 解决民生问题,实现中国梦是艰巨而浩繁的历史使命,只有让人人都有人生出彩的机会,整个社会才更加多姿多彩,有梦想、有机会、有奋斗,一切美好的东西才能创造出来,也才能把每个中国人的梦汇聚成实现中华民族伟大复兴的"中国梦"。

二、理论与实践关系的认识之误

随着改革开放和发展社会主义市场经济进程的不断加快,我国经济体制深刻变革、利益格局深刻调整、思想观念深刻变化,社会结构和社会组织形式发生深刻变动,需要客观地而不是主观地、发展地而不是静止地、全面地而不是片面地、系统地而不是零散地、普遍联系地而不是孤立地观察事物、分析矛盾、解决问题,在理论与实践对立统一的关系中把握事物发展的客观规律性。在社会生活中,对理论与实践关系问题出现了种种认识不足、理解不深、把持不住的现象,导致了对理论与实践关系的误读曲解,引发了实践中的许多困境。学者赵家祥指出:"在我国理论界和实际工作者中存在着一种片面强调实践的重要性、忽视或不能全面理解理论对实践的能动作用的唯实践主义倾向,从理论与实践关系复杂性的角度并列举了其四种表现:(1)只承认实践检验理论,不承认理论检验实践;(2)对理论来源于实践作简单片面的理解;(3)把理论创新简单化、庸俗化;(4)把理论联系实际简单化、庸俗化。"[21] 走出理论与实践关系上的认识误区,坚持马克思主义发展哲学理论与实践相结合、认识世界与改造世界相统一的基本精神,是解决当前我国经济社会发展中众多矛盾与困惑,实现马克思主义理论创新与实践发展的重要课题。

1. 理论与实践关系上认识的简单化

实践的需求与理论的诉求是人们认识理论与实践关系的逻辑前提。在现实社会中，存在着将理论与实践关系简单对应的问题，就是有什么样的理论就会有什么样的实践，反之，有什么样的实践就会有什么样的理论，看不到理论与实践之间的复杂联系。学者杨学功认为，我们以前对理论与实践的关系问题的理解是简单化的，即把它理解为单一的理论与实践的对应关系。由于追求理论与实践之间的简单对应，这个原则在具体操作中被变成了下述两种情形：其一，"理论联系实际"变成了用"理论图解现实"，这样，理论研究就失去了自主性；其二，"理论联系实际"变成了让"现实迁就理论"，即不管实际情况如何，都要坚定不移地"贯彻"某种理论，它们所导致的后果乃至灾难，我们也不陌生。应看到，理论与实践之间原本就不是简单的一一对应关系，而是"双向交织的一多关系"，即：一种理论可以对多个实践有效，而一种实践则与多种理论相关。"相对于任何一种理论来说，理论是一，实践是多，一种理论可以对多个实践有效。反之，相对于一个实践来说，实践是一，理论是多，一种实践必定牵涉多种理论。理论和实践的一多关系是双向交织的一多关系，而不是单一理论主宰一切实践的关系。"[22]

由于认识上的简单化，导致了实践中对理论的指导性、规范性认识不足。理论是对客观事物内在联系的本质抽象，不可能像具体事物那样丰富而多彩，它往往是学理性的，不是那么通俗易懂的。在现实生活中，一些党员干部存在着"不愿学、不勤学、不真学、不深学、不善学"等不良学风，一些领导干部热衷于用学习"装点门面"，造成的后果是理论与实践相脱节、学习与运用"两张皮"。有人认为，学与不学一个样，学习是虚功，不是实功；学多学少一个样，了解一点就行，学多了也用不上。学者杨鲜兰指出："理论如果在书斋中自说自话，就只有死路一条。理论不能回答现实问题，就不能说服人。理论不能服人，理论自信就无从谈起。"[23]

由于认识上的简单化，对理论与实践关系结构的把握不深刻，看不到理论与实践的关系是一个多层次、多维度的关系，导致了实际工作中的三种境况：一是完全照搬马克思，把马克思主义教条化。理论脱离实际的具体表现是：理论研究远离现实，远离人民群众的实践，远离火热的社会生活。"脱离实际,脱离群众,一些学者关在书斋里做空头文章,远远落在时代后面。"[24] 二是照搬西方学术,出现了"言必称西方"的洋教条。"对西方学术的盲目迷信和崇拜,正妨碍着我们的独立思考和理论创新。中国学术研究如果走不出对西方学术的盲目迷信,就没有尊严,更无法走向世界。中国学术必须说中国话,否则就没有前途和出路。"[25] "剖析'洋教条'的种种误区,在形式上体现为母语失语症,离开西方那套学术话语体系,就不能正常地表达自己的思想,在内容上就是对洋权威的理论或学术观点攀附、仰视膜拜、无条件地认同","因为脱离实际,所以这样的文章愈多,就对现实愈有害,愈会蒙蔽读者,愈会妨害文化创新"。"洋教条、洋标准、洋教材,社科理论界洋风劲吹、洋货泛滥,让人吃惊。"[24] 三是照搬老祖宗。面对市场经济发展中出现的新情况、新问题,有人认为,只有儒家文化才是解决当代中国问题的唯一出路。"老祖宗的东西虽然辉煌,但毕竟是自然经济和封建社会条件下的产物。我们的学术话语体系要适应现代文明,适应社会主义市场经济需要,要向前看、要发展,而不是对那些过时的东西阐精发微。"[26]

理论与实践的关系不是一种静止孤立的逻辑关系,也不是一劳永逸的配置关系,而是在社会发展中的相互依赖、相互制约、又不断创新、相互转化的关系。在现实生活中存在诸多理论与实践关系简单化的倾向,造成了理论无用病和实践盲目症。正确反思理论与实践的关系,不仅对理论与实践各自的发展有着重要的作用,而且对理论与实践关系的统一性发展有着十分重要的影响。正确认识理论与实践的关系,不仅要看到理论与实践内在的逻辑关系,而且要看到理论与实践复杂的关系结构,既要反对理论无用论,又要反对思想僵化症。

2. 理论与实践关系上认识的自发论

在实际工作中,一些同志出现了崇尚理论与实践关系的自发论。有人认为:"只要实践就可以自然而然地形成理论;从事什么样的实践活动,就会形成什么样的理论;实践活动越多的人,掌握的理论就越多,理论水平就越高。这是典型的理论与实践关系问题上的自发论。……实质上,如果一个人不掌握前人传下来的思想材料,不掌握相关理论的概念、观点和理论体系,没有一定的理论修养,即使实践再多,实践的时间再长,也不能提出任何新的概念和新的观点,更不能提出系统的新理论。"[27]

在现实生活中，有质疑"理论联系实际"的提法。有学者认为："理论联系实际的提法并没有，也不可能把理论与实践的辩证关系完全表达清楚，而这两者的关系也绝不仅仅是'联系'的关系。"[28] 有学者提出"理论联系实际"存在表意上的不准确：一是"联系"一词存在使用上的模糊性与不确定性；二是"实际"一词使用上存在模糊性；三是"实际"与"理论"的搭配不够恰当；四是"理论"与"实际"的关系是反映关系，不存在联系关系；五是"理论"与"实际"关系不是单一对应关系；六是暗含了一个前提，马克思主义仅仅是一种理论。[29] "理论联系实际"是可以反思也应当反思的，但反思不能仅仅从词语的表层意思出发，更不能自言自语、自说自话，否则这种反思只能是理论与实践关系上的自发论。应当反思的是我们党把"理论联系实际"提到了马克思主义根本原则和根本方法的高度，为什么我们还常常在"理论联系实际"这个问题上犯低级的错误。理论联系实际，这个理论是有着特定含义的，是带有实践经验的理论，是时代中的实际，是可以而且应当拿来指导实践的理论。"联系实际你得有理论，联系实际那是否定之否定阶段，是最为艰难的。你首先是必须掌握理论，没有理论那不是'就事论事'了吗？那怎么叫理论联系实际呢？"[30]333 现在有些人"不学马列，批马列"，不是认识上的幼稚，就是理论上的浅薄，可以说是一种恶劣的学风。马克思主义之所以是认识世界和改造世界的强大思想武器，就是因为在马克思主义理论中蕴含着正确的立场、科学的观点、有效的方法；而要把这种内在的理论所蕴含着的立场、观点、方法外显化，被人们所认识、所接受、所认同、所运用就必须借助于实践。理论联系实际就是强调，没有实践的践行，就没有理论的完善；而离开理论的指导，任何实践也就成为盲目的实践，也就失去了实践的意义和价值。

3. 理论与实践关系上认识的片面性

在实际工作中，存在着把理论与实践的关系凝固化、碎片化的倾向，"片面地从一个角度、一个层次看问题，过于强调主观感受的合理性和正当性，要么无视其他见解和主张，要么将不同意见说得一无是处，在极化的情绪中丧失了对客观世界的正确把握"[31]。理论与实践关系上认识的片面性主要表现在四个方面：

一是过于看重理论作用，忽视了实践在理论发展中的价值。强调一切从本本出发，本本上没有的，即使实践提出要求了，也不敢试、不敢闯、不敢干，生怕出问题。教条主义不是在实践中研究新问题、解决新问题、提出新观点发展马克思主义，而是把马克思主义同它在现实生活中的生动发展割裂开来、对立起来，否认马克思主义必须随着实践的发展而发展。正如刘少奇对教条主义者所描述的："他们在解决问题、决定方针的时候，总不是从实际出发，不是从调查研究周围的实际情况出发，而是从书本上的公式出发，从历史上的类比出发，或者从苏联、从西欧各国、从其他什么想象的事情出发。他们在实践中是唯心论者。"[32]298

二是过于看重实践经验，忽视了理论对实践的指导作用。实践有合理与不合理、正确与错误、自觉与盲目之分。"如果能在事前对实践活动的目的、方法、步骤以及可能产生的后果，从理论上加以审视、论证和预测，在思维中加以预演，则可能减少失误，避免不必要的损失。即使是对实践后果的检验，也要辅之以理论上的判断。没有理论上的判断，是无法断定实践活动是否合理、是否正确的。否认理论对实践的检验，实质上就是认为实践活动天然合理，这种观点必然导致实践活动的盲目性。"[27]

三是看不到理论与实践的关系是动态变化的。在实际工作中，存在着这样一种倾向，就是"抓啥啥重要"，看不到形成理论的实践在变化，理论与实践的关系也在不断变化，既不存在一成不变的实践，也不存在一成不变的"终极理论"。推进理论与实践的发展，往往只关注理论向实践靠拢，而忽视了实践向理论的走近，尤其忽视实际工作者的理论武装。持有这种观点的同志看不到或者不愿意承认理论与实践之间互相制约、互相影响的关系。在这种思想观点的影响下，作为改革开放和现代化建设指导思想的中国特色社会主义理论体系在个别同志那里被片面化了，整个理论体系之间的内在逻辑联系不见了，剩下的只是一个个孤立的观点和判断，于是，在实践中出现了对理论各取所需，"干啥讲啥"的现象。这种思想认识，不仅损害了理论与实践关系的系统性、生动性，而且影响着中国特色社会主义理论与实践的动态结合。

四是理论与实践相脱节。一些理论工作者谈理论时眉飞色舞、口若悬河，能谈出一套一套的，却不能解决实际问题，就是因为理论是理论，而不知道理论的根据究竟在哪里，理论与实践不照面，也不知道理论的真正价值。"脱离具体实践谈论马克思主义，是犯了一个叫做'施为性矛盾'

的思维错误,亦即对一个理论的态度与这个理论本身的要求背道而驰。"[3]只有结合中国实际的马克思主义,才是我们所需要的真正的马克思主义。什么是中国当前的实际?就是我们正在建设的中国特色社会主义,正在进行的改革开放,正在推进的全面建成小康社会、加快社会主义现代化建设、实现中华民族伟大复兴的"中国梦"。

4. 理论与实践关系上认识的庸俗化

理论与实践的关系上的形式化。在实际工作中,出现了从强调理论的极端重要性,到否认理论的指导作用,要么重形式、轻内容,从理论到理论的"空对空",要么本本上说一套,实际上另做一套。在人类认识真理的历史长河之中,同任何伟大的思想一样,马克思主义学说不是终极的真理,也不可能穷尽全部的真理。因此,把马克思主义绝对化的做法本身就不符合马克思主义。马克思曾经说过,世界史本身除了用新问题来回答和解决老问题之外,没有别的办法。一些同志对中国特色社会主义理论体系在实践中的地位认识不足、理解不深,把改革开放和现代化建设实践作为一个盲目的过程来对待,跟着感觉走,相信感觉甚于相信理论、相信科学,不学习,不思考,习惯于凭经验蛮干,这种形式化倾向堵塞了理论与实践之间的通路,使中国特色社会主义理论体系无法完整地进入变化了的工作实践。

理论与实践的关系上的独断论。在实际工作中,强调马克思主义理论的指导地位是毋庸置疑的,马克思主义确实对当代中国经济社会发展起着重要的指导作用。但指导不等于直接照抄照搬。马克思主义"作为一个理论形态、科学体系转化为现实政策和实践活动,其间有许多中间环节需要研究、论证和再创造,不能把马克思主义理论和某个原理直接等同于现实政策"[33]7。有些同志以一概全,把个别论点、个别结论当作马克思主义的整体,不会把马克思主义的科学体系同个别论点区别开来,甚至把马克思主义作为时髦的标签,到处张贴,把马克思主义这个指导我们思想的理论基础直接作为现实的政策,一旦在实际工作中出现失误,势必会影响马克思主义的客观真理性,使一些人对马克思主义的科学性产生怀疑。

理论与实践关系上的曲解说。在实际工作中,一些同志过于强调实践,固守传统方式,质疑"科学发展观"的现实价值,有意无意贬损、诋毁科学发展观的重要指导作用。有的把科学发展观的以人为本,曲解为

"以个人为本""以个人利益为本",完全脱离了马克思主义的发展观、价值观。马克思主义以人为本的实质是以最广大人民的根本利益为本,而不是以个别人的个别利益为本。有的认为,"发展不科学,科学不发展",片面看待科学与发展,把二者割裂开来甚至对立起来。"科学发展观是充分贯彻和体现马克思主义唯物辩证法的发展观。它所强调的发展,是正确处理局部与全局、数量与质量、速度与效益关系的又好又快发展,是正确处理人与人、人与社会、人与自然关系的协调发展,是正确处理城市与农村、发达地区与欠发达地区、国内发展与对外开放关系的统筹发展,是正确处理经济、政治、文化、社会以及生态等各方面关系的全面发展,是正确处理当前与长远、现在与未来关系的可持续发展。"[34]而实际上没有科学就谈不上发展,没有发展同样无所谓科学。还有的认为,对于发达地区应该是先科学后发展,而对于欠发达地区则应该是先发展后科学。无论发达地区还是欠发达地区,科学与发展都是相互联系、不可分割的,任何割裂二者的做法都是不符合客观规律的,也必然会受到规律的惩罚。在实际工作中,要改变"只防出错、不求出新,只求保险、不担风险"的思维定式,走出"只干不说、干了再说"的思维误区,就必须着眼于当今世界的变化,立足于新的发展实践,深刻回答哪些是必须长期坚持的马克思主义基本原理,哪些是需要结合新的实际加以丰富发展的理论判断,哪些是必须破除的对马克思主义的教条式的理解,哪些是必须澄清的附加在马克思主义名下的错误观点,用科学的态度对待马克思主义。如果一味强调实践对理论的拒斥,用功利主义、实用主义的态度对待理论与实践的关系,片面强调感性经验的作用,那就势必会导致实践的低效、无效和负效,直接影响到科学发展观在实际工作中的贯彻落实。

三、理论与实践关系的本真之蕴

马克思主义发展哲学的本真意义是交往实践观,不以交往实践观为指导,就难以说清现代社会理论与实践的多元复杂关系。交往是人类特有的活动方式和存在方式,是人的实践活动的重要本性,脱离了交往,理解人及其实践活动是不可能的。交往实践观,即运用交往实践来反思和把握人类社会的观念,认为当代社会的本质是全球化社会,这一社会由多层次的交往活动即物质交往、精神交往和话语交往等构成，人们的交往实践即物质交往无疑是交往的社会基础。[35] 理论与实践作为矛盾的统一体，内在地包含着相互依存、相互制约的两个方面，没有脱离实践的理论，也没有脱离理论的实践。交往实践观强调，要全面而不是片面、准确而不是模糊、系统而不是零碎地理解和掌握理论与实践的关系，它永远提醒我们要认识到事物存在的另一面，即通过各种中介环节来认识实际存在的人与事。

弄清理论与实践的关系结构是正确认识理论与实践关系的重要前提。理论与实践的关系是马克思主义发展哲学最基本的一般关系，它直接反映主观与客观、历史与逻辑、科学与价值的关系；马克思主义理论与实践的统一，就是主观与客观的统一、历史与逻辑的统一、科学与价值的统一。任何科学理论都来源于实践。中国特色社会主义的新发展，需要正确处理现实社会中面临的理想性与现实性的矛盾、普遍性与特殊性的矛盾、继承性与发展性的矛盾、批判性与规范性的矛盾，亟待对理论与实践的关系给予新的阐释。理论意义与实践价值的同步彰显，理论旨趣与实践指向的相互交织，理论认同与实践契合的共赢格局，直接反映和体现了理论与实践关系的本真之蕴。

1. 互动相通的统一关系

理论的形成与实践的发展是一个互动相通的过程。理论与实践不是彼此隔绝、互不相干的，而是具有多种多样、复杂而丰富的有机联系，它们共处于一个矛盾统一体中。理论与实践各有自身的内在规定性，它们之间有一定的距离是客观的，也是必然的，因为有距离，才能构成"你中有我、我中有你"的理论张力与实践动力。习近平指出："为什么理论与实际必须联系而不能互相脱离呢？因为理论是从实践中产生的，理论是否正确还要接受实践检验并要在实践中得到丰富和发展；同时，理论只有与实际紧密联系，才能发挥对实践的指导作用，实现自身的价值和意义。理论如果脱离了实际，就会成为僵化的教条，就会失去其活力与生命力。理论家如果脱离了社会实践，只是从书本上来到书本上去，就会成为空洞的理论家，而不可能成为党和人民所要求的实际的理论家。"[36] 把握理论与实践之间双向互动、内在相通的关系，就是既要看到理论与实践矛盾双方的对立和排斥，也要看到理论与实践矛盾双方的联系和统一，尤其是在一定条件下的相互转化。

理论可以通过人转变为实践。当一种理论转化为人的一种思维方式的时候，它就会改变人的行为方式，最终变为人的存在方式或生活方式。马克思深刻地指出："批判的武器当然不能代替武器的批判，物质力量只能用物质力量来摧毁，但是理论一经掌握群众，也会变成物质力量。理论只要说服人，就能掌握群众；而理论只要彻底，就能说服人。所谓彻底，就是抓住事物的根本。而人的根本就是人本身。"[4]11 理论对人们的影响是从客观世界的观念或思维方式的转变开始的。理论与实践之间存在着互动相通的关系，它们之间是可以相互转换的，而转换的中介就是人。这里的人不是什么抽象意义上的人，而是现实的人。现实的人、现实人的现实需要、现实人的现实利益、现实人的现实关系，是理论与实践关系互动相通的基本立足点。马克思主义发展哲学作为时代精神的精华，是最贴近人心的事业。"应该认识到，如果哲学不关心人民，人民就不关心哲学；哲学不关心社会，社会就不需要哲学；哲学家如果只关心概念、范畴，路子就会愈走愈窄。"[19]59

实践可以通过人转变为理论。实践本身是人的有目的、有意识的客观物质性活动，但它又是受一定的思想引导的。当人们把一定的理论观点应用于实践的时候，就会引起客观事物的变化。马克思指出："人的思维是否具有客观的真理性，这并不是一个理论的问题，而是一个实践的问题。人应该在实践中证明自己思维的真理性，即自己思维的现实性和力量，自己思维的此岸性。"[4]500 实践是人的存在方式，人能够不断地把丰富的实践上升到应有的理论高度，也就是说，只有在实践中才能形成科学的、有活力的理论，也只有在实践中才能创造并实现人自身的价值。

揭示理论与实践互动相通的统一关系，就是要以不同的方式促使理论与实践的相互转化。人类实践作为人的本质力量的外化、物化、对象化的过程，不仅是主体自觉改造客体的活动，同时也是调整和改造主体间交往关系的活动。学者任平指出："在交往实践中，任何单一主体对客体的改造，即'主体—客体'关系，都不过是'主体—客体—主体'结构的一个片段和环节；主体在作用于客体的同时就载负着、实现着'主体—客体'交往关系，并受其牵引和制约。"[37]98 因此，实践结构必然具有双重关系：一是"主体—客体—主体"的主体际交往关系；二是结成一定交往关系的"主体—客体"的关系。理论与实践的关系就是这双重关系的统一过程。

马克思说:"理论需要是否会直接成为实践需要呢?光是思想力求成为现实是不够的,现实本身应当力求趋向思想。"[4]13 理论作用于实践,才能更好地指导实践的发展。学者陶德麟指出:"人类社会的一切'问题'都是在实践中发生的,解决这些问题也只能通过'变革的实践',而不能停留于'解释世界'。"[38]

理论与实践关系互动相通的最高境界就是理论与实践相结合。在实际工作中,我们不仅应该研究理论,也要研究实践,而且还要研究理论与实践关系的结合点。学者刘林元指出:"一切科学理论都存在与实践相结合的问题,马克思主义理论也是如此。理论与实践的结合具有丰富的内涵的,它们是双向的互动的,不仅理论要与实践结合,实践也要与理论结合。实现理论与实践的结合,在操作层次上最主要的是确立实践观念,架起理论联系实际的桥梁。理论与实践的结合,是以多者之间保持一个恰当的距离为前提的,这是结合的辩证要求。"[39] 著名学者靳辉明强调指出:"无论从实践要求出发去研究理论,还是以马克思主义立场、观点、方法为指导去认识和研究现实,其结果都超出了原有理论的界限,使理论和实践达到新的结合。而这种新的结合,便正是马克思主义实现发展的新的生长点,它不仅使原有理论得到扩展和丰富,还为新理论的产生奠定了基础。"[33]17 只有搞清弄懂理论与实践之间互动相通的内在联系,才能真正用马克思主义及其最新理论成果——中国特色社会主义理论体系指导当代中国新的实践。

2. 互辅共生的向度关系

理论与实践之间存在着一种互辅共生的真实关系。在实际工作中,理论对实践有要求、有指导;而实践对理论也有选择、有检验。就是说,理论能够指导实践,实践也能检验理论,在实践中可以抽象并概括出新的理论。所谓互辅共生关系,就是理论与实践之间的关系具有内在复杂性,既非单一性,也非二元性,而是相辅相成、和谐共生的关系。理论与实践关系的复杂性决定了理论与实践在一定程度上按各自的逻辑发展,二者的"脱离"有其存在的合理性,理论与实践之间的差异性、矛盾性和不一致性,正是其互辅共生关系的另一种表现。互辅共生说明理论与实践都是活生生的,都是需要而且应当发展的。不能把一时的实践当成检验真理的唯一实践,谁如果在实践过程中不能继续下功夫或不下大的功夫,谁就不能真正掌握或更多地掌握客观真理。

历史的经验告诉我们，理论是用抽象概念建构起来的具有普遍性的观念体系。但许多理论的真理性是不完全、不完整的，经过实践的检验而不断纠正或修正，才得以使理论与实践之间保持一定的张力，不断地解决社会生活中多种多样的矛盾、冲突和纠葛。"实践活动作为追求自己的目的的人类历史过程，人类的历史发展过程也就是实践活动的自我超越，即历史地否定已有的实践方式、实践经验和实践成果，又历史地创造新的实践方式、实践经验和实践成果。在实践自我超越的历史过程中，理论首先是作为实践活动中的新的世界图景、思维方式、价值观念和目的性要求而构成实践活动的内在否定性。这种内在否定性就是理论对实践的理想性引导。"[1]当人们把实践中的经验通过抽象概括的方式转变为一种科学思维方式的时候，这就上升到了理论的层面，也就具有了普遍的指导意义。

把握理论与实践之间互辅共生的关系，特别要注意理论与实践关系的层次性。理论有层次性，不同的理论针对不同的问题，产生不同的影响；即便是同样的思想，同样的观点，同样的表达在不同的时间、地点和条件下，也会有不同的解读和不同的反映，有时甚至是南辕北辙。正确的理论可以对实践起到积极的推动作用，错误的理论对实践起着消极甚至误导的作用。"离开革命实践的理论是空洞的理论，而不以革命理论为指南的实践是盲目的实践。"[40]199-200 "我们党既坚持科学社会主义的基本原则，坚决反对和抵制偏离社会主义方向的错误思潮；又吸取不顾历史条件生搬硬套本本的历史教训，破除对科学社会主义基本原则的教条式理解，而真正将其与当代中国的具体实际结合起来，从而形成了鲜明的'中国特色'。"[41]这就需要把马克思主义的基本原理与针对特定时期、特定场合提出的具体看法区别开来，把马克思主义的思想原意与后人的误读曲解区别开来，从而打破意识的禁锢，打开思想的开关，准确地把握变化着的客观世界。实践的层次性主要有：一是盲目性实践。由于缺乏理论指导和实践经验的积累，实践总是处于低水平、简单化的重复、徘徊状态。二是经验性实践。一旦形成思维定式，依赖传统做法，固化、老化以往的经验，就会缺乏创新的追求和变革的勇气，就会缺少更高意义和目的的意愿与行动。三是反思性实践。以批判性精神对实践活动进行审视，加以修正。只有不断对以往的实践进行反思，才能摆脱狭隘性经验的种种困扰。四是自觉性实践。强化实践的目的性和创造性,克服盲目性和被动性,不断更新观念、开拓进取,有明确的发展方向和努力目标,遵循事物发展的内在规律。只有自觉性实践,人们才能创造属于自己的辉煌。理论与实践之间各有各的定位,各有各的存在理由与实际价值,既不能只看到理论的价值而看不到实践的功效;也不能只强调实践的地位而看不到理论的作用。理论与实践之间只有实现互辅,才能真正达到共生。

3. 互补增值的发展关系

协调好理论与实践关系是互补增值的前提和基础。没有实践的践行,就没有理论的发展;没有理论的指导,就没有实践的跃升。互补增值是理论与实践关系的结构优化、功能提升、特质显现、效果增强的状况,它主要来自理论与实践系统内部和外部各种关系的协调与开发。恩格斯指出:"许多人协作,许多力量融合为一个总的力量,用马克思的话来说,就产生'新力量',这种力量和它的单个力量的总和有本质的差别。"[42]133-134 合理匹配理论与实践的关系,就是要协调各自功能,发挥组合优势,形成整体合力,从而推进理论与实践关系新的提升。

在实践中,要把理论化为德性、方法和制度。理论首先要解决的是世界观的问题,也就是要解决人民群众的立场、观点和方法问题。毛泽东强调,为什么人的问题是一个根本的问题、原则的问题。如果思想出了毛病,理论出了问题,就一定会在实践中败下阵来。马克思主义理论从来不是教条,而是行动的指南。而如果把思想方法、工作方法搞对头了,就会在实践中站得住脚,就能立于不败之地。理论要解决现实问题,一个突出问题是要化理论为制度。社会的稳定、有序发展,需要有制度的调节和维系。制度建设具有全局性、长期性、根本性,制度好可以使坏人无法任意横行,制度不好会使好人无法充分做好事,甚至会走向反面。"制度是人类社会发展成本最小的资源,制度建设每前进一步,人类文明就会前进一大步。"[43]

理论与实践的关系,不是固定不变的,在社会发展中总是不断变化的。就马克思主义而言,"马克思主义创始人生活的时代同今天的时代是大不相同的。他们不是算命先生,不可能完全预料和穷尽以后发生的情况,因而,不能苛求他们预先回答当今存在的一切问题。要从他们的著作中寻求一切问题的现成答案,是不正确的;如果认为他们过去没有讲过,但符合马克思主义立场、观点、方法的思想内容就不算马克思主义,不能补充和丰富到马克思主义理论中,那也是不正确的,这样就会把马克思主义变成僵死的教条"[33]15。实践是主观与客观、现象与本质、抽象与具体、一般与个别、共性与个性等相互过渡的物质中介活动,不仅具有普遍性的品格,而且具有直接现实性的品格。理论与实践的互补增值,就是要激活社会实践中的各种创造性活力,实现主体与客体、理想与现实、目的与手段的统一。

理论与实践关系一旦能够得到正确处理,在实际工作中就会取得明显的成效,就能增强广大干部群众对马克思主义的信仰、对中国特色社会主义的信念、对党和政府的信任、对改革开放的信心。实践证明,理论越是自觉地与实践紧密联系、良性互动,就越能显示其"实践指南"的高度与境界,就越能增强理论的说服力、感染力、震撼力。习近平对江苏发展"谈到速度与质量效益关系时,强调并不对增速是个位还是两位简单地说'YES'或'NO',主要看发展的本质是科学发展,发展的前提是质量效益;在谈到产业转移时,指出'腾笼换鸟'不是'腾笼放鸟','鸟'不要先放了再找,这是一个彼消此长甚至是'双轨'并行的过程;在谈到生态文明建设时,指出既然我们的发展路径还没有完全改变,所以难免不走发达国家过去工业化、城镇化所走过的某些路程,我们希望能够更快地转轨到一条新路上去"[44]。2013年7月,习近平总书记在湖北调研时,提出了全面深化改革需要把握的"五大关系",即:要处理好解放思想和实事求是的关系、整体推进和重点突破的关系、顶层设计和摸着石头过河的关系、胆子要大和步子要稳的关系、改革发展稳定的关系。"这是我们平稳走过改革攻坚期和深水区的战略思考,是把改革创新精神贯彻到治国理政各个环节的工作原则,为全面深化改革提供了基本遵循。"[45]

4. 互惠共赢的价值关系

理论与实践之间的互惠共赢,是自然界与人类社会发展的内在要求和必然趋势,要求理论能够对实际情况作出新的解释和新的判断,给予新的指导。强调实践的重要性,并不意味着在理论与实践的关系中,只有实践重要,而理论不重要,更不意味着要人们放弃理论,一切都从自己的亲身经历做起。"人类的任何一种实践活动都具有'二律背反'的性质,并因而表现出正、负'双重效应'。无论是当代人类所面对的'全球问题',还是市场经济所形成的'以物的依赖性为基础的人的独立性',都表现出了实践活动的二重性。因此,实践需要理论的'反驳',即理论地批判反思实践活动并促进实践活动的自我超越。"[1]

理论对实践的价值关系在于它的科学指导性。毛泽东指出:"在马克思主义看来,理论是重要的,它的重要性充分地表现在列宁说过的一句话:'没有革命的理论,就不会有革命的运动。'然而马克思主义看重理论,正是,也仅仅是,因为它能够指导行动。"[46]292 理论对实践的价值关系还在于它的自觉规范性。"从理论与实践的关系看,理论就是规范人们的思想和行为的各种概念系统。人们的所思所想和所作所为,都与人们自己所占有的理论密不可分。理论包括三重内涵:第一,理论是世界图景,也就是以概念体系的形式规范人们对世界的理解;第二,理论是思维方式,也就是以概念框架规范人们如何理解和描述世界;第三,理论是价值规范,也就是以积淀人类文明的价值观念规范人们的思想和行为。"[47] 有了科学理论的指导与规范,无论是对国家的发展、社会的进步,还是对个人的成长,都会起到积极的推动作用。

实践对理论的价值关系在于它的客观标准性。毛泽东指出:"强调理论对于实践的依赖关系,理论的基础是实践,又转过来为实践服务。判定认识或理论之是否真理,不是依主观上觉得如何而定,而是依客观上社会实践的结果如何而定。真理的标准只能是社会的实践。"[46]284 实践标准对理论的推动其根据是现实的需要。著名学者任平教授在《走向"后中国特色"的中国化:中国道路与中国价值的出场意义》一文中强调,在全球场域中,每个民族都作为实践的和认识的主体,彼此发生着实践的和认识的交往关系,以多元主体间的交往关系为框架,不同主体之间建构了交往实践辩证法。多元主体间的交往实践是一个围绕中介客体变革的客观物质活动过程,它具有多元主体性、交往性和客观性,存在着"主体—中介客体—主体"相关价值律,由此在作为实践形态的"中国道路"上产生了"中国价值"。[48] 现实的需要形成科学的理论,而科学的理论能够指导伟大的实践。中国特色社会主义理论与中国特色社会主义实践实际存在着互惠共赢的价值关系。

四、理论与实践关系的发展旨趣

当今中国正处在一个经济快速发展、社会快速变革的时代。直面中国特色社会主义发展实际是真切把握理论与实践的复杂关系、科学揭示马克思主义理论与实践关系的根本要求。在现实社会中,社会经济成分、组织形式、就业方式、利益关系和分配方式越来越多样化,导致社会群体不断分化,不同群体的经济状况、价值观念、利益诉求呈现明显差别,人们思想活动的独立性、选择性、多样性和差异性日益增强,各种思想观念相互交织、相互影响、相互激荡。马克思主义发展哲学需要不断深化理论与实践的关系的研究,在更加宽广的视域内实现理论与实践关系的互动相通、互辅共生、互补增值、互惠共赢,进而对全面建成小康社会、加快社会主义现代化、实现中华民族伟大复兴、创造人类更加幸福美好生活产生更为深远的思想引领。

1. 坚持理论主体与实践主体的统一性

人民是社会发展的主体,既是理论主体,也是实践主体。在当代中国,坚持人民主体地位,发挥人民主人翁精神,就是要发挥人民群众认识世界和改造世界的积极作用,不断推动中国特色社会主义事业发展。社会越是全面进步、全面发展,人民群众主体作用的发挥就越是突出。"以人民群众为主体的社会实践具有一往无前的革命性品格,探求未知的道路上会不断遇到各种新情况、新问题,需要有远大的目光和开拓奋进的勇气,需要掌握和运用人类创造的最新理论成果、最新科学知识,及时总结经验、深刻揭示规律、科学预见未来。"[49]客观事物的本质只有在社会实践中才能显现出来,为主体所认识。认识是主体对客体的能动性反映,这种反映只有在实践中,在主体和客体的相互作用中,才能真正完成。

人民主体在实际工作中,可以分为理论主体和实践主体,即理论工作者与实际工作者。作为理论主体的理论工作者与作为实践主体的实际工作者由于在交往关系上分工的不同,往往看问题的视角有很大差异,客观上导致了他们对待理论与实践关系的意见不一。马克思主义发展哲学为认识和把握理论与实践关系的统一性问题提供了新的视角。理论主体与实践主体都是人民主体,二者之间需要有效对话、相互沟通、共同理解、和谐包容,达成身份的相互转换和思想的相互认同,形成理论主体与实践主体的发展共同体,实现理论工作者和实际工作者的双重自觉,从而有效推进理论主体与实践主体内在关系的不断完善。在中国特色社会主义发展中,对马克思主义的信仰、对社会主义和共产主义的信念、对共产党的信任、对改革开放的信心,是理论主体与实践主体都要牢固确立并长期坚持的。

理论主体主要是广大哲学社会科学工作者,他们应发扬光荣传统,认清职责使命,立足现实国情,深入研究回答经济社会发展中的重大理论和实践问题,为改革开放和社会主义现代化建设服务。同时,更加积极地参与国际学术交流,努力发出自己的声音,不断扩大中国哲学社会科学研究的国际影响力。[25]做理论研究,如果不与现实结合,不深入工作实际,这个理论只能是空中楼阁,对实践没有任何价值。正如毛泽东所说:"如果有了正确的理论,只是把它空谈一阵,束之高阁,并不实行,那么,这种理论再好也是没有意义的。"[46]292离开了人民群众的实践活动,理论创新就会成为无源之水、无本之木。对于广大理论工作者来说,只有认真总结人民群众的实践经验,才能为实现理论创新开辟道路;只有扎根于人民群众建设中国特色社会主义的伟大实践,才能使理论创新获得不竭的动力。在理论研究中,理论工作者脑子里要经常装着问题,开动脑筋,反复思考,力求把零散的、孤立的、感性的认识上升为系统的、联系的、理性的认识,能够提供更多更好的研究成果指导并推进新的实践。

实际工作者受其实践特性的决定性影响更能亲近理论、理解理论、把握理论。实践之于理论,乃本源之于派生。实践中的每一种事物、每一个事件、每一项活动、每一种做法,都是理论得以生成的必要前提。"如果只有实践的经历而没有对实践的感悟,以及对实践感悟的分析、阐述和综合,进而抽象出具有规律性的结论,那么,实践的经历便只能是经历,而非经验。这样的实践经历在相当程度上只能是从原点出发再回归到原点的循环,而不可能形成螺旋式的攀升。因此,实际工作者更需要理论的指导,也更应充分利用理论创造的资源优势,身体力行于理论的创新和创造。"[50]要看到,实际工作者不仅在实践发展中,而且在理论创造中也有着独特而重要的作用。实践是理论赖以生成的前提和基础。没有实践的理论只能是空洞而悬置的理论,只有经历实践的发展才能真正成为现实生活所需要的理论。

理论工作者与实际工作者要相互学习，各展其长，各补其短，"既不能用实践的方式搞理论，也不能用理论的方式搞实践，要分工而互补"[22]。在中国特色社会主义建设中，面对我们的知识、能力、素质与时代要求还不相符合的严峻现实，需要理论主体与实践主体在理论与实践的结合中不断充实自己、完善自己，不断提高思想觉悟、精神境界与实践能力、工作本领，通过实践来发展理论，通过理论来创新实践。江泽民指出："历史给我们揭示了一条千真万确的真理：我们党要领导全国人民实现中华民族的伟大复兴，必须始终坚持学习，并把学到的科学理论和先进知识用于中国实际，不断推动经济持续发展和社会全面进步。"[51]在实现中华民族伟大复兴的历史进程中，让国家更富强、让社会更文明、让城乡更美丽、让人民更幸福、让生活更美好，有赖于理论工作者与实际工作者的共同努力。

2. 强化理论自觉与实践自觉的坚定性

所谓理论自觉，就是理论工作要走在时代的前列，站在理论与实践的前沿，自觉践行马克思主义的认识论与实践观，重新审视当今世界资本主义的新变化和当代中国社会主义实践的新发展，不断为理论研究、实践发展开辟新的道路和提升新的境界。理论主体在理论自觉中起着重要作用，可以说，理论自觉首先是理论工作者的自觉。只有理论工作者对理论的认识达到了一定的深度和高度，并从一种知识发展为内心认同与信仰追求，才能内化为自己的世界观、人生观、价值观，才能对实践起指导作用，也才能真正称得上理论自觉。恩格斯明确指出："如果不把唯物主义方法当做研究历史的指南，而把它当做现成的公式，按照它来剪裁各种历史事实，那它就会转变为自己的对立物。"[52]583以其昏昏，使人昭昭，是永远达不到理论自觉的。

理论自觉需要保持理论的相对独立性，主动掌握理论的话语权。理论以理为主，主要包括人生的哲理、社会的道理、科学的真理、世事的至理。"理论来自实践、理论反映实践，这是就其发展源头和性质而言，它不意味着理论发展的每一步都要接受实践的检验，都要考量它的实践价值（效用），都要从实践中寻找依据，理论发展有其自身的逻辑和路径；实践需要理论指导和引领，但这并不意味着实践发展的每一步都需要理论的告知，实践只能亦步亦趋尾随理论，实践发展也有其自身的逻辑和路径。"[53]任何理论都来源于客观实际，它是从实践中产生，又服务于实践的。

"理论自觉在本质意义上是基于实践基础之上的理论创新的自觉。坚持解放思想、实事求是、与时俱进，紧跟时代发展步伐，把握时代发展脉搏，体现时代发展要求，承担起应有的社会责任，是马克思主义理论始终保持生命力、创造力和吸引力的重要源泉。"[54]在当代中国，强化理论自觉，就是要坚持以科学发展观为理论指导，增强对科学发展观的高度理论认同，深刻认识科学发展观的历史地位，全面把握科学发展观的丰富内涵，正确揭示科学发展观的重大意义，以科学发展观指导全面建成小康社会、加快实现中国特色社会主义现代化新的实践。马克思主义理论工作者"必须牢固树立马克思主义群众观，始终站在广大人民群众的立场，努力超越'置四海之穷困不言，而终日讲危微精一之说'的独白式研究，走出象牙塔，走出书斋，深入基层，深入群众，从群众中来到群众中去，从实践中来到实践中去，勇敢地融入改革发展的时代潮流，自觉地将探索的目光投向当前最亟须解决的重大理论和实践问题，投向广大人民群众最关注的重大现实问题，投向为实现中华民族伟大复兴所必须解决的重大基础性学术课题，为推动社会进步和文明发展提供科学方案"[25]。理论只有掌握群众才会变成物质力量，科学的理论也只有与实践相结合才能更好地推动社会的进步和发展。

所谓实践自觉，就是要立足于中国特色社会主义伟大实践，为人民办实事要形成风气、形成习惯、形成制度，就是要把以人为本的理念真正落实到为人民服务的实践中。全心全意为人民服务是我们党的根本宗旨，这不仅是由我们党的马克思主义性质决定的，而且也是我们党领导中国人民取得革命、建设和改革开放胜利与成功的主要经验，是党的各项事业不断繁荣发展的根本保障。实践自觉最关键的是要解决人民群众的立场问题、感情问题、态度问题。李瑞环在《看法与说法》一书中强调指出，我们是历史唯物主义者，我们懂得群众是历史的主人，社会的存在与发展最终取决于群众。群众最可敬，他们有无穷无尽的力量，社会的财富靠他们来创造；群众最可爱，只要你真心实意地为他们服务，他们就真心实意地支持你；群众最可怜，他们的确有许多实际困难，但对我们的要求并不高；群众最可畏，不管什么人，惹怒了他们，就可以使你垮台。实践要自觉，理论就要走向大众，走向实际。理论只有掌握了群众，采用了群众喜闻乐见的方式方法，才能让群众听得懂，看得明，想得通。否则，就不可能真正推进马克思主义中国化、时代化、大众化的新发展，中国特色社会主义也就不可能有远大的前途。

强化理论自觉与实践自觉的坚定性，就要面对复杂多变的国际形势和艰巨繁重的国内改革发展稳定任务，敢于直面当今中国改革发展的重大理论与现实问题，切实推进中国特色社会主义新的实践。只有坚持理论自觉，理论才能不断创新，保持旺盛的生命力；也只有坚持实践自觉，才能增强人民群众的社会责任感和历史使命感，也才能释放无穷无尽的创造力量。在当代中国，经济社会的发展不只需要"好不好""该不该"的判断，也需要"行不行""能不能"的探寻。不要只把批判的自由留给自己，而把创造的权利交给别人。要坚持实践是检验真理的唯一标准，一切从实际出发，自觉地把思想认识从那些不合时宜的观念、做法和体制中解放出来，从对马克思主义的错误的和教条式的理解中解放出来，从主观主义和形而上学的桎梏中解放出来，切实把外在的要求转化为内在的自觉，成为自己的一种兴趣、一种习惯、一种精神需要、一种生活方式，从而不断提高政治上的坚定性、理论上的彻底性、行动上的自觉性和工作上的创造性。

3. 彰显理论力量与实践力量的穿透性

建设中国特色社会主义需要彰显理论的力量。没有科学理论的功底，不掌握科学的世界观和方法论，就不能透过事物的现象看本质，就不能把握事物的内在联系，就容易陷于盲目性、片面性、被动性，就不可能做到实事求是。江泽民指出："我们学习理论，关键要学会运用马克思主义的立场、观点、方法来观察和解决问题，提高辩证思维的能力，防止形而上学和片面性。"[51]理论力量需要有对象性，不能故步自封，不能只强调理论自身的重要性，而是要在实践中坚持主观与客观、历史与逻辑、科学与价值的统一。

建设中国特色社会主义更需要实践力量。让事实说话，事实胜于雄辩。理论上的科学的诠释，需要有强大的实践力量支撑。"坚持和发展中国特色社会主义是一项伟大的事业、长期的任务。要深刻理解中国特色社会主义是社会主义而不是其他什么主义，在当代中国，坚持和发展中国特色社会主义就是真正坚持社会主义,要有这样的道路自信、理论自信、制度自信。"[55]以坚持和发展中国特色社会主义为聚焦点、着力点、落脚点,将价值追求深深植根于思想和行动之中,就能凝聚起亿万人民为中国特色社会主义而奋斗的强大力量。

科学理论的逻辑力量,不囿于接受现成的结论,任何理论都不能玄奥晦涩,绕来绕去,云里雾里。理论凸显思想的逻辑问答,形成理解问题、解决问题的思路。理论的力量就是用当代中国马克思主义理论和话语体系,研究中国现实、解读中国实践、指明中国道路。要善于让科学理论成为实践的先导,在实践中检验理论、丰富思想,廓清思想上的迷雾,抓住奋斗的关键,凝聚团结的力量,形成发展的共识,闯过一道道难关,不断走向新的胜利。理论的力量,就是旗帜的力量、思想的力量、真理的力量。只有从理论上真正实现思想解放,摆脱条条框框的束缚,减少实践中的盲目性,尽可能地防止工作中的偏差、失误或错误。理论之所以有力量,是因为它来自实践,来自实践的活力,来自实践的创造。

实践是人们探索和改造现实世界的物质活动,任何理论离开了实践基础和实践需要,不解决实际问题,就不可能真正掌握人民群众,也就不可能具有旺盛的生命力。发展中国特色社会主义,不仅需要充分调动广大人民群众的积极性、主动性,而且需要充分尊重广大人民群众的创造性实践活动。实践是最好的教材、最生动的课堂。改革开放以来,党和国家各项事业所取得的每一个成就,都同人民群众的实践创造密不可分。党的各级干部要向书本学习、向实践学习、向基层学习、向群众学习,在理论与实践的结合中找准推动工作的着力点,增强工作的原则性、系统性、预见性和创造性。尤其是领导干部承担着带领群众执行党的路线方针政策、推动各项事业健康发展的责任,实践能力十分重要。"领导干部的实践能力,包括很多方面,其中最重要的有:运用党的基本理论、基本路线、基本纲领、基本经验的能力;贯彻执行党的路线方针政策的能力;应对复杂局面、妥善处理和协调各种矛盾的能力;凝聚力量、整合资源、带领人民干事创业的能力等。着力提高这些能力,是对领导干部的必然要求。"[56]改革是发展中国特色社会主义的强大动力,也是坚持和完善中国特色社会主义制度的必由之路。要站在时代、历史、战略的高度,紧紧围绕我国改革发展稳定的实际,从实践破题,以实践立论,拿实践论证,用实践的力量坚定人们走中国特色社会主义道路的必胜信念。

彰显理论力量和实践力量的穿透性，就要科学地认识与掌握理论与实践的辩证关系。坚持理论与实践关系的具体的、历史的统一，就能自觉地学习和掌握理论，自觉接受理论的指导，运用已知的理论、真理为发展的实践服务。恩格斯指出："随着自然科学领域中每一个划时代的发现，唯物主义也必然要改变自己的形式；而自从历史也得到唯物主义的解释以后，一条新的发展道路也在这里开辟出来了。"[57]281-282 当今世界，生产力迅猛发展，科学技术日新月异，给马克思主义发展哲学带来了新的机遇。唯物主义必然会随着人类实践的发展创新自己的理论形态。尽管当代中国的发展还面临许多严峻挑战和现实困难，但是，我们已经积累了成功的经验，在实践中始终以发展着的马克思主义为指导，一定能彰显马克思主义的理论魅力与中国特色社会主义的实践价值。

4. 揭示理论创新与实践创新的规律性

理论创新与实践创新是中国特色社会主义发展的不竭动力。在推进中国特色社会主义发展中，要搞清弄懂理论创新与实践创新的内在逻辑联系，揭示理论创新与实践创新之间的客观规律。习近平指出："紧密结合我国国情和时代特征大力推进理论创新，坚持在实践中检验真理、发展真理，坚持运用马克思主义立场、观点、方法准确把握当今世界发展大势，准确把握我国社会主义初级阶段基本国情，准确把握改革发展实际，及时总结党领导人民创造的新鲜经验，不断作出新的理论概括，用发展着的马克思主义指导新的实践。"[49]

理论创新是实践创新的先导。所谓理论创新，就是以高度的理论自觉和理论自信，推进理论认识上的新飞跃，探索客观事实新变化，依据新的实践揭示新发现，形成新思想、新观点、新论断。一个民族要想走在时代前列，就一刻也不能没有理论思维，一刻也不能停止理论创新。当代中国，不断丰富中国特色社会主义的理论体系，需要立足新的实践发展，作出新的理论概括。习近平强调指出："全党面临的一个重要课题，就是如何正确认识和妥善处理我国发展起来后不断出现的新情况新问题。要认识好、解决好各种问题，唯一的途径就是增强我们自己的本领。增强本领就要加强学习，既把学到的知识运用于实践，又在实践中增长解决问题的新本领。"[58] 为了搞好理论创新，特别要提高理论工作者的理论创新能力，理论工作者必须扎根于中国特色社会主义实践的现实土壤,深入到人民群众中间,在人民群众实践中观察实践的新变化,在实践中鉴别理论发展需要,适时推进理论创新。理论创新不是零散的、枝节性的,而是系统的、整体的。恩格斯指出:"即使只是在一个单独的历史事例上发展唯物主义的观点,也是一项要求多年冷静钻研的科学工作,因为很明显,在这里只说空话是无济于事的,只有靠大量的、批判地审查过的、充分地掌握了的历史资料,才能解决这样的任务。"[59]598 可以说,理论创新是一项十分严肃、十分艰苦、十分重要的工作,作出理论创新,特别是重大的具有原创性的理论创新,绝不是轻而易举的事。

理论要想进入实践领域就必须要有实践的形态。揭示理论创新与实践创新的规律性,就是在实践中不断丰富和发展马克思主义的过程,就是把马克思主义基本原理同当代中国实际和时代特征相结合,不断推进马克思主义中国化、时代化、大众化的过程。马克思主义认为,万事万物都具有普遍的内在联系,因果相连的表象反映着事物的内在本质。在当代中国,要进行理论创新,就要深入研究影响和制约科学发展的突出问题,深入研究人民群众反映强烈的热点、难点问题,深入研究党的建设面临的重大理论和实际问题,深入研究事关改革、发展、稳定大局的重点问题,深入研究当今世界政治、经济和科技、人才等领域的重大问题,从实践中提炼理论并把理论运用于实践,接受实践的检验。习近平指出:"我们要通过有计划有重点地研读原著,从根本上了解和信服马克思主义的真理性,进一步坚定理想信念;从根本上把握马克思主义的世界观和方法论,进一步坚定政治立场和党性原则;从根本上认识马克思主义的发展进程及其基本理论与创新理论的相互关系,做到在继承中坚持、在坚持中发展、在发展中创新。"[60]

所谓实践创新,是指实践领域的新的突破、新的变革和新的飞跃,也就是在实际工作中解决问题有新思路、推进发展有新举措、建章立制有新进展、开创事业有新局面,是人的主观能动性在遵循客观规律性基础上的创造性发挥。实践创新是无限发展、永无止境的过程,理论创新的发展蕴含于其中。理论创新不是为了新而新,而是为了研究新情况、解决新问题。实践创新推动理论创新,理论创新又指导和推动实践创新,两者相互依存、相互促进。因此,理论创新和实践创新在当代中国是具体的、现实的统一，关键是要推进理论与实践发展的综合创新。"实践是理论创新的决定性条件。考察马克思主义理论的发展史，它的每一步，都紧随社会实践的进展，都伴随着大量的对新情况的研究，并在解决新问题中逐步实现创新。"[61]改革开放以来，我们之所以能取得丰硕的理论成果，实现了马克思主义的与时俱进，就在于我们党在一系列重大问题上勇于创新、善于创新，不断开辟了马克思主义中国化、时代化、大众化的新境界。站在新的历史起点上，应根据实践的发展和时代的要求，继续推动实践基础上的理论创新，不断为中国特色社会主义理论体系增添新的内容。"只有深入实践，从实践中挖掘、提炼具有中国特色、中国气派、中国风格的思想元素和理论范式，才能创造出属于我们自己的话语体系。"[24]

在中国特色社会主义道路上，正确认识和把握理论创新与实践创新的关系，就要不断克服盲目性、把握规律性，坚持科学性、增强主动性。"实践已经充分证明，中国特色社会主义是社会主义的成功之路，是国强民富的成功之路，是民族复兴的成功之路。我们要在中国共产党成立一百周年时全面建成小康社会，要靠坚持和发展中国特色社会主义；我们要在新中国成立一百周年时达到中等发达国家水平，要靠坚持和发展中国特色社会主义；我们要实现中华民族伟大复兴的'中国梦'，要靠坚持和发展中国特色社会主义。"[41]深化理论与实践关系的研究，就是要依托历史、立足现实，尊重过去、面向未来，把蓝图变为现实，向着实现"两个一百年"的奋斗目标锐意奋进，为实现中华民族伟大复兴的"中国梦"贡献更多的智慧、更大的力量。而对马克思主义发展哲学来说，随着社会的发展、实践的推进、理论的凝练，理论与实践的关系还会不断地、无止境地探讨下去。正是每一历史时期、每一发展阶段对理论与实践关系认识的深化，才不断推动着新的理论创新与实践创新，推动着中国特色社会主义在21世纪走向新的辉煌，也推动着中国特色社会主义理论体系在21世纪放射出更加灿烂的真理光芒。

参考文献

［1］孙正聿. 理论及其与实践的辩证关系［N］. 光明日报，2009-11-24.

［2］江泽民. 江泽民文选：第2卷［M］. 北京：人民出版社，2006.

［3］童世骏. 当代马克思主义：坚守"内核"外宽"外围"［J］. 毛泽东邓小平理论研

究，2006（1）：30-36.

［4］马克思，恩格斯.马克思恩格斯文集：第1卷［M］.北京：人民出版社，2009.

［5］韦建桦.列宁专题文集论马克思主义［M］.北京：人民出版社，2009.

［6］毛泽东.毛泽东文集：第7卷［M］.北京：人民出版社，1999.

［7］毛泽东.毛泽东文集：第8卷［M］.北京：人民出版社，1999.

［8］邓小平.邓小平文选：第3卷［M］.北京：人民出版社，1993.

［9］江泽民.江泽民文选：第3卷［M］.北京：人民出版社，2006.

［10］胡锦涛在中央党校举办的研究班上强调加强党的思想理论建设推动马克思主义理论创新［N］.人民日报，2000-11-14.

［11］韦建桦.列宁专题文集论社会主义［M］.北京：人民出版社，2009.

［12］习近平主持中共中央政治局第七次集体学习［EB/OL］.新华网，http：//www.xinhuanet.com//politics/2013-06/26/c_116299439.htm

［13］吉炳轩.中国共产党人的坚定与自信［N］.黑龙江日报，2012-12-06.

［14］习近平在党的十八大精神研讨班上发表重要讲话［EB/OL］.中国网，http：//www.china.com.cn/v/news/2013-01/06/content_27596345.htm

［15］曾德盛.中国特色社会主义理论体系的实践特色［N］.广西日报，2009-04-14.

［16］习近平.紧紧围绕坚持和发展中国特色社会主义学习宣传贯彻党的十八大精神［M］.北京：人民出版社，2012.

［17］毛泽东.毛泽东选集：第3卷［M］.2版.北京：人民出版社，1991.

［18］胡锦涛在庆祝中国共产党成立90周年大会上的讲话［EB/OL］.中国政府网，http：//www.gov.cn/ldhd/2011-07/01/content_1897720_2.htm

［19］陈先达.处在夹缝中的哲学［M］.北京：北京师范大学出版社，2004.

［20］习近平.全面贯彻落实党的十八大精神要突出抓好六个方面工作［J］.求是，2013（1）：3-7.

［21］赵家祥.理论与实践关系的复杂性思考：兼评惟实践主义倾向［J］.北京大学学报（哲学社会科学版），2005（1）：5-11.

［22］徐长福.重新理解理论与实践的关系［J］.教学与研究，2005（5）：30-41.

［23］顾兆农，付文.扎根中国实践树立理论自信［N］.人民日报，2013-06-12.

［24］曾祥惠，李琼，王黎黎.时代呼唤理论自信——实践观讨论激起全国热烈反响［N］.湖北日报，2013-05-29.

［25］何民捷.站在历史和时代制高点上做学问——访中国社会科学院秘书长高翔［N］.人民日报，2013-07-25.

［26］打造中国学术话语体系［N］.人民日报，2012-09-03.

［27］赵家祥. 理论与实践关系的误区［N］. 中国教育报，2004-11-23.

［28］苏醒. 怎样正确理解理论与实践的辩证关系［J］. 财经理论与实践，1986（1）：48-49.

［29］李宏斌. 理论与实践关系认识的再深化［J］. 学理论，2012（27）：5-7.

［30］孙正聿. 思想中的时代：当代哲学的理论自觉［M］. 北京：北京师范大学出版社，2004.

［31］荔红. 以辩证思维化解偏激情绪［N］. 人民日报，2013-06-03.

［32］刘少奇. 刘少奇选集（上）［M］. 北京：人民出版社，1981.

［33］靳辉明. 坚持 发展 研究 创新马克思主义：靳辉明教授执教50周年暨75华诞纪念文集［M］. 北京：中国社会科学出版社，2011.

［34］习近平. 学习和掌握马克思主义立场观点方法是深入学习中国特色社会主义理论的根本要求［EB/OL］. 人民网，http：//theory. people. com. cn/n/2013/0428/c40531-21322054. html

［35］任平. 新全球化时代的马克思主义：问题、视界与前景——再论走向交往实践的唯物主义［J］. 苏州大学学报（哲学社会科学版），2000（2）：13-25.

［36］习近平. 坚持实事求是的思想路线［N］. 学习时报，2012-05-28.

［37］任平. 当代视野中的马克思［M］. 南京：江苏人民出版社，2003.

［38］陶德麟. 践行马克思主义的实践观为实现中国梦而奋斗［N］. 湖北日报，2013-03-27.

［39］刘林元. 关于理论与实践相结合问题研究提纲［J］. 学海，2003（4）：33-38.

［40］斯大林. 斯大林选集（上）［M］. 北京：人民出版社，1979.

［41］杨胜群. 只有中国特色社会主义才能发展中国——学习习近平同志关于坚持和发展中国特色社会主义的重要论述［N］. 人民日报，2013-08-09.

［42］马克思，恩格斯. 马克思恩格斯文集：第9卷［M］. 北京：人民出版社，2009.

［43］孙学玉. 我国社会主义核心价值体系建设的现实基础与实践路径［J］. 江海学刊，2009（5）：97-102.

［44］用科学认识论方法论指引"两个率先"实践［N］. 新华日报，2013-04-04.

［45］既要解放思想也要实事求是——论准确把握全面深化改革重大关系［N］. 人民日报，2013-08-06.

［46］毛泽东. 毛泽东选集：第1卷［M］. 2版. 北京：人民出版社，1991.

［47］孙正聿. 现实问题的理论自觉［N］. 光明日报，2010-12-14.

［48］任平. 走向"后中国特色"的中国化：中国道路与中国价值的出场意义［J］. 江苏行政学院学报，2012（3）：5-12.

［49］习近平. 关于建设马克思主义学习型政党的几点学习体会和认识［N］. 学习时报，20109-11-16.

［50］孙培山. 实际工作者更要有理论自觉［N］. 辽宁日报，2013-02-05.

［51］江泽民在省部级主要领导干部金融研究班上强调：学习学习再学习，实践实践再实践［EB/OL］. 人民网，http：//www.people.com.cn/item/ldhd/zhurongj/1999/huiyi/a1250.html

［52］马克思，恩格斯. 马克思恩格斯文集：第10卷［M］. 北京：人民出版社，2009.

［53］余文森. 教学理论与教学实践的层级和关系［J］. 中国教育学刊，2010（9）：26-31.

［54］李向阳，李清华. 理论自觉是一种责任担当［N］. 光明日报，2012-10-04.

［55］俞正声. 巩固统一战线团结奋斗共同思想基础［N］. 团结报（北京），2013-07-27.

［56］李凡. 提高实践能力，用党的科学理论指导工作实践［N］. 中国纪检监察报，2009-02-12.

［57］马克思，恩格斯. 马克思恩格斯文集：第4卷［M］. 北京：人民出版社，2009.

［58］习近平. 在全党大兴学习之风依靠学习和实践走向未来［N］. 人民日报，2013-03-02.

［59］马克思，恩格斯. 马克思恩格斯文集：第2卷［M］. 北京：人民出版社，2009.

［60］习近平. 领导干部要爱读书读好书善读书［N］. 学习时报，2009-05-18.

［61］李琼. 以实践为方向，以现实为根基［N］. 湖北日报，2013-03-27.

（本文刊登于《当代中国马克思主义哲学研究》，2013年总第2辑。）

当代资本主义失业现象透析

失业现象不是从来就有的。它是社会经济发展到一定阶段的产物，是随着资本主义工业革命的爆发、资本主义市场经济的建立和科学技术的突飞猛进而产生和发展的。如今，失业现象依然是困扰资本主义国家的一个突出的社会经济问题，资本主义社会生产力的快速发展没有也不可能消除失业现象。客观地揭示当代资本主义社会的失业现象，深入地研究当代资本主义失业现象的两重性，冷静地剖析引起当代资本主义失业现象的根源，对于我们认识当代资本主义，还资本主义制度造成失业现象的本来面目，具有重要的现实意义。

一、当代资本主义失业现象的种种表现

根据国际劳工组织（ILO）的定义："所谓失业是指处于工作年龄，有工作意愿和能力，但是在统计时间段里没有工作的人。"[1]76第二次世界大战以来，资本主义国家并没有因为生产力的快速发展而减轻劳动者的失业状况；相反，在主要资本主义国家依然面临着大量工人失业的严峻局面。美国近几年失业率虽明显下降，但仍在4%以上；欧盟15国1997年以来一直保持10%左右的失业率；加拿大1997年以来的失业率在8%以上；澳大利亚的失业率达8%；就连以"终身雇佣制"著称的日本，近几年失业率也超过了4%。[1]76不过，由于当代资本主义社会生产力的发展，在一定程度上调整了社会生产关系，也引发了失业现象的种种变化。

经济危机、金融危机造成的失业。这种劳动者失业是历史上失业状况的延续。战后美国发生过5次经济危机。其中，1980—1983年发生的经济危机，造成了严重的通货膨胀，工业生产下降，企业纷纷倒闭，工人失业增加，失业率实际超过了两位数。1997年东南亚地区发生金融危机时，

泰国、马来西亚、菲律宾、印度尼西亚等国深受其害，股票连续暴跌，货币大幅贬值，资金大量外流，成千上万的企业面临倒闭，许多工人失去了工作。受金融危机风波的冲击，泰国1998年前7个月共有6 377家注册公司倒闭，比1997年同期增加了89.68%。泰国劳工部宣布，全国失业人数已超过200万。受金融危机影响，韩国有15 000多家公司破产，失业人口猛增数百万。日本更是日元狂跌，证券公司倒闭，无数企业破产，工人大量失业，甚至出现了国内生产总值23年来的首次负增长。

科技快速发展引致的失业。国际互联网络的开通，推动了知识经济的发展，实现了人类生产方式的重大变革。当今，新技术、新产品层出不穷，给人类带来了新的文明成果。然而，由于新技术的大量使用，高新技术产业的快速发展，一方面对劳动者的素质、技能提出了新的更高的要求，原来在一些传统企业工作的劳动者很难适应新的工作岗位，其中许多人将被淘汰出局。据英国《金融时报》1999年底对75个国家的745位公司首席执行官关于2000年就业需求调查时，有3/4的执行官认为，招聘熟练员工将是他们在2000年面临的最严峻的挑战。另一方面高新技术产业的发展，加剧了企业内部、企业之间的竞争，促进了资本有机构成的提高，形成了相对人口过剩。劳动生产率的持续增长表现为劳动量比它所推动的生产资料的量相对减少。因此，科学技术的快速发展，将会大大减少对劳动力的需求量，导致失业的发生或失业量的增加。

产业结构转换导致的失业。西方发达国家正在进行重大产业结构调整。美国码头工人、煤矿工人所从事的职业已经为自动化的机器所取代；机器制造业工人已经从1950年占就业总人数的34%下降到1972年的26%，目前更下降到10%左右。1998年，全世界约有2.2亿就业者主要以灵活机动方式从事各项劳动。据调查，自1995年以来，美国公司的雇员通过因特网在家上班的人年均增加15%。1997年，有18个工业化国家和9个发展中国家的1 200多家公司通过内部网实现在家上班。而一些靠资源开发为主的企业，则面临着市场经济发展的严峻挑战。产业结构的调整，必然要打破原有经济结构基础上所形成的劳动力供求状态。西方发达国家由于产业结构的调整，造成了众多劳动者失去工作。

企业兼并重组产生的失业。受资本主义剩余价值规律的支配，资本主义企业为了在市场竞争中取得垄断优势，一刻也没有停止企业之间的收购、重组。20世纪90年代以来出现了人类历史上罕见的并购浪潮。20世纪80年代，200亿美元以上的并购属于超级兼并，而发生在2000年1月的美国在线公司与时代华纳公司的并购市值达上千亿美元。1998年以前并购额在295亿美元以上的有14起，而发生在1998年当年的就有8起。1990年美国全年的并购额为1 900亿美元，到1999年就达3.4万亿美元。目前美国的铁路、汽车、电话、百货商店、烟草、广告、饮料、音乐等行业的市场均被集中在各有关行业不到5个寡头公司的手里。由于大规模的并购，不少雇员在并购中被裁减，造成了大量的劳动者失业。

就业者观念变化形成的失业。随着资本主义生产力的发展，许多就业者生活条件有了一定程度的改善，因而就业观念也随之发生了变化。西方国家不少年轻人自愿失业，不愿意投入工作，转而去领政府的救济金。许多日本人感到终身雇佣制已经过时，以不谋求固定职业为时尚，甚至出现了自发性失业"七、五、三"现象。也就是说，在参加工作的头三年内，初中文化程度者的自愿离职率约70%，高中文化程度者的自愿离职率约46%，大学文化程度者的自愿离职率约32%。为了得到可观的退休金，约有1/3的日本雇员自愿提前退休。

从以上失业现象看，当代资本主义社会存在的失业现象，有些是社会经济发展必然出现的正常现象，特别是高科技的快速发展，产业结构、企业结构、产品结构的合理调整，出现一定的劳动者失业也在所难免，甚至保持一定数量的自然失业率也可以理解。但是，应看到，目前资本主义社会存在的失业现象，不少是人为现象，是一种与社会文明进步格格不入的畸形产物，尤其是许多人特别是年轻人为领政府失业救济、保险金长期处于自发失业状态，这种现象应该大大减少。我们还可以看到，资本主义社会存在的失业现象，许多情况本来是可以避免的或可以大大减轻的，如产业结构调整、企业重组兼并中出现的失业，尤其是资本主义经济危机、金融危机所造成的大量失业。然而，垄断资产阶级为了获取垄断利润或超额垄断利润，大规模地实行生产集中，提高资本的有机构成，不惜以牺牲劳动者的就业为代价，特别是在经济危机期间许多企业纷纷转嫁危机，大量裁减员工，更加重了社会的失业状况。这种失业现象造成了劳动者的贫困，造成了社会资源的极大浪费，暴露了资本主义制度固有的局限性。从总体上说，当代资本主义国家出现的失业现象是一种过量的、无序的消极现象，对资本主义社会经济的发展带来了多方面的破坏性的消极影响。

二、当代资本主义失业现象的两重性

当代资本主义国家存在的失业现象，既是生产社会化程度发展到一定阶段必然要出现的经济现象，又是资本主义制度内在矛盾发展到一定阶段必然要出现的社会现象。它本身具有互相依存、互相联系、互相制约、互相矛盾的两重性。这种两重性表现在以下几个方面。

失业现象对资本主义社会经济发展的两重性。一方面，保持一定数量的自然失业率是资本主义扩大再生产顺利进行的必要条件，是当代资本主义经济发展的激活因素。西方资本主义国家存在的失业现象许多是垄断资产阶级的人为现象。通过保持一定数量的失业率，可以调节社会经济生活，刺激企业合理配置社会资源特别是劳动力资源，可以推动社会生产力发展，创造更多的剩余价值。另一方面，高失业的存在直接影响到资本主义社会经济的正常发展。由于大量失业者没有工作可做，社会承受的代价是劳动生产力的丧失。从某种意义上说，失业者不再是社会财富的创造者，而是物质资源的消耗者，长此下去必然要影响到资本主义的经济发展。可以说，失业现象的存在是人类资源的闲置和浪费，由高失业所造成的经济损失是现代资本主义经济发展过程中最大的浪费之一。同时，失业大军的存在及失业人员的大量增加，会带来社会经济生活的不稳定，对于资本主义经济的发展，必然构成巨大的威胁。

失业现象对资本主义企业发展的两重性。资本主义的生产过程是劳动过程与价值增殖过程的统一。受资本家追逐利润的本性所决定，当代资本主义企业总是充分利用劳动者的失业，以便在经济竞争中占据有利位置。一方面，失业是合理配置劳动资源，促进企业内部优化管理的有效手段。现代资本主义企业总是千方百计降低生产成本，减少或取消职工加班加点，削减雇员奖金，甚至大批裁减员工，同时要求在职职工不断提高生产效率，加快产品流通，搞活资本运营，一定数量的失业人员的存在正是资本主义生产发展的润滑剂。另一方面，资本主义企业为了尽可能多地创造剩余价值，总是要采取种种措施扩大绝对剩余价值生产和相对剩余价值生产，从而扩大劳动就业，加强对工人的在职培训，尽量减少劳动者失业现象的发生。

失业现象对劳动者身心发展的两重性。对劳动者来说，一方面，由于失业，缺乏固定的职业收入，失业者不得不在物质生活和精神生活方面承受巨大的压力。不少失业者因失去生活费来源，生活水平下降，甚至陷入十分贫困的境地。有的产生了悲观失望情绪，有的对社会造成了不安定。另一方面，失业的劳动者必须面对现实，在外在强制力的推动下，积极提高自身的技术、文化和业务素质，以保证在激烈的经济竞争中取得发展的优先权。

三、当代资本主义失业现象存在的根源

失业现象虽不是资本主义所特有的经济现象，却是当代资本主义实际存在的严重的社会问题。从现实情况看，西方资本主义国家出现的失业，无论是结构性失业、技术性失业，还是周期性失业、自发性失业，在资本主义市场经济发展过程中，总会有一定数量的劳动者处于失业状态。失业现象的产生固然有多种因素，但当代资本主义国家存在的失业问题确实与资本主义社会制度有着密切的关系。认为失业问题与社会制度无关的看法是有失偏颇的，仅仅从社会生产力的角度来谈失业现象也是说不通的。美国当代社会学家弗兰克·斯卡皮蒂指出："失业的原因产生于经济发展的过程中，而经济发展的过程在一定范围内受到政府的控制。自动化和电子计算机所造成的技术进步也要对工人的失业负责。"[2]447 失业现象的产生与社会生产关系有着紧密的联系。当代资本主义失业现象存在和发展的总根源是资本主义的经济制度。

资本主义经济制度是人类历史上出现的最后一种剥削制度。资本主义生产的动机和目的，是资本尽可能多地自行增殖，也就是尽可能多地生产剩余价值。为了榨取劳动者更多的剩余价值，垄断资产阶级不惜牺牲劳动者的就业权和实际利益，总是希望出现劳动力供过于求的状况。正如马克思所说："社会的财富即执行职能的资本越大，它的增长的规模和能力越大，从而无产阶级的绝对数量和他们的劳动生产力越大，产业后备军也就越大。可供支配的劳动力同资本的膨胀力一样，是由同一些原因发展起来的。"[3]258 由资本主义剩余价值规律所决定，垄断资产阶级必然要利用失业

大军的存在，为他们获取超额垄断利润服务。当代资本主义国家失业现象的存在和发展充分说明了这一点。

我们可以看到，现代资本主义国家为了缓解失业现象所造成的社会经济矛盾，纷纷采取了有关措施和应急对策，如：美国拟定重新安置失业者计划，出台了一系列就业保障政策；德国大力推行失业保险，尽可能保障就业；日本通过宏观调控，发展、壮大中小型企业，促进灵活性、流动性岗位生存，缓解部分就业压力；法国积极拓展非全日制和临时性工作，开辟多样化的就业形式；意大利积极发展职业培训，为失业者重找工作创造条件；新加坡政府通过采取"滚动铁饭碗"来调控就业，以新工种换旧工种。特别值得一提的是，1998年底德国新任总理施罗德上台后，提出把解决失业问题作为"首要任务"，强调减少失业是新政府工作的中心和关键，称其为"最紧迫、最痛切"的任务。德国还提议搞一个欧盟"就业公约"。当代资本主义国家为降低失业率施展了种种招数，一定程度上创造了就业机会，扩大了劳动就业，缓解了紧张的就业矛盾、劳资矛盾。但西方国家终究解决不了长期以来存在的失业问题。资本主义生产的社会化与生产资料私人占有之间的基本矛盾，决定了资本主义制度不会也不可能从根本上解决失业问题。我国目前仍处于社会主义初级阶段，生产力不是很发达，科学技术比较落后，失业现象在我们国家也实际地存在着。由于我国过去长期实行的是国家对工人全部包下来、一包到底的就业政策，以至于有些职工从来没有想到过会失业，因而也很难适应失业，甚至恐惧失业。我们要看到，在我国现阶段乃至今后很长一段时间仍将存在失业现象和失业问题，这是我国社会主义市场经济发展的必然现象，是无法回避的。我们要破除社会主义不会有失业的旧观念，建立一定时期、一定限度内的失业是发展社会主义市场经济的正常现象的新观念。同时，我们要清醒地看到，我国存在的失业现象与当代资本主义失业现象又有着本质区别。我国存在的失业现象是由我国现阶段生产力不够发达、生产关系不够协调、上层建筑不够完善的具体国情所决定的，而不是由社会主义制度造成的，而且社会主义制度终将消除失业现象，合理配置生产资源，充分发挥劳动者的生产积极性，促进社会生产力更快更好地发展。

参考文献

［1］涂勤. 统计资料［J］. 世界经济，2000（1）：75-78.

［2］［美］斯卡皮蒂. 美国社会问题［M］. 刘泰星，张世灏，译. 北京：中国社会科学出版社，1985.

［3］马克思，恩格斯. 马克思恩格斯选集：第2卷［M］. 2版. 北京：人民出版社，1995.

（本文刊登于《思想理论教育导刊》，2000年第5期。）

交往实践观:现代经济学变革的方法论选择

人类正在步入一个全新的社会经济形态——知识经济时代。知识激活经济,知识整合经济,知识成为现代经济发展的主导力量。知识经济的发展赋予了经济学全新的内涵。建立在传统工业文明基础上的现代经济学正面临着前所未有的挑战。旧的经济学范型已经过时,因为这种范型不能使我们过去的生活方式适应更加复杂的未来。"我们现在需要经济思想方面的真正革命。"[1]45对于现代经济学来说,已经不是要不要变革的问题,而是怎样变革的问题。这里需要着重提出的问题是,为什么现代社会经济愈发展,所产生的经济负效应就愈明显,甚至直接危及人类自身的生存与发展。现代经济学已经不再适应知识经济社会的发展,问题的症结在于现代经济学的传统方法论。因此,我们认为,变革现代经济学,首先需要对现代经济学的方法论实现新的革命。

一、现代经济学面临的困惑

现代社会化大生产的发展,推动了机器生产力的飞跃,造就了无数人间奇迹,创造了辉煌的人类文明。但是,工业经济是以消耗大量资源、环境污染、生态失衡为代价的,并且这种代价随着工业经济的推进日益增大,预示着工业文明将走到尽头。现代经济学作为研究经济现象、揭示现代经济变化规律的理论科学,它必须与时代同步,反映现实经济状况的客观变化。美国著名经济学家萨缪尔森在其所著《经济学》一书中指出:"经济学本质上是一门发展的科学,它的变化反映了社会经济趋势的变化。"[2]2经济学的存在与发展只能植根于客观现实之中。离开现实经济的发展,经济学就会出丑。现代经济学建构的基础是工业文明。它的一系列命题、范式是适应工业经济快速发展的产物,是一个人为设定的研究出发点。美国当代资深经济学家彼得·德鲁克明确指出:"现代经济学的危机是关于范例的基本假设有失误。"[3]42 在知识经济浪潮扑面而来之时,停留在工业文明基础上的现代经济学就会表现出诸多不适应,就会产生种种困惑。

首先,现代经济学建立的理论前提是资源的稀缺性。自亚当·斯密创立古典经济学以来,许多经济学家在构建自己的经济理论时,都把生产要素稀缺特别是资源的稀缺性作为经济学的主要研究对象。现代经济学的根本任务就是研究资源配置的全过程及决定和影响资源配置的诸因素,实质上就是研究如何充分利用资源、实现资源的有效配置问题。市场经济在工业文明发展中的优越性就在于它能够有效配置稀缺的经济资源,在一定程度上缓解了资源对社会经济发展的严重制约。但是,在知识经济社会,信息知识资源迅速上升为推动经济发展的第一生产要素。知识具有共享性、外溢性、可传授性和可转让性,它已不再是生产经营的稀缺生产要素。特别是随着网络经济的发展,各种知识信息层出不穷,大大拓展了人类利用现存各种资源的广度和深度。由于网上信息能够跨越物理时空进行无限延伸,这就为人类全天候地配置全球经济资源创造了条件。知识经济使人类第一次从发展生产与资源短缺的矛盾中彻底解脱出来,实现了现代经济发展的历史性飞跃。而这个问题现代经济学尚未涉足,更无法直面解释。

其次,现代经济学立论的基础是理性经济人假设。"自1876年亚当·斯密的《国富论》出版以来,经济学理论屡经变迁,但迄今为止,早期古典经济学家设想出来的'理性经济人'概念,依然是现代经济学理论不可动摇的'公设'。"[4] 所谓理性经济人,就是撇开了现实人可能有的其他各种欲望和动机,可以既不考虑他人的、社会的利益,也不考虑自己的非经济利益,一切从自身的经济利益出发,用最少的投入,达到最大的产出,实现成本最小化,利润最大化。根据理性经济人假设,在现代经济活动中,每个人所追求的唯一目标都是为了实现自身经济利益的最大化。受理性经济人假设的制约,现代经济学在指导现实经济活动时出现了两大误区:一是只考虑经济当事人的利益,不考虑子孙后代的利益,许多现实经济行为往往是急功近利、唯利是图,现代经济学即便迫于社会现实对理性经济人假设做出一些重要调整,但理论的立足点依然是最大限度地满足当代人的实际利益需要;二是在追求本单位、本部门和个人的经济利益过程中，忽视空气、阳光、森林、水等公共资源的实际存在价值，把生态环境资源看作是可以无偿占有和使用的社会公共物品。现代经济学在设置各种生产、交易成本时不考虑环境成本，不需要兼顾个人与社会、经济与生态环境的关系，客观上造成了现代社会的环境危机、资源耗竭和生态失衡。

再次，现代经济学引导的经济运行方式是市场非对称性。所谓市场非对称性，就是个人的经济行为对他人、对社会造成直接与间接的各种影响而又未将这些影响计入市场交易的成本与价格之中。片面追求经济增长所造成的后果是，信息机制、价格机制和供求机制在某些领域不能起作用或不能起有效作用，就会造成外部不经济，甚至会出现市场失灵的问题。某些市场主体唯经济利益是图，只追求利己的、短期的和看得见的经济利益，而不受市场力量的约束，也不受社会公德的约束。因而，现代经济学希望达到的帕累托最优是不可能真正实现的。

现代经济学指导经济运行的结果必然是社会经济发生重重困难，路越走越窄。以绝对消耗资源、甚至不惜破坏生态环境来换取物质财富的快速增长，必然会使人与自然、人与他人、人与社会发生错综复杂的矛盾以至尖锐对立，从而使人类本身陷入困境。人类在发展经济过程中，越来越清醒地认识到，传统的工业化发展道路实际上是自杀性、毁灭性的经济发展模式，以生态资源过度开发为代价的现代经济发展已接近极限。《增长的极限》一书的发表实际上宣告了西方工业文明发展模式已经走到了尽头，指导现代经济发展的经济学也已经到了非改不可的地步了。

二、现代经济学面临困境的深层次原因

现代经济学之所以面临如此困境，从形式上看，主要是由于知识经济的崛起，知识成为创造社会财富的主导力量，人类生产方式和生活方式发生了巨大变化。经济发展的平台变了，必然会引起经济活动规则的变化。但从本质上说，现代经济学不适应知识经济发展而面临困境的根本原因在于现代经济学内部固有的矛盾性。美国经济学家肯尼思·加尔布雷恩在其著作《经济学和公共目标》一书中指出，近40年来，新古典学派体系经历的高度精密化过程已经走到了尽头，不能把经济学仅仅看成是致富或追逐利润的手段，不存在所谓的"纯粹经济学"。瑞典新制度主义者冈纳·

缪尔达尔在其所著《货币均衡论》中指出，经济学一开始就不是"纯粹"研究经济问题的，那种把经济学局限于单纯的几个变量计算上的经济学家根本不懂经济学。现代经济学之所以面临众多矛盾和困惑，是因为现代经济学的机会成本、生产可能性边界、相对生产成本递增规律和收益递减规律都是运用基本假设做出的分析和范型认定。"各种范型都不是不朽的真理，而只是暂时存在的理性岛屿，是文明安置在从一个时代上升到另一个时代的进化道路上的垫脚石。"[1]52 可以说，现代经济学理论还不是合格的、完全意义上的科学理论，它的基本出发点和基本研究范式都存在着这样或那样的问题。现代经济学面临深层次问题的症结主要表现在：

一是见人不见物，"大写的人"主宰一切。现代工业的发展使人类真正站了起来，不再受大自然的束缚。人或借助机器设备或借助于高科技，对自然直接采取"奴役式"的掠夺，将自然踩在脚下，真可谓"让高山低头，叫河水让路"。人成为自然的统治者，具有征服大自然的不可阻挡的巨大力量。建立在工业化发展基础上的现代经济学，突出了以利益主体为中心，以能否满足自身的经济利益作为价值尺度来规范、控制自然界，自然界的存在完全从属于人的各种需要，结果导致自然界对人类的严重报复，直接威胁到人类自身的生存和发展。现代经济学没有也不可能看到，交往实践作为"物质交往"活动是主体间的客观活动，处在社会生活中的每一极主体所面对的自然环境，不仅仅与自己有关，而且与另一极主体相关。"'我'破坏环境，不仅损害自己的利益，而且间接伤害他者的利益；我尊重生态的权利，实际上就是在尊重他者的权利。"[5]298 在现代社会，保护环境，就是保护生产力，就是保护个人的、社会的合法利益，也就是保护人类的整体利益。

二是实践关系单一，缺乏主体间的沟通。现代经济学只见主体与客体的关系，忽视主体与主体关系，更看不见主体之间客观存在的差异。现代经济发展是多极主体间交往实践关系的整合形态。由于一味强调对利润的无限制追逐，现代经济学难以给现实经济运行提供科学的指导。一方面，为了扩大再生产，不顾自然界的承受能力，拼命榨取一切可以利用的资源，甚至可以不顾他人的利益；另一方面，生产与消费相脱离，引导大众高消费，跟着感觉走，不考虑自身的实际承受能力，也不考虑自然资源的适度利用。"少爷模式"的盲目消费，导致社会财富的极大浪费。

三是片面追求经济增长，忽视经济持续、协调发展。现代经济学把理性经济人研究范式加以泛化，过分夸大理性经济人假设的逻辑意义和演绎方式，陷入了唯理性主义的俗套格局，甚至把理性经济人高度抽象为若干数学符号（模型）并视为唯一可取的方法，用最大化原则来衡量经济人的一切行为。在现实经济生活中，经济增长不等于经济发展。就经济抓经济，只注意经济指标增长，往往会发生"有增长而无发展"的现象。实践已经证明，把经济的发展建立在依靠大量消耗资源能源的基础上来换取经济的高速增长，只能走上一条自我摧残、自我毁灭的道路。现代社会出现的资源短缺、环境污染、盲目开发、结构畸形、公害蔓延、生态危机、生物多样性的丧失，就是单一追求经济增长所造成的严重恶果。

三、现代经济学方法论变革的理性选择

现代经济推进到知识经济时代之后，以知识为基础的社会已经悄然来临。美国当代经济学家彼得·德鲁克指出："我们知道，新的经济理论，以知识为基础的经济理论，将完全不同于任何现有的经济理论，无论是凯恩斯主义还是新凯恩斯主义，古典主义还是新古典主义。"[6]184 经济学的发展往往伴随着方法论的革新并以新的方法论作为先导。在知识经济时代，知识的创新、生产和使用，知识的占有、配置和整合，将取代物质生产资源关系而成为占主导地位的经济关系。交往实践是知识经济社会交往关系的基础，也是知识经济生产方式的本性。在这里我们提出以交往实践观作为新经济学的方法论，以此构建新经济学即交往共同体经济学的理论体系。

所谓交往实践，是指多极主体间通过改造或变革相互联系的中介客体而结成"主—客—主"关系结构的物质活动。交往实践的两大前提和基础是：任何人都是社会交往的产物，个体只有在社会交往关系中才能被界定；任何人同时又是实现社会交往活动的主体，离开个体交往的社会是不存在的。"交往实践观，即运用交往实践来反思和把握人类社会的观念，认为当代社会的本质是全球化社会，这一社会由多层次的交往活动构成，人们的交往实践即物质交往无疑是交往社会的基础。"[7]16 交往实践观是对经济全球化发展态势的科学把握，是知识经济时代精神的集中体现。进入知识经济时代以后，人类交往活动突破时空约束，变革知识经济交往关系

以解放和发展知识创新力，将是新经济社会革命的首选目标。交往实践观将为全面到来的知识经济时代提供新的经济运行模式，为社会经济与人口、资源、环境的协调发展提供积极的方法论指导。

实现人与自然的和谐统一。人类的发展不能削弱自然界多样化发展的可能性。利用自然、改造自然、优化自然的关键是重新整合人与自然的关系，不能只顾人类自身的、眼前的、局部的经济利益而损害大自然的利益。现代经济发展的根本要求是要把协调人与自然的关系摆在首位，通过协调人与人的发展关系，达到人与自然之间的和谐与统一。人作为经济活动主体必须自觉整合主体间性，超越经济发展中的短视偏见，慎重对待自然，在发展经济过程中，既减少对生态环境的破坏，又减少对自然资源的依赖。保护自然，就是保护人类的生存权、发展权。在善待自然的基础上推进绿色文明，使人与自然由尖锐对立走向和谐统一，使经济社会与自然生态由相互脱离走向有机结合，重建一个遵循人与自然共同生息、生态环境与经济共同繁荣的可持续发展的经济社会。

确立人与人之间的平等交往关系。现代市场经济发展，产生多元经济主体共在。在市场经济条件下，我们必须承认经济利益主体多元化的合法性和人们追求经济效益的合理性，但这一部分人的发展不能削弱另一部分人的发展能力，特别是当代人不能损害子孙后代的持续发展能力。现代社会交往的前提是各主体际地位的相互确认。调适当代人之间的关系实际上是协调与后代人类关系的客观基础。在当今世界，实现经济全球化，推进知识经济发展，必须大力破除发展与不发展的根源归于中心一级，将边缘视为受中心控制、奴役的客体的单一主体论。只有建立交往实践的多极主体，承认人类享有同等的发展机会，尊重他人合法的正当的利益，才能形成经济发展的合力，为知识经济激发的双赢格局而共同努力。

构筑多元主体交往关系的双向建构和双重整合形态。任何社会实践包括经济建设都是主体与客体、主体与主体双重关系的统一，因而都是交往实践。知识经济的发展必然是全球经济交往共同体的重建，它与传统的单一封闭的经济实践关系是根本对立的。由于社会经济交往的关联，任何一方主体在搞活市场、发展经济中的有理性活动，说到底都不过是多极主体交往的理性的一部分。"他们的交往关系具有相应的结构、游戏规则、范式和交易行为，具有共同性底板，交往媒介和信息沟通机制。"[5]366 交往实践观超越了现代经济学理性经济人假设的狭隘眼界，阐明了知识经济交往共同体是具有同构性经济交往关系的主体际联合体，为建构新经济学奠定了科学的方法论基础。

揭示知识经济的高效有序运行机制。在以往经济发展中，土地、劳动和资本等生产要素历来是决定经济增长的内生变量，而知识资源则被当作外生的非决定性变量。现代经济学就是建立在土地、劳动、资本、能源等物质生产要素之上的。它的指导思想是尽可能地利用自然资源和人力资源以获取最大利润，不考虑或少考虑环境容量、生态平衡。在现代经济学指导下的物质生产和分配，不可能完全实现生产要素的优化组合、合理配置。知识经济的兴起，使社会经济的各个方面都发生了重大变化。知识已经成为推动经济发展的核心生产要素。由于知识具有取之不尽、用之不竭的特性，它不再是稀缺生产要素，因而，传统的经济运行机制已经不适应知识经济的快速发展，这就需要重新调整社会经济交往的主体际结构，自觉推进交往实践，不断扩大交往范围，大力开发多元知识交往市场，把知识从外生变量真正内化到经济增长的模型中去，协调经济发展与人口、资源、环境的多维复合关系，建构知识经济的新规范、新秩序、新理论。

参考文献

[1] [美] W. E. 哈拉尔. 新资本主义 [M]. 冯韵文，黄育馥，等译. 北京：社会科学文献出版社，1999.

[2] [美] 萨缪尔森，诺德豪斯. 经济学（上册）[M]. 12版. 高鸿业，等译. 北京：中国发展出版社，1992.

[3] [美] W. E. 哈拉尔. 新资本主义 [M] // 彼得·德鲁克. 走向下一种经济学. 冯韵文，黄育馥，等译. 北京：社会科学文献出版社，1999.

[4] 胡伟希. 经济哲学：从"理性经济人"到"理性生态人" [J]. 学术月刊，1997（5）：8-10.

[5] 任平. 交往实践与主体际 [M]. 苏州：苏州大学出版社，1999.

[6] [美] 彼得·德鲁克. 后资本主义社会 [M]. 张星岩，译. 上海：上海译文出版社，1998.

[7] 任平. 全球发展：模式、理论与选择 [M]. 北京：中国劳动出版社，1999.

（本文刊登于《学海》，2001年第3期。）

网络时代的经济学走向

人类正在进入网络化时代。网络经济大潮滚滚而来，人类面临前所未有的大挑战，短短几年，网络经济已成为世界经济的主流产业。对网络经济忧虑也罢，怀疑也好，一个不争的事实是网络经济已经来到了我们的身边，并且正在改变着我们的经济生活和社会生活。在这样的宏观经济背景下，构建网络经济学已成为历史必然。

（一）网络经济发展给经济学提出的新问题

现代高技术的发展，推动网络武装经济、引领经济的变迁。网络信息资源不仅是新时代社会生产力的集中体现，而且预示着社会生产关系面临重大的变革。如果说资本是工业社会的主角，那么网络信息资源将是信息社会的中坚。网络经济的发展将引发一场全球性的经济革命，使经济学建立在知识和网络信息资源的基础上成为可能。

1. 网络资源正在成为第一生产要素

网络经济的发展使生产要素的内在结构正在发生根本变化。农耕文明强调土地是社会经济发展的核心生产要素。工业文明把资本推上了主导生产要素的位置。而今人类社会正在迈入信息社会，经济全球化已成为我们这个时代最重要的特征，经济资源的禀赋、结构又将发生新一轮的重大转换，资本为主体的生产要素正在让位于网络信息资源。网络资源不仅成为全球共享的知识信息资源，而且在经济资源总体构成份额中的比重大幅度提升，实际上已经成为第一生产要素。由于生产要素内在结构的演化，网络信息资源对传统社会经济结构的冲击，客观上要求经济学把网络资源作为重要的研究对象。

2. 网络资源不再是稀缺的生产要素

网络经济正在造就信息时代的主要经济形式。网络产业在 21 世纪是最具潜力的朝阳产业。网上信息能够跨越物理时空，无限制地延伸，全天候地配置全球经济资源。网络经济的先导性和优越性，大大拓展了人类利用信息资源的广度和深度，改变了传统经济学"资源有限，需求无限"的矛盾。网络信息资源的可持续开发，知识和信息本位制的有效建立，将使人类从发展生产与资源短缺的矛盾中解脱出来，推动社会生产力实现巨大的历史性飞跃。如何配置网络信息资源作为人类经济活动的重心，必然要求经济学变换自身原有的形式，引发经济学产生一系列新视角、新概念、新范式，从而更好地适应网络时代的经济发展需要。

3. 合理配置网络资源是现代经济的主导方式

网络经济不仅仅是某一部门、某一行业的经济。它集信息、技术、生产、贸易、金融于一体，全方位、多层次、宽领域地反映社会经济活动。作为市场经济发展的关键资源，网络信息资源已经是跨部门、跨地区、跨所有制，甚至是跨国界的资源。合理地配置网络信息资源，客观上要求打破时空限制，改变原有的经济格局，催生与网络经济发展相适应的新的经济运行机制和经济体系。网络资源的开发与配置必然要求建立新的经营管理模式，从传统企业的"宝塔型"层级管理转为"扁平型"分权结构，实现网络市场信息、技术信息和生产管理者的有机结合，提高网上经济的运营效率。网络经济的发展，要求市场机制对整个经济资源配置的影响进一步加大，重新调整生产、分配、交换、消费等诸多方面构成的生产关系体系，推动社会经济活动的方方面面发生广泛而又深刻的变化。因此，合理配置网络资源已经成为社会生产方式的主导方式。网络经济以人们难以想象的速度快速发展，呼唤着网络经济学的诞生。

(二) 网络经济学的研究主题

网络经济是以计算机技术和通信技术为载体的知识经济，是知识经济的高层次、高能级范式。网络包括国际互联网、局域网和企业内部网等等。这是一个不断扩大、不断完善并最终将覆盖全球经济活动的基础设施，是一种新的社会经济环境。网络资源是信息社会的主要资源，人类的一切经济活动都将围绕它重新进行建构。所谓网络经济学就是研究网络资源配置、建构网络经济运行机制、探索网络经济发展一般规律的科学。

1. 网络资源的特点

合理配置网络信息资源，一个重要的前提是需要对网络经济进行理论抽象，深刻地理解和把握网络资源的一般特征。

网络资源具有共享性。在国际互联网上，任何一个网络使用者都可以超出一个中央主机的限制，享用整个网络所有的计算能力和应用程序，对整个网络内的信息进行存取。也就是说，借助 E-mail 系统和增殖网络可以自由地在网上共享任何信息资源，而不受企业、区域以及国界的限制。

网络资源具有垄断性。目前国际互联网由个别国家的少数几个大公司所控制，网上资源包括网络操作系统、网络技术标准、网络软件生产、网络市场渠道、网络组织方法等都由它们说了算。大多数发展中国家的绝大多数企业最初只能以被动的方式接受网络，侧着身子参与网络市场竞争，甚至为获取网络信息资源不得不付出沉重的代价。

网络资源具有风险性。网络世界瞬息万变，网络信息稍纵即逝。配置网络资源的风险性很大程度上在于网络经济的不确定性。从目前情况看，微处理机能力指数增长正在改变我们所知道的有关电脑的一切事情，人们对网络世界未来的发展不甚了解。网络市场大小尚不确定，网络经营模式仍不明确，网上经济竞争尤其是电子商务竞争日趋激烈，因而配置网络资源带有较大的风险性。

网络资源具有虚拟性。网络资源跨越现实世界的时空障碍，创造了一个没有国界、没有地域差别的网上虚拟世界。在这个虚拟世界中，虚拟银行、虚拟公司、虚拟仓库、虚拟办公室乃至虚拟商业区层出不穷，这些虚拟化的事物创造了新的经济世界里的运行机制、组织形态和经济关系，也改变了现存经济活动的范式。

2. 网络经济的运行机制

经济运行机制直接反映了一个时代经济发展的态势，体现着经济资源配置的层级状况。网络经济的发展，要求建立"快速、灵活、便利、创新"的运行机制，全面、公正、合理、有效地配置网络经济资源。

快速是网络经济发展的前提条件。网络经济的取胜之道在于"抢跑道"，一步领先，步步领先。对市场能否作出准确、及时、全面的反应，这是检验网络经营机制设置是否科学合理的决定性因素。合理有效地配置网络资源，要求网上企业能快速收集、快速存储、快速传播经济信息，即时设计、生产、调配、销售，尽可能减少不必要的中间环节。

灵活是发展网络经济的主基调。在由国际互联网建构出来的一个数字化的世界中，配置网络资源具有多种甚至无限的可能性，未来还将有更多的网络经济形态，这就要求强化网络生产营销单位对网上资源具有灵活配置的组织功能。企业的一切活动都要围绕网络市场转，根据网络社会需要组织生产，调整和变革产业结构、技术结构、商品结构。唯有灵活才能适应网络经济的多样化、个性化发展。

便利是培植网络经济的关键环节。网络经济的协调发展，网络资源的合理配置，要求一切网上经营企业必须以质取胜。便利是以质取胜的重要基础性工作。对网上经营企业来说，便利就是要千方百计地为客户着想，创造条件做好各种服务工作。在为客户服务、满足客户多样化、个性化需要的同时，提高知名度，增加美誉度，塑造企业良好的社会形象，力求实现经济效益和社会效益的统一。

创新是发展网络经济的核心竞争力所在。企业的发展在于创新，网络经济发展更需要创新。离开创新，网络经济就将失去发展的原动力。网络经济的发展要求所有网上企业必须实现产品创新、技术创新、经营模式创新、组织结构创新。唯有不断创新，才能适应新的变化了的环境，也才能为网络市场带来新的生长点。

3. 网络经济的效应

构建网络经济运行机制，合理配置网络信息资源，目的在于揭示网络经济发展的一般规律，充分发挥网络经济的最佳效能。网络经济的效应主要有：

超前效应。网络化是全球发展大势，不以人的意志为转移。早入网，早得益；晚入网，晚得益；不入网，不得益。在发展知识经济的氛围中，任何国家、任何企业乃至任何个人都需要审时度势，正确对待网络经济，及早加盟网络世界。随着网络经济的发展，一种新的中心带与边缘带正在构建之中。现实的情况是，不管你喜欢也好，反对也罢，你都得加入世界网络市场，否则你就将被"边缘化"，长期甚至永远处于落后的境地。

扩展效应。网络世界四通八达，具有无限的延伸性。只要与其中某一个网络领域合作，都有可能与其他领域交流；参与网络交互合作的企业越多，网络经营效能就越明显。任何一个网上企业都能在很短的时间里，了解到世界各地厂商的商品生产情况、供求关系、价格信息以及销售状况，为企业决策提供信息，为社会经济发展提出新的思路。

柔性效应。网络市场机制活，弹性大，能够把不同国家、不同生产行业的买主、卖主、配销商、交易付款处理商连接在同一个网上。各个不同利益主体在发展电子商务过程中需要互相接纳，取长补短，优化组合。单一的排他行为往往是损人不利己。全球网络经济的出路在于加强协作，共谋发展，共存共荣。

整合效应。网络世界把信息优势、技术优势、管理优势、资金优势、人才优势紧密联系在一起，具有强大的整合优势。配置网络资源不仅仅在于开发一些新产品，推出一些新服务，更重要的是能够根据网络经济的发展，适时变革经营机制，转换生产模式，调整产业结构，发挥整合优势。

倍增效应。互联网络带来了经济世界的奇妙变化，突破了"流水线"型创造财富的线性模式，实现了经济效益的价值倍增。网络经济缩短了中间路径，减少了中间环节；降低了交易成本，提高了生产效率；创造了有效需求，开发了无限商机；拓展了竞争范围，改善了服务质量。由于网络经济有着一系列其他经济形式无法比拟的优势，因此它在核心竞争力、市场占有率、投资回报率、实际利润率等方面都能实现价值倍增。

(三) 建构网络经济学对中国经济学带来的启示

1. 网络经济学对我国传统经济学的挑战

网络经济是人类社会发展到信息社会的特有的高质态的经济形式。网络经济的发展，正在引起社会经济生活的深刻变化，客观上对建构网络经济学提出了迫切的要求。

我国经济学界自从改革开放以来，一直在对传统经济学进行深刻反思。传统的以计划经济为主建立的经济学体系，已经不能适应我国市场经济的发展，更不能满足我国社会主义现代化建设需要。从某种意义上来说，传统经济学拖了我国经济发展的后腿。不打破计划经济体系的旧模式，不跳出传统经济学的藩篱，就不能构建适应时代发展的、生机勃勃的、有中国特色的社会主义经济学。

目前，我国正处于社会转型时期，适应社会主义市场经济发展的经济学体系正在建立之中。西方传统经济学有关市场经济的理论可以大胆借鉴、利用，但随着网络经济的发展，西方经济学的一整套理论本身也面临着严峻挑战。如何界定和保护网络资源的经营权、所有权，如何解释和说明资源短缺、收益递减与网络经济发展现实的冲突，如何重新认识和描述商品生产理论、货币流通理论和通货膨胀理论，如何揭示和把握网络经济运行机制和网络经济发展规律等等，这些都是网络经济发展带来的新课题。网络经济的发展，对构建什么样的中国经济学提出了新的视角。面对刚刚兴起的全球网络经济，现有的经济学对网络信息资源有效配置、实现网络增值无法做出科学的解答，我国传统经济学已经不能客观地反映网络革命的变化与诉求。我国经济学的发展要反映社会经济发展的特点和规律，要解决我国市场经济发展中出现的新情况、新问题，就必须坚持一切从实际出发，主动迎接网络经济发展的挑战，概括和提炼出网络经济发展的最新理论成果。

2. 网络经济学凸显了我国经济学发展的新范式

作为揭示现代经济活动规律的经济学，必须把网络经济作为经济活动的中心视域，创立新的网络经济学学科体系。在经济全球化条件下，忽视和离开对网络经济现象、运行方式、发展规律的研究，不免有一种隔世之感。工业较发达的国家向工业较不发达的国家所显示的，只是后者未来的景象。我国进行市场经济建设的时间还不长，与发达国家在经济方面还存在较大的差距，不能作茧自缚、自我封闭。市场经济发展有其内在的规律。在划定的圈子里打太极拳，可能做到动作整齐划一，但不可能实现更高层次的飞跃。网络经济的出现反映了时代的变革，也预示着我国经济学发展的方向。我国经济学要站在当代世界经济发展的制高点上，驾驭现代经济运行规律，就必须加强对网络经济发展中各种问题的研究，创立既体现时代特色又符合本国国情的网络经济学。

3. 网络经济学对推进我国社会主义现代化建设的作用

我们正处在一场新的网络经济革命的前夜。这场革命将推动人类社会向数字化经济社会过渡。网络经济的发展给我国提供了一次赶超世界发达国家的极好机遇。尽管发达国家在网络经济研究和发展中比我们先行了一步，但网络经济的真正起飞也才是最近几年的事。以往我们失去过几次经济发展的机遇，这次我们一定要抓住网络经济发展这个千载难逢的时机，及早介入，顺势而为，争取主动，有所作为。建构网络经济学对我国正在进行的社会主义现代化建设必将产生重大的影响。应该看到，网络经济必将成为全球发展的主流经济。我们要尽快分享人类文明发展的重大成果，自觉参与全球网络化经济竞争，利用和开发现代网络经济技术，不断提升我国经济结构，推动我国社会经济的可持续发展，在此基础上积极探索网络经济的运行机制和发展规律，实现经济学理论的重大创新。

（本文刊登于《江海学刊》，2000年第4期。）

第七部分
科学发展观研究

科学发展观：马克思主义发展观的时代性标志

科学发展观是马克思主义发展观的最新重大理论成果，是马克思主义发展观的时代性标志。科学发展观坚持用马克思主义的立场、观点、方法分析和解决当代中国重大的现实问题，是马克思主义世界观、价值观、方法论在发展问题上的具体运用和拓展。科学发展观从当代中国发展实践中提出以人为本的重大命题，准确地把握了时代特征，集中地展现了时代精神，深刻地揭示了时代发展规律，从而把马克思主义发展观推进到了当代的新水平。

马克思主义发展观是科学的发展观，是与时俱进的发展观。恩格斯指出："每一个时代的理论思维，从而我们时代的理论思维，都是一种历史的产物，它在不同的时代具有完全不同的形式，同时具有完全不同的内容。"[1]284一代又一代的马克思主义者总是站在时代发展的最前列，根据当时社会发展的实际情况，科学地回答社会发展的本质、发展的目的、发展的内涵和发展的要求，从而推动人类文明向前发展。以胡锦涛为总书记的中央领导集体深谋远虑，站在时代高度，审视文明进程，关注发展问题，提出了坚持以人为本，全面、协调、可持续的科学发展观。科学发展观是马克思主义发展观的最新重大理论成果，是马克思主义发展观的时代性标志。

一、科学发展观：回应时代挑战的科学发展命题

根据时代变迁提出科学发展命题，是马克思主义发展观的核心内容。从学理上看，时代发展是从人类社会发展过程中所处的不同历史阶段出发，以某种生产方式特征为基础划分的社会发展阶段。马克思主义发展观认为，从人类历史看，我们今天所处的时代，仍然是从资本主义向社会主

义逐步过渡的时代，是社会主义和资本主义两种社会制度相互借鉴、互相竞争的时代。但要看到，我们所处的时代与马克思、列宁时期又有很大的不同，时代的主题已经从"战争与革命"转换为"和平与发展"。从社会生产力变革的实际状况看，我们正处在全球化时代、知识经济时代与后工业化发展时代，这些是对我们当今所处特定时代的新界定。世界要和平，人民要合作，国家要发展，社会要进步，已成为我们这个时代的主旋律。时代发展界面的切换，全球化、知识经济、后工业化发展模式对当今各国的发展提出了前所未有的挑战，同时也带来了千载难逢的机遇。以胡锦涛为总书记的党中央审时度势、总揽全局，科学判断和全面把握了国际形势的新变化，科学判断和全面把握了我国社会经济发展的新特点，科学判断和全面把握了我们党所处历史方位的新使命，深刻总结了我们党和国家发展的历史经验，借鉴吸取了世界其他国家发展的经验教训，创造性地对当代中国的发展内涵、发展本质、发展规律等重大问题做出了科学的回答，提出了以人为本，全面、协调、可持续的发展观，从而确立了当代中国共产党人崭新的发展观，实现了马克思主义发展观在当代中国新的实践基础上的伟大创新。

我国现代化建设指导思想要实现与时俱进，体现求真务实，只能根据现实社会发展的实际状况提出新的发展命题，科学发展观就是指导中国全面建设小康社会的马克思主义发展观。科学发展观的本质与核心是以人为本，这是当代马克思主义发展观的重大理论命题。胡锦涛强调指出："坚持以人为本，就是要以实现人的全面发展为目标，从人民群众的根本利益出发，谋发展、促发展，不断满足人民群众日益增长的物质文化需要，切实保障人民群众的经济、政治和文化权益，让发展的成果惠及全体人民。"[2]科学发展观强调的以人为本，不是任何其他理论体系中的命题，不能用其他思想学说来解释，而只能用马克思主义发展观、价值观来解读。

第一，坚持以人为本，就是以人为社会发展的目的，以实现人的全面发展为目标。社会的一切发展既依赖于人的发展，又为了实现人的发展。人的发展不仅仅指满足人们的物质生活要求，还包括政治、文化和生态环境等方面的需要，实现人的全面发展就是要大力提高人的素质，积极开发人力资源，不断提高人们的生活质量。

第二，坚持以人为本，就是以人为社会发展的前提，尊重人的存在价值、需求价值和发展价值,以平等的全体人为本,以最大多数人的需要为本,以社会各阶级、各阶层人的发展需要为本,以当代人和子孙后代共享文明成果为本,一句话,以人为本就是以人民群众为本。以人为本的"人",在当代中国就是指最广大的人民群众;以人为本的"本",是指最广大人民的根本利益。

第三,坚持以人为本,就是以人为社会发展的主体,从根本上确立人的主体地位,捍卫人的尊严,凸显人的价值。以人为本强调人民是主体、人民是主人的马克思主义历史观和社会价值观。坚持以人为本,就要始终坚持站在人民的立场上,把维护和实现最广大人民的根本利益作为一切工作的出发点和落脚点。

第四,坚持以人为本,就是以人为社会发展的动力,让发展的成果惠及全体人民,把人的积极性调动好、保护好、发挥好。把发展建立在以人为本的基础上,就是要注重经济社会协调发展,促进经济社会和人的全面发展,不断满足人民群众日益增长的物质文化需要,切实保障人民群众的经济、政治和文化权益,大力建设惠及十几亿人口的更高水平的全面小康社会。可以说,以人为本的科学发展观既坚持了马克思主义关于人的发展学说的基本思想,又吸纳了近代人本主义思想中的有益成分,顺应了时代发展的潮流,集中体现了马克思主义发展观的时代要求。

二、科学发展观:把握时代特征的伟大历史决策

根据时代特征进行科学决策,是马克思主义发展观的鲜明特色。马克思主义发展观认为,一切划时代思想体系的真正内容,都是由产生这些体系的那个时代的特征和需要构成的。所谓时代特征,是指与特定时代相适应的国际政治经济关系的基本状态以及由世界的基本矛盾所决定和反映的基本特征。列宁明确指出:"只有首先分析从一个时代转变到另一个时代的客观条件,才能理解我们面前发生的各种重大历史事件……只有在这个基础上,即首先考虑到各个'时代'的不同的基本特征(而不是个别国家的个别历史事件),我们才能够正确地制定自己的策略。"[3]142-143 马克思主义发展观的基本要求就是根据社会主要矛盾的变化提出迫切需要解决的根本任务,根据时代特征进行科学决策。

科学发展观是以胡锦涛为总书记的党中央着眼于新形势新任务新要求，针对新情况新问题新矛盾，提出的一项新的重大战略思想。进入新世纪，我国实际上已经从改革开放初期实行的"让一部分人、一部分地区先富起来"的阶段，进入实现社会和谐发展并逐步走向共同富裕阶段，也就是进入全面建设小康社会的新阶段。在现实生活中，出现了贫富差距拉大、区域差距扩大、社会阶层分化、社会矛盾凸显等新情况，当代中国面临的发展问题显得更复杂、更突出、更尖锐。科学发展观就是要坚持以人为本，体现社会发展中的人文关怀，不断缩小贫富差距，逐步扩大中等收入者比重，使全体人民共享改革开放的成果。用科学发展观统领经济社会发展全局，切实解决发展中面临的突出问题，标志着中国社会主义现代化建设已经进入到全面建设和谐社会的新阶段。

经过20多年的改革开放，我国的经济发展已经步入快速增长期，同时也是矛盾凸显期。"多年来，我国在经济快速发展的同时，也积累了不少矛盾和问题，主要是城乡差距、地区差距、居民收入差距持续扩大，就业和社会保障压力增加，教育、卫生、文化等社会事业发展滞后，人口增长、经济发展同生态环境、自然资源的矛盾加剧，经济增长方式落后，经济整体素质不高和竞争力不强等。这些问题必须高度重视而不可回避，必须逐步解决而不可任其发展。"[4]科学发展观的提出顺应了社会生产力发展的现实要求，并为社会生产力的发展创造更好的条件。现阶段我们不是要不要推进发展，而是如何实现更好更快的发展，在全面、协调、可持续发展基础上的发展，在发展中更好地坚持全面、协调、可持续发展。科学发展观既是我国经济工作必须长期坚持的重要指导思想，也是解决当前我国经济社会发展中诸多矛盾和问题必须遵循的基本原则。

科学发展观是在对片面追求经济增长的发展观所付出代价的反思中提出的一种全新的发展理念，其实质是要实现我国经济社会更好更快更协调的发展。科学发展观要求以科学的理念、科学的眼光和科学的方法审视当代中国发展中存在的问题，采用科学的战略和策略来有效应对发展中的问题，妥善处理和正确把握发展中的各种关系。"统筹兼顾，协调好各方面利益关系，调动一切积极因素，是我们党的一个重要历史经验，也是我们党在新的历史条件下要长期坚持的战略方针。"[4]多年来，在加快发展的进程中，我国社会经济生活积累了不少矛盾，也暴露出许多新的问题，这些矛盾和问题如不及时解决，就会严重影响我国深化改革和加快发展的历史进程，也就会危及社会主义和谐社会的建设。科学发展观强调，现阶段的发展关键是要搞好"五个统筹"，即统筹城乡发展、统筹区域发展、统筹经济社会发展、统筹人与自然和谐发展、统筹国内发展和对外开放，力求实现经济政治文化社会等各方面的发展与人的全面发展的统一，经济社会与资源、环境的统一，物质文明、政治文明、精神文明和社会文明建设的统一，真正实现我国社会经济科学发展、全面发展、加快发展、和谐发展。

三、科学发展观：高扬时代精神的一面光辉旗帜

每个历史时代都有其特殊的社会经济问题，也就有其特定的问题解答逻辑。马克思曾经说过，每个时代总有属于它自己的问题，"问题就是公开的、无畏的、左右一切个人的时代声音。问题就是时代的口号，是它表现自己精神状态的最实际的呼声。"[5]289-290 如果说马克思主义发展观是时代精神的精华，那么，科学发展观就是以胡锦涛同志为总书记的党中央从新世纪新阶段党和国家事业发展的全局出发，就发展问题进行理论创新和实践创新的一面光辉旗帜。

科学发展观贯穿着以人为本的精神。以人为本，强调以人为价值的核心和社会的本位，把人的生存和发展作为最高的价值目标，一切为了人，一切服务于人。发展只有通过人才能实现。"任何一种解放都是把人的世界和人的关系还给人自己。"[6]443 坚持以人为本，就是要把尊重人、理解人、帮助人与关注人、提升人、发展人有机地结合起来，目的在于推进人的全面发展，不断克服"工具人"的局限，真正按照人的属性实现人的物质与精神、科技与人文、政治与道德、生理与心理、知识与能力等方面的全面发展。坚持以人为本的实质，就是以最广大人民群众的根本利益为出发点和落脚点，实现国家的富强、民族的振兴、人民的幸福、社会的和谐。科学发展观使以人为本这一马克思主义的基本观点涵纳了新的时代内容，获得了全新的时代意义。

科学发展观凝聚着求真务实的精神。科学发展观是指导发展的科学思想。当代中国不仅要加快发展，更要科学发展、和谐发展。求真务实是马

克思主义发展观的本质要求,是我们党的思想路线的核心内容。胡锦涛强调指出,在全党大力弘扬求真务实精神、大兴求真务实之风,关键是要引导全党同志不断求真务实,就是要求我国社会主义初级阶段基本国情之真,务坚持长期艰苦奋斗之实;求社会主义建设规律和人类社会发展规律之真,务抓好发展这个党执政兴国的第一要务之实;求人民群众的历史地位和作用之真,务发展最广大人民根本利益之实;求共产党执政规律之真,务全面加强和改进党的建设之实。求真务实既抓住了当前坚持和贯彻党的思想路线、推进党和国家工作的关键环节,又将这种全局性的工作要求和思想指导置于马克思主义世界观和方法论的科学基础之上。弘扬求真务实精神,要求我们一切从实际出发,讲实话、出实招、办实事、求实效,把科学发展观同社会经济发展实际紧密结合起来,创造性地抓好落实。"一定要处理好经济发展与社会发展的关系,处理好城乡发展、地区发展的关系,处理好不同利益群体的关系,处理好经济增长同资源、环境的关系,处理好改革发展稳定的关系,处理好物质文明建设同政治文明建设、精神文明建设的关系,还要处理好国内发展与对外开放的关系。"[4]只有坚持一切从实际出发,正确认识社会经济发展的客观规律,自觉按照客观规律认识和处理社会经济发展的各种关系,才能从根本上做到求真务实。

科学发展观渗透着开拓创新的精神。开拓创新是时代发展的推动力量,是马克思主义发展观的内在要求。要改革,要发展,要前进,没有一股干劲、一股锐气不行。坚持科学发展观,其根本着眼点是要用新的发展思路实现又好又快的发展,努力使党的全部理论和全部工作体现时代性,富于创造性,把握规律性。"只有以科学发展观为指导,辩证地认识和处理与发展相联系的各方面重大关系,发展才能有新思路,改革才能有新突破,开放才能有新局面,也才能紧紧抓住和充分用好战略机遇期,顺利实现既定的战略目标。否则,现代化建设就难以顺利推进,甚至会走弯路。"[4]开拓创新,就是要敢闯敢试,不畏艰险,奋力拼搏,永不自满,探寻在改革与发展中解决各种矛盾、各种问题的途径和方法,努力创新体制、机制和各项发展政策,实现经济社会协调发展,推进政治、经济、文化领域的全面创新。改革无尽头,开拓无边界,科学无禁区,创新无止境。在新世纪新阶段,党要肩负起历史和时代赋予的庄严使命,就必须高扬开拓创新的旗帜，增强开拓创新的意识，提升开拓创新的本领，形成开拓创新的风气，加快开拓创新的步伐。

四、科学发展观：揭示时代发展规律的最新理论成果

科学发展观系统地总结了 20 多年来我国改革开放和现代化建设的成功经验，深刻地揭示了经济社会发展的客观规律，集中地反映了我们党对发展问题的最新认识成果。"我们只能在我们时代的条件下去认识，而且这些条件达到什么程度，我们才能认识到什么程度。"[1]337-338 中国特色社会主义现代化是一个不断发展的历史进程。在这个进程中，发展的不同阶段会出现不同的矛盾，也就必然要采用不同的对策和方法。科学发展观的提出，表明我们党在坚持马克思主义发展观的基础上，对发展问题的认识达到了一个新境界，把当今世界发展理论推进到了新的历史阶段。

科学发展观深刻地揭示了中国共产党执政的规律。共产党执政的本质在于立党为公、执政为民。党执政兴国的第一要务是发展，是实现又好又快的发展。马克思主义发展观最注重的首先就是发展生产力，发展经济，满足人民的物质生活需要。胡锦涛明确指出，集中力量发展经济，使我国形成发达的生产力，这是中国特色社会主义事业兴旺发达的物质基础，是我们在日益激烈的国际竞争中掌握主动的物质基础，也是国家繁荣富强、人民安居乐业和长治久安的物质基础。当今世界，科学技术正在酝酿着新的重大突破，一场新的科技革命和产业革命正在孕育之中。发展先进生产力就是要大力发展科学技术，优化经济结构，变革生产方式，不断探索和走出一条既适应现代经济、科技发展要求，又适合我国国情的新型工业化道路。我们党执政就是通过大力发展先进生产力，建立创新型国家，来迅速改变我国贫穷落后的面貌，来改善人民群众的生活。党执政的最本质特点就是实现国家富强、人民富裕。发展经济必须同实现社会进步有机地结合起来。科学发展观是以经济建设为中心、经济社会全面协调可持续的发展观，既强调发展效率，更注重发展质量，使改革和发展的成果惠及最广大人民群众。正确认识和妥善处理党在改革开放和发展社会主义市场经济条件下执政遇到的新情况、新问题，就必须始终保持党的先进性，就必须坚持以改革的精神加强和改进党的建设，不断提高党的领导水平和执政本领，不断改革和完善党的领导方式和执政方式，使党真正成为科学执政、民主执政、依法执政的执政党。科学发展观是我们党对领导改革开放和社会主义现代化建设实践经验的科学总结和理论概括，是我们党执政理念的新飞跃。

科学发展观深刻地揭示了社会主义现代化建设的规律。实现中国特色社会主义现代化，是时代赋予我们党的光荣而神圣的历史使命。科学发展观更加突出了社会主义现代化建设这个当代中国的主题，形成了中国为什么发展、怎样更好更快地发展的系统指导思想和行动纲领，是我们党对社会主义现代化建设规律认识的进一步深化。发展是经济、政治、文化、社会相协调的发展，社会主义现代化建设不能单打一，也不能"一条腿长、一条腿短"，要按照统筹城乡发展、统筹区域发展、统筹经济社会发展、统筹人与自然和谐发展、统筹国内发展和对外开放的要求，坚持统筹兼顾，协调好改革进程中的各种利益关系，防止出现因发展不平衡而制约新的发展的问题。通过统筹、协调，切实解决地域、城乡、不同社会阶层和社会群体等差距扩大的问题，使发展的各个环节和各个方面相互衔接、相互促进、良性互动。科学发展观是从新世纪新阶段我国发展全局出发提出的重大战略思想。坚持以科学发展观统领经济社会发展全局，指导现代化建设的伟大实践，不断促进发展观念转变、发展模式创新、发展质量提高，就能推动我国经济社会发展不断迈上新的台阶。

科学发展观深刻地揭示了人类社会发展的客观规律。人类社会发展的目的在于实现经济社会和人的全面发展。社会经济的发展是不断提高、永无止境的历史过程，人的全面发展程度也是不断提高、永无止境的历史过程。科学发展观是人类在社会发展道路上付出无数次代价之后的产物，也是人类在社会发展实践中逐步认清的发展方向和发展要求，它既考虑当前的发展，又考虑长远的发展；既考虑发展的基础，又考虑发展的后劲；既通过发展为当代人造福，又为子孙后代留下发展的空间。科学发展观把中国的发展放到世界发展格局中来谋划，放到全球化进程中来思考，提出的是发展的最根本要求，揭示的是发展的普遍规律。在人类文明进程中，经济社会的发展与人的全面发展是同一发展过程的两个方面，不能顾此失彼。经济社会发展是人的全面发展的重要前提和基本保证，人的全面发展要求更好更快地推进经济社会发展。当下中国经济社会发展与人的全面发展的核心问题是，要正确认识和处理好生产力与生产关系、经济基础与上层建筑的辩证关系，促进人与自然、人与社会、人与自我的和谐发展，努力建设社会主义和谐社会。实现社会和谐，是人类社会发展的必然趋势，是社会主义发展的必然归宿。在当代中国这样一个世界人口最多的国家建设和谐社会，是以人为本、全面协调可持续的科学发展观在社会建设层面合乎逻辑地展开，它拓展了发展中国家实现现代化总体格局的科学内涵，推进了人类文明的发展实践，具有引领当代和谐中国、和谐世界发展的重大意义。

时代的发展需要用新的发展观指导中国现代化建设进程，指导人类文明新的实践。当代中国的发展极具世界影响，科学发展观对人类文明发展实践具有重要的指导价值。坚持以人为本，全面、协调、可持续的发展观，进一步指明了中国现代化建设的发展道路、发展模式和发展战略，代表了人类社会发展进步的必然趋势，在发展理念上具有全球领先水平，是马克思主义发展观在新世纪新阶段的时代性标志。

参考文献

［1］马克思，恩格斯. 马克思恩格斯选集：第4卷［M］. 2版. 北京：人民出版社，1995.
［2］胡锦涛. 在中央人口资源环境工作座谈会上的讲话［N］. 人民日报，2004-04-05.
［3］列宁. 列宁全集：第26卷［M］. 北京：人民出版社，1988.
［4］温家宝. 提高认识，统一思想，牢固树立和认真落实科学发展观［N］. 人民日报，2004-03-01.
［5］马克思，恩格斯. 马克思恩格斯全集：第40卷［M］. 北京：人民出版社，1982.
［6］马克思，恩格斯. 马克思恩格斯全集：第1卷［M］. 北京：人民出版社，1956.

（本文刊登于《学习论坛》，2007年第5期。）

科学发展观：当代性视域中的马克思主义发展观

科学发展观是当代中国马克思主义发展观的最新理论成果，是指导发展的世界观和方法论。当代性视域中的马克思主义发展观就是从问题域、全球化、主体际、动力源、共同体等方面，系统阐释科学发展观的出场路径、实践平台、主导话语、基本向度和价值指向，集中展现科学发展观对发展要义、发展本质、发展规律认识的深化，深刻揭示科学发展观作为当代马克思主义发展观的意义和价值。

和平、发展、合作是当今世界不可逆转的时代潮流，这三者之中最核心、最关键的是发展问题。发展不仅是要加快经济增长、转换经济结构、提升经济总量，更关键的是要坚持以人为本，实现全面、协调、可持续发展，促进经济社会和人的全面发展。马克思主义发展观在当代中国的重大使命就在于用科学的世界观和方法论指导变革发展理念、转换发展模式、提高发展质量。目前的中国正处于社会主义现代化建设的关键时期，既面临着千载难逢的发展机遇，也面临着前所未有的严峻挑战。高度重视和认识当代中国经济社会发展中出现的一系列新情况、新问题，回应发展中所面临的重大经济、政治、文化和社会挑战，用科学发展、和谐发展解决前进道路上存在的突出矛盾和问题，不仅可以更好更快地推进中国特色社会主义现代化进程，为当今世界各国提供成功的发展范例，而且将进一步丰富和发展马克思主义发展观。科学发展观是对当代中国发展问题进行科学总结的理论升华，是马克思主义发展观的又一次重大历史性飞跃。

一、问题域：当代马克思主义发展观的出场路径

当代性视域首先是问题域。当代马克思主义发展观就是对当今世界和当代中国发展问题的解答逻辑。对于发展问题，人类早有研究。一部人类

文明史，实际上就是人类不断摆脱愚昧落后，走向科学民主，从自发的片面发展走向自觉的全面发展的历史。今天，我们探析发展问题，需要有一个新的界定，也就是说要对所研究的领域和问题给出一个新的规定，以期形成对所探讨问题的共识。当下中国实际上已经不是要解决"要不要发展""为什么要发展"的问题，因为经过二十多年改革开放的实践，历史给出了一个大写的真理：贫穷不是社会主义，社会主义要消灭贫穷。这道理，那道理，发展才是硬道理。党执政兴国的第一要务是发展，中国解决一切问题的关键在于发展。可以说，在当代中国，发展已经深入人心。进入新世纪、新阶段，中国迫切需要解决的是"为谁发展""靠谁发展"和"怎样发展"等重大问题，这是当代马克思主义发展观无法回避的现实问题。现实问题的尽头就是新的理论破土而出的历史地平线。科学发展观的提出开启了一个全新的研究视域，重在构筑专属于自己时代的新问题域。

中国的改革开放是一个前无古人的伟大壮举。邓小平曾经指出："我们现在所干的事业是一项新事业，马克思没有讲过，我们的前人没有做过，其他社会主义国家也没有干过，所以，没有现成的经验可学。"[1]258 由于没有现成的经验可以照搬照抄，我们的改革只能靠摸着石头过河。二十多年来，中国的渐进式改革取得了举世瞩目的巨大成就。但随着市场经济的推进和改革的不断深化，当代中国在发展中遇到了许多新情况、新矛盾。改革已经进入深水区，只有用新的思路、新的办法才能不断解决新出现的问题。

当代中国正在经历一场深刻而急剧的历史变革。中国的发展摆脱了共同贫穷的时代，社会经济发展出现了许多不确定性、不安全性和不和谐性的因素，与以往相比，推动社会改革的复杂性和艰巨性大大增加。温家宝指出："多年来，我国在经济快速发展的同时，也积累了不少矛盾和问题，主要是城乡差距、地区差距、居民收入差距持续扩大，就业和社会保障压力增加，教育、卫生、文化等社会事业发展滞后，人口增长、经济发展同生态环境、自然资源的矛盾加剧，经济增长方式落后，经济整体素质不高和竞争力不强等。"[2] 这些问题如果不引起高度重视，不采取强有力的措施妥善解决的话，就会影响国家改革发展稳定的大局，就会影响中国社会主义和谐社会的建设。为了更好更快地发展，我们不能回避矛盾，更不能遮蔽问题，要深刻分析现阶段人民内部矛盾产生的原因，特别是引发深层次矛盾的原因，注重从源头上减少人民内部矛盾的发生，切实理顺社会情绪，化解社会矛盾，真正解决人民群众最关心、最直接、最现实的利益问题。

当代中国正处在新的更高的历史起点上，要转变发展理念，调整发展模式，提升发展质量。我们要看到，当下中国发展中人与自然的矛盾日渐突出，影响可持续发展的问题不断增多，发展面临的资源、环境和技术"瓶颈"制约日益显露，资源消耗型、环境破坏型的发展是不可持续的。更要清醒地看到，人与自然的矛盾根源于人与人、人与社会的矛盾，是人不能更好地认识自然、与自然和谐相处，把自己凌驾于自然之上、作践自然产生的恶果。我国社会经济要实现新的发展，就必须正确认识人与自然的关系，引入环境支持理念，建设资源节约型和环境友好型社会，走节约、清洁、安全的可持续发展道路，实现经济的持续快速协调健康发展；就必须把工作的重点放到优化经济结构、提高经济增长的质量和效益上来，切实改变高投入、高消耗、高污染、低效率的增长方式，坚持走科技含量高、经济效益好、资源消耗低、环境污染少、人力资源优势得到充分发挥的新型工业化道路；就必须处理好人与人、人与社会的关系，切实调整社会利益矛盾，努力提高人的素质，大力推进社会全面进步，把经济社会发展转入以人为本、全面协调可持续发展的轨道上来。

二、全球化：当代马克思主义发展观的实践平台

当代性视域就是全球化视域。马克思主义发展观是历史转变为世界历史的产物。全球化是当今世界发展不可抗拒的潮流，是在现代高科技条件下推进经济社会化和国际化的发展新态势。历史地平线的转换，暴露了传统生产方式的不可持续性，冲击着工业文明发展的现实基础。全球化不只是孤立的经济现象，而是我们生活的一部分，任何人都无法回避也无法摆脱全球化。可以说，全球化已经成为时代的主题话语和科学发展观的基本视野。

追寻和探讨全球化的意义与价值，自觉参与全球化的历史进程，是当代中国社会经济发展的理性选择。我们是在全球化的条件下推进中国特色

社会主义现代化建设的，既要抓住全球化发展的机遇，又要面对全球化带来的风险和挑战，真正把握全面、协调、可持续发展的现实条件。要抓住新一轮世界产业分工调整重组的重大机遇，主动承接国际产业转移，努力在国际分工中赢得有利位置和竞争优势。同时，要立足本国本地实际，充分利用自身优势和现有基础，推动产业结构优化升级，形成具有本国本地特色和竞争力的产业结构。

全球化本身是一把"双刃剑"，它既实现了生产方式的革命性变革，推动了全球范围内生产要素的转移，加快了世界经济的整体发展，又在全球范围内扩大了贫富差距，加深了发达国家与发展中国家之间的矛盾。参与全球化的发展进程，就是要不断扩大合作领域，寻找合作发展的支撑点和平衡点，促使国际关系和经济合作朝着有利于我国经济社会健康运行的方向发展。要看到目前经济全球化的一整套市场规则体系，总体上是在发达国家主导下制定的，重要的国际经济和金融组织都控制在西方国家手中，它们利用这些经济优势和组织优势，攫取了全球化的大部分利益，转嫁了全球化的成本，使广大发展中国家处于边缘化、碎片化的境地。参与经济全球化发展，就要重建公正合理的国际经济、政治、文化和社会新秩序，在共存共赢的基础上促进平等互惠的发展。全球化是充满创造性和多样性的发展过程，我们要积极参与全球化的发展，在发展中不断解决全球性问题，推动世界持久和平和人类共同繁荣。

随着全球生产力的高度发展和人类思想文化的不断交流，和谐世界的建设已经摆在世界各国面前。在全球化过程中，社会生产方式、经济体制、发展机制有可能逐渐趋同，但文化传统、民族精神具有多元特性，要强化忧患意识，绝不盲目认同西方的价值观念和话语逻辑，绝不损害自己的国家利益、社会特征和民族文化传统。在与全球经济体系磨合的过程中，要摒弃冷战思维，牢固树立互信、互利、平等、协作的新安全观，坚决维护我国在全球化发展中的政治、经济、文化主权和安全，并与其他发展中国家团结一致，争取全球化发展的光明前景。要积极推进和谐世界建设，多一些理解，少一些误会；多一些对话，少一些对抗；多一些和平，少一些战争，不断赋予全球化以新的内涵和发展活力，使之朝着全球的公正、富裕和幸福的目标发展。

三、主体际：当代马克思主义发展观的主导话语

当代性视域就是主体际视域。所谓主体际，指的是两个或两个以上主体之间的客观关系。它超出了单一主体与客体的框架，消弭了主体与客体的紧张关系，构建了主体与主体之间的新型范式。马克思主义发展观认为，实践作为主体与客体之间的双向对象化过程，蕴含着相互联系、相互促进的两个方面：一是人类按照世界的本来面目去认识和改变世界的过程，即不断追求真理的过程；二是人类按照自己的利益、需要、目的去认识和改变世界的过程，即不断实现价值的过程，这两个方面的统一就是主体际的逻辑展开和深度实现过程。主体与主体的关系不是孤立存在的"二人世界"或多人世界，而是以他们共有的客体世界为前提的。"主体—客体—主体"结构"既包含了现代哲学的'主体—客体'关系，榨取了这一哲学中一切不容反驳的合理成分，对科学理性精神作了有效的辩护，又超越了这一哲学构架的单一主体性缺陷，将主体际关系引入了哲学框架。同样，它既包含了后现代哲学主体际关系，汲取了它的一切合理成分，又对其否定客体底板的相对主义作了积极的扬弃"[3]21。以人为本是科学发展观的本质和核心，是对人的主体际关系的深刻解读。

社会是人的社会，人是社会的主体。科学发展观在继承唯物史观关于"人民群众是历史的创造者"的思想基础上，强调以人为本，实际上是对最广大人民群众主体地位和作用的肯定，是一种对主体际关系的新的阐发。主体是多元的，也是多层次的，既包括个体主体，也包括群体主体，更强调社会主体。个体主体、群体主体、社会主体三者相互依存，互为条件，缺一不可。其中，社会主体的价值选择具有最重要的代表性和影响力。社会主体的发展与完善，不应损害或牺牲各个群体主体和个体主体的发展，而是以各个群体主体和个体主体的发展为前提，并为各个群体主体和个体主体的全面发展、协调发展创造条件，是各个群体主体和个体主体发展与完善的根本利益所在。因而，社会的发展是最广大人民群众的价值追求、价值创造、价值选择和价值实现过程。以人为本就是把人作为社会的主体，以人的需要和发展为目的，摒弃传统的把人作为工具和手段的物本主义倾向，在社会发展中强调以满足人的需要、提升人的素质、实现人

的全面发展为目标。在当代中国,"以人为本"的"人",是指中国最广大的人民群众;"以人为本"的"本",是指最广大人民群众的根本利益。以人为本就是要倡导我为人人、人人为我的新型社会关系,为更多的人提供平等的发展机会,使参与市场竞争活动的主体享有平等的权利,履行平等的义务,在发展经济的基础上,使广大人民群众的物质文化生活和健康水平有明显的改善与提高。胡锦涛强调指出:"坚持以人为本,就是要以实现人的全面发展为目标,从人民群众的根本利益出发谋发展、促发展,不断满足人民群众日益增长的物质文化需要,切实保障人民群众的经济、政治和文化权益,让发展的成果惠及全体人民。"[4]

搞清发展的目的,必须正确认识主体际关系。科学发展观克服了把发展看成是少数人的发展或忽视后代人的发展的错误认识,倡导代内公平和代际公平的发展主体观。社会主义社会是全面发展的社会,全面发展的主体因素是人,社会发展最终是为了人的发展。未来的新社会是以每个人的全面而自由的发展为基本原则的社会形式,每个人的发展都是其他人发展的前提和条件。在社会主义现代化进程中,人作为社会发展的主体,包括两层含义:一方面,人是社会生产力的首要因素,现代生产力的发展,首先是人的现代化素质的提高;另一方面,人的全面发展是社会发展的最高目标。社会主义的根本任务,是要通过一切有效的经济手段创造高度发达的社会生产力。这一根本任务的确立和实现,必须服从于和服务于社会主义发展的最高目标,这就是逐步推进共同富裕,实现人的全面发展。人的全面发展这一最高目标的实现,归根到底是生产力发展以及由生产发展所决定的生产关系和其他社会关系变革的必然要求与必然结果。人的全面发展学说,在全部马克思主义理论中占据核心地位。坚持以人为本,就是要以实现人的全面发展为目标。温家宝指出:"以人为本,就是要把人民的利益作为一切工作的出发点和落脚点,不断满足人们的多方面需求和促进人的全面发展。具体地说,就是在经济发展的基础上,不断提高人民群众物质文化生活水平和健康水平;就是要尊重和保障人权,包括公民的政治、经济、文化权利;就是要不断提高人们的思想道德素质、科学文化素质和健康素质;就是要创造人们平等发展、充分发挥聪明才智的社会环境。"[2]离开了以人为本这个根本目的和目标,任何发展目的和目标都是没有意义的。以人为本不仅倡导人与人之间应相互尊重、相互理解、相互信任、和谐相处，而且强调采取切实可行的方法和措施，从体制和政策上不断解决人民群众的实际困难，使社会各方面的利益关系得到妥善协调。从某种意义上说，社会发展的最终目的就是要解放人，发展人，实现人的全面发展。

建构良好的主体际关系，在当代中国就是要搞好社会经济可持续发展。可持续发展的本质说到底是要实现人的可持续发展，既满足当代人的需要，又不对后代人满足其需要的能力构成危害。科学发展观强调把人民的利益放在第一位，就是要把可持续生存与发展放在第一位，不仅要关注当代人的眼前利益，而且要关注未来子孙后代的长远利益。只有把以人为本与关爱自然、回馈自然、延续自然结合起来，实现经济发展与环境支持并重，才能真正为我们的子孙后代营造更好的发展空间，保证他们一代又一代地永续发展。

四、动力源：当代马克思主义发展观的基本向度

当代性视域，就是动力源视域。经济社会发展离不开强大的动力，没有动力的发展是难以为继的，也是不能持久的，可以说，没有动力源的发展就不是真正意义上的发展。发展的动力源不是单一的，而是多元的。在当代中国，要实现经济社会又好又快地发展，就必须梳理动力源的内涵，搞好动力源的开发，实现动力源的整合，注入全新的发展动力源。

最广大人民群众的利益和需要是发展的根本动力。揭示发展的动力源，本质上是要调动好、保护好、发挥好广大人民群众的积极性、主动性和创造性，把提高人民生活水平作为根本出发点，不断满足人民群众日益增长的物质和文化需求。毛泽东指出："人民，只有人民，才是创造世界历史的动力。"[5]1031一切相信群众，一切依靠群众，一切为了群众，是马克思主义发展观的精髓所在。当代中国的发展必须真正解决"依靠谁""为了谁"和"发展谁"这个事关发展全局的根本问题。正确处理以经济建设为中心和经济社会全面发展的关系、加快发展和协调发展的关系、当前发展和可持续发展的关系，就在于更好地满足人民群众的实际需要，不断实现人民群众的根本利益。把科学发展观贯穿于发展的整个过程和各个方面，其中的一个重要内容就是要扩大人民群众的知情权、评价权、选择权

和决策权，积极推进公众参与社会事务管理和经济社会发展的各项权益的有效落实，增加决策的透明度，增强社会的凝聚力。

科技创新是社会经济发展的强大动力。当今世界，科学技术正在酝酿着新的重大突破，一场新的科技革命和产业革命正在孕育之中。能否抓住机遇，大力推进科技进步和自主知识产权创新，直接关系着我国全面建设小康社会、加快社会主义现代化的进程。目前，我国经济发展中由于缺乏核心技术，缺少自主知识产权，仍主要靠廉价劳动力、资源消耗、土地占用和优惠政策来赢得对外经济竞争优势，在国际产业分工中只能处于低端位置。为此，必须切实转变经济发展方式，大力提高自主创新能力，努力形成国家核心竞争力，使我国经济始终保持持续稳定健康的发展态势。胡锦涛强调指出，提高自主创新能力，是保持经济长期平稳较快发展的重要支撑，是调整经济结构、转变经济发展方式的重要支撑，是建设资源节约型、环境友好型社会的重要支撑，也是提高我国经济的国际竞争力和抗风险能力的重要支撑。只有大力提高自主创新能力，充分发挥科学技术第一生产力的重要作用，才能真正解决制约我国经济社会发展的重大科技"瓶颈"，加快调整和优化经济结构，以"减量化、再使用、可循环"为原则，努力建设"低投入、高产出、低消耗、少排放、能循环、可持续"的国民经济和节约型社会。

制度创新是社会经济发展的直接动力。改革是推进社会经济发展的强大力量，是当代中国的第二次革命。改革中出现的问题只能靠深化改革来解决，倒退是没有出路的。在当代中国，改革要有新突破，关键是要推进体制改革和制度创新，更加关注关系人民群众切身利益的改革，更加注重社会公平和正义，在经济社会发展的重点领域取得新的突破。要通过大力推进就业制度、收入分配制度、社会保障制度以及医疗卫生和教育制度等的改革，让改革和发展的成果更多更好地惠及全体人民。在各项改革创新中，特别要深化政府体制改革，进一步转变政府职能，为中国经济发展、政治民主、社会进步提供扎实的体制与制度基础。从建设阳光政府、法治政府和可问责政府入手，加快依法行政、依法管理社会事务方面的改革创新，转变政府主导型的经济发展模式，使政府坚持科学执政、民主执政、依法执政，真正承担起经济调控、市场监管、公共服务、社会管理的职能，为社会、民众提供更多的公共资源、公共产品和公共服务。

五、共同体：当代马克思主义发展观的价值指向

当代性视域就是共同体视域。当代马克思主义发展观的一个重大问题就是要以科学发展观统领经济社会发展全局，推进经济社会全面进步，实现人的全面发展。全面、协调、可持续发展需要建立互动、互信、互助、互补、互惠、互利的共同体。现代社会的共同体是多元、多层次的，不仅有交往共同体、事业共同体、责任共同体，而且还有利益共同体、价值共同体和发展共同体。科学发展观提出的实现"五个统筹"实际上就是要建立新的共同体关系，着力解决关系人民群众切身利益的突出问题，努力维护和实现好最广大人民群众的根本利益。

一是建立城乡发展共同体。统筹城乡发展，需要加深对当代中国基本国情的认识，特别要看到一些制约农业和农村发展的深层矛盾尚未消除，促进农民持续稳定增收的长效机制尚未形成，农村经济社会发展滞后的局面还没有根本改变的实际状况，坚定不移地走城乡互动、工农互促的协调发展道路。胡锦涛指出："坚持统筹城乡发展，充分发挥城市对农村的辐射和带动作用，充分发挥工业对农业的支持和反哺作用，逐步建立有利于改变城乡二元经济结构的体制，稳定、完善和强化对农业的支持政策，加快农业和农村经济发展，努力实现农民收入稳步增长，促进城乡良性互动、共同发展。"[6]实现城乡整体推进和共同发展，既要加快城市化进程、提高城镇化水平，转移农业劳动力和农村人口，提高农业的集约化水平和劳动生产率，又要组织、动员、引导各方面的力量来支持农业和农村经济的发展，加快改善农村面貌，保证广大农民的切身利益和合法权益，切实改变重城市、轻农村的传统观念和城乡二元分割的经济社会结构，努力建立以工促农、以城带乡的长效机制。

二是形成区域发展共同体。我国区域经济发展不平衡，尤其是区域之间发展的条件差距很大，要通过健全市场机制、合作机制、互助机制、扶持机制，逐步扭转区域发展差距拉大的趋势，形成东中西部相互促进、优势互补、共同发展的新格局。"统筹区域发展，就是要继续发挥各个地区的优势和积极性，逐步扭转地区差距扩大的趋势，实现共同发展。"[2]东部地区要增强服务全国的大局意识，加强与其他地区的经济技术交流和合

作,积极参与实施西部大开发战略和东北地区等老工业基地振兴战略,加强对西部欠发达地区的对口支援工作,为促进东中西部协调发展多做贡献。要积极推进西部大开发,振兴东北地区等老工业基地,促进中部地区崛起,鼓励东部地区加快发展,形成东中西互动、优势互补、相互促进、共同发展的新格局,努力使改革和发展的成果惠及更多的地区。

三是构筑经济与社会发展共同体。构建社会主义和谐社会意味着社会在物质、政治、精神和生态等方面的有机统一,把经济社会发展转入以人为本、全面协调可持续发展的轨道。胡锦涛提出:"随着我国经济社会的不断发展,中国特色社会主义事业的总体布局,更加明确地由社会主义经济建设、政治建设、文化建设三位一体发展为社会主义经济建设、政治建设、文化建设、社会建设四位一体。"[6]强调经济社会协调发展,就是要正确处理经济发展中凸显的社会问题,切实关注和解决诸如失业、贫困、看病贵、住房难等社会问题,加强社会建设和管理,营造良好的人际环境,保持良好的社会秩序,维护社会稳定,促进经济持续健康发展,保证人民群众安居乐业,切实解决目前我国经济发展和社会发展存在的"一条腿长、一条腿短"的问题。

四是打造人与自然和谐共同体。自然是人类赖以生存和发展的基础,破坏自然、掠夺自然,就是破坏、掠夺人类自己。目前,我国的生态环境形势相当严峻,一些地方环境污染问题十分严重。要把握人与自然之间的平衡关系,寻求人的发展与自然的发展的辩证统一,就需要把人的发展同资源、环境、生态等联系在一起考虑。正如胡锦涛所说:"这就要求我们在推进发展中充分考虑资源和环境的承受力,统筹考虑当前发展和未来发展的需要,既积极实现当前发展的目标,又为未来的发展创造有利条件,积极发展循环经济,实现自然生态系统和社会经济系统的良性循环,为子孙后代留下充足的发展条件和发展空间。"[4]我们必须自觉地调整人与自然的紧张关系,建立新的人与自然的和谐关系,坚持经济社会发展与环境保护、生态建设相统一,实现经济发展和人口、资源、环境相协调,坚持走生产发展、生活富裕、生态良好的文明发展道路。

五是建设中国与世界的和谐共同体。在人类漫长的发展史上,世界各个国家、各个民族都为全人类的进步和发展做出了自己的贡献,当今世界各国人民的前途和命运从未像今天这样紧密相连、休戚与共。中国是国际大家庭中的一员，是一个后发展的发展中国家，中国的发展离不开世界。中国将始终不渝地把自身的发展与人类共同进步联系在一起。面对当今世界不稳定、不确定和不可测因素的大量增加，中国提出建立睦邻、安邻、亲邻、富邻的友好关系，在此基础上，努力构建一个持久和平、共同繁荣的和谐世界的新的世界发展观。世界各国平等互利，友好合作，尊重发展模式的多样性，构建世界和谐社会，是克服全球经济发展危机、生态环境危机和国际局势紧张冲突的最佳选择。任何一个国家都不可能脱离世界经济、政治、文化而孤立地发展。只有不断扩大各国之间的经济、政治、文化等多方面的交流与合作，优势互补，扬长避短，才能应对共同挑战，形成发展共识，深化共同利益，也才能建立多边、双向、互动的新型合作关系，促进国际经济朝着均衡、普惠、共赢的方向发展。建设中国与世界的和谐共同体，就是要推进不同民族国家之间相互尊重，相互借鉴，相互包容，共同建立一个持久和平、普遍繁荣的和谐世界，共同开创人类社会更加美好的未来，使 21 世纪真正成为"人人享有发展的世纪"。

参考文献

［1］邓小平. 邓小平文选：第 3 卷［M］. 北京：人民出版社，1993.

［2］温家宝. 提高认识，统一思想，牢固树立和认真落实科学发展观［N］. 人民日报，2004-03-01.

［3］任平. 当代视野中的马克思［M］. 南京：江苏人民出版社，2003.

［4］胡锦涛. 在中央人口资源环境工作座谈会上的讲话［N］. 人民日报，2004-04-05.

［5］毛泽东. 毛泽东选集：第 3 卷［M］. 2 版. 北京：人民出版社，1991.

［6］胡锦涛. 在省部级主要领导干部提高构建社会主义和谐社会能力专题研讨班上的讲话［N］. 人民日报，2005-06-27.

（本文刊登于《学习论坛》，2006 年第 1 期。）

促进人的全面发展：经济社会发展的价值依归

经济社会发展是人的全面发展的前提和基础，而人的全面发展则是经济社会发展的根本目的。以人的全面发展统领当代中国经济社会全面协调可持续发展，使经济社会发展的路径与中国特色社会主义的性质相一致，使经济社会发展的结果与人的全面发展的目标相统一，是贯彻落实科学发展观的内在要求。实现人的全面发展既是人类社会长远的奋斗目标，更是发展中国特色社会主义的现实价值追求。

一、人的发展与社会发展的内在逻辑联系

马克思主义认为，人类社会的发展就是人在不断创造自己对象世界的过程中逐步实现自己全面发展的过程。所谓人的发展，就是人通过创造性的社会实践活动，将自己的内在需要、意志、愿望和才能等本质力量对象化或外化，使人真正成为社会的主人，从而也成为自然界的主人，成为自己本身的主人。人类社会的历史就是人不断实现自己内在本质力量对象化而发展的历史。人只有在通过自己的对象化方式将自己内在本质力量对象化或物化的过程中，才能不断地占有自己的本质而成为自己对象物的主人，并在这种不断占有自己本质的过程中进一步使自己的本质结构得以完善和发展。也就是说，人的发展与社会的发展本质上具有一致性，人通过社会实践活动包括自然界的人化和人的对象化来确立自己、完善自己和发展自己。一方面，社会是由人组成的社会，它既是人自身本质力量对象化活动的结果和现实表现，又是制约人进一步发展的环境条件；另一方面，人作为社会实践活动的主体是社会中的人，其自身的发展必然受制于社会环境的影响，又推动着社会的文明进步。人的发展必然体现为人与人的对象世界、人与自己生活世界的全面协调可持续发展。

在世界经济与科学技术高度发展的当代社会，如何克服发展的片面性、狭隘性和不可持续性，使人不断超越自我、追求全面发展，已成为一个重要的时代课题。作为后发展的社会主义国家，我国不仅面临着经济社会发展的诸多问题，需要通过人的全面发展来不断化解人与人、人与自然、人与社会的矛盾，而且由于社会主义制度的建立为人的全面发展提供了广阔的前景，促进人的全面发展成为当代中国社会实践发展的崭新内容。

促进社会全面进步与推动人的全面发展紧密相连、息息相关，二者互为条件、互相促进。一方面，社会的全面进步要求人的素质和能力不断提高，并为人的全面发展提供客观条件；另一方面，人的全面发展又会进一步推动社会向前发展。改革开放30年来，我国始终坚持以经济建设为中心，大力发展社会生产力，经济实力和综合国力显著增强，人民生活水平日益改善，这为进一步满足人民日益增长的物质文化需要创造了条件。社会的每一步发展以及它所创造的物质文化财富，都为人的全面发展提供了现实的基础。

二、经济社会发展是人的全面发展的必要前提

人类的生存和发展离不开经济社会发展所提供的物质条件。人们的生产实践活动是决定其他一切活动的基础性活动。恩格斯指出："通过社会生产，不仅可能保证一切社会成员有富足的和一天比一天充裕的物质生活，而且还可能保证他们的体力和智力获得充分的自由的发展和运用。"[1]633社会生产越发展，个人花费在谋生上的时间越少，也就有更多的时间在其他方面拓展自己的能力、提升自己的素质。实践表明，在经济发达地区，人民群众随着物质生活水平不断提高，思想道德素质、科学文化素质、身心健康素质以及生活品位、适应环境的能力也得到了明显提高。进入新世纪、新阶段，我国经济体制改革的目标模式是完善社会主义市场经济体制，构建更具活力、更加开放的社会主义市场经济体系，这必将有力地推进人的全面发展。在经济社会发展中，人才市场的竞争能够培养人的独立人格、进取精神和开拓创新的勇气，促进人们形成多方面的价值追求以及生存和发展的能力。社会主义市场经济的发展使不同的个体在社会生活中都能得到不同程度的发展，这正是经济建设为人的全面发展提供着

切实有效的实现条件。

　　社会发展是一个有机整体，人的全面发展从来就受社会政治条件的制约。发展社会主义民主政治，建设社会主义政治文明，能够为人的全面发展营造更加宽松的政治环境。从当代中国政治发展的理念看，建设社会主义政治文明，必须以民主建设和法治建设为目标取向，这既是社会主义民主政治建设的重要内容，又是人的综合素质构成的基本要求。随着社会主义政治文明建设的不断推进，人的全面发展的过程必然表现为民主、法治精神的确立和推进。从社会制度文明建设来看，发展社会主义民主既是社会主义政治文明的核心问题，也是人的全面发展的重要政治前提。我国政治体制的改革与创新，不仅有利于充分发挥人民群众的积极性、主动性和创造性，而且有利于保证人民群众正确行使权利和履行义务。从培育政治行为文明来看，扩大人民群众的有序政治参与和加强人民群众对权力的监督，落实人民群众的知情权、选择权、选举权、评价权，是提高人民群众的参与能力、监督能力、自我约束能力和自我管理能力的重要途径。伴随着政治文明建设的演进，社会主义民主更加健全，社会主义法制更加完备，人的全面发展也就有了更可靠的政治制度保障。

　　社会主义文化建设是社会主义精神文明建设的重要内容，先进文化建设与精神文明建设在本质上是一致的。社会主义精神文明与社会主义物质文明的关系是辩证统一的，精神文明为物质文明提供思想保证、精神动力和智力支持，社会主义精神文明建设的实质归结到一点，就是为了提高人的素质、促进人的全面发展。国民素质的提高和人才资源的开发，从最根本的意义上讲，也就是要促进人的全面发展。人的精神文明素养的提升直接关系到社会主义事业的兴旺发达和中华民族的伟大复兴。人们的思想道德素质和科学文化水平的提高必将使中国特色社会主义事业充满生机和活力，并有力地推动经济社会沿着积极健康的方向发展。

三、人的全面发展是经济社会发展的更高追求

　　把人的全面发展作为社会发展的根本目的，这是在不断探索并正确认识人与社会的关系之后得出的逻辑结论。人不仅是发展的手段，更是发展的目的，这是人类在付出诸多代价后获得的真理性认识。从以物为本的发

展观向以人为本的科学发展观的转换,其意义并不在于用人的尺度完全取代社会经济尺度,而在于把经济社会发展的必然性与人的全面发展的合理性统一起来,使经济社会发展的必然性受到人的全面发展的合理性的检验和制约。人类社会的历史是自己创造的,离开以人为本的社会实践活动,就不可能有社会文明发展史,而离开人的全面发展也就谈不上社会的全面进步。因此,社会发展必须以人的全面发展为标尺,只有坚持以人为本的社会发展,才能真正有利于实现人的全面发展。科学发展观强调和重视人的全面发展,就是把经济社会全面协调可持续发展看作是以人为本的发展,真正把人的全面发展看作是人类社会发展的根本目的。

人是发展的主体,是社会实践活动的承担者、推动者、创造者,但人真要成为社会的建设主体和发展主体,并推动整个人类自由而全面发展,就必须首先实现人自身的发展。马克思高度重视人的能力发展,认为能力的发展是人类表现和确证自己社会本质的内在力量,在人的发展中处于核心地位。"任何人的职责、使命、任务就是全面发展自己的一切能力。"[2]330 人类活动的目的以及人的全面发展的特征、表现和内容最终都可归结为人的能力的全面发展,"能力的发展就是要达到一定的程度和全面性"[3]108。因而,人实现自身发展的关键在于人的能力的发展和素质的提高。人的素质与人的能力,是同一个问题的两个方面。从人的综合素质的提高来看,有三个层次的问题需要解决:一是人的需要的满足,二是人的素质的提高,三是人的潜力的发挥。在这三个层次中,基本需要的满足是人的发展的基础,素质的提高是人的发展的关键,潜力的发挥是人的发展的指归。只有人的素质提高了,才能真正培育人的潜能、开发人的潜质、发挥人的潜力,也才能实现人的全面发展。人的综合素质不仅包括劳动者体质的增强,也包括智力的提高;既要重视人的科学文化水平的提高,更不能忽视思想道德素质的涵养。只有使人在德、智、体、美、劳诸方面素质都得到提高,才能增强自身在社会实践中认识世界和改造世界的能力,也才能从根本上确立自己的主体地位,从而为经济社会发展提供强大的精神动力、智力支持和体质支撑。

人的全面发展就是要使人民群众日益增长的物质文化需要不断得到体现和满足,它集中表现为人的社会关系的全面发展。马克思明确指出:"人的本质不是单个人所固有的抽象物,在其现实性上,它是一切社会关系的总和。"[4]56 首先，人的全面发展表现为人的社会关系的不断拓展。人们在物质关系基础上发展出政治法律关系、伦理道德关系、思想文化关系，并且不断使这些关系结成一个普遍而牢固的社会统一体。其次，在人的社会关系建构中不断增强人的能力。人的能力包括劳动能力、管理能力、创造能力和社会交往能力、科学研究能力等，只有在特定的社会关系中，也就是在创造物质与精神财富、形成社会价值过程中才能不断得到提高。因此，人的全面发展的实质是社会关系的全面发展，只有在全面发展的社会关系中，人的劳动能力特别是创造能力才能得到自由而又充分的发展。

人的全面发展与经济社会发展是一个相互联系、相互结合、协调发展和逐步提高的历史进程。在全面建设小康社会过程中，必须始终围绕促进人的全面发展这个根本目的，全面贯彻落实科学发展观。坚持以人为本，就是要在经济发展的基础上不断满足人们的多方面需求，提高人的素质，推进人的发展，逐步实现全体社会成员的共同富裕，为人的全面发展奠定坚实的物质基础。同时要加快民主政治建设，提高人们的思想政治素质，为人的全面发展提供可靠的政治保证；要大力加强先进文化建设，为人的全面发展提供丰富而有益的精神食粮，使人的精神世界更加充实、精神生活更加丰富多彩；要加快社会文明建设，形成社会发展合力，做到学有所教、劳有所得、病有所医、老有所养、住有所居，使人与人、人与社会、人与自然的关系相协调，为人的全面发展创造良好的环境和条件。

参考文献

［1］马克思，恩格斯. 马克思恩格斯选集：第 3 卷［M］. 2 版. 北京：人民出版社，1995.
［2］马克思，恩格斯. 马克思恩格斯全集：第 3 卷［M］. 北京：人民出版社，1993.
［3］马克思，恩格斯. 马克思恩格斯全集：第 46 卷（上）［M］. 北京：人民出版社，1979.
［4］马克思，恩格斯. 马克思恩格斯选集：第 1 卷［M］. 2 版. 北京：人民出版社，1995.

（本文刊登于《社会科学战线》，2009 年第 2 期。）

论科学发展观与苏南人的社会转型

苏南是我国改革开放的先导地区,也是推进"两个率先"(率先全面建成小康社会、率先基本实现现代化)的先行地区。人是社会经济发展的中心,科学发展观的本质和核心是以人为本。破解苏南发展难题,创新苏南发展模式,一个根本问题是如何以科学发展观为指导培养和塑造苏南人。苏南发展模式的转变,有赖于苏南人的社会转型,有赖于培育全面发展的新苏南人。恩格斯指出:"用整个社会的力量来共同生产和由此而引起的生产的新发展,也需要一种全新的人,并将创造出这种新人来。"[1]222-223 只有培育全新的苏南人,苏南才能真正破解发展难题,创新发展模式,切实推进坚持生产发展、生活富裕、生态文明的统一,走出一条全面协调可持续的发展新路。

观念变革:苏南人社会转型的必要前提

当代中国正在经历广泛而深刻的社会转型,出现了经济体制深刻变革、社会结构深刻变动、利益格局深刻调整、思想观念深刻变化的新境况。以科学发展观统领苏南社会经济发展,实现从传统的发展模式转向现代科学发展模式,是一场深刻的社会变革。在这场变革中,需要苏南人根据时代的变化,进一步解放思想,在社会主义核心价值体系的导向下,自觉改变传统的思维方式、行为方式和生活习惯,不断改变小富即安、求稳怕乱、故步自封、因循守旧等传统观念。

*确立效率与公平相统一的理念。*发展市场经济固然要遵循市场法则,讲竞争,求效率,用最少的投入实现最大的利润。但苏南人不能变成为经济而经济、一切向钱看的"理性经济人"。我们这个社会,还有比商品、比金钱更重要的东西,那就是人的尊严、人的价值。人作为社会的人,既

享有追求经济发展、获取劳动报酬的权利，又更应承担社会发展的义务和责任。发展市场经济，苏南人要想得通、想得开，不断增强平等观念和责任意识，要更加注重社会公平，逐步建立并不断完善以程序公平、权利公平、机会公平、规则公平、分配公平为主要内容的社会公平，自觉地把效率与公平有机统一起来。

确立利他与利我相统一的理念。随着改革开放和市场经济的发展，社会生活中出现了多元、多变、多样的新情况，人们有追求自我价值、创造幸福生活的要求，但苏南人不能一味追求自我价值，更不能只顾自我利益、唯利是图。在建设和谐社会过程中，要坚持合作共赢的理念，升华和谐发展的境界，自觉把小家和大家结合起来，努力实现利他与利我的统一。建设和谐社会，苏南人要想得到、想得深，不断增强发展观念和合作意识，统筹兼顾最广大人民的根本利益、现阶段群众的共同利益和不同群体的特殊利益，努力建构有利于各方互利互惠、合作共赢的利益共同体。

确立对内搞活与对外开放相统一的理念。随着全球化的快速推进，苏南社会经济发展进入了一个新的历史阶段。苏南人不能安于现状，墨守成规。我们既要立足国内发展，积极开拓和搞活国内市场，更要有世界眼光和迎接国际发展挑战的战略思维，有条件、有能力的企业要加快"走出去"，站在国际竞争的舞台上施展才华，展示苏南人的形象、智慧和魅力。坚持对内搞活与对外开放的统一，需要增强苏南社会经济发展的强大物质基础，更需要造就一代有远见卓识的新苏南人。

确立先富与共富相统一的理念。让一部分人、一部分地区先富起来，逐步达到共同富裕是邓小平提出的一个影响和带动整个国民经济发展的大政策、大思路。邓小平明确指出，沿海地区要加快对外开放，使这个拥有两亿人口的广大地带较快地先发展起来，从而带动内地更好地发展，这是一个事关大局的问题。内地要顾全这个大局。[2]277-278作为东部沿海地区，苏南是改革开放政策的先受益者，许多城乡居民已成为先富起来的一部分。我们既要看到苏南人的勤劳与智慧，又要看到是改革开放的新政策、好政策造就了苏南这方热土。发展中国特色社会主义，苏南人要想得细、想得全，不断增强大局观念和责任意识。邓小平特别强调："发展到一定的时候，又要求沿海拿出更多力量来帮助内地发展，这也是个大局。那时沿海也要服从这个大局。"[2]278苏南人不能满足于现状，不能只享受先发展起来的成果，而必须考虑到落后地区和贫困群体，不仅要率先发展，带领致富，而且要支持与扶持落后地区和困难群体的发展。苏南人要积极创造条件，切实解决沿海与内地、苏南与苏北、城市与乡村的贫富差距问题，为推进共同富裕建功立业。

素质提升：苏南人社会转型的本质

人性、人格、人品集中体现了人的基本素养和内在气质，苏南人在推进"两个率先"的过程中，要着力打造内在的精、气、神，使苏南和谐社会的建设具有更深的人文底蕴和更强的推动力量。人作为社会活动的主体，他的本质力量对象化的过程，既是人的自身素质不断提高的过程，又是社会对人的素质要求不断提升的过程。科学发展观要求的社会全面进步、人的全面发展，落实到创新苏南发展模式上，一个最重要的内容就是如何实现苏南人素质的全面提升。

提高思想道德素质。培养新苏南人，思想道德建设是根本。一个有德的人，才能成为一个大写的人。有德的人才能被人们所尊重、所认同、所信赖，才能有吸引力、号召力和感染力，也才能真正成为对社会有用的人。先进的思想、优秀的品质、高尚的情操、自觉的修养，可以说是新苏南人内在素质的核心因素。新苏南人要有理想、有抱负，特别要在个人品质情操方面做文章、下功夫，努力提高自身的思想境界，不断充实自己的精神生活，自觉地树立为中国特色社会主义现代化而奋斗的共同理想。新苏南人要牢固树立社会主义荣辱观，重道德、讲诚信、守规范、知礼仪，自觉加强道德自律，始终做到自重、自省、自警、自励。

强化科学文化素质。科学文化素质是一个人能否立业、是否成才的一个关键因素和主要标志。新苏南人要有品位、有胆识，就必须实现科学精神与人文精神的统一。有了科学文化素质，人才会通达事理、聪慧敏锐，才会思想深刻、品德高尚，也才会性格开朗、宽容大度。苏南人的社会转型要求人们努力学习科学文化知识，尽可能拓宽知识面，用人类文明发展所创造的一切成果丰富和提高自己，自觉抵制各种愚昧落后的陈规陋习，努力形成科学、文明、健康的生活方式，更好地投身于苏南"两个率先"的伟大实践中。

完善身心健康素质。身心健康是人们有效学习、积极工作、愉快生活的基本条件。一个身心健康的人，既能正确对待自己、了解自己、发展自己，又能正确对待他人，正确对待社会生活，始终保持开拓进取、乐观向上的精神风貌。新苏南人要有气质、有气度，就必须自觉调适身心健康关系，加强心理卫生保健，不断扩充爱心、同情心、感恩和义务感、名誉感、责任感，自觉消除妒忌心、自私心和仇恨心，始终保持一颗平常心，自觉培养良好的心智、乐观的心态、健全的人格和健康的心理。新苏南人在面对困难、挫折和外在压力时，要能够自控情绪，调适行为，平衡身心，笑对人生。一个心智健全的人，更易接受新事物、新观念，更能开发自己的身心潜能，也更容易把党和政府的科学决策内化为自己的信念，外化为自己的行动。

重视职业行为素质。职业行为素质是每一个社会从业人员在工作岗位上热爱劳动、积极工作、创造业绩的基本素养，它通过从业者敬业、乐业、勤业、精业表现出来。在我们的社会，每种职业都有各自的服务内容，都有各种不同的服务对象和职业要求，职业行为素质要求从业人员严格按照各自的职业规范调整自己的职业行为。新苏南人要有志气、有修养，就必须爱岗敬业，重职业操守，强调工作责任心、主动性和创造性。诚信缺失、道德失范、工作失职，都不是苏南人应有的形象。在建设和谐社会的职业生涯中，苏南人诚实守信，遵纪守法，服务群众，奉献社会，在平凡的工作岗位上，尽心尽力，尽职尽责，努力作出不平凡的贡献。

能力建设：苏南人社会转型的关键

人既是社会历史活动的前提，又是社会创造发展的结果。在推进"两个率先"发展中，苏南坚持科学发展观，突出以人为本，一个最艰巨的任务是要把沉重的人口负担转化为人力资源优势，不断加强人力资源能力建设。胡锦涛指出："大力推进人力资源能力建设，提高国民的整体素质，充分开发和合理利用我国巨大的人力资源，不仅对推进改革开放和现代化建设具有重大作用，而且对促进就业和创业也具有重大作用。"[3]伴随着改革开放和市场经济的发展，对苏南人的能力建设提出了新的更高的要求，迫切需要造就一支德才兼备、结构合理、素质优良的创新型人才队伍。马克思曾经指出:"任何人的职责、使命、任务就是全面地发展自己的一切能力,其中也包括思维的能力。"[4]330新苏南的建设,说到底就是新苏南人的建设,也就是要造就成千上万的高素质劳动者、专门人才和一大批拔尖的创新人才,积极营造人才辈出、人尽其才、才尽其能的社会氛围。当代中国正处于从权力本位向能力本位迁移的社会转型期,一方面,只有培养和塑造新的苏南人,才能充分开发苏南人的潜质、潜力和潜能,更好地在新苏南的建设中发挥更大的作用;另一方面,也只有在新苏南的建设中,新苏南人内在的本质的力量才能得到新的充实和完善。在新苏南建设中,新苏南人的能力建设主要包括学习能力、辨别能力、协调能力、创新能力和维权能力等方面。

具有学习能力是成为新苏南人的前提。所谓学习能力,是指获取知识、增长才干、创造美好生活的本事。学习使人进步,知识改变命运。学习能力是人们在学习、工作及日常生活中必须具备的广泛使用的能力。人的能力源自对外界各种养分的汲取,源自对各种新事物、新观念、新知识的学习、理解和运用。今天,我们正在进入一个知识经济时代。在这个新的时代,没有谁学习的知识可以一劳永逸地适合社会。一个人学习的速度如果跟不上时代的变化,就会成为被时代潮流所淘汰的落伍者。要提高学习能力,不仅要强化学习意识,做到想学、真学、能学,而且要掌握科学的学习方法,把握学习的规律,不断提升自身的知识含量。对于新苏南人来说,学习是提高素质、增长才干的重要途径,是做好各项工作的重要基础。唯有勤奋学习、不断学习、终身学习,才能始终跟上时代前进的步伐,不断增强建设祖国、报效人民的本领。

具有辨别能力是成为新苏南人的条件。所谓辨别能力,是指分清是非、弘扬正气、自觉坚持真善美、抵制假恶丑的能力。胡锦涛指出:"在我们的社会主义社会里,是非、善恶、美丑的界限绝对不能混淆,坚持什么、反对什么,倡导什么、抵制什么,都必须旗帜鲜明。要在全社会大力弘扬爱国主义、集体主义、社会主义思想,倡导社会主义基本道德规范,扶正祛邪,扬善惩恶,促进良好社会风气的形成和发展。"[5]2应清醒地看到,在改革开放和市场经济发展中,难免会出现这样或那样的问题,旧社会的沉渣会泛起,西方腐朽思想文化会侵袭,这就需要我们增强抵抗力、免疫力,不断提高辨别是非善恶的能力,自觉抵制不良社会思潮的诱惑,经得起各种风浪的考验。

具有协调能力是成为新苏南人的基础。所谓协调能力,是指妥善处理社会生活中各种人际关系和各项事务的能力。人是社会的人,在社会生活中,人必然要与他人打交道,要学会与上级、同级和下级之间保持良好关系,既不搞人身依附,也不能自命清高,更不能与世隔绝。在构建和谐社会中,一个人能否与他人友好相处、互相配合、协调一致,将决定其能否为社会做贡献以及能做多大的贡献。作为新苏南人,要正确对待自己、他人与社会,正确对待困难、挫折和荣誉,主动化解社会生活的矛盾,最大限度地增加和谐因素,最大限度地减少不和谐因素,不断促进社会和谐发展。

具有创新能力是成为新苏南人的关键。所谓创新能力,就是人们坚持实事求是、与时俱进、除旧布新和创造新事物的能力,包括发现问题、分析问题、解决实际问题的能力。社会总是不断地向前发展的,永远不会停留在一个水平上,要学会学习、学会生活、学会创新。江泽民指出:"有没有创新能力,能不能进行创新,是当今世界范围内经济和科技竞争的决定性因素。"[6]192 只有具有创新能力,才能坚持一切从实际出发,正确把握社会经济发展的客观规律,才能打破思想禁锢,打破习惯势力和传统偏见的束缚,也才能勇于开拓,充满活力,追求卓越,超越极限。苏南人要自觉保护创新热情,鼓励创新实践,完善创新机制,宽容创新挫折,不断增强自主创新能力,努力建设创新型社会。

具有维权能力是成为新苏南人的保障。所谓维权能力,就是根据国家法律和党的政策的要求切实维护自身合法权利的各项能力。人们维权能力的提高,不仅有利于自身合法权益得到有效保障,使问题得到妥善解决,而且有利于推动经济社会发展和保持社会政治稳定,对建设和谐苏南至关重要。应该看到,市场经济本质上是一种法治经济。在推进"两个率先"发展中,苏南人要有法治观念,学法、知法、懂法、守法、用法,自觉行使公民的知情权、选择权、评价权、选举权、参与权、表达权、监督权。要自觉依法维权,在个人合法权益受到侵害时,能依据国家有关法律法规和政策的规定,从容应对,依法办事;同时,在依法维权中,要讲究维权艺术,提高维权水平,为建设和谐苏南、平安苏南而做出应有的努力。

行为自觉：苏南人社会转型的内在选择

科学发展观的本质和核心就是以人为本，不断推进人的全面发展。现代苏南人应当是一个信念坚定、素质全面、求真务实、开拓创新、勤劳智慧、团结协作、崇文融合、文明自强的全新的人，是一个行为自觉的人。苏南人的社会转型就是要按照科学发展观的要求，努力提升苏南人的高尚品德和聪明才智，实现苏南人的内在素质和精神与外在风格和特征的统一。在苏南人的社会转型中，要使更多的苏南人成为全面小康社会建设的承担者、创造者、开拓者，时时处处都能体现苏南人的气质、气度、气息，尤其要大力弘扬新苏南人的以创业意识、创新精神、创优能力为主要内容的"三创精神"。

坚持劳动光荣，创业立身。在建设全面小康社会过程中，要尊重劳动，尊重知识，尊重人才，尊重创造。劳动是创造美好生活的基本条件，是施展聪明才智的客观基础，要为人们肯干事、敢干事、能干事、会干事、干成事创造良好的外部环境和氛围。马克思深刻指出："社会化的人，联合起来的生产者，将合理地调节他们和自然之间的物质变换，把它置于他们的共同控制之下，而不让它作为盲目的力量来统治自己；靠消耗最小的力量在最无愧于和最适合于他们的人类本性的条件下来进行这种物质变换。"[7]926-927 在当代中国，个人只有在为社会、为人民、为集体利益而奋斗的过程中，才能真正实现和保障自己个人的利益。苏南人的社会转型就是要成为新苏南的创业者、建设者，要注重爱岗敬业，热爱自己所从事的职业，弘扬艰苦奋斗、百折不挠的创业意识，积极投身自主创业、艰苦创业、和谐创业，力求用自己的勤劳双手、聪明才智与辛勤汗水创造更多的社会财富，创造更加美好的人生。

坚持求真务实，创新为先。求真务实是科学发展观的本质要求，弘扬求真务实的精神，要求我们一切从实际出发，讲实话、出实招、办实事、求实效，把科学发展观同苏南社会经济发展实际紧密结合起来，创造性地抓好各项工作的落实。新苏南人坚持求真务实，就是要坚持改革方向，敢闯敢试，不畏艰险，奋力拼搏，积极探寻在改革和发展中解决各种矛盾和问题的途径与方法；就是要弘扬大胆实践、敢为人先的创新精神，自觉摒弃各种浮躁、等待、埋怨的消极心理；就是要梳理社会情绪，化解社会矛盾，增强社会保障，努力解决人民群众最关心、最直接、最现实的实际问题。在实现苏南率先发展、科学发展、和谐发展的实践中，要尊重人民群众的首创精神，尊重改革与发展的创新实践，使一切有利于社会进步的创造愿望得到尊重、创造活动得到支持、创造才能得到发挥、创造成果得到肯定。

坚持和谐发展，创优服务。苏南贯彻落实科学发展观，其根本着眼点是要用新的发展思路，造就一代和谐发展的新人，推进苏南社会经济又好又快地发展。马克思指出，人的发展是"人以一种全面的方式，也就是说，作为一个完整的人，占有自己的全面的本质"[8]123。我们正在建设社会主义和谐社会，需要苏南人自觉推进人与自然的和谐、人与社会的和谐、人与自我的和谐，大力提升创优服务的能力和水平。一是苏南人要重建人与自然的和谐关系。在苏南以往的发展中，出现了许多有损生态环境的问题，在发展中留下了许多败笔。转换苏南发展模式，尤其要重视重建人与自然的和谐关系，要引入环境支持理念，建设资源节约型和环境友好型社会，自觉走节约、清洁、安全的可持续发展道路。二是苏南人要建立人与社会的和谐关系。人是社会关系的具体承担者，而社会关系则决定着人的社会地位和发展。构建和谐社会，苏南人要建立团结协作、共同受益的发展共同体，尊重和维护社会各阶层、各方面的利益，绝不能以牺牲和损害另一部分社会阶层、群体利益为代价。只有在高度和谐与发展的社会关系中，才能培养和造就出全面发展的社会主义新人。三是苏南人要完善人与自我的和谐关系。当下苏南人由于生活节奏加快，加上社会发展中不确定性、不安全性因素大量增加，不少人的内心出现了不平衡，引发了大量与自己过不去的事。苏南人构建和谐社会，要通过人文关怀和心理疏导，调适人们内心情绪，帮助人们从自我封闭、自我束缚的痛苦中走出来，确立自主自信、自立自强的信念，形成心情舒畅、团结和睦的心态，创造幸福美好的生活。

参考文献

［1］马克思，恩格斯. 马克思恩格斯全集：第1卷［M］. 北京：人民出版社，1972.
［2］邓小平. 邓小平文选：第3卷［M］. 北京：人民出版社，1993.

［3］政治局学习就业政策研究，胡锦涛发表重要讲话［EB/OL］.新华网，http：//www.china.com.cn/chinese/OP－c/303681.htm

［4］马克思，恩格斯.马克思恩格斯全集：第3卷［M］.北京：人民出版社，1960.

［5］胡锦涛.牢固树立社会主义荣辱观［M］.北京：人民出版社，2006.

［6］江泽民.论科学技术［M］.北京：中央文献出版社，2001.

［7］马克思.资本论：第3卷［M］.北京：人民出版社，1975.

［8］马克思，恩格斯.马克思恩格斯全集：第42卷［M］.北京：人民出版社，1979.

(本文刊登于《江苏行政学院学报》，2008年第3期。)

第八部分
习近平新时代中国特色社会主义思想研究

人民立场：习近平新时代中国特色社会主义思想的价值根基

党的十九大确立了习近平新时代中国特色社会主义思想，实现了党的指导思想的又一次与时俱进。人民立场是中国共产党最根本的政治立场，是习近平新时代中国特色社会主义思想最鲜明、最生动、最深刻的本质特征。习近平新时代中国特色社会主义思想有着崇高的人民地位、鲜明的人民情怀、深厚的人民根基，因而能够得到最广大人民的拥护，并能体现并实现以人民立场引领社会全面进步、人的全面发展的真正价值。习近平新时代中国特色社会主义思想所蕴含的人民立场集中体现在坚持以人民为中心、代表人民根本利益、实现人民美好愿望、激发人民创造活力等方面。

习近平新时代中国特色社会主义思想来自人民，根植人民，坚持人民立场，回应人民关切，引领人民前进，既是我们不断推进新时代中国特色社会主义伟大事业的强大动力，又是我们开创未来美好生活的根本保证。习近平新时代中国特色社会主义思想是党的十九大报告的最大亮点，是马克思主义中国化的最新理论成果。十九大报告通篇洋溢着坚定人民立场的意志和情怀，代表着人民立场的利益和愿望，是引领新时代中国特色社会主义新发展的行动纲领。所谓立场，就是人们观察、认识和处理问题的立足点。人民立场就是把人民放在心中最高的位置，站在人民大众的角度与立场上看待、分析和解决复杂的社会矛盾与现实问题，一心一意为人民群众办实事、做好事、解难事。人民立场是马克思主义世界观和中国共产党党性的集中体现，是习近平新时代中国特色社会主义思想最鲜明、最生动、最深刻的本质特征。习近平在十九大报告中指出："人民是历史的创造者，是决定党和国家前途命运的根本力量。必须坚持人民主体地位，坚持立党为公、执政为民，践行全心全意为人民服务的根本宗旨，把党的群众路线贯彻到治国理政全部活动之中，把人民对美好生活的向往作为奋斗目标,依靠人民创造历史伟业。"[1]从人民立场的视阈阐释习近平新时代中国特色社会主义思想的价值根基,就是要深刻把握坚持以人民为中心的价值准则、代表人民根本利益的价值诉求、实现人民美好愿望的价值依归、激发人民创造活力的价值追求。

一、坚持以人民为中心是习近平新时代中国特色社会主义思想的价值准则

真正站在人民立场上,就必须坚持以人民为中心。中国共产党是无产阶级政党,人民立场是党的根本政治立场,始终不脱离、不动摇这个立场,这是坚持和发展马克思主义的一个重大原则问题。毛泽东指出:"为什么人的问题,是一个根本的问题,原则的问题。"[2]857一个人世界观的转变,是最根本的转变。习近平之所以能创立新时代中国特色社会主义思想,是因为他始终坚持以人民为中心、"让百姓过上好日子"的人民立场。只有站在人民立场上,才能谙熟民情,提出真知灼见,才能心系人民,真正为民造福;也才能不负人民的重托,无愧历史的选择。习近平指出:"在新的长征路上,全党必须牢记,为什么人、靠什么人的问题,是检验一个政党、一个政权性质的试金石。我们要始终把人民立场作为根本政治立场,把人民利益摆在至高无上的地位,不断把为人民造福事业推向前进。"[3]在人生实践的磨砺与历练中,习近平总书记心里总是装着千万个"梁家河",牵挂着亿万个人民群众的幸福安康,想人民群众之所想,急人民群众之所急,用自己的实际行动践行"让老百姓过上好日子"的坚定信念。

坚持以人民为中心,是共产党人赢得民心的必然选择。政之所兴,在顺民心;政之所废,在逆民心。习近平新时代中国特色社会主义思想,就是要永远保持中国共产党人建党时的奋斗精神,永远保持对人民的赤子之心。习近平指出:"中国共产党人的初心和使命,就是为中国人民谋幸福,为中华民族谋复兴。这个初心和使命是激励中国共产党人不断前进的根本动力。"[1]历史是由人民来书写的,得人心者得天下,赢民心者兴天下。共产党人的初心永远不能改变,也永远不会改变。唯有初衷不改,方能脚步不停;唯有不忘初心,才能做好创造人民美好生活的各项工作,才能不断

推进实现中国梦的伟大事业,也才能真正赢得人民群众的衷心爱戴与真心拥护。习近平深刻指出:"事业发展永无止境,共产党人的初心永远不能改变。唯有不忘初心,方可告慰历史、告慰先辈,方可赢得民心、赢得时代,方可善作善成、一往无前。"[4]只有不忘初心、牢记使命、永远奋斗,才能让中国共产党永葆青春。

坚持以人民为中心,就要全心全意为人民服务。全心全意为人民谋幸福是中国共产党人最根本的价值准则。中国特色社会主义新时代,从本质上看是党带领全国各族人民团结奋斗、不断创造美好生活、逐步实现全体人民共同富裕的时代,因而也是全心全意为人民谋幸福的时代。以习近平同志为核心的党中央基于中国特色社会主义已经进入新时代的实际,阐明社会主要矛盾发生了历史性的重大转变。习近平强调指出:"明确新时代我国社会主要矛盾是人民日益增长的美好生活需要和不平衡不充分的发展之间的矛盾,必须坚持以人民为中心的发展思想,不断促进人的全面发展、全体人民共同富裕。"[1]

坚持以人民为中心,就要保证人民当家作主。新时代坚持和发展中国特色社会主义一个基本方略就是"坚持人民当家作主"。在我国,中国共产党是执政党,一切权力属于人民,一切权力服务于人民。中国特色社会主义政治建设揭示了我国民主政治的实质就是要保证人民当家作主。以习近平同志为核心的党中央着力解决人民群众反映最强烈、最直接、最现实的问题,集中到一点就是要保证人民当家作主。习近平指出:"发展社会主义民主政治就是要体现人民意志、保障人民权益、激发人民创造活力,用制度体系保证人民当家作主。"[1]人民代表大会制度是符合我国基本国情、保证人民当家作主的好制度,必须长期坚持、不断完善。要将发展社会主义协商民主,扩大人民有序政治参与,保证人民当家作主落实到国家政治生活和社会生活之中。要保证人民依法享有广泛权利和自由。有事要广泛商量,众人的事情由众人商量,这是人民民主的真谛。

坚持以人民为中心,就要下大力气把党自身建设好、建设强。中国共产党作为当代中国唯一的执政党,要想始终成为中国特色社会主义事业的坚强领导核心,就应真正成为最广大人民利益的忠实代表。我们党的根本宗旨是为人民服务,一旦脱离人民,就会失去向心力、凝聚力和生命力。打铁必须自身硬,全面从严治党永远在路上。党要管党、从严治党这是党的自身建设的天职,要持之以恒正风肃纪,毫不动摇地坚持和完善党的领导,毫不动摇地把党建设得更加坚强有力。坚持以人民为中心,必须密切党同人民群众的血肉联系,有效解决影响党群关系、干群关系的顽瘴痼疾。广大人民群众最痛恨腐败现象,腐败是我们党面临的最大威胁。习近平谆谆告诫全党:"要坚持无禁区、全覆盖、零容忍,坚持重遏制、强高压、长震慑,坚持受贿行贿一起查,坚决防止党内形成利益集团。"[1]只有把我们党自身建设好、建设强,持续深入开展反腐败斗争,真正取信于民,才能夺取新时代中国特色社会主义的伟大胜利!

二、代表人民根本利益是习近平新时代中国特色社会主义思想的价值诉求

真正站在人民立场上,就要始终代表最广大人民的根本利益,这是衡量党的全部工作的最高价值所在。马克思、恩格斯在《共产党宣言》中指出:"过去的一切运动都是少数人的,或者为少数人谋利益的运动。无产阶级的运动是绝大多数人的,为绝大多数人谋利益的独立的运动。"[5]42只有坚持为人民谋利益,才能实现无产阶级政党的历史责任和社会担当。在实践中,共产党人始终坚持为无产阶级、为绝大多数劳动人民谋利益,团结和带领无产阶级和广大人民为实现自己的利益而奋斗。我们党存在的理由、发展的根基就在于坚持人民立场、维护人民利益,必须牢固确立"人民利益大如天"的坚定信念,始终保持党和人民群众的血肉联系,自觉代表最广大人民的根本利益。

代表人民根本利益,是我们党的一切工作的出发点。习近平强调指出:"党的一切工作必须以最广大人民根本利益为最高标准。我们要坚持把人民群众的小事当作自己的大事,从人民群众关心的事情做起,从让人民群众满意的事情做起,带领人民不断创造美好生活!"[1]十八大以来,以习近平同志为核心的党中央从人民群众最关心、最直接、最现实的问题出发,推动党和国家事业发生历史性变革,解决了许多长期想解决而没有解决的难题,办成了许多过去想办而没有办成的大事,彰显出习近平新时代中国特色社会主义思想的强大力量。尤其是党中央始终坚持以人民为中心的发展思想,"脱贫攻坚战取得决定性进展,六千多万贫困人口稳定脱贫,

贫困发生率从百分之十点二下降到百分之四以下"[1]。从现在到2020年，是全面建成小康社会的决胜期。在剩下的3年时间里，让13亿多人民共同迈入发展更加全面、生活更加殷实的小康社会，要抓重点、补短板、强弱项，坚决打好防范化解重大风险、精准脱贫、污染防治的攻坚战，真正使决胜全面建成小康社会能够得到人民认可、经得起历史检验。

代表人民根本利益，就要让改革发展成果更多更公平地惠及全体人民。坚持改革为了人民、改革依靠人民、改革的成效应由人民评判。十八大以来，伴随着全面深化改革的推进，人民生活不断改善，人民获得感显著增强。以"提低、扩中、调高"为主线的收入分配制度改革稳步推进，我国居民财产性收入占比持续提高，供给侧结构性改革、城乡养老并轨、户籍制度改革、"全面二孩"、公立医院改革、"放管服"改革等利民惠民改革举措纷纷出台、有效推进，促进稳定就业政策的实施、最低工资标准的不断提高、养老金的连续增长、惠农支持力度的不断加强，以及脱贫攻坚取得的决定性进展，让人民群众得到了看得见、摸得着的实惠。全面深化改革取得了巨大成就，给人民群众带来了更多幸福感。十九大报告提出："要推进全面深化改革，必须坚持和完善中国特色社会主义制度，不断推进国家治理体系和治理能力现代化，坚决破除一切不合时宜的思想观念和体制机制弊端，突破利益固化的藩篱，吸收人类文明有益成果，构建系统完备、科学规范、运行有效的制度体系，充分发挥我国社会主义制度优越性。"[1]要通过全面深化改革，聚焦制度创新和治理能力现代化，更好地使党和政府的各项改革惠民举措落地生根，把党的富民惠民政策落实好，真正实现城乡人民共建共享改革发展成果。

代表人民根本利益，就要考虑人民群众当前需要与未来发展的关系。当代中国已进入了中国特色社会主义发展的新时代，社会主要矛盾也已转化为人民日益增长的美好生活需要和不平衡不充分的发展之间的矛盾。为创造和满足人民对美好生活的需要，要在继续推动发展的基础上，着力解决好发展不平衡不充分的问题。破解发展不平衡不充分的问题，关键在于深刻把握我国当下发展中存在的各种难题，更好地满足人民在经济、政治、文化、社会、生态等方面日益增长的需要。只有这样，才能更好地推动人的全面发展、社会的全面进步。

代表人民根本利益，就要更好地引领党和人民事业发展。我们党团结带领全国各族人民决胜全面建成小康社会，奋力夺取新时代中国特色社会主义伟大胜利，是最广大人民根本利益的最集中、最鲜明、最深刻的体现。代表最广大人民根本利益，就要更加自觉地维护人民利益，坚决反对一切损害人民利益、脱离群众的行为；就要坚持人与自然和谐共生，建设美丽中国，为人民创造良好生产生活环境；就要坚持国家利益至上，以人民安全为宗旨，有效增强国家总体安全；就要更好构筑中国精神、中国价值、中国力量，为人民提供更多精神产品、精神滋养、精神指引。

三、实现人民美好愿望是习近平新时代中国特色社会主义思想的价值依归

真正站在人民立场上，就要实现人民美好愿望。"民之所望，政之所向。"习近平新时代中国特色社会主义思想是有温度、有情怀的，是为实践所证明、有效管用的行动指南，是一心善待人民群众，只为"让老百姓过上好日子"着想，始终抱有对人民群众真挚的感情，坚持以深厚的为民情怀推动实践创新发展。实现中国特色社会主义现代化，要从中华民族伟大复兴和中国人民整体福祉来谋划，进一步培养、巩固和增进同人民群众的感情，时刻把群众的安危冷暖挂在心上，把服务群众、造福百姓作为最大责任。在十九大报告中，习近平指出："全党同志一定要永远与人民同呼吸、共命运、心连心，永远把人民对美好生活的向往作为奋斗目标。"[1] 2017年10月31日下午，习近平在南湖革命纪念馆参观结束时发表重要讲话，他强调："党的十九大擘画了党和国家事业发展的目标和任务，全党同志必须坚持全心全意为人民服务的根本宗旨，不断带领人民创造更加幸福美好的生活。"[4] 这一论述高度诠释了习近平总书记反复强调的"人民群众对美好生活的向往，就是我们党的奋斗目标"的重要思想。

实现人民美好愿望，就要大力增进民生福祉。"群众利益无小事，民生问题大于天。"坚持增进民生福祉，就要关注民生、重视民生、保障民生、改善民生，这是中国特色社会主义发展的根本目的，也是我们党立党为公、执政为民的使命担当。习近平明确指出："保障和改善民生要抓住人民最关心最直接最现实的利益问题，既尽力而为，又量力而行，一件事情接着一件事情办，一年接着一年干。"[1] 在中国特色社会主义发展中保障和改善民生，

就是要大力增进民生福祉，完善公共服务体系和社会保障体系，需要一张蓝图绘到底，一代接着一代干，始终保持战略定力和持续推进动力。要多谋民生之利、多解民生之忧，切实解决人民群众在民生问题上所遭遇的各种难题，保证全体人民在共建共享发展中有更多获得感，真正使全中国人民的生活一年更比一年好。

实现人民美好愿望，就要确立新时代中国特色社会主义的奋斗目标。习近平指出："带领人民创造美好生活，是我们党始终不渝的奋斗目标。"[1]这是习近平新时代中国特色社会主义思想的发展导向和目标引领。在十九大报告中，习近平总书记完整勾画了全面建设社会主义现代化强国的时间表和路线图。我们党带领全国人民提前实现了解决生活温饱、达到总体小康的目标，现在又自加压力、砥砺奋进，提出从全面建成小康社会到基本实现现代化再到全面实现社会主义现代化强国的战略安排。习近平指出："从十九大到二十大，是'两个一百年'奋斗目标的历史交汇期。我们既要全面建成小康社会、实现第一个百年奋斗目标，又要乘势而上开启全面建设社会主义现代化国家新征程，向第二个百年奋斗目标进军。"[1]到2035年，我国基本实现社会主义现代化时，人民生活更为宽裕，中等收入群体比例明显提高，城乡区域发展差距和居民生活水平差距显著缩小，基本公共服务均等化基本实现，全体人民共同富裕迈出坚实步伐。到2050年全面实现社会主义现代化时，把我国建成富强民主文明和谐美丽的社会主义现代化强国。可以说，全体人民共同富裕基本实现之日，就是中国梦实现之时。

四、激发人民创造活力是习近平新时代中国特色社会主义思想的价值追求

生机勃勃的社会主义是人民群众创造的。真正站在人民立场上，就要激发人民创造活力。任何真正理论的形成归根结底是人民创造历史的思想呈现。恩格斯指出："历史从哪里开始，思想进程也应当从哪里开始，而思想进程的进一步发展不过是历史过程在抽象的、理论上前后一贯的形式上的反映。"[5]603十八大以来，以习近平同志为核心的党中央带领全党全国各族人民不忘初心，牢记使命，攻坚克难，砥砺奋进，取得了令人振奋、

催人奋进的历史性成就。"五年来取得的历史性成就,是党中央坚强领导的结果,更是全党全国各族人民共同奋斗的结果。"[1]实践已经证明,习近平新时代中国特色社会主义思想是党和人民实践经验和集体智慧的结晶。

激发人民群众创造活力,就要确立人民主体地位。人民,只有人民,才是创造历史、推动变革的最终决定力量。要尊重人民实践创造,就要大力推动经济发展质量变革、效率变革、动力变革,建立现代化经济新体系;要保证人民当家作主的权力,保障人民群众的知情权、选择权、评价权、监督权,拓展社会主义协商民主,扩大人民有序政治参与;要以中国特色社会主义先进文化为引领,建设具有强大凝聚力和引领力的社会主义意识形态,使全体人民的思想道德境界都能提升到新的高度,让中国特色社会主义发展充满奋勇前进的强大动力;要顺应人民意愿,增强全社会发展活力和创新活力,形成有效的社会治理、良好的社会秩序,保证人民获得感、幸福感、安全感的切实有效落实;要积极推进人与自然和谐共生的现代化,努力建设资源节约型、环境友好型社会,大力提供更多优质生态产品以满足人民日益增长的优美生态环境需要,为建设美丽中国、实现中华民族永续发展,激发人民群众创造活力。

激发人民群众创造活力,就要汇聚亿万人民创造性的磅礴力量。"中华民族伟大复兴,绝不是轻轻松松、敲锣打鼓就能实现的。"[1]幸福美好的生活就在于人民的创造。人民群众中蕴藏着无穷的智慧和创造力,共产党人要虚心向人民求教问策,把政治智慧的增长、执政本领的增强、领导艺术的增进深深扎根于人民实践的沃土中,不断从人民群众中汲取智慧、营养和力量。实现中国梦,需要激发起全党全国人民团结奋进、开拓进取的强大力量,就是要与人民心心相印、与人民同甘共苦、与人民团结奋斗;就是要使全面建成小康社会得到人民认可、经得起历史检验,推动实现更高质量、更有效率、更加公平、更可持续的发展。

激发人民群众创造活力,就要聚天下英才而用之。非干无以造才,实干方能梦想成真。人才是实现民族振兴的第一战略资源。习近平指出:"实行更加积极、更加开放、更加有效的人才政策,以识才的慧眼、爱才的诚意、用才的胆识、容才的雅量、聚才的良方,把党内和党外、国内和国外各方面优秀人才集聚到党和人民的伟大奋斗中来,鼓励引导人才向边远贫困地区、边疆民族地区、革命老区和基层一线流动,努力形成人人渴望成才、人人努力成才、人人皆可成才、人人尽展其才的良好局面，让各类人才的创造活力竞相迸发、聪明才智充分涌流。"[1]人才队伍的不断壮大和人才作用的充分发挥，是实现中国梦的关键因素。要加强国家创新体系建设，强化战略科技力量，在培养造就新时代所需要人才的过程中，充分发挥人才作用，创造更多人间奇迹。

激发人民群众创造活力，就要撸起袖子加油干。进入中国特色社会主义新时代，在决胜全面建成小康社会、实现中华民族伟大复兴中国梦新的历史节点上，全党全国各族人民要同心同德、团结奋斗、坚韧不拔、锲而不舍，奋力谱写社会主义现代化新征程的壮丽篇章！中国特色社会主义是干出来的。不干，连半点马克思主义都没有。激发人民创造活力，习近平新时代中国特色社会主义思想一个十分重要的内容就是加强青年的培养和发挥青年的作用。在十九大报告中，习近平特别强调："全党要关心和爱护青年，为他们实现人生出彩搭建舞台。广大青年要坚定理想信念，志存高远，脚踏实地，勇做时代的弄潮儿，在实现中国梦的生动实践中放飞青春梦想，在为人民利益的不懈奋斗中书写人生华章！"[1]广大青年要脚踏实地、抓住当下、扎根基层、奉献社会，创造出无愧于时代和人民的业绩。我们完全有理由相信，在中国共产党的领导下，全面建成小康社会、全面建设社会主义现代化强国、实现中华民族伟大复兴的中国梦一定会在中华儿女的接力奋斗中变为现实，中国人民共同富裕的幸福生活一定会实现。

参考文献

[1] 习近平.决胜全面建成小康社会夺取新时代中国特色社会主义伟大胜利——在中国共产党第十九次全国代表大会上的报告［N］.人民日报，2017-10-28.

[2] 毛泽东.毛泽东选集：第3卷［M］.2版.北京：人民出版社，1991.

[3] 习近平.在纪念红军长征胜利80周年大会上的讲话［N］.人民日报，2016-10-22.

[4] 习近平在瞻仰中共一大会址时强调，铭记党的奋斗历程时刻不忘初心担当党的崇高使命矢志永远奋斗［N］.人民日报，2017-11-01.

[5] 马克思，恩格斯.马克思恩格斯文集：第2卷［M］.北京：人民出版社，2009.

（本文刊登于《苏州大学学报》，2017年第6期。）

五大发展理念四维解析

党的十八大以来,以习近平同志为核心的党中央总揽全局,把握时代脉搏,洞察发展大势,在深化理论创新和实践创新的双重探索中,形成了包括实现"两个一百年"奋斗目标、实现中华民族伟大复兴中国梦、协调推进"四个全面"战略布局、贯彻落实"五大发展"理念等在内的治国理政新理念新思想新战略,为推进21世纪马克思主义中国化的新发展作出了重大贡献。"创新、协调、绿色、开放、共享"五大发展理念是反映中国经济社会发展规律与现实要求的科学理念,是昭示中国特色社会主义未来发展的战略理念,对中国特色社会主义发展产生了重大而深远的影响。当代中国诠释马克思主义中国化的最新理论成果,一个重要视域就是要从多维角度入手,更客观、更具体、更深入地理解和把握"五大发展"理念的理论蕴意和价值旨归,不断开辟马克思主义中国化发展的新境界。

一、确立以人民为中心的发展主体之维

在推进马克思主义与当代中国具体实践相结合的新的历史进程中,以习近平同志为核心的党中央提出"五大发展"理念,集中到一点就是创造性地阐明以人民为中心的发展思想,树立以人民为中心的工作导向,自觉坚持以人民为中心的发展主体之维。"五大发展"理念集中体现了马克思主义的人民立场、人民观点、人民方法。推动21世纪马克思主义中国化的新发展,聚焦"五大发展"理念的主体之维,可以清晰地看到贯穿其始终的是坚持人民主体地位,发挥人民首创精神,实现人民根本利益。

1. 坚持人民主体地位

在人类历史上,马克思主义第一次确立了无产阶级的历史地位和历史使命,为无产阶级和人类解放事业提供了强大的思想武器。推进马克思主

义中国化的历史进程最根本的就是要坚持人民主体地位，确立人民群众在推动社会历史发展中的主导作用。中国共产党人始终秉持一切权力来自人民、属于人民、服务于人民的理念。贯穿于"五大发展"理念始终的一个重大政治立场，就是要坚持人民主体地位，把人民放在心中最高的位置，实现人民当家作主；就是要把人民放在心中，想群众所想、急群众所急、解群众所忧；就是要建立同人民群众的血肉联系，与人民群众同呼吸、共命运、心连心。人民群众是形成"五大发展"理念、推进中国特色社会主义发展的根本力量。"五大发展"理念的提出与实施都离不开人民主体，"创新、协调、绿色、开放、共享"中的每一项发展都与人民群众息息相关，都与人民的利益、意志和愿望紧密相连。以习近平同志为核心的党中央坚持人民是推动发展的根本力量，确立以人民为中心的发展主体之维，根据广大人民群众的利益、意志和愿望而提出贯彻落实"五大发展"理念的历史任务，紧紧依靠广大人民群众推进"五大发展"理念在中国大地上落地生根、开花结果。

2. 发挥人民首创精神

马克思主义的一个基本观点，就是强调人民群众是社会历史的主人，生机勃勃的社会主义事业是由人民群众创造的。人民群众是中国特色社会主义事业的实践主体、创造主体、发展主体。习近平指出："以人民群众为主体的社会实践具有一往无前的革命性品格，探求未知的道路上会不断遇到各种新情况新问题，需要有远大的目光和开拓奋进的勇气，需要掌握和运用人类创造的最新理论成果、最新科学知识，及时总结经验、深刻揭示规律、科学预见未来。"[1]"五大发展"理念是亿万人民在推进全面深化改革伟大实践中形成的，它直接关系到我国发展全局的一场深刻变革，意味着把我们的国家建设好、发展好是亿万人民群众自己的事业。"五大发展"理念在实践中从逐步形成到不断完善、从真正确立到具体落实，都伴随着人民群众的思想解放、观念更新，都需要充分发挥人民群众的首创精神。以习近平同志为核心的党中央在推进马克思主义中国化新的实践中，始终强调尊重群众愿望，发挥人民首创精神。"五大发展"理念的提出与实施，就在于充分发挥人民的主人翁精神，就在于调动和发挥人民群众的积极性、主动性和创造性。当代中国的发展已经进入全面建成小康社会的决胜阶段，确保如期全面建成小康社会，必须坚持人民参与、人民创造、人民享有，紧紧依靠人民群众的创造性实践来推动实现。

3. 实现人民根本利益

马克思主义的一个根本方法，就是坚持理论联系实际，把实现人民根本利益作为发展的最终目的和具体实践过程。"五大发展"理念凸显人民至上，把人民利益放在全局工作的首位，这是坚持以人民为中心的发展思想在执政理念上的直接体现。一切为了人民，一切依靠人民，一切造福人民，最基本也是最重要的是增强人民群众的获得感，使人民群众在全面深化改革过程中获得实实在在的利益，真正过上美好幸福的生活。"五大发展"理念从根本上说，就是代表和实现最广大人民的根本利益。具体来说，创新发展重在发挥人民首创精神，促进大众创业、万众创新；协调发展重在解决现实社会发展不全面、不平衡、不可持续的问题，不断增强发展的实力与后劲；绿色发展重在引导人民珍爱生态环境，推进绿色生产和生活，建设美丽中国；开放发展重在推动优势互补、求同存异、合作共赢、共同发展；共享发展重在增进人民福祉，进行制度化改革创新，使全体人民共享发展成果。习近平指出："党的一切工作，必须以最广大人民的根本利益为最高标准。检验我们一切工作的成效，最终要看人民是否真正得到了实惠，人民生活是否真正得到了改善，人民权益是否真正得到了保障。"[2]28 "五大发展"理念的形成与落实，就是要关注群众需求，反映群众心声，回应群众关切，把保障和改善民生当作为政之要，把人民根本利益作为党的一切工作的出发点和落脚点，着力解决人民群众最关心、最迫切、最现实的突出问题，使人民群众在全面建成小康社会中拥有更多的获得感。

二、引领中国特色社会主义新发展的实践之维

当代中国的发展已经进入全面深化改革的攻坚阶段、全面建成小康社会最终决胜的历史节点，需要用新的理念引领新的实践。以习近平同志为核心的党中央深刻总结我国改革开放以来新的实践经验，破解发展难题，厚植发展优势，提出了关系到我国发展全局的"创新、协调、绿色、开放、共享"的新的发展理念。"五大发展"理念作为我们党对中国特色社会主义现代化建设规律性认识的最新成果，集中反映了我们党对我国经济

社会发展规律认识的深化，是对马克思主义发展理论的丰富和发展，是引领当代中国新的发展实践的理论指导和行动指南。

1. 深刻总结改革开放以来的实践经验

改革开放以来，我国的经济社会发展取得了举世瞩目的成就。我们党顺应时代发展新潮流、社会生活新变化、人民群众新期待，不断解放思想、转变观念，深刻总结改革开放近 40 年来我国发展的新鲜经验，从发展全局的战略高度关注改革的系统性、整体性、协同性，解决改革中出现的各种深层次问题，提出了"五大发展"理念。全面深化改革、加快中国特色社会主义现代化建设涉及经济、政治、文化、社会、生态各个方面，需要从经济社会各个领域抓住重大而突出问题展开系统研究，而"五大发展"理念正是贯穿于我国经济、政治、文化、社会、生态各领域的综合性问题，是马克思主义中国化发展研究的重大课题，是推进我国全面深化改革和加快社会主义现代化建设的关键环节。新的发展理念就是要引领方向、驾驭全局、抓住根本、把握规律，为中国化马克思主义理论宝库增添新的内容。我国改革开放取得成功的经验可以集中概括为一句话：一切从实际出发，实事求是，按客观规律办事。"五大发展"理念的提出与实施，就是从当代中国发展的实际出发，深刻总结改革开放以来的新鲜经验，形成推进国家治理体系和治理能力现代化的新思路，对全面深化改革、发展和完善中国特色社会主义进行新的理论创新与思想升华。

2. 有效解决发展中遇到的突出问题

问题是时代的声音，解决问题是人民的愿望。开辟马克思主义中国化新境界，要强化问题意识，用马克思主义的立场、观点、方法来分析和解决当代中国发展中的重大现实问题。只有坚持以科学的发展理念做先导，才能突破发展瓶颈、补齐发展短板、增强发展动力、厚植发展优势。"五大发展"理念的形成来自国内外发展经验和教训的深刻启示，既是对当今世界各国发展经验教训的借鉴与超越，又是对当代中国发展中存在突出矛盾与问题的回应，贯穿着鲜明的问题导向。当代中国历经了 30 多年的高速发展，正面临着一系列不平衡、不协调、不可持续的问题，主要是经济发展方式粗放，创新能力普遍不强；城乡、区域发展不平衡，经济与社会发展不协调；资源约束明显趋紧，生态环境遭遇诸多困境；基本公共服务供给不足，收入差距过大，这些问题的存在已经严重制约了我国改革开放和社会主义现代化建设新的发展。要树立与时代、人民和实践发展相适应的思维方式和价值观念，就必须破除封闭保守、僵化落后的思想观念，以新的发展理念引领新的发展实践。以习近平同志为核心的党中央提出与实施"五大发展"理念，就是要破解发展中的一系列难题，着力解决发展动力问题、发展不平衡问题、人与自然和谐问题、内外联动问题、社会公平正义问题。可以说，"五大发展"理念坚持问题导向，有效解决发展中的突出问题，引领中国发展观念和发展方式的根本转变，为推进中国特色社会主义新的实践发展提供了科学的理论指导。

3. 集中反映对发展规律的认识深化

以习近平同志为核心的党中央顺应时代潮流、把握发展机遇、遵循发展规律，提出并实施"五大发展"理念，关注的是当今世界与当代中国的深层理论与实践问题，解答的是关乎我国经济社会长远发展的重大理论和实践问题，诠释的是遵循经济规律的科学发展、遵循自然规律的可持续发展、遵循社会规律的包容性发展，揭示的是中国共产党的执政规律、中国特色社会主义的建设规律和人类社会发展的客观规律。从发展规律层面认识，"五大发展"理念是对中国特色社会主义"五位一体"总布局的整体驾驭与逻辑展开，创新发展强调推进我国全面深化改革、加快现代化建设的创新驱动要素，为我国"五位一体"总布局提供强劲动力；协调发展阐明统筹各领域、各方面、各环节关系，为经济社会全面进步提供有力保障，是实现"五位一体"总布局的基本条件；绿色发展倡导走生产发展、生活富裕、生态良好的绿色发展道路，是实现"五位一体"总布局的重要基础；开放发展要求拓展国内外发展空间、提升开放型发展水平，是优化"五位一体"总布局的战略抉择；共享发展指向增进人民福祉，走共同富裕的发展道路，是实现"五位一体"总布局的本质规定和根本保障。"五大发展"理念从当代中国社会发展规律层面展示了经济、政治、文化、社会和生态文明五大建设之间的内在联系，升华了对中国特色社会主义总布局的认识，表明我们党对中国特色社会主义建设规律的认识更加全面、更加深刻、更加成熟，从而更加自觉地引领中国特色社会主义新的实践发展。

三、实现中华民族伟大复兴中国梦的时空之维

"五大发展"理念形成于加快推进我国社会主义现代化建设、实现中华民族伟大复兴中国梦历史进程的关键时刻。习近平指出:"中国梦归根到底是人民的梦,必须紧紧依靠人民来实现,必须不断为人民造福。"[2]40 在当代中国,推进马克思主义中国化,就是要运用马克思主义正确认识中国特色社会主义发展的具体进程、内在联系及其客观规律,就是要科学把握实现中国梦的时空条件。"五大发展"理念是一个相互联系、相互贯通、相互促进的有机整体,统一于实现中华民族伟大复兴中国梦的历史进程中。实现中华民族伟大复兴中国梦的时空之维,要按照"五大发展"理念的目标与要求,把当代中国的发展放到历史与现实、眼前与长远、国内与国外的时空维度中去考察、去审视。

1. 要科学把握"五大发展"理念对实现中国梦的历史指向维度

中国梦是近代以来中华民族最伟大的梦想,是中国共产党人为谋求国家富强、民族振兴、人民幸福孜孜以求的发展目标。实现中国梦,需要破解当代中国存在的突出矛盾与问题。要看到,现实社会中存在的许多问题是在一定的历史条件下形成的,也只能在一定的历史条件下才能解决。在实现中国梦的历史进程中,以习近平同志为核心的党中央提出"五大发展"理念,这是针对我国发展中的矛盾与问题提出来的。当前,我国的发展既处于可以大有作为的重要战略机遇期,又面临着诸多矛盾相互叠加、风险隐患增多的严峻挑战。习近平指出:"如果群众观点丢掉了,群众立场站歪了,群众路线走偏了,群众眼里就没有你,真的到了那一天,就会危及党的执政基础和执政地位。"[3] 习近平强调:"中国的发展是世界和平力量的壮大,是传递友谊的正能量,为亚洲和世界带来的是发展机遇而不是威胁。"[4] 习近平指出:"对中国而言,'中等收入陷阱'过是肯定要过去的,关键是什么时候迈过去、迈过去以后如何更好向前发展。我们有信心在改革发展稳定之间,以及稳增长、调结构、惠民生、促改革之间找到平衡点,使中国经济行稳致远。"[5] "五大发展"理念就是针对我国发展中出现的新情况、新问题而提出的新理念,贯彻落实"五大发展"理念,能够切实解决当代中国发展中的突出矛盾和重大问题,为进一步开创中国现代

化建设新局面提供基本遵循。

2. 要大力提升"五大发展"理念对实现中国梦的现实创造维度

实现中国梦是中国特色社会主义发展的本质要求，是实现国家富强、民族振兴、人民幸福的战略抉择。"五大发展"理念是我们党在新的历史阶段正确处理当代中国发展中的重大关系，推动中国化马克思主义向各个领域拓展，促进经济、政治、文化、社会、生态文明全面发展，为不同行业、地域、群体提供更加广阔的发展空间的基础上提出的。把握"五大发展"理念的现实创造维度，就是要积极培育发展新动力、厚植发展新优势、提升发展新水平，使我国全面深化改革和社会主义现代化建设在现实创造中获得新的内容与形式，举全民之力共推中国特色社会主义宏伟大业。在创新发展中，要形成促进创新的体制架构，推动更多依靠创新驱动、更多发挥先发优势的引领性发展；在协调发展中，要创设发展要素有序自由流动、主体功能约束有效、基本公共服务均等、资源环境可承载的协调发展格局，增强发展的整体性；在绿色发展中，要建设资源节约型、环境友好型社会，推动人与自然和谐发展；在开放发展中，要大力提高开放型经济发展的整体水平，构建人类命运共同体，主动增强我国在全球经济治理中的制度性话语权；在共享发展中，要坚持各尽所能、各得其所，对发展成果由人民共享作出更有效的制度安排，实现全体人民共同迈入全面小康社会。

3. 要高度重视"五大发展"理念对实现中国梦的未来拓展维度

实现中国梦，任重而道远。"五大发展"理念是深刻把握当今世界发展新趋向、反映当代中国发展新特点、适应时代发展新要求、满足人民群众新期盼的科学理念，是对我们党开创未来、实现中国梦具有重大实践指导价值的战略理念。"五大发展"理念顺应了时代要求，把握了发展规律，是面向未来发展、实现中国梦的前瞻性理念，也就是要把当代中国的发展引导到关注实现中国梦的长远发展、全局发展、根本发展的目标和要求上来，更好地推进全面建成小康社会、全面深化改革、全面依法治国、全面从严治党的伟大实践。中国梦寄托着全中国人民对美好幸福生活的愿望与追求，凝聚着全中国人民的智慧与力量。"五大发展"理念就是要展示当代中国发展的大思路、大格局、大趋势，把实现中国梦的远景规划通过亿万人民的共同奋斗一步步变为活生生的现实，重在创造"实实在在、没有水分"的发展，意在推进"系统性、整体性和协同性"的发展,旨在实现"发展为了人民、发展依靠人民、发展成果由人民共享"的发展,不断提升实现中国梦的发展水准和思想境界。

四、推进科学社会主义新飞跃的价值之维

作为中国特色社会主义事业的坚强领导核心,中国共产党人始终以科学社会主义作为中国特色社会主义现代化建设的指导思想,坚持把实现好、维护好、发展好最广大人民的根本利益作为我国一切发展的根本出发点和落脚点。发展理念是发展行动的先导。"五大发展"理念是我们党在我国进入全面建成小康社会决胜阶段提出的科学理念,其根本价值诉求在于坚持和发展科学社会主义,实现公平正义的共享发展,促进人的自由而全面发展,推进21世纪马克思主义中国化的新飞跃。

1. 实现公平正义的共享发展

实现社会公平正义,是科学社会主义的根本要求。"五大发展"理念贯穿着科学社会主义的人民情怀、民生导向,体现着我们党立党为公、执政为民的根本原则。当代中国的一切发展,说到底就是为了解决社会公平正义问题,让人民群众拥有更多获得感。改革开放以来,我国人民生活水平、居民收入水平、社会保障水平持续提高,但现阶段仍存在收入差距较大、社会矛盾较多、部分群众生活比较困难等问题,全面建成小康社会还有不少"短板"要补。党的十八届五中全会公报指出:"坚持共享发展,必须坚持发展为了人民、发展依靠人民、发展成果由人民共享,作出更有效的制度安排,使全体人民在共建共享发展中有更多获得感,增强发展动力,增进人民团结,朝着共同富裕方向稳步前进。"[6]在当代中国推进共享发展就是要注重民生、保障民生、改善民生,让人民群众享有更多的获得感、幸福感。一是以保障和改善民生为重中之重。要切实解决好人民群众所关心的教育、就业、收入、社保、医疗卫生、食品安全等实际问题,让改革发展成果更多、更公平、更实在地惠及广大人民群众。二是从解决人民群众最关心、最迫切、最现实的利益问题入手。要坚持普惠性、保基本、均等化、可持续方向,加快完善基本公共服务体系建设,努力实现基本公共服务全覆盖。三是坚决打赢脱贫攻坚战。要大力实施精准扶贫、精

准脱贫、科学扶贫,全面建成小康社会决不让一个民族、一个地区、一个贫困家庭掉队。四是形成合理的收入分配格局。要加快建立公平合理的分配秩序,持续增加城乡居民收入,让人民享有更多改革成果。践行"五大发展"理念,就是要按照"人人参与、人人尽力、人人享有"的要求,注重机会公平,保障基本民生,提升幸福指数,实现全体人民共同迈入全面小康社会。

2. 促进人的自由而全面发展

人的自由而全面发展是未来共产主义社会的本质特征,是科学社会主义的最高价值诉求。马克思、恩格斯指出:"代替那存在着阶级和阶级对立的资产阶级旧社会的,将是这样一个联合体,在那里,每个人的自由发展是一切人的自由发展的条件。"[7]53 社会发展的本质在于人的发展。对当代中国来说,就是要以13亿多中国人民的全面发展为总目标,不断推进每个人的自由发展、全面发展。"五大发展"理念的精准要义在于促进人的自由而全面发展。为此,需要通过当代社会新的实践方式来构建新型的社会关系和发展状态,推进发展为了人民、发展依靠人民、发展成果由人民共享,把增进人民福祉、促进人的全面发展作为当代中国一切发展的出发点和落脚点。"五大发展"理念就是在发展和完善中国特色社会主义条件下,人民群众通过自己的对象性活动而不断地占有自己的本质,促进人的自由而全面发展的具体内容和现实途径,从而把科学社会主义伟大理论在中国的具体实践不断引向深入。具体地说,创新发展为实现人的全面发展解决发展动力问题,发展的基点放在创新上,通过创新驱动人的自身发展;协调发展为人的发展解决发展不全面、不平衡问题,着力解决影响人的全面发展的各种短板与薄弱环节,为全面提升人的素质创造条件;绿色发展就是要促进人与自然的和谐共生,推动人的思维方式、发展方式、生活方式的绿色变革,共同建设生态文明的美丽中国;开放发展就是要通过双向开放,推动发展的内外联动,提高对外开放水平,为人的全面发展拓展更大的发展空间;共享发展就是强调走共同富裕的发展道路,推进改革成果的共创共享,切实提高人民群众的生活质量,为实现人的全面发展提供根本的社会保障。

3. 推动马克思主义中国化的新飞跃

科学社会主义是引领我们党勇于实践创新、富于理论创新的一面旗帜。在领导中国革命、建设和改革发展的历史进程中,我们党始终坚持以科学社会主义为引领,实现了马克思主义中国化的两次历史性飞跃,创立了毛泽东思想和中国特色社会主义理论体系两大理论成果。进入新的历史发展阶段,以习近平同志为核心的党中央,根据新的发展实践进行新的理论探索,提出了"五大发展"理念,为马克思主义中国化理论宝库增添了新的内容。推动马克思主义中国化的新飞跃,要紧紧抓住创新发展这一关键环节。习近平指出:"坚持创新发展,必须把创新摆在国家发展全局的核心位置,不断推进理论创新、制度创新、科技创新、文化创新等各方面创新,让创新贯穿党和国家一切工作,让创新在全社会蔚然成风。"[8] "五大发展"理念本质上是创新发展的产物,是解决当代中国现实矛盾与问题的产物。"五大发展"理念作为一个有机联系的整体,进一步深化了对共产党执政规律、社会主义建设规律、人类社会发展规律的认识,是我们党治国理政方略与时俱进的新创造,实现了科学社会主义与当代中国实践相结合的新飞跃,推动了马克思主义中国化的新发展。

参考文献

［1］习近平. 关于建设马克思主义学习型政党的几点学习体会和认识［N］. 学习时报,2009-11-16.

［2］习近平. 习近平谈治国理政［M］. 北京:外文出版社,2014.

［3］习近平在兰考县委常委扩大会上的讲话［EB/OL］. 新华网,http://www.xinhuanet.com/politics/2015-09/08/c_128206459.htm

［4］习近平. 中国的发展为亚洲和世界带来机遇而不是威胁［N］. 人民日报,2013-10-03.

［5］习近平出席亚太经合组织领导人同工商咨询理事会代表对话会［N］. 人民日报,2014-11-11.

［6］中国共产党第十八届中央委员会第五次全体会议公报［N］. 人民日报,2015-10-30.

［7］马克思,恩格斯. 马克思恩格斯文集:第2卷［M］. 北京:人民出版社,2009.

［8］习近平在部分省区党委主要负责同志座谈会上强调加大支持力度增强内生动力加快东北老工业基地振兴发展［N］. 人民日报,2015-07-20.

(本文刊登于《中国特色社会主义研究》,2017年第3期。)

强党是中国特色社会主义新时代的鲜明特质

开创中国特色社会主义新时代的中国共产党,是国家最高政治领导力量,是推进国家治理体系和治理能力现代化的领导核心。治国必先治党,强国必先强党。强党是推进中国特色社会主义新时代的关键,是中国特色社会主义新时代的鲜明特质。必须坚持全面从严治党,更好地从各方面加强党的自身建设,促进党自我净化、自我完善、自我革新、自我提高。只有把党建设好、建设强,才能更好地推进中国特色社会主义新时代的伟大实践,才能真正体现并实现中国特色社会主义新时代党的建设的总要求,也才能凝聚全党全军全国人民的力量为实现中华民族伟大复兴中国梦而努力奋斗。因此,强党是中国特色社会主义新时代的核心要义、独特优势、基本方略、战略定力。

党的十九大站在新的历史方位,明确提出中国特色社会主义进入了新时代。这个新时代的本质特点与鲜明特质就是强时代。一个"强"字既反映了中国共产党带领中国人民实现中华民族从站起来、富起来到强起来的伟大历史飞跃,又涵盖了近代以来中国人民梦寐以求的国家富强梦、民族振兴梦、人民幸福梦,特别是中国人民要建设经济强、政治强、文化强、社会强、生态强在内的社会主义现代化强国梦,包括了科技、航天、网络、交通、质量、人才等强国梦,还包括健康、平安、法治、美丽中国等一系列强国梦。毛泽东早就说过:"夺取全国胜利,这只是万里长征走完了第一步。……中国的革命是伟大的,但革命以后的路程更长,工作更伟大、更艰苦。"[1]1438历史已经证明,中国站起来非常不容易,富起来也极其不容易,强起来则更加不容易。历史的发展将证明,中国必定要强大起来。习近平总书记指出:"中国以后要变成一个强国,各方面都要强。"[2]而办好中国的事情,关键在党。作为一个有着13亿多人口大国长期执政的党,强党牵动全局,关系重大。强党不仅与党的前途命运息息相关,而且与国家、民族和人民的前途命运紧密相连。只有把党建设好、建设强，才能完成党的建设新的伟大工程，才能更好地推进中国特色社会主义新时代的伟大事业，也才能凝聚全党全国人民力量为实现中国的伟大梦想而努力奋斗！

一、强党是中国特色社会主义新时代的核心要义

党的十九大报告指出："中国特色社会主义最本质的特征是中国共产党领导，中国特色社会主义制度的最大优势是中国共产党领导。"[3]16 党兴则国强，党衰则国弱。当代中国发生的一系列深刻变革、取得的一系列重大成就，根本原因在于中国共产党的坚强领导，在于党带领人民迎难而上、砥砺奋进。新时代只有把党建设好、建设强，才能开创中国特色社会主义新局面，实现中华民族伟大复兴的中国梦。

（一）开创了中国特色社会主义新时代

强起来是中国特色社会主义新时代的主旋律。新中国成立以来，我们党团结带领全国各族人民不懈奋斗，实现了从站起来到富起来再到强起来的伟大飞跃，开创了中国特色社会主义新时代。党的十八大以来，以习近平同志为核心的党中央举旗定向，砥砺奋进，推动党和国家事业发生了举世瞩目的历史性变革，取得了令人振奋的历史性成就。作为世界第二大经济体的中国，十八大以来的五年对世界经济增长年均贡献率达到30％以上，超过美国、欧元区和日本贡献率的总和；有5 564万人口摆脱了贫困，对全球减贫贡献率超过70％；累计新增就业人口6 500万，超过了一个欧洲大国的人口总量[4]；仅2017年全国财政医疗卫生预算安排就达1.4万亿元，医保覆盖率超过全部人口的95％以上[5]；等等。当代中国取得的一切成就，都是中国共产党坚强领导的结果，都是党和人民团结奋斗的结果。"事实充分证明，有了中国共产党领导，是中国、中国人民、中华民族的一大幸事。有了中国共产党领导，我们的国家、我们的民族才有今天这样的辉煌成就，才以这样的崭新姿态屹立于世界的东方。"[6]党的坚强领导是开创中国特色社会主义新时代的根本保证。

中国特色社会主义新时代，是创造人民美好生活、决胜全面建成小康

社会、全面建设社会主义现代化的强国时代。建设伟大强国，夺取伟大胜利，需要党有更大作为、更多担当，必须把党的领导落实到中国特色社会主义新时代的各领域、各环节、各方面和全过程，团结带领全国人民攻坚克难，创新发展。习近平指出："我们要不负人民重托、无愧历史选择，在新时代中国特色社会主义的伟大实践中，以党的坚强领导和顽强奋斗，激励全体中华儿女不断奋进，凝聚起同心共筑中国梦的磅礴力量！"[3]17在引领新时代、推进新实践、开创新局面的过程中，要把我们党建设得更加坚强有力，团结带领全国人民以更加昂扬的姿态、坚定的步伐向着社会主义现代化强国迈进。

（二）创立了习近平新时代中国特色社会主义思想

党的重大理论创新成果是中国特色社会主义进入新时代的鲜明标志。我们党经过艰辛的理论探索，总结了党和人民的实践经验，集中了全党的智慧，确立了习近平新时代中国特色社会主义思想。这一重大理论创新成果，是新时代的强国理念、强国思想、强国战略，而其中摆在第一位的思想就是要把党建设好、建设强的思想。这一重大理论创新成果是我们党最重要、最宝贵的政治财富、精神财富，实现了党的指导思想的又一次与时俱进，使21世纪中国马克思主义展现出无比强大的真理力量。

中国共产党是中国特色社会主义新时代的领导核心。党的自身建设好不好、强不强，最关键的是要认真学习、深刻领会、贯彻落实习近平新时代中国特色社会主义思想，只要坚持不懈地用习近平新时代中国特色社会主义思想武装全党，我们党就会有无坚不摧、战无不胜的强大力量。习近平新时代中国特色社会主义思想是引领新时代伟大实践的行动指南，是推进全面从严治党向纵深发展的指导思想。从严管党治党，是全面贯彻习近平新时代强党思想的最集中体现。以习近平新时代中国特色社会主义思想作为强党、强国、强军的强大思想武器，统一思想，统一意志，统一行动。只有稳固强党之魂，夯实强党之基，汇聚强党之源，焕发强党之力，"使党铁一样地巩固起来"[7]614，自觉担负起对国家、对民族、对人民、对党、对世界的责任，才能更有资格、更有能力开辟马克思主义中国化发展的新境界，使新时代中国特色社会主义道路越走越宽广。

二、强党是中国特色社会主义新时代的独特优势

强党是强国的根本。国强最重要的是党强,党强在国强中占首要地位。历史已经证明,没有中国共产党的领导,我们的国家就会变成一盘散沙,将会一事无成,也就谈不上国强。党的十九大报告明确提出:"党政军民学,东西南北中,党是领导一切的。"[3]20 这是一条重大的政治原则,更是中国特色社会主义新时代发展的基本遵循。把党建设好、建设强,确立党在领导中国特色社会主义新时代的核心地位,开启全面建设社会主义现代化强国的新征程,这是中国特色社会主义新时代的独特优势所在。

(一)确立了中国特色社会主义新时代的坚强领导核心

中国共产党的领导,是引领新时代、开创新局面的核心要义。习近平指出:"我们勇于面对党面临的重大风险考验和党内存在的突出问题,以顽强意志品质正风肃纪、反腐惩恶,消除了党和国家内部存在的严重隐患,党内政治生活气象更新,党内政治生态明显好转,党的创造力、凝聚力、战斗力显著增强,党的团结统一更加巩固,党群关系明显改善,党在革命性锻造中更加坚强,焕发出新的强大生机活力,为党和国家事业发展提供了坚强政治保证。"[3]8-9 进入中国特色社会主义新时代,进行伟大斗争、建设伟大工程、推进伟大事业、实现伟大梦想的伟大使命落到了党的肩上。在"四个伟大"中最紧要的就是建设伟大工程,它起着决定性的作用。习近平指出:"党要团结带领人民进行伟大斗争、推进伟大事业、实现伟大梦想,必须毫不动摇坚持和完善党的领导,毫不动摇把党建设得更加坚强有力。"[3]61 坚持兴党强党的本质属性,就是要保持党的先锋队性质,始终成为中国特色社会主义新时代的坚强领导核心。为此,必须坚持全心全意为人民服务的根本宗旨,自觉改进党的领导方式和执政方式,不断提高党的执政能力和领导水平,着力解决人民群众反映最强烈、最突出、最现实的问题,团结带领人民有效应对重大挑战、抵御重大风险、克服重大阻力、解决重大矛盾。

强党最重要的就是要坚决维护党中央权威、维护以习近平同志为核心的党中央的领导。必须把坚持党中央权威和集中统一领导作为强党的首要

政治任务。邓小平指出:"党一定要有领袖,有领导核心。……领袖就是团结的核心,他本身就是力量。"[8]222 党的十八大以来,党和国家各项事业之所以取得巨大成就、开创中国特色社会主义新时代新局面,最根本的就在于形成了以习近平同志为核心的党中央的坚强领导,激励和凝聚全党全军全国人民向党中央看齐、向党的理论和路线方针政策看齐、向党中央决策部署看齐。习近平在十九大报告中提出了强党的基本要求:"必须增强政治意识、大局意识、核心意识、看齐意识,自觉维护党中央权威和集中统一领导,自觉在思想上政治上行动上同党中央保持高度一致,完善坚持党的领导的体制机制,坚持稳中求进工作总基调,统筹推进'五位一体'总体布局,协调推进'四个全面'战略布局,提高党把方向、谋大局、定政策、促改革的能力和定力,确保党始终总揽全局、协调各方。"[3]20-21 把党建设好、建设强,必须坚决维护习近平总书记在党中央和全党的核心地位,在政治立场、政治方向、政治原则、政治道路上与党中央保持高度一致,自觉维护党中央权威,加强党中央集中统一领导。

(二) 开启了全面建设社会主义现代化强国的新征程

中国共产党领导的事业是崇高而伟大的事业,需要一代又一代共产党人的接续奋斗。党的十九大开启了中国特色社会主义新时代发展的新征程。习近平指出,在中国共产党领导下,中国人民将开启新征程。这是全面深化改革、持续释放发展活力的新征程;这是与时俱进、创新发展方式的新征程;这是进一步走向世界、发展更高层次开放型经济的新征程;这是以人民为中心、迈向美好生活的新征程;这是推动构建新型国际关系,推动构建人类命运共同体的新征程。[9] 强党就是中国共产党人要引领新征程,牢记新使命,在推进中国特色社会主义新时代的伟大实践中,依靠自身的理论优势、政治优势、组织优势,凝聚实现中国梦的磅礴力量,开创更加辉煌的新时代。为了更好确立党在新征程中的领导核心地位,更好发挥中国特色社会主义集中力量办大事的制度优势,要大力提高党总揽全局、协调各方、同向发力的效率,增强党长远的规划、科学的决策、高度的组织动员和坚决的执行能力,要把党建设好、建设强。

中国共产党作为执政党,不仅要团结带领人民开启全面建设社会主义现代化强国的新征程,而且在开启新征程过程中首先要进行伟大的自我革命。党只有变得更加坚强、更加有力，才能领导进行许多具有新的历史特点的伟大斗争，妥善应对来自国内外的重大挑战，打赢防范化解重大风险、精准脱贫、污染防治的攻坚战，为实现全面建设社会主义现代化强国而不懈奋斗。习近平总书记提出："我们党要搞好自身建设，真正成为世界上最强大的一个政党。"[10]把党建设成为世界上最强大的政党，是中国共产党人的理想所寄、使命所系、事业所在。在开启中国特色社会主义新时代的新征程中，中国正日益走向世界舞台的中心，越来越有信心和能力实现中华民族伟大复兴中国梦，越来越有信心和能力为人类文明发展做出更大贡献，也越来越有信心和能力把我们党建设得更加牢固、更加强大。

三、强党是中国特色社会主义新时代的基本方略

目前，党内还存在不少问题和薄弱环节，这些已经严重影响了党的吸引力、感染力和战斗力。习近平强调："全党要清醒认识到，我们党面临的执政环境是复杂的，影响党的先进性、弱化党的纯洁性的因素也是复杂的，党内存在的思想不纯、组织不纯、作风不纯等突出问题尚未得到根本解决。"[3]61党的十九大对推进新时代党的建设伟大工程做出了新的部署，提出了"坚定不移全面从严治党，不断提高党的执政能力和领导水平"的顶层设计，统筹推进党的各项建设，全面提高党的建设科学化水平。全面从严治党构成了坚持和发展中国特色社会主义的基本方略的内容，体现了党中央要把党建设好、建设强的坚定决心、坚强意志和高度自信。

（一）提出了中国特色社会主义新时代党的建设总要求

强党最核心的问题是必须确保党永葆先进性。党强就是要使党永葆青春、永远有力量。党的十九大报告根据全面推进新时代党的建设新的伟大工程的总目标，提出了新时代党的建设的总要求是："坚持和加强党的全面领导，坚持党要管党、全面从严治党，以加强党的长期执政能力建设、先进性和纯洁性建设为主线，以党的政治建设为统领，以坚定理想信念宗旨为根基，以调动全党积极性、主动性、创造性为着力点，全面推进党的政治建设、思想建设、组织建设、作风建设、纪律建设，把制度建设贯穿其中，深入推进反腐败斗争，不断提高党的建设质量，把党建设成为始终

走在时代前列、人民衷心拥护、勇于自我革命、经得起各种风浪考验、朝气蓬勃的马克思主义执政党。"[3]61-62 这为新时代全面推进党的建设新的伟大工程,把我们党建设好、建设强指明了方向,提供了根本遵循。

强党必须坚持全面从严治党。为更好应对"四大考验"、防范"四种危险",必须把全面从严治党继续向纵深推进。管党治党,从严治党,党的领导必须是全面的、整体的。强党必须覆盖党的建设各个领域、各个部门、各个层级,集中体现在政治强、组织强、作风强、纪律强、制度强等各个方面。要看到,党的自身建设无论哪个领域、哪个方面、哪个环节缺失了、弱化了,都会削弱党的力量,也都会损害乃至损毁党和人民的事业。习近平总书记强调:"在全面从严治党这个问题上,我们不能有差不多了、该松口气、歇歇脚的想法,不能有打好一仗就一劳永逸的想法,不能有初见成效就见好就收的想法。必须持之以恒、善作善成,把管党治党的螺丝拧得更紧,把全面从严治党的思路举措搞得更加科学、更加严密、更加有效,推动全面从严治党向纵深发展。"[11] 只有深入推进全面从严治党,毫不动摇严抓善治、常抓不懈,才能把党自身建设好、建设强。如果管党不力、治党不严,党就不可避免地会被历史淘汰,党所肩负的中国特色社会主义新时代的历史使命也就无从实现。

必须把政治建设摆在首位。党强首先是要使我们党在政治上真正强起来。在新时代,以党的政治建设统领党的全面建设,决定着党的建设的方向和效果。把政治建设摆在党的建设的首位,从根本上讲,是由政治建设在立党兴党强党中的核心地位所决定的,是由我们党的性质、指导思想和根本宗旨所决定的,也是由中国特色社会主义新时代党的执政使命、根本任务和奋斗目标所决定的。抓住党的政治建设这个"牛鼻子",就能把握强党的根本,就能显示党的强大力量。必须把政治建设作为党的根本性建设,将政治上的要求贯穿于党的各项建设之中,以政治上的全面加强推动全面从严治党不断走向深入。

强党必须提高党的领导力。党是中国特色社会主义新时代的领导核心。党的自身建设好不好、强不强,一个重要标志就是看党的领导力强不强。不断提高党的建设质量,做到管党有方、治党有力、建党有效,就必须大力提升党的领导力。党的十九大提出:"全党要更加自觉地坚定党性原则,勇于直面问题,敢于刮骨疗毒,消除一切损害党的先进性和纯洁性的因素，清除一切侵蚀党的健康肌体的病毒，不断增强党的政治领导力、思想引领力、群众组织力、社会号召力，确保我们党永葆旺盛生命力和强大战斗力。"[3]16增强党的政治领导力、思想引领力、群众组织力、社会号召力，集中体现了党的领导力的根本要求。在推进新时代伟大实践中，只有大力提升党的领导力，把党的路线方针政策和各项重大决策一件件、一项项落到实处，才能不断增强党的创造力、凝聚力、战斗力。

（二）阐明了中国特色社会主义新时代强干部、强队伍、强基层的新要求

强党必须强干部。党的干部是党和国家事业发展的中坚力量，党的各级干部尤其是高级干部身负重任，理应以身作则、率先垂范，为全党做出榜样。对党员干部的关心和爱护，集中体现在对他们的严格教育、严格管理、严格监督上。对党员干部要严明纪律，严厉问责，严惩腐败，让权力在阳光下运行，使党员干部习惯在有约束的环境中工作生活。党的十九大报告强调："要坚持党管干部原则，坚持德才兼备、以德为先，坚持五湖四海、任人唯贤，坚持事业为上、公道正派，把好干部标准落到实处。"[3]64党组织考核评价干部，首先要突出政治立场、政治表现，看"四个意识"和"四个自信"强不强，看能不能坚定执行党的路线方针政策，看能不能做到忠诚干净担当。党的干部尤其是领导干部要注重提高政治素养和政治能力，使之与其所担任的领导职责相匹配，强化理论武装、坚定理想信念、敢于担当、踏实做事、秉公用权、不谋私利，当好人民"公仆"，真正为全党做示范、在各级当楷模。

强党必须强队伍。党员是"党的肌体的细胞"，只有每一个细胞健康了，党的肌体才能不发生病变。必须加强党员教育，严格党员管理，使每个党员都能成为有血有肉、有情有义、爱国爱民、顶天立地的英勇战士。中国共产党作为一个马克思主义执政党，要坚持用习近平新时代中国特色社会主义思想武装全党，培育党员健康成长。习近平总书记强调："全党同志要强化党的意识，牢记自己的第一身份是共产党员，第一职责是为党工作，做到忠诚于组织，任何时候都与党同心同德。"[12]395-396每一位党员都要坚持"两学一做"，认真学习《党章》，自觉加强党性锻炼，不断提高党性修养，筑牢共产党人的精神支柱和政治灵

魂,充分发挥共产党员的先锋模范作用。

强党必须强基层。党的力量来自组织,而基层组织是党的强大力量所在。习近平指出:"只有基层党组织坚强有力,党员发挥应有作用,党的根基才能牢固,党才能有战斗力。"[13]173党的十九大报告强调,要加强基层组织建设,认真履行管党治党主体责任,要以提升组织力为重点,着力增强党的组织优势、组织功能、组织力量。强基层就是要切实在打基础、补短板上下功夫,着力整治软弱涣散组织,推进党的基层组织设置和活动方式创新,使基层党建工作焕发强大生机。要健全基层组织体系,完善党的组织生活,增强基层组织凝聚力、活动吸引力,不断扩大基层党组织覆盖面,真正把"基层党组织建设成为宣传党的主张、贯彻党的决定、领导基层治理、团结动员群众、推动改革发展的坚强战斗堡垒"[3]65。

四、强党是中国特色社会主义新时代的战略定力

习近平强调指出:"我们党要始终成为时代先锋、民族脊梁,始终成为马克思主义执政党,自身必须始终过硬。"[3]16只有把党建设好、建设强,保持战略定力,才能切实担负起推进中国特色社会主义新时代新发展的历史责任和重大使命。

(一)必须不忘初心、牢记使命

不忘初心、牢记使命,就是要始终坚持以全心全意为人民服务为根本宗旨,矢志不渝地为中国人民谋幸福、为中华民族谋复兴,不断带领全国人民创造更加美好幸福的生活。正如习近平指出的:"中国共产党人的初心和使命,就是为中国人民谋幸福,为中华民族谋复兴。这个初心和使命是激励中国共产党人不断前进的根本动力。"[3]1"如果说,把世界上最大的发展中国家全面建成社会主义现代化强国,是人类史上从未有过的宏伟事业;那么,让一个党员人数比许多国家人口数量都多的大党不忘初心、牢记使命,更是世界级挑战。"[14]

中国共产党是当今世界上最大的党,理应担负更大的责任。党的十九大报告指出:"中国共产党是为中国人民谋幸福的政党,也是为人类进步事业而奋斗的政党。中国共产党始终把为人类作出新的更大的贡献作为自

己的使命。"[3]57-58 中国共产党在中国特色社会主义新时代，关注着世界社会主义的发展，关注着人类的前途命运，不仅为广大发展中国家实现现代化提供了新鲜经验和实践样本，而且提出了构建人类命运共同体主张，倡议推动"一带一路"建设，通过推动中国特色社会主义发展，给世界创造更多发展机遇，通过全面深化改革实践，探索人类社会发展规律并同世界各国分享。强党就是要展示中国共产党人的世界眼光、博大胸襟和强大力量，凝聚起推动人类发展进步的磅礴力量，为解决当今世界发展的难题，为人类和平与发展的崇高事业提供更多中国好方案、贡献更多中国好智慧。

（二）必须大力推进管党治党实践

要保持中国特色社会主义的战略定力，全党务必从严管党治党。在全面加强党的建设这个重大问题上，马虎不得，松懈不得。必须根据党的建设的总目标、总要求练好内功，在管党治党上下大功夫、深功夫、硬功夫、长功夫。习近平总书记强调："全面从严治党，核心是加强党的领导，基础在全面，关键在严，要害在治。"[15] 全面加强党的领导要求全面推进党的建设，必须锻造过硬政治品格、过硬理想信念、过硬工作作风、过硬制度约束。只有抓紧抓好政治从严、思想从严、组织从严、作风从严、制度从严、执纪从严、反腐从严的各方面、各环节，根治党的领导弱化、党的建设缺失、全面从严治党不力的问题，坚决改变管党治党中失之于宽、松、软、散的状况，才能真正使党奋发有为、坚强有力，永远立于不败之地。

从严管党治党首要的是加强党的政治纪律建设。把党建设好、建设强，必须把纪律挺在前面，强化党的政治纪律，有效发挥政治纪律在党的纪律建设中的统领作用。在党的组织纪律、宣传纪律、群众纪律、工作纪律、生活纪律等各项纪律中，政治纪律是最重要的纪律。抓住了政治纪律和政治规矩，就能带动党内其他方面的纪律规矩都立起来、严起来。习近平指出："推动全党尊崇党章，增强政治意识、大局意识、核心意识、看齐意识，坚决维护党中央权威和集中统一领导，严明党的政治纪律和政治规矩，层层落实管党治党政治责任。"[3]7

其次，要重视制度建设的硬约束。全面从严治党的关键是要使党的自身建设的各项制度都能落地生根，真正成为管党治党的硬约束。必须完善和落实民主集中制的各项制度，从根本上维护党中央决策部署，做到党中央提倡的坚决响应、党中央决定的坚决执行、党中央禁止的坚决反对。必须强化党内监督制度建设，把权力关在制度的笼子里，管住纪律、看住权力、匡正风气，真正做到真管真严、敢管敢严、长管长严，持之以恒正风肃纪。严肃党内政治生活要从制度治党入手，牢固从严治党的制度基础。提高党内政治生活质量，要全面净化党内政治生态，以零容忍态度惩治腐败，形成"不敢腐、不能腐、不想腐"的长效化、常态化机制，营造风清气正的党内政治生态，以良好的党内生态带动整个社会生态的健康发展。

再次，要使党的本领更加高强。进入新时代，党肩负着领导中国特色社会主义发展的新使命，必须下大功夫提升党的自我净化、自我完善、自我革新、自我提高的能力，根治本领"恐慌症"，全面增强领导水平和执政本领。要按照党的十九大提出的"增强学习本领、政治领导本领、改革创新本领、科学发展本领、依法执政本领、群众工作本领、狠抓落实本领、驾驭风险本领"[3]68的要求，全面提高党的执政本领。只有不断提高党长期执政本领和能力，才能使我们党永远与人民同呼吸、共命运，党执政的群众基础才能不断厚植，党的生机与活力才能不断迸发，"把党建设成为始终走在时代前列、人民衷心拥护、勇于自我革命、经得起各种风浪考验、朝气蓬勃的马克思主义执政党"[3]62的总目标才能真正实现。

参考文献

［1］毛泽东. 毛泽东选集：第4卷［M］. 2版. 北京：人民出版社，1991.

［2］习近平. 中国要变成一个强国，各方面都要强［EB/OL］. 人民网，http：//politics. people. com. cn/n1/2017/0225/c1001-29107382. html.

［3］习近平. 决胜全面建成小康社会夺取新时代中国特色社会主义伟大胜利［M］. 北京：人民出版社，2017.

［4］"中国奇迹"背后的必然逻辑［EB/OL］. 新华网，http：//www. xinhuanet. com//politics/2017-10/12/c_1121794468. htm

［5］任仲平. 使命，复兴的道路开启新征程——学习党的十九大精神的思考（下）［N］. 人民日报，2017-12-05.

［6］赵乐际. 全面理解和准确把握新时代党的建设总要求［N］. 人民日报，2017-11-11.

［7］毛泽东. 毛泽东选集：第2卷［M］. 2版. 北京：人民出版社，1991.

［8］邓小平. 邓小平文集（一九四九——一九七四年）（下）［M］. 北京：人民出版社，2014.

［9］习近平. 抓住世界经济转型机遇谋求亚太更大发展［N］. 人民日报，2017-11-11.

［10］何毅亭. 努力建设世界上最强大的政党［EB/OL］. 新华网，http：//www.xinhuanet.com/politics/2017-07/25/c_1121375279.htm

［11］习近平在参加党的十九大贵州省代表团讨论时强调：万众一心开拓进取把新时代中国特色社会主义推向前进［N］. 人民日报，2017-10-20.

［12］习近平. 习近平谈治国理政［M］. 北京：外文出版社，2014.

［13］习近平. 习近平谈治国理政：第2卷［M］. 北京：外文出版社，2017.

［14］本报评论员. 大就要有大的样子——习近平总书记中外记者见面会讲话启示［N］. 人民日报，2017-11-13.

［15］习近平. 习近平在第十八届中央纪律检查委员会第六次全体会议上的讲话（2016年1月12日）［N］. 人民日报，2016-05-03.

（本文刊登于《长白学刊》，2018年第1期。）

新时代中国共产党政治领导力的鲜明特色

党的十九大报告首次提出了增强党的政治领导力的新概念，这是新时代坚持全面从严治党、发挥党的政治建设统领作用的关键所在。中国共产党是我们国家最高政治领导力量，政治领导力在党的领导力和执政全局中居于核心位置。党的政治领导力就是坚持正确的政治方向、把握发展大势、驾驭全局工作的领导能力，也即是保持政治定力、掌控政治局势、防范政治风险的领导能力，它的鲜明特色在于坚定的政治信仰力、牢固的政治认同力、正确的政治决策力、强大的政治执行力。提高党的政治领导力，是新时代全面坚持和加强党的领导的基本要求，是确保我们党政治能力运作，发挥党的政治优势的根本遵循。政治领导力对执政党来说，在任何时候都是最根本的问题。共产党人在任何情况下对党的政治领导力问题都含糊不得，更动摇不得。在当代中国，只有加强党的政治领导力，才能坚决防止和克服党内忽视政治、淡化政治、削弱政治的倾向，才能大大提高党的思想引导力、组织凝聚力、社会号召力，也才能不断提升党的执政能力和领导水平。

一、以坚定的政治信仰力为核心

政治信仰力是共产党人的政治灵魂。中国共产党自成立的第一天起，就把共产主义写在党的旗帜上，以马克思主义作为党的唯一指导思想。革命理想高于天，共产党人是用特殊材料制成的，这个特殊材料就是对马克思主义的无比信仰，对社会主义和共产主义的坚定信念。习近平总书记指出："对马克思主义的信仰，对社会主义和共产主义的信念，是共产党人的政治灵魂，是共产党人经受住任何考验的精神支柱。"[1]15中国共产党的力量不只在于党员的数量，更取决于党员队伍的质量。共产党是信仰的结合、主义的结合。坚定的政治信仰力就是共产党人对马克思主义的忠诚信仰，对共产主义事业的向往的程度与追求的力度，这是中国共产党人安身立命的前提与根本，也对加强党的政治领导力、巩固党的执政地位、提高党的执政水平具有决定性意义。共产党人强调政治信仰力，绝不是党员个人的私事，而是事关党的生死存亡的根本之举，直接关系到新时代党的政治领导力作用发挥的政治基础。没有坚定的理想信念，共产党人就没有坚强的政治灵魂。离开了每一个党员的政治信仰力，也就没有党的政治领导力可言。

政治信仰力是党的政治领导力的显著标志。中国共产党由小到大、由弱到强、由胜利走向新的胜利，目前拥有 8 900 多万名共产党员，并且能在 13 亿多人口的国家长期执政，靠的就是广大党员和党员领导干部的政治信仰力。邓小平同志指出："如果我们不是马克思主义者，没有对马克思主义的充分信仰，或者不是把马克思主义同中国自己的实际相结合，走自己的道路，中国革命就搞不成功，中国现在还会是四分五裂，没有独立，也没有统一。对马克思主义的信仰，是中国革命胜利的一种精神动力。"[2]181-182 政治信仰力是要解决共产党人对所追求的政治目标的忠诚信念，是共产党人不忘初心、牢记使命、矢志不渝奋斗的精神状态，也是共产党人正确选择政治信仰和政治行为的强大内生动力。坚定的政治信仰力集中体现着共产党员的先进性和纯洁性，是共产党人行使政治领导权的基本立足点。加强全党政治信仰力建设，是保证新时代中国共产党政治领导力的核心要义。有了坚定的政治信仰力，共产党人才能在任何时候、任何情况下坚持目标始终如一，不为任何风险所惧，不被任何干扰所惑。共产党人一旦失去了政治信仰力，也就失去了政治方向、政治原则和政治动力，最终就会丧失共产党人的政治本色。

二、以牢固的政治认同力为基础

政治认同力是共产党人的执政之基。要大力提高新时代党的政治领导力，需要全党上下切实有效地解决党内思想统一、意志统一、指挥统一、行动统一的问题，面对新时代新要求，必须坚持党对一切工作的领导，形成牢固的政治认同力。政治认同力是共产党人在社会政治生活中产生的政治情感、政治意识和政治行为上的归属感，是共产党人形成政治判断力、政治表达力、政治执行力的基础，归根到底是为了坚持和加强党的全面领导，使党真正成为中国特色社会主义现代化事业的坚强领导核心。共产党的政治领导力是衡量共产党人党性强不强、党纪严不严、党风好不好的重要政治标尺，集中体现在共产党人的政治认同力上。习近平总书记明确指出："全党同志要强化党的意识，牢记自己的第一身份是共产党员，第一职责是为党工作，做到忠诚于组织，任何时候都与党同心同德。全党同志要强化组织意识，时刻想到自己是党的人，是组织的一员，时刻不忘自己应尽的义务和责任，相信组织、依靠组织、服从组织，自觉接受组织安排和纪律约束，自觉维护党的团结统一。"[1]395-396 每一名党员能否做到始终把人民放在心中最高位置，坚持党的政治立场、政治纪律和政治原则，不仅直接关乎着党的政治认同力，而且直接关乎着党的政治领导力。新时代强调共产党人政治认同力的基本要求，就是要坚决维护以习近平同志为核心的党中央权威，坚决维护党中央集中统一领导，牢固树立政治意识、大局意识、核心意识、看齐意识，自觉在思想上、政治上、行动上同党中央保持高度一致，做到党中央提倡的坚决响应，党中央决定的坚决执行，党中央禁止的坚决不做，严明党的政治纪律和政治规矩，严肃党内政治生活，厚植党执政的政治基础，共同营造良好的党内政治生态。

牢固的政治认同力的最本质要求，就是要坚持以人民为中心的发展思想。中国共产党发挥政治核心作用，就是要密切党群、干群关系，深入做好组织群众、宣传群众、教育群众、服务群众等工作，发挥凝心聚力、推进实践的作用。政治认同力关系到社会的有效整合程度，也关系到政治生活的健康发展程度，是形成政治决策力、政治执行力的重要条件和有效保障。列宁指出："一个政权如果不从政治上正确地看问题，就不能维持它的统治，因而也就不能完成它的生产任务。"[3]408 认同为了行动，行动需要认同。民心是最大的政治，认同是最强的力量。政之所兴在顺民心，政之所废在逆民心。人民群众对美好生活的向往，就是我们党的奋斗目标。从社会历史发展的维度来看，在中国，离开了最广大人民群众的认同与支持，就没有党的政治合法性地位，就不能取得中国革命、建设和改革发展的成功。从现实发展维度来看，党要完成决胜全面建成小康社会、夺取新时代中国特色社会主义伟大胜利的历史任务，就必须相信群众、依靠群众,调动一切可以调动的积极因素,形成人民群众对党和国家大政方针的赞同态度。最广大人民群众的根本利益就是党和国家的核心利益,共产党人在任何情况下绝不能牺牲党和国家的核心利益,绝不能违背最广大人民群众的根本利益。可以说,人心向背决定着党和国家的长治久安,决定着新时代中国特色社会主义事业发展的前途命运。

三、以正确的政治决策力为关键

政治决策力的正确与否是检验党的政治领导力的试金石。我们党来自人民、植根人民、服务人民,人民群众是我们党的力量源泉。新时代政治决策力说到底就是要以党的政治建设为统领,把好用权方向盘,提升为民服务力。毛泽东同志指出:"我们一切工作干部,不论职位高低,都是人民的勤务员,我们所做的一切,都是为人民服务,我们有些什么不好的东西舍不得丢掉呢?如果我们改正了这个缺点,那我们就能团结更广大的人民,我们的事业就能获得更大的与更快的发展。"[4]243各级领导干部要牢固树立人民权力观和正确政绩观,时刻牢记党的全心全意为人民服务的宗旨,坚定不移地贯彻党的基本路线,自觉坚定中国特色社会主义道路自信、理论自信、制度自信、文化自信。作为一个领导着13亿多人的社会主义大国的执政党,既要政治过硬,也要本领高强。各级领导干部手中的权力,都是人民赋予的,只能用来为人民服务,既不能以权谋私、损公肥私,也不能渎职失职、滥用职权,更不能贪污腐败、徇私枉法。要自觉为人民掌好权、执好政,就必须站在人民的立场上,坚持科学决策、民主决策、依法决策。我们党的政治决策力一个重要内容就是体现在选人用人的机制和能力上。在实际工作中,要确保党和国家各级领导权始终掌握在忠于党、忠于人民、忠于马克思主义的人手里。要坚持正确的用人导向,把那些想干事、能干事、敢担当、善作为的优秀干部选拔到各级领导班子中来,为提升新时代党的政治决策力奠定牢固的组织基础和干部基础。

政治决策力是党的政治领导力的集中体现。围绕新时代坚持和发展中国特色社会主义这个当代中国发展的重大课题提升政治决策力,就是要求党的各级组织和党员领导干部在把握方向、谋划全局、提出战略、制定政策、推进改革的能力上下功夫。党政军民学,东西南北中,党是领导一切的，必须把党的政治领导工作切实有效地贯彻到治国理政的全部活动之中。提升党的政治决策力，要充分发挥各地方党委在本地区总揽全局、协调各方的作用，建立健全地方党委对本地区重大工作进行科学决策的领导体制机制，将党委常委会听取人大、政府、政协、法院、检察院党组工作情况的汇报作为一项重要制度安排，注重发挥这些组织中党组的领导核心作用。提升党的政治决策力，还要把党的政治决策力体现到经济建设、政治建设、文化建设、社会建设、生态文明建设及党的建设的各领域、各环节、各方面，贯穿于治国理政各项工作全过程，集中精力把好方向、抓好大事、出好思路、管好干部，真正把党的政治领导职责全面落实好。"打铁必须自身硬"，各级领导干部尤其是高级干部要使自己的政治能力与所担任的领导职责相匹配。习近平总书记强调指出："全党同志特别是高级干部要加强党性锻炼，不断提高政治觉悟和政治能力，把对党忠诚、为党分忧、为党尽职、为民造福作为根本政治担当，永葆共产党人政治本色。"[5]63提升政治决策力，需要各级领导干部在决胜全面建成小康社会、夺取新时代中国特色社会主义伟大胜利的实践中，坚持一张蓝图绘到底，一棒接着一棒干，不断提升"功成不必在我，功成必定有我"的精神境界和责任担当，自觉献身于党和人民的事业。同时要提高决策的科学水平和整体水平，决策正确是最大的效益，决策失误是最大的浪费。要同实际工作中存在的各种形式主义、官僚主义等不良作风做坚决的斗争，确保政治决策符合党和人民的意志、利益以及愿望。要把牢政治方向，经受政治考验，防范各种政治风险，从而不断增强党的政治领导力，夯实党的执政根基。

四、以强大的政治执行力为保障

政治执行力是对党的各级干部最具体、最深入的考验。干部二字，干是当头的，既要想干愿干积极干，又要能干会干善于干。强大的政治执行力主要体现在各级领导干部的实际行动上，绣花枕头、光说不练只是假把式，敢作敢为、善做善成才是真把式。提高政治执行力，是对党员领导干部是否称职最起码、最基本的要求，是提高新时代党的政治领导力的根本政治保障。政治执行力不仅体现着党员领导干部对党的忠诚度，而且衡量着党员领导干部锤炼党性的纯洁度。对党的理论和路线方针政策强有力的贯彻落实，是体现党的政治领导力是否强大的主要标志。各级领导干部要模范遵守、带头执行党的理论和路线方针政策。在提高党的政治执行力方面，必须不打折扣、不搞变通、扎实推动、狠抓落实，切实解决随意执行、消极执行、选择性执行等突出问题。党内对党的理论和路线方针政策决不允许有随意执行的情况发生，如果出现对党的理论和路线方针政策阳奉阴违，寻找种种借口拒不执行的情况，那就谈不上党的政治领导力。习近平总书记明确指出："如果党中央没有权威，党的理论和路线方针政策可以随意不执行，大家各自为政、各行其是，想干什么就干什么，想不干什么就不干什么，党就会变成一盘散沙，就会成为自行其是的'私人俱乐部'，党的领导就会成为一句空话。"[6]21 党员领导干部要信守忠诚、干净、担当，心中常思百姓疾苦，脑中常谋富民之策，面对人民过上更好生活的新期待，面对打胜脱贫攻坚战的重大政治任务，决不能有丝毫的自满和懈怠，必须深入基层、深入群众、深入实践，创新群众工作方法，使发展成果更多、更公平地惠及全体人民；要不断提升政治素养，提高政治站位，强化政治担当，确保政治安全，切实解决党内出现的政治执行力弱化问题；要恪守政治纪律和政治规矩，习惯在受监督和约束的环境中工作生活，坚持心中有党、心中有民、心中有责、心中有戒；要发挥带头执行党的决策的表率作用，勇于冲破思想观念的障碍和利益固化的藩篱，敢于啃硬骨头，敢于涉险滩，站在全局想问题，立足局部干事业，不断赢得百姓的好口碑。

政治执行力是党的政治领导力最实际、最重要的检验标准。习近平总书记指出："我们党的执政水平和执政成效都不是由自己说了算，必须而且只能由人民来评判。人民是我们党的工作的最高裁决者和最终评判者。"[1]28 政治领导力不是一句空话，它实际地体现在党的各项重大决策的贯彻落实之中。提高政治执行力，就是要着力解决新时代中国特色社会主义为谁干、靠谁干、怎么干、干什么等一系列执行力的重大问题。当前我们正在进行伟大斗争、建设伟大工程、推进伟大事业、实现伟大目标，这是新时代中国共产党人重大的政治责任和历史使命，需要各级领导干部自觉加强政治历练，积累政治经验，管控政治风险，驾驭政治局面，努力为新时代中国特色社会主义事业发展贡献智慧和力量。在各级领导干部率先垂范的带领下，全党上下要同心同德，同甘共苦，心往一处想，劲往一处使，汗往一处流，拧成一股绳，每一名共产党员要把实现个人价值与社会价值统一起来，努力奋斗、奋勇拼搏、开拓进取，为完成国家富强梦、民族振兴梦、人民幸福梦添砖加瓦，汇聚起决胜全面建成小康社会、实现中华民族伟大复兴中国梦的磅礴力量。

参考文献

［1］习近平. 习近平谈治国理政［M］. 北京：外文出版社，2014.

［2］邓小平. 邓小平文选：第2卷［M］. 2版. 北京：人民出版社，1994.

［3］列宁. 列宁选集：第4卷［M］. 3版. 北京：人民出版社，2012.

［4］毛泽东. 毛泽东文集：第3卷［M］. 2版. 北京：人民出版社，1996.

［5］习近平. 决胜全面建成小康社会夺取新时代中国特色社会主义伟大胜利［M］. 北京：人民出版社，2017.

［6］习近平. 习近平谈治国理政：第2卷［M］. 北京：外文出版社，2017.

（本文刊登于《唯实》，2018年第9期。）

第九部分
马克思主义理论学科建设与思想政治理论课研究

马克思主义理论学科建设的根本：
理论研究向实践转化

  对高校马克思主义理论学科建设来说，强化学科意识，划清学科边界，遴选学科导师，确立学科发展整体框架，搞好学位授权点、重点学科、重点基地和博士后流动站建设是十分重要的，对促进学科认同、把握学科特质、提高学科建设水平也是完全必要的，但最根本的是要重视和加强马克思主义理论研究向实践转化。马克思主义理论学科建设的出发点和归宿在于增强马克思主义理论研究向实践转化的自觉性，大力推进与践行马克思主义中国化时代化大众化，着力培育与造就中国特色社会主义事业的建设者和接班人，有力指导与推动人民群众全面建成小康社会、基本实现现代化新的伟大实践。

  高校是学习和研究马克思主义理论的重要阵地，也是宣传和践行马克思主义理论的重要阵地。马克思主义理论学科，无论作为对马克思主义进行整体性研究的基础性学科，还是作为马克思主义理论研究向实践转化的应用性学科，都必须自觉把握学科建设的根本。所谓根本，就是理论研究要揭示事物内在的本质和本质联系，深刻把握事物发展的客观规律。马克思主义理论学科建设的根本，就是要坚持马克思主义理论学科的发展方向，揭示马克思主义理论学科建设的内在逻辑联系，把握马克思主义理论学科建设的客观规律。目前，高校马克思主义理论学科建设的一项重大使命和紧要任务，就是要增强马克思主义理论研究向实践转化的自觉性，努力做好马克思主义理论研究向实践转化工作。这是推进马克思主义中国化时代化大众化、培养中国特色社会主义事业的建设者和接班人、推动人民群众全面建成小康社会、基本实现现代化新的实践的关键所在，也是加强高校马克思主义理论学科建设的根本所在。

一、马克思主义理论学科建设的根本标志

只有从时代和战略发展的高度,认识加强马克思主义理论学科建设的根本标志,才能真正确立马克思主义理论学科的地位、提高马克思主义理论学科建设的质量。进行马克思主义理论学科建设固然需要把握学科内涵,强化学科规范,建设学科队伍,完善学科体系,这是加强高校马克思主义理论学科内涵建设的基础工作,也是提高马克思主义理论学科建设水平的重要任务。然而,高校进行马克思主义理论学科建设的出发点和归宿,最根本的是要坚持和发展马克思主义理论学科方向,为更好地坚持社会主义核心价值体系、推进马克思主义中国化时代化大众化服务,为更好地提高思想政治理论课教学质量、培养与造就中国特色社会主义事业的建设者和接班人服务,为更好地指导与推动人民群众全面建成小康社会、基本实现现代化新的实践服务。有学者指出:"马克思社会发展理论并不是关于社会发展的认知图式,也不是对于社会发展的具体设计,而是对社会发展的本质揭示和原则性说明,是随着社会生活实践发展而发展的科学。正是由于马克思的社会发展理论始终没有离开'现实的历史',总是根据社会实践的发展不断研究新情况、新问题,并随时修正原有不合时宜的观点与结论,所以它才体现出鲜明的当代性或当代价值。"[1]马克思主义理论学科建设不应仅仅停留在某些具体的、日常的学科事务上,而应走出书斋,走向生活,用马克思主义理论最新成果说明现实、指导实践,从而发展中国化马克思主义本身。马克思主义理论研究能否向实践转化,不仅是检验高校理论工作者学习研究成效的首要尺度,而且是检验高校马克思主义理论学科建设质量的根本标志。加强高校马克思主义理论学科建设,需要围绕马克思主义理论研究队伍建设来进行,出思想、出成果、出人才,提升马克思主义理论学科建设的价值;需要围绕马克思主义理论研究向实践转化这个根本来展开,重导向、重机制、重实效,夯实马克思主义理论学科建设的根基。马克思主义理论研究向实践转化不仅是马克思主义的生命力所系,而且是马克思主义的创造力所在。只有自觉推进马克思主义理论研究向实践转化,把人民群众的丰富实践经验上升到科学理论的高度,用马克思主义中国化的最新理论成果指导人民群众新的实践,发挥马克思

主义科学理论对中国特色社会主义具体实践的指导作用,才真正谈得上马克思主义理论学科建设取得了实际的成效。

对于高校马克思主义理论学科建设来说,搞好马克思主义理论学科学位授权点、重点学科、重点基地和博士后流动站建设是十分重要的标志性成果,是高校马克思主义理论学科队伍长期学术积淀和共同努力奋斗的结果。但高校马克思主义理论学科建设不能为搞学位授权点、重点学科、重点基地和博士后流动站的建设而建设。学位授权点、重点学科、重点基地和博士后流动站建设,作为高校马克思主义理论学科建设的有效载体和重要抓手,需要在学科建设中作为一项艰巨而重要的任务长期建设、抓紧抓好、落到实处。然而,要发挥马克思主义理论学科建设的独特作用,就不能忽略推进理论工作者在实践基础上理论创新的科学研究,也不能忽视理论研究向实践转化的科学研究。有学者指出:"对学科建设来说,必须要树立把科学研究放在最重要位置上的概念,没有科学研究的学科建设不成其为学科建设。推进学科建设,重要的是要解决好科学研究的问题。同时,学科建设对科学研究又提出了巨大的需求,学科建设中的许多问题都需要通过科学研究来解决,围绕学科建设这个大题目,科学研究就有了一个广阔的空间。"[2]442搞好马克思主义理论研究向实践转化,既是高校马克思主义理论学科建设的内在需要,也是发挥马克思主义理论学科独特优势的关键。要自觉地把在实践基础上的理论创新与理论研究向实践转化的科学研究,摆在高校马克思主义理论学科建设的突出位置上。高校马克思主义理论研究能不能向实践转化、能够在多大程度上实现向实践转化,这是衡量高校马克思主义理论学科建设得失成败的根本标志。

二、马克思主义理论学科建设的根本方法

马克思主义是随着实践和科学的发展而不断创新的理论体系。搞好马克思主义理论学科建设,高校理论工作者要克服为学习而学习、为研究而研究的"学院派马克思主义"倾向,要抓住理论研究向实践转化的实质与要害。马克思主义理论学科建设要从加强马克思主义理论学科发展的一系列方式方法中,把握学科建设的本质,揭示学科建设的内在联系,遵循学科建设的内在规律。学科建设的本质,绝不等同于罗列学科发展的各种现

象。马克思曾深刻指出:"如果事物的表现形式和事物的本质会直接合而为一,一切科学就都成为多余的了。"[3]925 马克思主义理论学科建设尤其要重视掌握马克思主义的根本方法,要学会按照马克思主义的科学方法论来推进马克思主义理论学科建设,既不能从具体到具体,也不能从抽象到抽象,而只能从理论与实践、抽象与具体、历史与逻辑相结合的高度来推进。马克思明确指出:"对现实的描述会使独立的哲学失去生存环境,能够取而代之的充其量不过是从对人类历史发展的考察中抽象出来的最一般的结果的概括。这些抽象本身离开了现实的历史就没有任何价值。"[4]526 在推进马克思主义理论学科建设中,有学者强调指出:"要透过纷繁复杂的社会经济现象、新的实际情况,运用马克思主义理论的分析方法,抓住其内在的、本质的东西,进行理论的高度概括,以此来丰富和发展马克思主义理论。"[5]36 马克思主义的根本方法就在于坚持一切从实际出发,实事求是,在实践中检验真理和发展真理。只有立足于社会实践的马克思主义,才是活生生的马克思主义,才是在社会生活中能够起实际指导作用的马克思主义。这是高校马克思主义理论学科建设必须遵循的科学方法论。

坚持理论联系实际,既是马克思主义理论学科建设的根本原则,也是马克思主义理论学科建设的根本方法。恩格斯强调指出:"我们的理论不是教条,而是对包含着一连串互相衔接的阶段的发展过程的阐明。"[6]680 马克思主义绝不是刻板的、僵化的教条,而是无产阶级和广大人民群众认识世界、改造世界的行动指南。坚持马克思主义的根本方法,就是要始终坚持理论来自实践,由实践赋予活力,由实践进行检验,并最终为实践服务。在现实生活中,马克思主义理论学科建设的重中之重,就是要深入实际,深入群众,深入生活,做好理论研究向实践转化的工作。恩格斯明确指出:"结论要是没有使它成为结论的发展过程,就毫无价值";"结论若本身固定不变,若不再成为继续发展的前提,就比无用更糟糕。"[7]511 一旦离开了人民群众丰富的社会实践,一旦离开了中国特色社会主义事业建设者和接班人的培养与造就,马克思主义理论研究就会成为无源之水、无本之木。因而,提高马克思主义理论学科建设水平,需要在加强理论与实践相结合、促进理论研究向实践转化的同时,在实践中建立一整套切实可行的学科建设规范与教学质量检验标准,不断搞好马克思主义理论学科的教学体系、质量体系、评估体系建设,着力推进马克思主义理论研究水平和马克思主义理论学科建设水平的同步提升。

三、马克思主义理论学科建设的根本动力

加强马克思主义理论学科建设作为高校一项长期而艰巨的任务，需要不断进行创新。在加快社会经济体制转轨、结构转优、生活转富的今天，马克思主义理论学科建设不能停留在一个水平上。正如毛泽东所说："人类总得不断地总结经验，有所发现，有所发明，有所创造，有所前进。停止的论点，悲观的论点，无所作为和骄傲自满的论点，都是错误的。"[8]845马克思主义理论学科建设不能用某些固定模式或经验框架，搞自我束缚、自我封闭的一套，而是要在实践中不断创新。既要创新马克思主义理论学科建设的形式与载体，更要创新马克思主义理论学科建设的内容与方法，不断提升马克思主义理论学科建设的质量。创新是马克思主义理论发展的不竭动力，也是马克思主义理论学科建设的根本动力。马克思主义理论学科建设的内在动力在于马克思主义理论研究是否与社会发展实践相结合，是否符合人民群众创新实践的实际需要。只有大力推进马克思主义理论研究向实践转化，马克思主义理论学科才能在为实现全面建成小康社会、基本实现现代化中贡献宝贵的思想资源、提供更好更多的精神食粮，也才能在推进中国特色社会主义事业发展的伟大实践中吸纳无穷无尽的物质力量。

与时俱进是马克思主义最为宝贵的理论品质。用发展着的马克思主义统一思想、教育人民、指导实践、推进发展，是马克思主义理论学科建设的首要任务和根本要求。马克思主义中国化的最新成果——中国特色社会主义理论体系是在发展中不断完善、在改革中不断创新实践的科学理论体系，它继承、丰富并发展了马克思主义理论。中国特色社会主义理论体系指明了当代中国发展进步的根本方向和根本道路，揭示了推动马克思主义和中国特色社会主义不断发展的根本规律和根本方法。列宁曾明确指出："现在必须弄清一个不容置辩的真理，这就是马克思主义者必须考虑生动的实际生活，必须考虑现实的确切事实，而不应当抱住昨天的理论不放，因为这种理论和任何理论一样，至多只能指出基本的、一般的东西，只能大体上概括实际生活中的复杂情况。"[9]26-27高校马克思主义理论工作

者要坚持和发展马克思主义，就必须深入研究和自觉践行中国特色社会主义理论体系，克服"躲进小楼成一统，管他春夏与秋冬"的疏离情感与隔阂心态，避免发生理论研究与社会实践相脱节、相分离的状况，积极投入火热的社会生活，把人民群众在全面建成小康社会、基本实现现代化建设中的生动实践上升到科学理论的高度，认真总结改革创新实践的新鲜经验，努力提高马克思主义理论研究、理论阐发、理论创新的实际水平，不断丰富和充实中国特色社会主义理论体系。

四、马克思主义理论学科建设的根本目的

搞好马克思主义理论学科建设，必须以马克思主义最新理论成果为指导，克服理论研究与社会实践相脱离、为搞理论研究而搞理论研究的状况，必须明白马克思主义的本真价值不是书斋里的教条，而是在实践中发展的科学。马克思主义理论学科建设不能为学科而学科，在一定时期、一定阶段、一定程度上强化学科意识、划清学科边界、遴选学科导师、确立学科发展整体框架，对于促进学科认同、把握学科特质、提高学科建设水平是完全必要的，但不能仅仅停留在学科建设的初期发展阶段和认知水平上。马克思主义理论学科建设的根本目的，是为了推进马克思主义中国化时代化大众化，培养与造就一批又一批、一代又一代中国特色社会主义事业建设者和接班人，把中国特色社会主义现代化建设事业不断推向前进。现实的问题是要切实增强高校马克思主义理论工作者理论研究向实践转化的自觉性。只有不断提高马克思主义理论工作者的科研水平，实现马克思主义理论研究向实践的自觉转化，才能达到提高马克思主义学科建设的真正目的。

毛泽东强调指出："对于马克思主义的理论，要能够精通它、应用它，精通的目的全在于应用。"[10]815 中国化马克思主义是指导中国革命、建设、改革发展的科学理论，中国特色社会主义理论体系是改革开放以来，我们党在推进中国特色社会主义事业中形成与发展的理论，科学发展观是马克思主义中国化的最新理论成果。高校马克思主义理论工作者要认真学习、深刻领会马克思主义基本原理，特别是要重视对科学发展观的科学内涵、基本要求和精神实质的把握，不断提高理论研究向实践转化的价值旨趣和

实际能力，使马克思主义理论研究的成果转化走在时代前列。如果我们的理论工作者脱离了社会实践、脱离了现实生活，闭门造车，坐而论道，束之高阁，即使搞出了一批所谓学术著作、科研论文，那也是无济于事的。马克思主义理论学科建设的突出特点与优点就在于，发挥马克思主义理论工作者的理论优势，形成马克思主义理论研究向实践转化的研究框架，构建马克思主义理论研究向实践转化的长效机制，为马克思主义理论研究向实践转化提供重要载体，为推进当代中国改革发展和中国特色社会主义现代化建设新的实践提供有力的理论指导。只有坚持用发展着的马克思主义来指导丰富的社会实践，创造出中国特色社会主义发展的一个又一个绚丽成果，才能不断增强马克思主义理论的吸引力、说服力，才能不断增强马克思主义理论学科的创造力、生命力，也才能真正发挥高校马克思主义理论工作者的重要作用。

参考文献

[1] 丰子义. 发展理论研究的发展［J］. 山东社会科学. 2008（6）：5-9.

[2] 顾钰民. 论马克思主义理论学科建设的两个关系［A］//马克思主义理论学科前沿问题研究. 北京：人民出版社，2010.

[3] ［德］马克思. 资本论：第3卷［M］. 2版. 北京：人民出版社，2004.

[4] 马克思，恩格斯. 马克思恩格斯文集：第1卷［M］. 北京：人民出版社，2009.

[5] 张雷声. 学科建设与推进马克思主义大众化［A］//马克思主义理论学科研究. 第5辑. 北京：高等教育出版社，2009.

[6] 马克思，恩格斯. 马克思恩格斯选集：第4卷［M］. 2版. 北京：人民出版社，1995.

[7] 马克思，恩格斯. 马克思恩格斯全集：第3卷［M］. 2版. 北京：人民出版社，2002.

[8] 毛泽东. 毛泽东著作选读（下册）［M］. 北京：人民出版社，1986.

[9] 列宁. 列宁选集：第3卷［M］. 3版. 北京：人民出版社，1995.

[10] 毛泽东. 毛泽东选集：第3卷［M］. 2版. 北京：人民出版社，1991.

（本文刊登于《思想理论教育导刊》，2013年第3期。）

加强思想政治教育学科建设应重视处理的几个关系

搞好思想政治教育学科建设是思想政治教育理论工作者面临的一项重要而艰巨的任务。思想政治教育学科体系的建构与完善，需要创新实践，进行理论凝练，形成特色和优势。在实际工作中尤其需要注意处理好思想政治教育学科与马克思主义学科、思想政治教育学科与哲学社会科学其他学科、思想政治教育学科与思想政治理论课程建设、思想政治教育学科与思想政治理论课教师队伍建设、思想政治教育学科与人才培养等方面的关系。

大学本质上是学科的联合体，而学科则是按照学术门类划分的知识体系，是高校核心竞争力的主要标志。作为一个独立学科存在，思想政治教育学科是伴随着改革开放的发展而逐渐建立起来的新兴学科。1984年，我国创办了思想政治教育本科专业，开始培养思想政治教育高级人才。1990年，全国设立了思想政治教育专业硕士点，把思想政治教育作为一个专门领域进行科学研究。1994年，中共中央在《关于进一步加强和改进学校德育工作的若干意见》中强调指出："思想政治教育是一门科学，有其自身的规律。要把思想政治教育作为人文社会科学的重点学科加强建设。"[1]154 1996年，全国设立了第一批马克思主义理论与思想政治教育专业博士点单位，标志着思想政治教育已经成了人文社会科学的一个重点学科。2005年2月，中共中央宣传部、教育部在《关于进一步加强和改进高等学校思想政治理论课的意见》的文件中明确提出："设立马克思主义一级学科，开展马克思主义理论体系研究，开展马克思主义发展史、马克思主义中国化研究，开展思想政治教育研究，为推进党的思想理论建设和巩固马克思主义在高等学校教育教学中的指导地位，为加强高校思想政治理论课建设，培养思想政治教育工作队伍提供有力的学科支撑。"由此，思想政治教育学科作为一个独立的二级学科呈现在我国高等教育学科建设的百花园中，标志着思想政治教育的学科建设进入了一个新的发展阶段。但同时，思想政治教育学科体系的建构与完善，还需要不断创新实践，进行理论凝练，形成特色和优势，按照科学性、整体性、实践性和创新性原则建设好思想政治教育学科，尤其在实际工作中需要注意处理好五个方面的关系。

一、思想政治教育学科与马克思主义理论学科的关系

马克思主义理论一级学科是一个融政治性、理论性、思想性、综合性、应用性为一体的新的一级学科，而思想政治教育学科作为依托马克思主义理论一级学科而建立的二级学科，是马克思主义理论学科中的一个重要分支。马克思主义理论学科作为一个全新的学科建立起来，为思想政治教育学科的建立与发展提供了基础和保障。思想政治教育学科建设的努力方向就是马克思主义理论学科发展所昭示的方向。马克思主义理论学科的发展决定了思想政治教育学科建设的广度、深度和向度，这就是说思想政治教育学科具有鲜明的社会制度属性和意识形态特性，是马克思主义学科建设中一个不可或缺的有着特殊属性和职能的新型学科。

思想政治教育学科是在马克思主义一级学科的统领下进行学科建设的，必须坚持以马克思主义为指导，根据马克思主义理论学科的性质、特点和要求，进一步凝练学科方向，筑牢学科根基，而不能片面地强调思想政治教育学科的独立性。思想政治教育学科与马克思主义理论学科中的其他学科，包括马克思主义基本原理、马克思主义中国化、马克思主义发展史、国外马克思主义以及中国近现代史基本问题等共属一个统一体中，它们之间相互依存、相互补充，联系特别紧密，价值旨趣高度一致。马克思主义理论学科体系建设，需要有效整合包括思想政治教育学科在内的马克思主义理论学科的各种力量。思想政治教育学科与马克思主义理论其他二级学科之间有着明确的学科分工，但分工不能发展成分家。任何貌合神离的做法都是不可取的。

思想政治教育学科是马克思主义理论学科中更加注重科学理论实际应用的学科，思想政治教育有着自身的研究对象、目的和任务，着重于强调马克思主义在当代中国社会的指导地位，弘扬社会主义核心价值体

系，推进马克思主义大众化、普及化，大力提高全民族的素质，揭示人的全面发展与实现社会全面进步的内在逻辑联系，形成发展中国特色社会主义的强大合力。因此，加强思想政治教育学科建设是提升马克思主义理论学科发展的需要。

二、思想政治教育学科与哲学社会科学其他学科的关系

思想政治教育学科是哲学社会科学大家庭中的一员，需要处理好与哲学社会科学其他学科之间的关系。作为一个新兴学科，思想政治教育学科建设的理论研究目前还是粗浅而稚嫩的，需要借鉴哲学社会科学其他学科建设的成功做法与有益经验。学科建设有其内在逻辑联系，需要遵循学科建设的内在规定。思想政治教育学科与哲学社会科学其他学科是多样化的统一，要注重学科之间的相互依托和支撑，形成思想政治教育学科发展的新优势，激活思想政治教育学科建设的新特色。

哲学社会科学其他学科有着多年学科发展的历史，积累了丰富的学科建设经验，也取得了很多学界公认的研究成果，这是搞好思想政治教育学科建设可供参照借鉴的重要思想文化资源。只有认真对待哲学社会科学其他学科的发展，有选择地吸收和借鉴哲学社会科学其他学科建设的成功做法与发展经验，搞好不同学科之间的交叉渗透，思想政治教育学科建设才能取得事半功倍的功效，更好地发挥其认识世界、传承文明、创新理论、咨政育人、服务社会的重要作用，也才能为进一步繁荣和发展我国哲学社会科学做出思想政治教育学科的独特贡献。

加强思想政治教育学科建设，强调一定的学科意识、学科规范是必要的，在现阶段适当地厘清学科之间的边界也是各个学科发展所必需的，但强调不能过头。目前，在思想政治教育学科建设中过多强调"突破学科边界就是突破学科规范"的观点是有失偏颇的；过分强化思想政治教育学科边界只会导致学科发展的狭隘化和凝固化；过早强调思想政治教育学科的特殊性，使其游离于哲学社会科学其他学科，思想政治教育学科是没有多少发展空间的。因此，新兴的思想政治教育学科要获得新的更大更快的发展，就需要积极参与哲学社会科学学科建设的大循环，得到哲学社会科学其他学科的更多的学理性认同与学科性支持。只有积极借鉴哲学社会科学

其他学科建设的做法与经验，取长补短，扬长避短，才能为思想政治教育学科孕育发展的机会，拓展发展的空间，增添发展的后劲。

三、思想政治教育学科与思想政治理论课程建设的关系

思想政治教育学科与思想政治理论课程建设相互联系、相互促进，两者互为基础，相得益彰。思想政治教育学科不能脱离思想政治理论课程建设，思想政治理论课程建设直接为思想政治教育学科发展提供广阔平台与新型载体，而思想政治教育学科发展不仅为思想政治理论课程建设提供学理支撑，而且提供科学依据。

课程建设是学科发展的重要基础，学科建设的丰富内容往往来自一线课堂教学，不能脱离课程体系而孤立地搞学科建设，否则学科发展就会成为无源之水、无本之木，上够不到天，下落不到地。因此，在推进思想政治理论课程建设中，要把思想政治理论课程体系建设作为学校学科体系建设的一项重点工程、精品工程和质量工程，采取切实可行的措施抓紧抓好。

加强思想政治教育学科建设，毫无疑问需要大力提高教师的科研能力和学术水平，重视思想政治理论学科前沿问题的研究，但这不能成为任何忽视或轻视提高思想政治理论课教学质量的理由。恰恰相反，搞好思想政治教育学科建设的重要内容，就是要推动思想政治理论课建设，通过开展系统化师资培训和专业化骨干培养，使高校思想政治理论课师资形成梯队，骨干形成团队，学科带头人形成核心，以更有利于促进课程体系建设。"如果一门课程没有学科支撑，课就很难上好。要从学科建设的角度加强对教学内容、教学方法的研究，特别是通过学科点，有计划地培养适应新课程的硕士甚至博士，为教学源源不断地输送成果和人才，这样才是良性循环。"[2]学科发展是课程建设的重要载体，为课程建设提供大量的创新理论成果，既可以丰富拓展课堂教育教学的内容，又可以大力提升课程结构建设的实际水平。学科研究的重点问题往往是课程建设的难点问题，没有高水平的学科发展也就不可能有高水准的课程建设。

四、思想政治教育学科与思想政治理论课教师队伍建设的关系

思想政治教育学科是凝聚师资队伍、提高思想政治理论课教师队伍水平的重要平台。在高校，学科建设是龙头，师资队伍建设是关键。美国学者克拉克说，学科是一种组织建制，在这种建制化的组织体中，同一知识领域内各有所司所长的教学、研究和管理人员聚集在一起，协调合作，进行知识的探索，发现和传输等专业化劳动，并通过自己特有的方式实现知识的专门化，从而支撑和维系着学科的延续与发展，并承载着科学研究和人才培养等多重职能。[3]一流的学科必然造就一流的师资，同样一流的师资才能推进一流学科更好地发展。

从现实情况来看，目前全国已设立 66 个思想政治教育博士点，思想政治教育学科点的建设发展速度快、新增数量多、覆盖院校广、学科队伍建设参差不齐，大都存在学科建设经验不足、学科建设水平亟待提高等问题。因此，推进思想政治教育博硕士点的建设，极大地调动思想政治理论课教师的积极性，不仅是对思想政治理论课教师既往教学科研工作的高度肯定，而且是对思想政治理论课教师队伍建设提出的更高要求。从发展需要来看，目前高校从事思想政治理论课教育教学的队伍，无论在人员数量还是教学、研究质量上都需要进一步提高，进而适应思想政治教育学科发展的实际需要。

思想政治教育学科建设所需要的领军人才，要通过思想政治理论课师资队伍建设来塑造。加强思想政治理论课教师队伍的建设，要围绕学科发展组建、培训、提升学科队伍展开，特别是要注重领军人才的培养。要依托学科建设，凝聚学科人才，建设学科梯队，组建学科团队，推动团结协作和集体攻关，在学科发展中培养一批坚持以马克思主义为指导，理论功底扎实，勇于开拓创新，善于联系实际，老中青相结合的思想政治教育学科带头人和教学科研骨干，努力把思想政治理论课建设提高到一个新水平。

五、思想政治教育学科与人才培养的关系

在高校，学科的存在与发展必然涉及人才的培养问题。思想政治教育

学科不能为学科而学科，封闭、孤立地搞学科建设，这样只能使其成为固化与僵化学科，最终会缩短思想政治教育学科建设的生命。而思想政治教育的理论研究与实践创新需要在人才培养中拓展学科建设平台，特别是要凝聚学科的人心和人气。一个不能赢得人心、缺乏人气的学科，终究是不会有多大前途和生命力的。作为年轻的思想政治教育学科，现在还没有理由把他人拒之门外，即使将来做大了，仍然需要吸引各方面的人才来关注与投入到思想政治教育学科建设中。

高水平的学科是培养高素质人才的重要载体。在推进学科建设中，大力提高人才培养的质量，要进行学科之间的交叉、渗透与融合，使思想政治教育学科人才得到更规范、更全面的锻炼与培养。发挥思想政治教育学科建设的优势，既要充分发挥学科建设在大学生思想政治教育中的主导作用，用科学理论武装广大学生，又要增加学科含量，丰富教育资源，大力培养高素质、创新型的专门人才。

思想政治教育学科建设要围绕培养人才做文章，把人才建设作为学科建设的头等大事，努力培养和造就一大批思想政治教育学科的高层次专门人才，为思想政治教育学科的持续发展提供重要的人才保障。人才培养是学科建设的首要目标，也是学科发展的内在要求。思想政治教育学科存在的理由与价值就在于源源不断地为国家、为民族、为社会培养和输送高素质创新型建设人才。思想政治教育学科要围绕人才培养，深化教学改革、加强科学研究、推进社会服务，逐步创设中国特色思想政治教育学科新体系，不断构筑思想政治教育学科新优势，努力开创思想政治教育学科建设新局面。

参考文献

［1］教育部社会科学司. 普通高校思想政治理论课文献选编（1949—2006）［C］. 北京：中国人民大学出版社，2007.

［2］高校思想政治课调整并统一教材 7 门必修课减为 4 门［N］. 中国青年报，2007-04-23.

［3］杨天平. 加强教师教育学科建设的几点思考［N］. 光明日报，2007-03-15.

（本文刊登于《山西师大学报》，2010 年第 6 期。）

论社会实践课程化的价值意蕴

社会实践课程化是我国高等教育人才培养模式变革的重要问题,是实施思想政治理论课教学改革的重要内容。大学生社会实践课程化是学校按照教学计划有组织、有步骤地进行教学活动的基本环节。深入推进思想政治理论课教学改革,就是要把社会实践纳入课程化建设的轨道,增强思想政治理论课科学化、时代化、规范化和有效化。

大学生社会实践是我国高等教育不可或缺的有机组成部分,是思想政治理论课重要的教育教学内容。中共中央国务院在《关于进一步加强和改进大学生思想政治教育的意见》中明确指出:"高等学校要把社会实践纳入学校教育教学总体规划和教学大纲,规定学时和学分,提供必要经费。"党中央对搞好思想政治理论课建设提出了一系列开展实践性教学的基本要求,需要在思想政治理论课教育教学过程中切实加以贯彻。深化思想政治理论课教学改革,不是要不要开展社会实践活动,而是要把社会实践纳入课程化建设的轨道,把社会实践上升到思想政治理论课课程化发展的高度,精心部署、精心落实,使社会实践真正落到实处。

一、社会实践课程化是思想政治理论课科学化的根本要求

思想政治理论课作为传授马克思主义理论的必修课,作为培养中国特色社会主义事业建设者和接班人的公共理论课,它的科学根基在于坚持理论与实践的统一。思想政治理论课要走向科学化,就要始终不渝地坚持理论与实践相结合的根本原则和根本方法。离开社会实践,思想政治理论课仅仅从理论到理论,教学效果难以提高。目前,高校思想政治理论课建设中存在的一个突出问题,就是社会实践还没有真正纳入学校的教学计划,没有很好地组织实施,而存在着疏于管理、流于形式的状况。社会实践课

程化已经成为制约高校思想政治理论课改革发展的一大薄弱环节。

思想政治理论课科学化的核心在于实现科学世界观与科学方法论的统一。在高校开设思想政治理论课的根本目的，就在于转变学生的思想，提高学生的素质，培养学生科学的世界观、人生观和价值观。高等学校培养高素质人才需要正确认识和处理理论教学与实践教学的关系。思想政治理论课的整个教学活动，包括课堂理论性教学和社会实践性教学两大部分：理论性教学主要以传授理论、论证观点、演绎逻辑、展开论述、获得真知、提升境界为主要特征和目的；实践性教学主要以指导学生运用理论、掌握方法、训练技能、认识社会、增长才干、提高素质、创新生活、做出贡献、改造世界为主要特点与目的。理论性教育教学与实践性教育教学殊途同归，都是为了培养中国特色社会主义事业的合格建设者和可靠接班人。课堂理论教学是实施思想政治理论课的基本环节和基本内容；社会实践教学则是对课堂理论教学的深化、拓展和延伸。没有社会实践课的思想政治理论课就不可能真正构成科学的理论课。

思想政治理论课的教学要努力做到主观与客观的统一。理论与实践的统一、历史与逻辑的统一，也就是知与行的统一。人类的一切真知都来源于社会实践。思想政治理论课科学化建设的关键，是实现教师与学生在社会实践课程化中的主体作用。师生互动、教学相长是搞好思想政治理论课教育教学的根本方式。以往的思想政治理论课讲究教师的"教"，仿佛真理永远掌握在教师手里，"教师讲，学生听"似乎天经地义。深化思想政治理论课教育教学改革，一个重要方面就是要走向社会生活的第一线，充分整合社会教育教学资源，让教师与学生共同从社会实践中汲取鲜活的科学营养。

思想政治理论课不能从课堂到课堂、从理论到理论，脱离了火热的社会生活，就不会有科学理论的说服力和生命力。要把实践教学与社会调查、志愿服务、公益活动、专业课实习等结合起来，引导大学生到基层去，到工农群众中去，通过形式多样的实践教学活动，帮助学生更好地消化、理解、运用所学理论知识，提高观察社会现象、分析社会问题的能力。思想政治理论课一旦把课堂教学的触角延伸到课外，用当代中国活生生的马克思主义理论武装当代大学生，就能增强思想政治理论课教学的针对性和时代感，使知识上升为理论，理论升华为信念，用信念铸造理想，用理想指导行动。把社会实践纳入思想政治理论课的总体设计和具体指导，需要广大思想政治理论课教师像组织课堂教学那样，精心设计、周密安排实践教学。通过社会实践课程化，师生共同参与、共同受益，从而达到思想政治理论课科学化的目的。

二、社会实践课程化是思想政治理论课时代化的关键环节

20世纪80年代以来，在中宣部、教育部、团中央的积极组织和倡导下，我国高校普遍开展了社会实践活动，对培养社会主义现代化建设人才发挥了重要的作用。但客观地分析这一活动，至今在多数高校仍停留在活动层面，没有真正实质性地进入思想政治理论课教育教学层面。

思想政治理论课要从相对封闭的教育走向开放教育。多年来，思想政治理论课是在相对封闭的校园环境中进行的，讲授的主要内容也比较有原则和传统。但在改革开放和发展社会主义市场经济的新形势下，思想政治理论课面临着前所未有的严峻挑战。挑战既有来自西方敌对势力与我们争夺当代大学生的尖锐斗争，西方文化思潮与价值观念对大学校园特别是大学生思想演变造成了很大的冲击；挑战也有来自国内发展市场经济所带来的一些不容忽视的负面影响。思想政治理论课要有说服力、感染力，就必须正视严峻挑战，运用社会主义核心价值体系，直面社会生活中出现的新情况、新变化和新问题。通过社会实践课，可以帮助大学生深刻理解世情与国情，懂得党情与民情，把马克思主义理论与其他观点、学说进行比较研究，分析利弊得失，看清理论优劣，把握发展大势，形成发展共识。

思想政治理论课要从学校教育走向社会教育。以往的思想政治理论课，往往是从课堂到课堂、从教材到教材、从教室到教室，使得思想政治理论课教学被固化在校园环境中。由于学校与社会保持一定的距离，不少学生在学校里听了思想政治理论课感到很有道理，但走出校园之后往往会感到无所适从，甚至有些迷茫。要搞好思想政治理论课教育教学，就必须引导学生走向社会，关注生活，懂得民生。只有到社会实践中，才能使思想政治理论课具有鲜活的时代气息，大学生也才能真正感悟生活、感悟人生，在实践中受到教育、锻炼能力、增长才干，从而增强社会责任感和历史使命感。

思想政治理论课要从应试教育走向素质教育。传统的思想政治理论课关注的是知识的传授，教师在教室里一遍一遍讲理论，学生在课堂上一堂一堂记笔记。"上课记笔记，下课对笔记，考前背笔记，考后全忘记"，成为应试教育模式的集中反映。由于不能用所学的理论分析社会现象、解决社会问题，一些学生患上了"能力贫乏症"和"心理紧张症"，害怕社会生活中遇到的各种复杂的矛盾。实施社会实践课程化，采用"走出去、请进来"的方式，让广大学生亲眼看见祖国日新月异的新变化、改革开放的新成就和广大人民群众的新期待。在社会实践中，可以培养学生的市场意识、竞争意识、创新意识，能够引导学生自觉地将素质教育与创新教育、能力建设与思想建设、接受教育与服务社会、实地调研与成果转让等有机结合起来。

三、社会实践课程化是思想政治理论课规范化的重要举措

社会实践课程化是提升思想政治理论课规范化的重要手段与途径。以往开展的社会实践活动，由于没有纳入学校的教学计划，没有规定相应的学时与学分，仅仅把社会实践看作是一种辅助性的教育教学手段，没有也不可能把社会实践作为一种经常性的教学环节持续不断地坚持下去。在实际教学中，出现了"有条件就搞，没条件就不搞""教师积极性高就搞，教师积极性不高就不搞"的状况，学生参与社会实践的人数不多，参加社会实践的时间不长，社会实践往往带有很大的随意性和随机性。

要把社会实践课程化纳入思想政治理论课教学计划，在培养人才总体方案中得到具体体现和有效落实。要看到，目前一些高校思想政治理论课实践教学由于缺乏细致而周密的安排，出现了"走过场"的情况，不仅难以完成教学计划，而且很难取得预期的教学效果。要按照社会实践课程化的要求，具体制定社会实践课程化的教学大纲，明确规定社会实践课程化必要的学时和学分，对大学生参加社会实践提出明确的时间、任务和考核要求，提供必要的社会实践活动经费和指导教师课时经费。

要把社会实践课程化纳入思想政治理论课教学评估体系。如果仅仅把社会实践看作是思想政治理论课辅助性的教学活动，就不可能达到把社会实践课程化纳入思想政治理论课规范化建设中的要求。社会实践课程化教

学评估可以从不同的角度进行：一是按照年级进行社会实践评估，一年级主要是认知实践，二年级主要是理论实践，三年级主要是研究实践，四年级主要是毕业实践。二是按照教育方式进行社会实践评估，体验生活式，就是让学生到艰苦的环境中或工农业生产第一线体验生活，增进大学生同劳动人民之间的感情，使学生在社会实践中接受教育；参与活动式，让学生参加城乡社区服务、村民自治管理、咨询（医疗、普法、技能）、宣传（环保、社保、公民道德）等，使学生在社会实践中经受锻炼；知识创新式，让学生参加包括科学、技术、教育、卫生、体育、文艺等各行业和领域的工作，根据社会发展需要不断提高创新意识、培养创新精神、提升创新能力，使学生在社会实践中增长才干。

重视社会实践课程化组织保障机构的建设。实践性教学主要是在课外或校外进行的教学活动，与课堂教学相比要复杂得多、困难得多。因此，要高度重视社会实践课程化组织保障机构的建设，形成一个相对稳定的、师生认可的社会实践评价标准和运行机制。学校要按照教学计划的要求，主动增强与社会各方面的联系，取得社会各方面的理解、关心和支持。要建立学校与机关、企业、乡村、社区等的不同联系点，共建社会实践基地，不断丰富社会实践内容，拓展社会实践形式，增强学生开阔视野、提高认识、增长才干、做出贡献的社会实践效果。

四、社会实践课程化是思想政治理论课有效化的必然选择

社会实践课程化是调动教师与学生共同完成思想政治理论课教育教学任务的重要手段。要积极发挥和组织引导教师与学生共同参与社会实践、自觉投身社会实践，使社会实践课程化真正发挥对教师和学生提高思想认识、增强素质能力的重要作用。

重视发挥思想政治理论课教师的主导作用。思想政治理论课教师是社会实践课程化的组织者和指导者，在社会实践课程化过程中发挥着主导作用。在学生社会实践之前，教师要做好社会实践课程化的总体设计和组织策划工作；在课堂教学中，教师要对如何开展社会实践活动、提高社会实践活动的意义与效果、撰写社会实践总结报告等进行业务培训，提出具体目标要求，进行科学考核说明，使学生社会实践课程化取得初始效果；尤

其是在社会实践开始之后，教师要做好各方协调沟通工作，及时掌握学生的思想状况、心理状态和安全状况，帮助大学生更好地融入社会、融入生活，增强学生抗挫折教育，提高心理承受能力；在学生社会实践结束后，教师要及时做好总结交流工作，对在社会实践中取得突出成绩的要进行表扬，对优秀社会实践报告和优秀社会实践个人进行推荐评选。

建立相对稳定的大学生社会实践课程化基地。提高社会实践课程化的实际效果，需要积极探索新的实现方式。受学生人数多、学校实践教学经费不足以及一些企事业单位不太愿意接收学生社会实践等客观条件的限制，高校迫切需要组织建立相对稳定并长期合作的社会实践课程化建设基地。本着合作共建、双向受益的原则，促使社会各方在配合高校建立社会实践课程化基地中发挥积极作用。

创新社会实践课程化建设的长效机制。社会实践课程化是一项涉及面广、要求高、任务重的教育教学环节，它不仅需要社会各方面和学校各部门的密切配合，给予人力、物力、财力的大力支持，而且需要创造各种有利条件，创新社会实践课程化建设的长效机制。要加强社会实践管理网络化，形成点、线、面相结合的网络化组织，拓展社会实践网络化管理，开辟社会实践网络化求助渠道，搞好社会实践网络化优质服务；要推进社会实践运行项目化，事先申报学校和院系组织的社会实践项目，过程中按照项目要求进行操作，事后按照项目进行验收，使社会实践多出成果、快出成果、出好成果；要实现社会实践模式多样化，采取"三级结对""对口扶贫""社区援助""挂职锻炼""社区共建"等模式，积极争取多种社会资源的投入与支持；要重视社会实践过程激励机制建设，鼓励学生参加各种公益性、服务性活动，如普法宣传、禁毒宣传、环保宣传、节约宣传、奉献爱心活动等，建立社会实践课程化教学质量评价体系和长效激励机制，使学生人人参与社会实践，个个提高思想认识，从而不断扩大学生参加社会实践的受益面和受益度。

（本文刊登于《思想理论教育导刊》，2011 年第 1 期。）

论加强高校马克思主义理论课教师队伍的自身建设

在党中央的重视和关怀下,高校的马克思主义理论课教学改革进入新的阶段。新的形势、新的任务对高校马克思主义理论课教师提出了新的更高的要求。高校马克思主义理论课教师是深化马克思主义理论教育改革的具体实践者。无论是教育理念的转变还是教学体系的转换,无论是教学内容的改革还是教学方法的改进,都有赖于马克思主义理论课教师主体作用的充分发挥。加强高校马克思主义理论课教师队伍的自身建设,建设一支高素质的教师队伍,已提上了高校改革和发展的重要议程。

一、加强高校马克思主义理论课教师队伍自身建设是一项紧迫的战略任务

建设一支高素质的高校马克思主义理论教师队伍,是办好社会主义大学的重要举措,是搞好新形势下马克思主义理论课教学改革的关键。离开了高校马克思主义理论课教师队伍的自身建设,没有这支队伍思想道德素质、理论水平、教学科研能力的提高,也就难以承担理论课教学改革的艰巨任务。从目前高校马克思主义理论课教师队伍的现状来看,无论在知识结构、学历结构、年龄结构还是综合素质等方面存在许多不适应,离承担新的任务还存在较大的差距。为此,必须大力提高对这支队伍自身建设重要性、必要性和紧迫性的认识。

1. 加强高校马克思主义理论课教师队伍自身建设是贯彻落实党的十五大精神的需要

十五大在我们党的发展史上是一次具有里程碑意义的大会。十五大的主题是高举邓小平理论的伟大旗帜,把建设有中国特色社会主义事业全面推向 21 世纪。这是我们党跨世纪的政治宣言,也是高校马克思主义理论

课深化改革的行动指南。高校马克思主义理论课必须紧紧围绕党的十五大的主题,在全面正确领会和把握邓小平理论的科学体系和精神实质上下功夫,用当代中国的马克思主义武装当代中国的大学生,把思想和行动统一到党的十五大精神上来,把智慧和力量凝聚到贯彻落实十五大制定的各项任务上来。高校马克思主义理论课教师当前担负的一项重要而又紧迫的任务,就是要以邓小平理论为中心内容构建各门马克思主义理论课相互渗透、相互补充的教学体系,做好邓小平理论"进教材、进课堂、进头脑"的工作。只有大力加强高校马克思主义理论课教师队伍的自身建设,建设一支高素质的理论课教师队伍,才能更好地贯彻落实党的十五大精神,把邓小平理论"三进"工作落到实处。

2. 加强高校马克思主义理论课教师队伍自身建设是适应知识经济挑战的需要

我们正在进入知识经济的时代。知识经济的快速发展将极大地影响和改变社会的生产方式、生活方式以及人们的价值观念。面对知识经济的挑战,高等学校在培养人才的方式上需要进行多方面的改革,建立知识、能力、素质三位一体的教学体系。高校马克思主义理论课教师除了自身有扎实的马克思主义理论功底之外,还必须拓宽知识面,增加人文科学、应用社会科学方面的知识,尤其要多增添一些现代科技知识。如果我们的马克思主义理论课教师不更加奋发地学习,不努力用当代中国的马克思主义武装自己的头脑,不努力掌握先进的科学技术知识,不善于实现知识的不断更新,就很难适应新时期高校马克思主义理论课教学改革的需要。我们的理论教育不能再停留在原理加例子的传统教学模式上。要积极采用现代化的教学手段,利用多媒体、影视等进行案例教学,增强教学的直观性、形象性,启发学生深入地思考,引导学生在比较鉴别中接受真理,掌握真理,提高分析问题和解决社会现实问题的能力。

3. 加强高校马克思主义理论课教师队伍自身建设是培养跨世纪新型人才的需要

高校是培养高层次专门人才的重要场所,培养跨世纪新型人才就是培养社会主义建设者和接班人,这是高等学校的根本任务。跨世纪新型人才不仅要有丰富的学识,适应社会主义市场经济和现代科技发展的能力,而且要有远大的志向和高尚的情操。马克思主义理论课是高校进行学生思想政治教育的主渠道和主阵地，在培养跨世纪新型人才中发挥着重要作用。但也必须看到，目前高校马克思主义理论课教师队伍本身参差不齐，有的教师自身素质不高，对自己要求不严，在理想、信念、情操、作风等方面还存在这样那样的问题。这就迫切需要加强马克思主义理论课教师队伍自身建设。高校马克思主义理论课教师在教学过程中，要自觉改造世界观，提高素质，陶冶情操，以自己正直的为人示范学生，以自己高尚的情操感化学生，以自己渊博的学识说服学生，为培养跨世纪新型人才作出马克思主义理论课教师应有的贡献。

二、加强高校马克思主义理论课教师队伍自身建设需要正确处理的几个关系

高校马克思主义理论课教师不同于一般的专业教师，在培养社会主义建设者和接班人的过程中发挥着独特的作用。为了适应高校理论课教学改革，建设一支高素质的教师队伍，需要理论课教师自觉处理好以下几个关系。

1. 要正确处理职业与事业的关系

不可否认，马克思主义理论课教师本身是一种工作职业。但仅仅把它当作传授某种知识的职业是不能真正担负起培养社会主义建设者和接班人的历史重任的。高校马克思主义理论课教师的职业与建设有中国特色社会主义的崇高事业是紧密联系在一起的。只有献身于伟大的事业，才能更好地从事自身的职业。高校马克思主义理论课教师要学马列、讲马列、信马列，做忠诚的马克思主义者。这样的教师在从事自身职业时，才更有实际的说服力。如果教师讲马列仅仅停留在口头上、课堂中，而在实际生活中言行不一、表里不一，那是不可能搞好马克思主义理论课教学的。在当代中国，高校马克思主义理论课教师特别要深入学习研究邓小平理论这一当代中国的马克思主义，在做好邓小平理论的"三进"工作方面下功夫，为培养中国特色社会主义伟大事业的建设者贡献智慧和力量。

2. 要正确处理教书与育人的关系

教书育人是人民教师最基本的职业道德。教书是基础，育人是根本。只教书不育人的教师不是称职的人民教师。高校马克思主义理论课教师更应把

教书与育人的工作有机结合起来，自觉参与学生思想政治教育的全过程，督促学生全面进步，帮助青年学生形成科学的世界观、人生观和价值观。在教学中，理论课教师要转变"讲不讲由我，信不信由你"的敷衍塞责的教学态度和"我讲你听，我说你服"的陈旧落后的教学方法，增强育人的责任感，克服各种困难，采取多种方式，开展讨论吸引学生积极主动学习，指导学生正确认识和深刻理解马克思主义，学习运用马克思主义的理论和方法去分析和认识社会现实问题。理论课教师要爱岗敬业、乐于奉献，有针对性、有说服力地为学生释疑解惑，就能受到学生的欢迎。理论课教师越是以平等的身份出现在学生之中，在教学中贯彻"教学相长"原则，就越能赢得学生的尊重和信赖。

3. 要正确处理理论与实际的关系

高校马克思主义理论课教学改革的目的，就是要贯彻"学马列要精，要管用"的原则，使理论与实际紧密结合起来，不断提高教育质量。马克思主义理论课要以我国改革开放和现代化建设的实际问题以及我们正在做的事情为中心，着眼于马克思主义的应用，着眼于对实际问题的理论思考，着眼于新的实践和新的发展。特别要紧密联系我国改革开放和现代化建设的实际、联系高校改革和发展实际、联系学生思想实际，回答学生普遍关心的社会现实问题。马克思主义理论课教学切忌照本宣科"满堂灌"，不能把科学的理论讲成呆板的东西，更不能把马克思主义基本原理同我国社会生活的生动实际割裂开来。教师要注重理论联系实际，用生动丰富的实例说明邓小平理论的伟大真理性，增强教学的吸引力、说服力，提高马克思主义理论课教学的信誉。

4. 要正确处理教学与科研的关系

马克思主义理论课教师不只是单纯的教书先生，而应努力成为马克思主义理论教育的专家、学者。教师要为学生解疑释惑，满足学生对真理的渴求，增强教学的效果，就必须投身于社会实践，不回避社会矛盾，对一些重大的理论问题和学生普遍关心的社会现实问题开展调查研究、进行探讨。要重视马克思主义理论学科建设，把教学与科研结合起来，以教学带科研，以科研促教学。马克思主义理论课教师只有自己首先把理论问题研透弄通，自己能说服自己，才能去说服引导学生，从理论研究的制高点上把握教育的主动权。理论课教师如果自己没有强烈的理论研究兴趣，没有独立从事科研的能力,就很难深化高校马克思主义理论课的教学改革,也就很难提高教学质量,培养高素质的学生。

5. 要正确处理讲课纪律与个性教学的关系

马克思主义理论课教师站在大学的讲台上,对青年学生进行理论教学,绝不是教师的个体行为,而是在受党和国家的委托从事培养"四有"新人的工作。每一个教师都必须根据教学大纲、教材组织教学,将比较成熟的理论观点、比较系统的科学知识传授给学生,而不能在课堂上随心所欲、信口开河。必须坚持党性原则,不应也决不允许与党的路线、方针、政策唱对台戏,这是一条最重要的讲课纪律,也是马克思主义理论课教师从事教学的最基本要求。当然,强调讲课有纪律并不排斥教师的个性教学。富有个性特点、内容丰富、形式多样、生动活泼的讲课方式与遵守讲课纪律并不矛盾。往往遵守讲课纪律的个性教学更有特色,更能打动学生的心灵,收到良好的教育效果。

三、加强高校马克思主义理论课教师队伍自身建设的若干措施

加强高校马克思主义理论课教师队伍的自身建设,既是一项紧迫的战略任务,也是一项复杂的系统工程。建设一支高素质的教师队伍,不仅需要教师从严要求自己,在实践中锻炼自己,不断充实完善自己;更需要各级教学行政主管部门、学校领导和有关职能部门关心和帮助,采取得力措施,为理论课教师队伍的充实和发展、培养和提高创造条件。

1. 积极稳定马克思主义理论课教师队伍

没有一支具有一定数量和较高素质的马克思主义理论课教师队伍,就难以发挥"两课"的思想政治教育主渠道、主阵地的作用。积极稳定马克思主义理论课教师队伍的最基本要求是要调整充实这支队伍,按照高校教师编制配备好马克思主义理论课教师,切实改变一些高校存在的人数不足的状况。要求学校领导和有关职能部门关心这支队伍的建设,给予必要的政策倾斜,切实为教师解决后顾之忧,使理论课教师有想头、有奔头,安心从事马克思主义理论教学。还要加强教师的思想政治工作,创造条件,帮助理论课教师不断提高自身素质,使他们乐于奉献,为理论教育辛勤

耕耘。

2. 大力加强马克思主义理论课教师梯队建设

由于历史和现实的原因，目前许多高校出现了马克思主义理论课教师队伍断层的现象，教学梯队、学术骨干梯队普遍没有形成。这无疑会影响高素质的马克思主义理论课教师队伍的建设，也影响了马克思主义理论课的质量和声誉。加强梯队建设是搞好马克思主义理论课教师队伍建设的重要一环，必须常抓不懈。要积极培养学科带头人，发挥中老年教师在培养青年教师中的示范、导向作用。要下力气培养青年骨干教师，积极创造条件，鼓励他们攻读硕士、博士学位，不断完善知识结构、学历结构、学缘结构。要在教学改革的实践中，逐步建设一支政治坚定、思想敏锐、知识渊博、结构合理的马克思主义理论课教师队伍，使理论课教育教学工作后继有人。

3. 建立规范化的教学管理制度

高校马克思主义理论课教师队伍自身建设要走制度化、规范化之路。在新的教学改革中，特别要重视建立、健全教学管理制度。教师要自加压力，从严要求自己，通过制度建设来约束、规范自己的行为，切实保证教学质量。要建立集体备课制度，统一教学内容，分析研究有关教学的重点、难点和疑点等问题，这是提高整体教学水平的重要基础。要建立教学情况交流制度，组织教师相互听课，集体评课；发挥督导员作用，及时发现和解决教学中带有倾向性、苗头性的问题；重视做好学生信息反馈工作，认真听取学生有关教学改革工作的意见、建议和要求，改进教学方法，不断提高教学质量。要建立奖惩制度，引进竞争机制，鼓励先进，鞭策后进。同时，积极发挥思想政治教育作用，有针对性地做好教师的思想政治工作，努力形成关心集体、热爱本职、积极向上、乐于奉献的环境氛围。

4. 努力提高马克思主义理论课教师的自身素质

加强高校马克思主义理论课教师队伍建设的一个基本问题，就是要提高教师的自身素质问题。只有建设一支高素质的理论课教师队伍，才能为培养高素质的学生发挥更大的作用。教师要大力提高自身的政治素质，带头学好邓小平理论，用邓小平理论武装头脑，加强自身世界观的改造，牢固树立建设有中国特色社会主义的政治信念。教师要以真理的力量、人格的力量说服教育学生,打动学生的心灵,树立良好的形象,在理论教育的第一线,增强贯彻党的基本理论、基本路线、基本纲领的坚定性和自觉性。教师还要大力提高业务素质,不断提高教学水平和科研能力,扎实地掌握马克思主义的理论体系和精神实质,掌握渊博的科学文化知识,更好地培育中国特色社会主义事业建设者和接班人。

(本文刊登于《高校社会科学研究和理论教学》,1998年第8期。)